# 西路军

西路军

## 天山风云

冯亚光○著

陕西新华出版传媒集团
陕西人民出版社

**图书在版编目（CIP）数据**

西路军．天山风云／冯亚光著．—西安：陕西人民出版社，2009（2024.10重印）

ISBN 978-7-224-08877-9

Ⅰ．西…　Ⅱ．冯…　Ⅲ．红四方面军－史料　Ⅳ．E297.2

中国版本图书馆CIP数据核字(2009)第048880号

**西路军·天山风云**

作　　者　冯亚光

出版发行　陕西人民出版社

（西安市北大街147号　邮编：710003）

印　　刷　西安市建明工贸有限责任公司

开　　本　787毫米×1092毫米　1/16

印　　张　24.5

插　　页　2

字　　数　380千字

版　　次　2009年5月第1版

印　　次　2024年10月第12次印刷

书　　号　ISBN 978-7-224-08877-9

定　　价　45.00元

# 序言
# 怀望西域

西域，是新疆古代的称谓，意思是中国西部的疆域。这个名称给新疆涂上了一层神秘而瑰丽的色彩，总是让人心灵震颤，遐思无限。

“三山夹两盆”：天山、昆仑山、阿勒泰山，三大山系夹着塔里木盆地和准噶尔盆地。冰峰耸立，湖泊星罗，沙漠浩瀚，草原辽阔。西域，粗犷而细腻、雄奇而柔美，无时无刻不在演绎天地洪荒之壮丽，体现自然运行之玄机。立于悬崖峭壁之上，依于潺潺清流之旁，令人热血鼓荡，心移神摇。这里不仅荟萃了众多的少数民族，维吾尔、哈萨克、蒙古、柯尔克孜，等等，而且荟萃了灿烂的文化和辉煌的沉甸甸的历史。

怀望西域，一个个历史人物从丝绸古道、大漠深处向我们走来。

西汉张骞不辞艰险，含辛茹苦，两次出使西域。他的活动，加强了中原与西域各少数民族的联系，促进了汉朝与西域、中亚、南亚和欧洲经济文化的联系和发展；使得中国、印度、波斯、希腊这些原先被山海沙漠相隔的具有高度文明的古国，第一次有可能体会到几千年来由人类的劳动和智慧创造出来的世界的伟大和美好。从此，伴随着古道上的驼铃，中国的丝绸、瓷器、茶叶、火药、造纸、印刷术，传到了西方；西方及亚洲各国的蔬菜瓜果、天文历法，以及佛教、基督教、摩尼教、伊斯兰教及其有关的文化艺术也流入中原。我国的古籍，形象地将张骞西行壮举称做“凿空”，即“原来不通，凿之，现在通也”。

如果说张骞是西域最具影响力的人物，那么及至东汉，在西域的威名与张骞比肩的人就非班超莫属了。班超少有大志，投笔从戎，在西域整整度过了

30个春秋。“马作的卢飞快，弓如霹雳弦惊。”他几乎完全凭个人的智慧、机敏和卓绝的政治、军事、外交才能，使西域保持了长期的、异乎寻常的稳定和繁荣，书写了西域戍边史上的光辉篇章。他还派遣副将甘英，出使大秦（罗马帝国）、条支（今伊拉克境内），到达安息（今伊朗一带），为丝绸之路的开拓和发展又谱新篇章。

在汉朝经营西域的历史中，还有一些深明大义的奇女子，她们不畏塞外的艰苦，远嫁他乡，谱写了一曲曲绝不亚于热血男儿的光辉诗篇。张骞二出西域10年以后，汉武帝为了联合乌孙共同抗击匈奴，把江都王刘建的女儿细君嫁给了乌孙王猎骄靡，细君在历史上被称为江都公主。乌孙，是今天新疆哈萨克族的祖先。江都公主逝世后，为了使汉族人民和乌孙人民的友情不变成断线珍珠，应乌孙的再次请求，汉武帝把楚王刘戊的孙女封为公主又嫁给了乌孙王，这就是后来被誉为乌孙国母的解忧公主。解忧公主的侍女冯嫽以解忧公主的身份，持汉节到各国进行友好访问，大大加强了西域诸国与汉朝的友好关系。

怀望西域，耳边总会响起壮烈的边塞诗歌。唐代诗人岑参，曾两度从军，充安西节度使府掌书记及安西、北庭节度判官。他“累佐戎幕，往来鞍马风尘间十余载……城障塞堡，无不经行”，写下了大量的边塞诗文。“走马西来欲到天，辞家见月两回圆，今夜不知何处宿，平沙万里绝人烟。”“轮台九月风夜吼，一川碎石大如斗，随风满地石乱走。……将军金甲夜不脱，半夜军行戈相拨，风头如刀面如割。……”岑参等的边塞诗，为西域独特的文化土壤、文化氛围，吹进一股清新的中原诗风，增添了宝贵的文化内涵。

古往今来，悠悠千载。多少戍边将士在这荒漠中挥洒过汗水和热血；多少勇敢的探险者，或徒步或骑马，不辞千辛万苦，与烈日干渴抗争，与风暴雨雪厮拼，苦苦寻访时光划过的痕迹。可以说，戈壁的故事就是好汉的故事，大漠的传说就是英雄的传说。一块顽陋的坚石，也许曾拴过唐代高僧玄奘的白马；一条干枯的河滩，也许曾走过意大利人马可·波罗去中原的橐驼；一个小小的沙坑，也许曾留下了发配边地的林则徐的脚印；一个高高的沙滩，也许曾点燃左宗棠西征的烽火。林则徐以60岁高龄，“荒碛长驱回鹘马，惊沙乱扑曼胡缨”，亲历10城，纵横3万多里，踏荒勘地。他每到一地，“浚水源，辟沟渠，教民耕作，定约束数十事”。左宗棠以69岁高龄，怀着“朔雪炎风，何容措意”的豪情，踏上了收复新疆的征途。“大将筹边尚未还，湖湘弟子满天山；新栽杨柳三千里，引得春风度玉关。”

这是一批坚韧而睿智的前行者，在西域是如此的彪炳史册，大气辉煌。他们注定要背负着传承文明、创造文明、开启世风的使命。当这一时代成为历史之后，后人便只能也只愿看到那几座矗立于往昔岁月中的巍巍高山。这种现象在西域的历史长河中被无数次地重复着。

因为写作《西路军·河西浴血》、《西路军·生死档案》，我常常在西路军喋血的地方游荡。行行重行行，从东头到西头，再从西头到东头，许多西路军的纪念碑、纪念塔、纪念亭、纪念馆，在行程中一一进入我的眼帘。随着对西路军史的深入了解，我决定写作《天山风云》。我到新疆哈密，拜谒“西路军进疆纪念园”就成了首要之事。我心仪已久，隔山隔水前来献上一瓣馨香。

当太阳撩开夜幕喷薄而出，哈密最先迎接朝晖的是巍峨屹立在城东的西路军进疆纪念园中的红军战士铜像。红军战士迎着霞光，振衣千仞，登高凌绝，俯视尘寰。他头戴八角帽，身背大砍刀；右手紧握步枪，嵌在枪刺上的信念依旧铿锵有力，冷光闪烁；两脚站立祁连，用比岩石更坚硬的毅力去拓开生命之路，用比激情更厚重的热血去浇灌理想之花。红军战士生命的太阳在又一个春天到来之际，露出了一抹玫瑰色的曙光。

红军老战士向我们走来，以他们那无比的坚定和韧性向我们走来，我们的面前复苏了一个并不遥远的年代。铜像主碑两侧是两组石雕，浮雕与透雕，刻画的人物故事分为四个组成部分：“渡河西征”，“前仆后继”，“艰苦岁月”，“星星峡会合”。西路军顽强地拼搏着，英勇似撕裂的闪电；西路军艰难地挪动着，悲壮如赶路的雷霆。石雕在阳光照耀下微微泛着金光，我抚摸着它，如同抚摸着一段斑斑驳驳的岁月。我不知为何，对石雕产生了梦境般的感觉，似有枪声从旷野深处响起，苍凉而震颤；它穿过岁月，穿过时空，直抵灵魂的深处。西路军将士作为物质的肉身，已经化为黄土融入大地，但作为一种精神，一种象征，却为来者感叹不已，尽管时光流逝，依然补益后人身心。这一幕喑呜叱咤的历史悲剧，将会浩气长存，永远激励百代以下的志士仁人，使人们深刻地理解死亡和新生，在寻找昔日回光返照时透出未来的晨曦。

园中纪念馆内，陈云和李先念全身铜像立于高台，迎着进门的观众。他们身后是大型油画——星星峡；星星峡山脉，犹如盘古初辟的洪荒那样浑然而充满张力。俗称“日光峡”的星星峡，天空格外晴朗，阳光格外灿烂。天祥地和，阳光散射，暖暖的气息在天地间弥漫，一缕广远的安宁柔顺地从天而降。曾被飞沙削瘦的砾石，曾被狂风拔起的衰草，所有备受摧残的万物都在春光明媚中得到抚慰，挺立的信念和精神永远郁郁葱葱。

翻阅西路军左支队在新疆的史料，犹如风吹春池，涟漪四起，倏忽在我的心头弥漫开一片片烟波。左支队如同一片绿叶一缕林岚，在新疆这片辽阔、悠远、雄奇的土地上，经历风云，为之奋斗，为抗日战争时期共产党在新疆的统一战线工作作出了不可磨灭的贡献。纪念园中的绿树在清风中簌簌作响，仿佛吟诵着开拓者的赞歌，并把追溯的思索长久地留在了人间。左支队在新疆的奋斗和贡献，也如西路军壮烈和决绝的精神，永远会像卷起的狂飙，越过漫长的历史，越过浑茫的大漠和嘈杂的城市，击打人们的胸膛。理智地回眸过去，才能冷静地读懂现在，才能敏锐地瞻望未来。我们将超越时间与空间的阻塞，叩开他们与众不同的情怀，亲近他们并牵住他们的衣襟同行。

# 目 录

# 第一章

# 西路军左支队
进驻迪化

## 边务处的秘密任务

迪化，今乌鲁木齐，新疆首府，位于天山北麓，准噶尔盆地南缘。每当天晴日丽，登高眺望，可见天山博格达峰巍峨耸立，冰雪晶莹。绵亘于市境的天山支脉峰峦迤逦，婉转生姿。迪化城东西南三面环山，紧靠乌鲁木齐河，依山傍水，绮丽多姿。北面是广阔的冲积平原，土地肥沃，水草丰茂，“乌鲁木齐”即蒙语“优美的牧场”。那时的迪化还有城墙，站在大十字路口，可以看到东南西北四个城门。全城人口 11 万。

1936 年，正当红军西路军在河西走廊鏖战之时，迪化迎来了又一个冬季。街道林木满树满枝凝结寒霜，宛若银花，千姿百态。

新疆边防督办公署边务处，是在苏联的建议和帮助下于 1936 年上半年建立的。边务处的任务是保证新疆安全，侦察界外敌对势力。边务处具有高度的机密性，因而它不在督办公署八大处之内，而由督办盛世才兼任处长。边务处的干部都由盛世才亲自选派。苏联派来一位少将顾问和三位上校情报官，还有一位德国籍的无线电专家。

陈培生，中国共产党党员转联共党员，由共产国际和苏联派到新疆，原名刘进中，陈培生是其化名。陈培生刚到边务处，最迫切的是想了解盛世才派任的第一副处长武佐军。他原以为这人一定是新疆旧军队中被盛世才信任的将领，不然怎能取得卫队团副团长的要职，成为盛在边务处的代理人呢？如何才能与其协力合作把边务处业务发展起来？陈培生心中无数，生怕这人也像盛世才那样冷漠无情，那就很难办了。可是，当他推开武佐军办公室的门，见到这位第一副处长，完全不是料想的那种人。武佐军是一位年仅二十几岁的青年。当武知道他就是新到任的第二副处长后，热情地和他紧紧握手，微笑着表示欢迎。武谦虚地说自己对军事情报一窍不通，望多多指教，随即简单介绍了自己的经历。武佐军是吉林青年学生，九一八事变后热血满腔地参加了抗日学生军，失利后随军撤入苏联，辗转来到新疆。武的自述，给陈培生这样一个印象，武政治上是抗日的，对苏联是友好的，作风上谦虚谨慎。

陈培生和武佐军共事后，凡他的建议武都诚心诚意支持。武没有官场上流行的那种“客气”，嘴里一套心里一套，他有多数青年人所具有的稚气。可能因为陈培生从莫斯科来，年龄也较大，武很尊重陈。在这样的环境里，陈自以为是的老毛病有所抬头，但武从不介意。他俩相处真诚友好，从没发生过任何不快。

陈培生得知红四方面军一部约2万余人，在甘肃境内渡过黄河，向河西走廊挺进。红军进入河西遭到马家军和蒋介石军队的前截后堵，战况十分激烈。边务处应做些什么？陈培生心中无数，急切地等待着盛世才的指示。边务处把搜集到的有关河西战事的消息多次向盛报告，盛不动声色，只是指示说：“加强哈密和星星峡的界外侦察！”

陈培生不便过多地谈论此事，对红军西进表面上也装着漠不关心的样子，但在家里，他和在边务处总电台工作的妻子张鲁丝作着各种猜测。张鲁丝说：“我们能在新疆见到革命队伍中的亲人，那将是革命生涯中最愉快的事！”由于他们夫妻长期在敌区做地下工作，始终还没有见到过红军。红军西进，对他们夫妇来说是一个猜不透的谜。因为当时新疆还没有中国共产党的代表机关，公开的或秘密的都没有，所以这一疑问得不到党组织的回答。盛世才对红军西进一直保持沉默，苏联顾问也推说不了解中国红军西渡黄河的意图，不愿谈论此事。

他们夫妇私下估计，红军一定能消灭马家军，把河西建成一个巩固的根据地。这样，新疆东边省界的安全就有保障，红军和新疆军队就会结成友好关系，互相支持。红军是一支钢铁铸成的部队，具有战胜蒋介石军队的丰富经验，所以打垮马家军不成问题。他们以乐观态度，日夜盼望着河西的胜利捷报。但国民党报纸和电台极力宣传，“红军在河西遭到了巨大损失，红军军长也在前线牺牲了”。他俩当然不相信敌人的宣传，但红军胜利的消息始终盼不来。

这时，突然听到一个振奋人心的消息，蒋介石在西安被张学良和杨虎城抓起来了。西安事变不久，盛世才突然交给边务处一项秘密任务。一是选派一名干部去甘肃找红军西进部队，找到后给红军带路进新疆；同时，边务处总电台同西路军电台进行联系，以便向他们传达西进新疆的命令。陈培生这时才知道西进红军被马家军围困，遭到巨大损失。

盛世才把这样的任务交给了边务处，但边务处是刚刚成立不久的新单位，干部经验不足，是否能圆满完成，陈培生心中没有把握。特别是，武佐军的通力合作，将是做好这项工作肯綮所在。武佐军真挚执著、认真负责，这是边务处取得成绩的重要原因，但这些工作毕竟都限于新疆内部事务，现在迎接红军，武的态度又会如何呢？

自接到盛世才的命令后，武佐军每天夜里都在办公室值班。陈培生提出完成任务的具体措施他都表示赞成。武诚恳地向陈要求派自已到星星峡执行任务，陈非常高兴，但这一安排他不便提出，只好等盛世才决定。武佐军对红军的即将到来表现出极高的热情，洋溢在脸上的热情足以融化冬日的严寒。在武的感染下，边务处参加迎接的人都充满活力。

陈培生推心置腹地向武佐军说明，这项任务关系这支部队的安全。红军不知道盛世才的态度，所以不便突然进入新疆，因此必须和红军取得联系。武佐军对陈培生的一番说明表示了诚恳的理解，说：“我是没有经验的人，只有对革命的赤诚之心！”

陈培生和武佐军相互交心之后，首先考虑在边务处选择一位能找到红军的通信员。河西处于战争状态，沿途马家军对行人盘查很严，所以必须是当地人，能讲河西方言，熟悉河西地理。当然，重要的是，人选必须在政治上甘愿为革命事业不怕牺牲。在边务处选择具备这两个条件的干部非常不易。东北青年政治条件好，但语言不通，极易被认出是外乡人。最后，他俩选了一个家在河西的新疆青年，但这青年在边务处工作中没有积极表现，也没有任何斗争经验。他能否完成这一重要任务，陈培生很担心，可是选不出更合适的人。出发前，陈培生对他千叮咛万嘱咐，反复说明任务的重要性。他化装成小商贩，从星星峡出发。陈培生、武佐军怀着极大的希望把他送上征途。

他们还设法在空中进行联系，这主要是通过边务处电台寻找西路军电台。负责这项工作的一个是边务处电台的德国籍专家，另一个是陈培生的妻子张鲁丝。两人在夜间以较强的信号秘密呼唤西路军电台。

此外，他们还在哈密办事处和星星峡办事分处做迎接红军的准备，但准备是困难的。当时哈密警备司令是尧乐博斯，一旦得知盛世才迎接红军进疆，必将进行阻挠，因此迎接红军一事要对他保密。

盛世才为了加强同边务处的联系，在自己卧室和边务处长办公室之间安装了直线电话。武佐军和陈培生可以随时同他通话，这样，他们的准备工作做得很快很顺利。

他们日夜盼望着红军的消息，可是地上空中都没有取得联系。这样等候了约一个月，派出的联络员回来了。联络员说他到过酒泉、张掖，未见过红军的踪迹，据当地老乡说红军余部被赶到祁连山里边去了，山口被马家军封锁。对联络员完成任务的情况，陈培生很不满意，但又不能斥责。全部希望只好寄托在空中联络了。

一天夜里，张鲁丝从电台回来对陈培生说："从现在起，夜里电台呼叫工作停止了，我也不用再值夜班了。"

"为什么停止？现在全部希望寄托在电台，你们停止工作，这不等于全部失望了吗？"陈培生惊异地问，瞪着两眼直看妻子。

鲁丝摇摇头，慢条斯理地说："那有什么办法呢？累死人，联络不上！"说着转过头去，扑哧地笑了。

陈培生正想发火。

鲁丝转过头高兴地说："放心吧，那边已经接到了中央的电报，所以这项工作停止了！"

"真的吗？别开玩笑！"陈培生以为她在开玩笑，猛然站起来问。

鲁丝郑重地说："这不是我亲自联系上的，所以未能立刻告诉你，是德国专家告诉我的。他已报告了莫斯科和盛督办，所以电台联络就停止了。"

这一特大消息使陈培生万分高兴。从这时起，他家里的气氛开始活跃起来，改变了前些时候对孩子们冷冰冰的态度。孩子们也随着他们夫妇的高兴而高兴，但不知道为什么高兴。这是革命家庭的孩子们通常的特点，有时随着爸爸妈妈高兴，有时随着爸爸妈妈忧愁，但却不知道为什么，也不敢问，问了也白搭。前些时候父母对他们那样冷淡，现在又这么热乎，这是为什么，他们只是纳闷。像这样迎接红军亲人的大喜事，一个字也不能对孩子们透露。

"联系的任务完成后，迎接的任务就得开始。"陈培生对鲁丝说。

"在迪化开欢迎中国红军的大会，这不是在做梦吧！现在才体会到新疆地位的重要！新疆将成为中国革命圣地之一，莫斯科—迪化—延安，将联成一体了！"鲁丝兴奋地说。

"他们到迪化时，盛督办要组织军民夹道欢迎，在北门外大操场开欢迎会，要像每年四一二纪念会那样隆重！"陈培生也乐观地说。

两人沉浸在喜乐、陶醉在幻想之中了。

次日，陈培生把河西红军即将来新疆的消息悄悄地告诉了武佐军。武佐军脸上绽出欣喜，和他共同草拟了一个在星星峡迎接红军的计划，如怎样派人到省界外去迎接、带路，住处怎样安排，伙食如何准备等等。但由于不了解红军的具体人数，准备工作还不可能做得很细。他俩虽拟就了计划，但不敢立即提交盛世才审批。因为涉及盛世才和中国共产党的关系问题，只能是盛说什么他们就做什么，不好主动提什么方案。因此，他们只好等候盛的指示。过了几天，盛世才才告诉他们做迎接的准备。他们立即向哈密和星星峡发出电报，准备迎接，但不要让外界知道。

陈培生这时才发现，接待红军进疆采取了极为秘密的方式，也没有一个统一的组织专门担负这一工作，一切安排都由盛世才亲自向有关部门分别交代。如边务处只负责省外联系和省界迎接，并不了解全部接待计划，至于进入省境后到哪里驻防，边务处就一无所知，也不敢过问。他们所想象的那种欢迎大会绝不会举行，更不会大张旗鼓地向人民宣传红军的英勇事迹。

陈云等同志受中共中央委派与红西路军左支队会合地

## 教导第四大队接应左支队

新疆督办公署西大楼会议厅，气氛肃穆。教导团部分军官静静地坐在椅子上。伴着橐橐的皮靴声，门前出现了新疆首屈一指的人物。来人向每一位扫视了一下，然后把目光停在教导团副团长宫自宽身上，少有光泽的眼睛满是重要的神态。

盛世才召集教导团部分军官开会，宣布教导团步兵第一营改编为教导第四大队，由教导团副团长宫自宽任大队长。盛世才说：“我过去在关内有几个老朋友，现在带着一部分人来新疆，你们的任务是去把他们接到新疆来。沿途如有人阻拦，就坚决消灭。这个任务很艰苦，希望你们顺利完成!”

教导第四大队按实际人员编制是一个加强的步兵营，但建制是团级，火力配备和器材配属同当时新疆部队相比要强得多。大队下属三个步兵中队、一个汽车队和一个通信排。中队下属三个步兵分队和一个重机枪分队，步兵分队有三个步兵班和一个掷弹筒班，步兵班各配备轻机枪一挺，重机枪分队有两挺马克沁水压重机枪。军官配勃朗宁手枪，班长配七星手枪。各单位按30人配有一顶活动毡房。

几个月过去了。1937年3月的一天，宫自宽接到盛世才的口头命令。盛说:“共产党有一部分军队在甘肃被国民党打散了，他们的领导已设法安排他们零星地、分散地向新疆转移。新疆省政府同意接应他们，目前已派王效典为全权代表前往星星峡做接应工作。但是，驻扎在哈密的警备司令尧乐博斯极力反对共产党进入新疆，并企图在中途阻击，所以派你部先行消灭尧乐博斯的军队，扫清路障后，去星星峡接应共产党军队并护送他们进疆!”为了加强力量，盛又把四十八团编入第四大队，由宫自宽统一指挥。

4月下旬，边务处星星峡办事分处发回紧急电报，说红军已到星星峡，人数只有三四百，再无后续部队。星星峡的报告还说，他们虽遭受重重堵截，精疲力竭，但仍英勇奋战;他们食不果腹，衣不蔽体，但在茫茫风沙中毫不畏惧。

迪化北门外军校操场。50多辆苏式大卡车整齐地排列着，准备出发。边务处副处长陈培生奉命到场照料车队。边务处一位科长携同译电员带着密电码同车队一起出发，以便随时向盛世才报告情况。

为了接应西路军左支队，中国共产党中央派陈云和滕代远等经苏联到达迪化，随车队去星星峡。盛世才亲自到操场为陈云、滕代远等送行。小卧车车门打开，陈云步履稳健地跨出车门，用一种深邃的目光审视着眼前的一切。陈培生看到陈云和滕代远，想走上前去表示欢迎，但又感到不妥。因为盛世才没有安排他和他们接触，就不能轻率行事。陈培生作为共产党员看到党中央代表都不敢相见，可以设想当时新疆的政治生活是多么奇特。

这天适逢春雪。冷峻的天空，雪花划破凝重。浩浩荡荡的车队鱼贯而行，在雨雪交加中颤颤簸簸。

车队当天深夜到达吐鲁番县城，翌晨继续前进，到达七角井。七角井山峦起伏，荒芜凶险。他们转移了原定露宿地点，并做好戒备，防止袭击。夜深，黑压压的天空变得诡谲而且怪异，果然尧乐博斯的骑兵前来偷袭。宫自宽指挥部队与偷袭者展开激烈战斗，将其击退。是役牺牲官兵七人，负伤十余人。教导第四大队抵哈密西三堡即停止前进。

尧乐博斯既东拒红军西来，又西阻盛世才部去星星峡接应红军。吐、鄯、托警备司令孙庆麟指挥，调集驻吐、鄯、托骑兵和驻巴里坤骑兵团等部，加之教导第四大队，同时向哈密尧乐博斯进攻。尧乐博斯兵败，带着人马逃进八大石山里，被巴里坤骑兵团包围，部队大部投降少数溃散。

为了堵截尧乐博斯逃窜甘肃，宫自宽派二中队副王义恩带30多人的小分队，由哈密警察局几名警士做向导，乘汽车到红柳园子、妹花泉、土墩子等山口堵击。汽车小分队沿途未发现叛军踪迹，即在土墩子宿营。土墩子是骆驼、车马、行人避风雨的小站，只有两三间土房和没有门扇的一米多高的土围墙。

戈壁孤悬一月，天地朦胧。哨兵在黑暗中发现围墙周围有人匍匐靠近，当即向王中队副报告。周围开始射击，小分队依靠围墙掩护，阻敌靠近。天将拂晓，枪声逐渐稀落下来。小分队伤亡较大，能继续战斗者十几人，退入屋内继续战斗。

叛军靠近围墙，用哈萨克族语向小分队喊话，叫把枪交出，保证人员安全。向导中有哈萨克族警士，将喊话告知中队副和大家。大家商议认为，房内虽有粮但没有水，眼下又和上级完全失去联系，如果能保证人员生命安全，可以把枪交给他们。小分队提出要对方“抱经”宣誓，对方同意派人当众“抱经”宣誓。宣誓之后，小分队将枪支弹药交出。因汽车被打坏，十几人带着伤员，怀着悒悒之情徒步向哈密方向走去。

二中队派司务长曹力民由哈密乘汽车给小分队送粮和水，翌日午夜到达土墩子。曹司务长停车叫喊，没人答应。他借汽车灯光一照，只见凛冽夜风之中，房前屋后都是死人，没有活人。汽车在沉郁的死寂中转头，返回途中遇到徒步走着的小分队人员，将他们拉回哈密。

围攻小分队的是路过的尧乐博斯残部，以及哈萨克族中的土匪。

教导第四大队在哈密稍事休整，将物资从汽车上卸下，腾出空车30余辆。为预防途中意外，每辆空车派士兵数人武装戒备，由宫大队长指挥驰往星星峡。

车队到达苦水，遇到红军六人，顶着漠风，摇摇摆摆，其中两人负伤伏在骆驼上。宫自宽派大队部军医临时给伤员包扎治疗，将六人做了妥善安置，待部队从星星峡回来时再把他们一同送往迪化。

车队到达星星峡。二三十座碉堡，挺立山顶，俯视峡口。

边务处星星峡办事分处主任王效典领着两个人走进宫自宽休息的小屋，介绍说："这是中共中央代表施平（陈云）和李广（滕代远）！"又向两人介绍说："这是宫大队长！"双方互致问候，坐下叙谈。

宫大队长派警戒部队换回周围山上的红军岗哨，并将从省上带来的衣服、米面、饼干、竹笋罐头以及日用品分发给红军指战员。

## 中共中央代表陈云

西路军政治部主任李卓然——

到了星星峡以后，我和李先念同志联名给陈云同志打了电报，电报打得很简单也很有气魄。陈云同志接到电报后，立即给我们回了电。盛世才派了一名武官来看我们。这个武官给我们印象很好，不知他现在是否还健在，很感激他。在星星峡我见到了陈云同志。陈云同志平易近人，也很有头脑，我们早就认识。陈云同志代表中央召开了大会。

红三十军代军长程世才——

1937年五一国际劳动节那天，我们和星星峡驻军一块儿开会庆祝这个全世界人民的共同节日。就在这天，迪化派来三架飞机，给我们送来了供应品。接着，又开来了几十辆汽车，我们兴高采烈地围上去。从前面的一辆车里，走出党中央代表陈云同志和滕代远同志。大家一齐向他们伸出手去，并且都像小孩子一样地跳跃欢呼。群山环抱着的星星峡沸腾着、欢乐着。当大家握着党中央代表的手时，历尽了艰难和风险的同志们，压抑不住万种情肠和内心激动，一个个热泪夺眶而出。

陈云同志代表党中央向大家讲了话，向经历了艰苦战斗，终于回到党的怀抱的同志们表示慰问，他说：“革命斗争中有胜利也有失败，只要我们保存下革命的有生力量，我们就会发展壮大起来。你们现在的几百人，将来可以扩充到几千万人，争取革命的更大胜利！”

陈　云

陈云等同志给我们带来了特别需要的用品。每个人发了一身夹衣、一套衬衣、一个碗和一双筷子，还带来了大批哈密瓜，让大家分着吃。

**西路军军队工作部部长、原红一方面军九军团政治部主任黄火青——**

我们一到星星峡，盛世才派驻该处的边防站负责人王效典向迪化报告后，陈云等很快就赶来星星峡迎接我们。我在安西用毡子剪了双袜子当鞋穿，在沙漠地上才走几天，脚指头都露了出来。陈云带来两位苏联医生，尽管医药条件很差，负伤的人总算得到了治疗，大家也穿上了鞋。

我们到星星峡的第二天，正是5月1日。那是我一生中度过的最有纪念意义的五一劳动节了。西路军当时只剩下450来个人，但我们还保存了一面红旗。当天召开了五一劳动节纪念会，陈云讲了很多鼓励我们的话，说你们这些共产党员，那样的困难都经过了，人累得不像样子，不投降敌人，还能剩下这些人回来，总算好样的，是好共产党员嘛！你们那些破鞋烂袜子，将来都要放在革命博物馆陈列起来。他的讲话使我们深受鼓舞，整个会场情绪沸腾。

在星星峡期间，刘雄武的警卫员和其他掉队的人陆续跟了上来。据警卫员讲，刘雄武受伤，腿打断了，扶到山上去，不能走动。我把刘雄武的经历报告陈云，刘原是滇军朱培德部一个排长，1929年带了一个排起义上井冈山，担任过红九军团的团长，在反对张国焘斗争中观点正确，是个好同志。我建议由我带一班人、两挺轻机枪和一辆汽车，去把他找回来。陈云考虑了一会儿，没有同意我去，另派了刘鹤孔和刘雄武的警卫员带一排人去了。据他们回来后讲，他们在当地吹号寻找，没有人应声，警卫员又记不清确切地点，没有上山搜查，结果空手而回。要是他们当时先占领一个山头，再派人上山搜查就好了，因为刘雄武既已不能行动，即使听见号声，也无法走出来。

西路军总部作战科科长吕黎平——

我们刚到村口，就见到两个身着便服的人快步迎了出来，定神一看，原来是陈云同志和滕代远同志。党中央果然派人接我们来了！大家像虎口余生的孩子回到母亲的怀抱一样，惊喜地拥上前去，和陈云、滕代远同志热烈地握手。一时，西征三千里的艰难风险都涌上心头，我们百感交集，热泪哗哗地流，呜咽着说不出话来。

陈云同志亲切地逐个慰问我们。我望着陈云同志清瘦慈祥的面容，回忆起他在中央根据地时平易近人，总是不知疲倦地工作的形象。更难忘的是，1935 年 1 月土城战斗中，我亲眼见到身为中央政治局委员的陈云同志，冒着枪林弹

1938 年西路军总支队的骑兵队干部合影，右起第六人为黄火青

雨，亲临前线指挥抢救伤员，处理辎重，协助毛主席组织首渡赤水，在危急时刻表现了革命领导者的大智大勇。长征到达四川时，陈云同志执行党中央指示，从天全县境化装去国民党统治区，领导地下斗争。后来听说党中央派他去苏联参加共产国际第七次代表大会，在共产国际工作。在这期间，陈云同志给在法国出版的《救国时报》撰稿，宣传我党我军的业绩。

滕代远

滕代远同志和我紧紧握手，李卓然同志介绍了我的姓名。他马上松开手，退了一步，上下端详着我说："吕继熙？不是吕继熙！"滕代远同志转身向李卓然同志说："你搞错了！"我轻轻点了点头说："我是吕继熙！"记得在中央根据地第五次反"围剿"期间，滕代远同志从三军团政委调任军委总动员部部长，我在军委作战科，互相间经常接触。长征前夕，他受党中央派遣到苏联参加共产国际第七次代表大会，一去三年。当年我是 17 岁的小青年，经过三年的战火熏灼，尤其是西征的艰苦磨砺，瘦得皮包骨，苍老得像三四十岁的人，老首长当然不敢相认了。终于，滕代远同志认出我脸上残存的一些当年模样，激动地一把搂住了我，说："小吕，你受苦了！你们都受苦了！"

随同陈云、滕代远同志前来的，还有冯铉、段子俊、李春田同志。

陈云同志看到我们一个个蓬头垢面，两颊塌陷，走路摇摇欲倒，疲惫到了极点，心痛地说："有什么话，有什么事，以后慢慢再讲。你们先给我执行两个任务：第一，要吃好饭；第二，要睡好觉！"

为了让大家吃饱饭吃好饭，陈云同志到处张罗，除了大米蔬菜外，又设法搞来一些新鲜牛羊肉，还商请盛世才两次派飞机空投了部分罐头和其他营养品。为了让大家睡好觉，他不辞辛苦地到星星峡每个角落，亲自安顿分散住宿和露宿的同志们，问寒问暖，筹措被褥，解决医药用品。我们放开肚子拼命地吃，都觉得世界上的食品没有比星星峡的更香甜可口了。要不是陈云同志到处提醒别暴食伤了胃，我们真想一顿就把四个月挨饿的损失都补回来。我们使劲儿睡，日上三竿仍沉睡不起，日薄西山还在呼噜。我们都认为天下的事情，没有比舒心放胆地睡觉更美了。几天的吃饱睡足，我们发青的脸颊开始泛出红晕，酸软的四肢有了一点儿力气。

五一节那天，陈云同志召开大会。我们集合清点人数，发现只剩 300 多人。惨重的损失，使我们面面相觑，不可名状的哀痛，系上每个幸存者的心头。

陈云同志见我们心情沉郁，面孔变得严峻起来。他用很重的上海口音说："同志们！革命斗争有胜利也有失败，胜败是兵家常事嘛！你们在极端困难的条件下，团结一心奋战到这里，是非常难能可贵的。俗话说，留得青山在，不怕没柴烧！只要我们保存下革命的有生力量，我们就会发展壮大起来。只要留得你们这些火种在，就可以引燃革命的燎原大火，就能夺取革命事业的最后胜利！"

李卓然的警卫员邱正基——

还在祁连山中，我听到陈云首长来接我们，心情激动得久久不能平静。长征路上我跟随陈云首长的种种情景，一下子全在眼前浮现出来，那时我在红五军团部警卫班。

长征开始不久的一天下午，管理科长陪着一位近 40 岁的首长来到我们军团部警卫班。他个子瘦长，一副平易和善的面孔，朴素的衣着跟穷苦老百姓一样。管理科长向我们介绍说："这位同志是中央派来的，是中央苏维埃代表陈云同志！"陈云同志微笑着同我们每一个警卫员握手，询问我们的生活、工作情况。傍晚时候，通信员送来了他的行李，一小捆书、一条旧军毯。从此以后，陈云同志作为党代表同我们在一起。我们没日没夜地行军，每到休息的时候，他从不喊肚子饿，不向我们要吃的，洗脚、睡觉也不找我们打个招呼。开头几天，我们警卫班的同志很纳闷：陈云同志是客气呢，还是不好意思？为什么不要我们照料他的生活？有一天，我忍不住问道："首长，你要什么东西，需要我们做什么事，尽管交代我们好了！”陈云同志微笑着，语重心长地说：“小鬼哟，我们都是穷苦人嘛！怎么好叫你们干这干那的。大家都一样的嘛！你们白天黑夜地行军，还要警卫，还要值勤，够辛苦了！”

长征到贵州黄平县附近，部队打了个大胜仗，下边同志送来了一盏马灯，一个饭盒。陈云同志看到那盏马灯，高兴地对我说：“小鬼，那马灯你可要保管好！”这是他第一次开口要东西，原来他晚上休息时要利用这盏灯看书学习。白天行军，陈云同志骑在马背上也拿着书本阅读，他的马褡里鼓囊囊装着的全是书。他对战士们学文化抓得很紧。我们背包上都插着根竹牌牌，上边写着字，边行军边认字，一到打尖休息的时候，便互教互学。陈云同志一有空就来教我：“小鬼，你背上是什么字呀？你写写看！”我拿根树枝在地上拼命画着自己的名字：邱锦满。他看着看着，连连说：“不对了，不对了，‘满’字不是那样写，应该是这样写！”于是他一笔一画地认真教起来。

有一次夜行军，我手里拎着那盏马灯，又拿着那个饭盒。我的手指冻僵了，心想：这个倒霉的饭盒反正没东西装，留着它何用！我顺手一撂，空饭盒滚到山沟里，发出一阵响声。我根本没在意，陈云同志却听到了。休息时，他把我找去问道：“你发脾气了？”“没有哇。”“马灯呢？”“在。”“饭盒呢？”“撂……撂掉了，反正……反正没东西盛！”陈云同志微微叹息了一声，抚着我的肩膀说：“撂就撂了吧，我还以为你把马灯也撂了呢！”我不知道说什么才好，心里感到一阵惭愧。陈云同志是担心我把马灯撂了要影响他学习和工作啊！

不久，陈云同志离开了我们五军团。两年多了，我一直没有见到他。如今，当我们处在这样艰难困苦的情况下，党中央、毛主席派陈云首长来接我们，我真是激动得热泪盈眶，不能自已。

汽车接我们到星星峡，一下车我就到李卓然主任的住处报到。忽见从里间屋走出一个人来，我一看，惊喜得直跳过去。多么熟悉多么慈祥的面孔啊！我紧紧捧住他的一只大手，热泪禁不住夺眶而出，叫了声“首长”，再也说不出话来了。陈云同志又惊又喜地说：“小鬼还在，又来了？太好了，太好了！”他抚着我的头，语重心长地说：“你长高了，坚强起来了！邱锦满同志啊，你们经受了一次严峻的考验，不愧是坚强的红军战士！”

## “别让飞机叫醒咱们！”

巨斧劈山肤，
山灵骨节粗。
当车轮礫格，
振策马踟躇。
传说星星坠，
翻令步步吁。
豁然开一面，
土屋亦吾庐。

这是清人史善长的《星星峡》诗，道出了星星峡的险峻和地势。一望无际的戈壁沙漠上，南北一列乌色山脉，横空出世，拔地而起，莽苍磅礴，气势巍峨。时令虽是春天，然而山脉依然是冬天的枯色，发乌发黑。山脉拦腰一道峡口，危崖鼎峙，峭壁如削，龙盘虎踞，势若拼搏。这座乌龙一般山中的峡口就是星星峡。

星星峡只有几户人家，左支队吃住都很困难。住还好说，4 月底了，虽然天气还冷，但露宿已不像在祁连山中，能把人冻死；吃却是个大问题。

清晨，排长把鲜克德叫了去，交给他一个新奇的任务。排长嘴唇抖动着，没法掩饰内心的激动，说：“你们8 点30 分后，到南面两里路的地方去，布置好警戒，10 点后有苏联飞机来给我们送吃的，听见了吗？送吃的来！”

“苏联的吗？飞机……”

“是啊！同志，想想吧！这么困难，苏联帮助我们……”

鲜克德简直以为是在做梦，但的确是即将到来的现实啊！接到这个任务，他的心就不能安静下来，越想越高兴。在万分难忍的饥饿中，想到在遥远的地方有苏联同志关心他们，帮助他们，他除了用感激这两个字来形容当时的心情，再也找不到更确切的字眼。鲜克德是三十军军长程世才的警卫员，到星星峡之后当了警卫班长。

向南两里多的地方，说是飞机场，实际上只是一片比较平坦的沙漠。鲜克德向四面看看，什么也没有，大地全被厚厚的沙子覆盖着。这个地方飞机怎能认得出来呢？要是找不着我们怎么办？他把全班同志分散开，就坐在沙漠里等着，看看天，晴朗的天空一点儿云彩也没有。太阳好像比往日升得慢，心里只盼它快到当头，那时就会有苏联的飞机飞来，就会有吃的了。

“注意点儿，好好听着，别睡着了。我们是来接飞机的，别让飞机叫醒咱们，那就太不礼貌了。”他一再叮嘱战士们。

鲜克德聚精会神地听着，不时看看西北方向的天边。总想在飞机还没有到头顶时就提前发现它，好看着它一点点飞过来，但又总怕自己听不到飞机声。好容易把太阳盼到了当头，还是看不见飞机，连声音也听不见。难道不来了吗？还是改变了时间？他真恨自己的眼睛看得太近，耳朵也听不远。

正当他纳闷的时候，突然听到徐英文喊：

“班长，来了！来了！”

他们都急忙站起来，沿着徐英文指着的方向看去，可还是什么也看不见。但是细听听，真的听到有一种轻微的“轰隆”声。同志们都喊着：“来了！来了！”这时候，大家都是又高兴又着急，不知不觉地喊了起来，跳了起来，跳动的身体中还有一颗火热的心也在剧烈地跳动着！

马达声越来越大了。飞机上的苏联同志，也许看到他们这十几个连蹦带跳的人了，直奔他们飞来。四架飞机低低地飞过他们的头顶，马达声响彻了天空。鲜克德抬头看着这四架银色的双翼飞机，高喊着，一点儿也不害怕。过去见到飞机就躲，因为那是国民党轰炸扫射红军的飞机，这是苏联的飞机，给他们带来了吃的和友谊。他们一直在喊，不知喊了些什么，只觉得自己的心都快被喊出来了。飞机绕了两圈，大约有两三百米高，模糊地看到飞机上的驾驶员笑着向他们招手哩。他们更大声地喊，更高地跳着招手。正喊时，飞机打开了门低低地抛下一个一个箱子，接着又绕了一圈，驾驶员再一次向他们挥挥手，飞走了。

这时候，他们才好像从梦中醒来，才发觉胳膊酸了，嗓子也哑了。他们立刻朝箱子跑去，几十个箱子东一个西一个深深地陷在沙子里。有的是完整的牛皮包着的大木箱，有的已经摔碎了，露出了一包包的面包、饼干或是芝麻饼。

他们围着这一大堆吃的，不由得想到这都是从社会主义的国家刚运来的啊，都是幸福的人做成的啊！面包的香味扑鼻，鲜克德真恨不得马上咬口尝尝，但是他们还是抑制住了自己，很快地把这批珍贵的礼物运到了驻地。

星星峡这个小村落，立刻像过年似的热闹起来，每一个红军战士都抱着一大包东西高高兴兴地回来了。鲜克德手里抱着东西，心里感激着苏联人民雪中送炭的援助。面包、饼干的香味，使他想到很多东西。他似乎握到了苏联人民温暖的手，看到了他们的幸福生活。这些东西，不仅使他们有了为革命继续干工作的能力，而且使他们更加向往将来，将来自己也能有一个幸福的国家。

一连三天，他们都忙着把飞机迎来送走，又忙着把一箱箱吃的运回来。他们驻地附近，粮食已堆成小山，再不愁没吃的了。

第四天早晨，首长告诉他："今天飞机要给我们送棉衣来，要好好警戒，并帮助苏联同志卸东西，因为飞机这次不再空投了，而是要降落在沙漠上。"他听了这个消息更加高兴起来，心想，这些苏联人真好，给我们送吃的又送穿的。他暗地下决心，一定要趁今天飞机降落的机会，好好和那几位苏联同志亲热亲热，再看看飞机是个什么样子。他本来有一点儿担心人家看他这身破烂衣服笑话，又一想，我们都是无产阶级，哪能笑话呢？

和往日一样，四架飞机中午到达，盘旋了一周，贴着沙漠向下飞来。落地的时候，飞机在沙漠上一跳一跳，带起一阵黄沙，马达震天响着。飞机头上的螺旋桨转动得愈来愈慢，最后终于成了一根棍棍，停在 200 米远的沙上。不知怎的，鲜克德看到飞机着陆反倒呆住了，忘记跑过去和苏联同志亲热了，只是愣愣地站在那里，直到看见每架飞机出来两个人直向他们奔来，才想起来跑过去。大家像老朋友见面似的热烈握手。两个红脸的苏联同志走到他面前，穿着黑皮衣服、皮靴，身材高大，他要抬起头来才能看到他们的蓝眼睛。其中一个拍拍他的肩膀，伸出大拇指向他比来比去，然后两个人又说了些他听不懂的话。他正在挑起大拇指称赞他俩的时候，没有防备地被抱了起来，一下把他扔到半空中。他笑着摇手，但是苏联同志不说话，只是一边喊着一边笑，连扔了好几次。

他们和苏联同志一起将棉衣卸下，鲜克德用手比划着要看看飞机，苏联同志拉着他向飞机跑去。他爬到飞机里坐坐，座位很舒适，可是那一个个怪里怪气的仪表和一条条的电线却弄得他眼花缭乱。苏联同志笑着把他扶下飞机，请他们全班站好，拿出相机照了一张相，所有人又合照一张。临走的时候，苏联同志把身上所有的扁盒烟卷全送给了他们，又一一拥抱告别。苏联同志多么支持他们所干的事业，是多么真挚地爱他们，又是多么热烈地祝福着他们！

当天，他们每人领到一套灰色的新棉衣，一顶皮帽，一双棉鞋，还有两件衬衣。这些穿戴，一部分是飞机运来的，一部分是汽车带来的。鲜克德脱掉一身破烂衣裳，穿上了新棉衣，身上暖和起来，再也不怕大西北的坏气候了。

## 秘密进驻迪化

高大的沙丘，遍铺漠野，连绵起伏，宛若强风掠过海面，掀起惊涛骇浪，蔚为壮观。沙丘托举着红柳，飘动着火焰，开始讲述春天的故事。

雄浑壮丽的山脉峡谷，沉浸在柔和的霞光里。星星峡公路上一字儿排开盛世才的汽车兵驾驶的苏式大卡车。车厢里，横放着可以坐人的木板条。陈云站在车厢顶上，向列队等候上车的全体指战员宣布乘车行军的注意事项。

大家正要分组登车，忽然传来马嘶声。有匹枣红马挣脱缰绳跑到车旁，亲热地啃着主人的衣裳。人多车少无法随车带马，几十名团以上干部的坐骑，都留给盛世才的边防队了。昨天已和战马告别，今天，心爱的战马竟挣脱缰绳给大家送行来了。

大家又一次想起征程中与战马相依为命的情景。白天，它驮着主人艰苦跋涉，驰骋杀敌；夜晚，它又用温暖的躯体替主人挡风御寒。在最艰苦的祁连山中，它虽然瘦骨伶仃，已驮不动人，但在主人疲惫不堪，爬坡时一倒下就再也起不来的关键时刻，就靠拉着它的尾巴上山，一次又一次战胜了死亡的威胁。大家也视战马为战友，每到一地，不管再累再苦也要为它寻水找草维持生命。同生死共患难的战斗生活，人与马结下了深厚感情。

有马的干部，不约而同地跑到拴马的地方，激动地搂着马脖子与它亲昵，最后一次为它梳理鬃毛。大家再三叮嘱盛世才的边防军：“这些战马是有功之臣，一定要好好喂它，千万不要杀！老死了也不要吃它的肉，要把它们埋在向阳坡上。我们还要回来看它们!”

车队西行，阳光像一匹金绸落在车上、公路上。左支队将士人人脸上粗粝黑紫，隐隐透出一种沉重的激情，悲壮的雄伟。他们带着河西走廊峭厉的漠风，从星星峡迈出新的步伐。

大漠广袤，高天悠远。极目远望，荒凉不毛之地环抱四野；时而可见，成群的野黄羊和汽车赛跑。戈壁麻黄星星点点，一堆堆、一丛丛，倔倔地直挺着，在骄阳下驻足，在沙土里扎根，在漠风中浅唱。

车队越过河床很浅的一条大河，翻过一个慢坡，出现一片绿洲：一条条青渠，一块块稻田，翠绿的树林，成片的果园。要不是水塘里倒映着远方的雪山，人们真以为来到江南了。陈云告诉大家，这里是新疆的东部门户哈密，自古以来就是中原与西域联系的交通要冲。

将士们为塞外有水稻而纳闷，一了解才知道：清朝陕甘总督左宗棠督办新疆时，看到哈密盆地水源丰富气候温和，就令清军中的湖南兵搞“屯田”，开垦了2万多亩土地，从江南运来稻种，还带来了一些活鳝鱼。从此，新疆有了自产的大米，有了鳝鱼。

将士们在哈密宿营一夜。第二天出发前，宫自宽与盛世才通了一次电话。盛要他到南疆执行任务，就此与红军指战员分手，率部开往南疆。

红军指战员乘车继续西行，穿越“火洲”吐鲁番，经过奇山“火焰山”。秃岭荒山重峦叠嶂，赭色砂岩连绵起伏，宛若火龙横卧在大戈壁上。那赭红色的山峰，怪石嶙峋，寸草不生，在5月的阳光照射下红光灼灼，热气蒸腾，好像一堆堆巨大的火焰正在熊熊燃烧。火焰山，古书称“赤石山”。当地维吾尔族群众给山起名字叫“克孜勒塔格”，意思是“红色的山”。《西游记》中唐僧师徒受阻于“八百里火焰山”，孙悟空三调芭蕉扇的故事，为火焰山披上了一层神奇的色彩，成了传闻天下的奇山。唐代边塞诗人岑参有诗：

火山突兀赤亭口，
火山五月火云厚，
火云满天凝未开，

飞鸟千里不敢来。

满目洪荒山水色，一壁朱墙透半天。汽车在热气蒸烤中喘息着，挣扎着。一股一股灼人的热浪扑面而来，烤得人人燥热难忍，呼吸急促。

车队在浩瀚戈壁上像长蛇缓缓爬行，终于到达天山脚下。

天山山脉由东至西横亘新疆中部，把新疆分成了南北两个各具特色的区域，即南疆和北疆。有诗云："一山横亘界南北，万古奇雄塞大荒。"天山山脉，高远辽阔，苍穹无极，奇峰林立，终年白雪皑皑，平均山脊线超过 4000 米，最高的托木尔峰海拔 7435 米。天山原是海洋，经喜马拉雅造山运动后逐渐隆起。山脉中的燕子山，布满了海蚌化石，形如燕子，就是明证。天山本身就是一篇长卷史诗，越过时间的长河，屹立在天地间。天山的雄伟壮丽，素来为古人所称道，唐初四杰之一的骆宾王就曾赋诗："忽上天山路，依然想物华。云疑上苑叶，雪是御沟花。"曾和林则徐一起虎门销烟，抗击英帝国主义，又和林则徐同时谪戍伊犁的两广总督邓廷桢路过天山时写下《天山题壁》诗：

迭嶂摩空玉色寒，
人随飞鸟入云端。
蜿蜒地干秦关远，
突兀天梯蜀道难。
龙守南山冰万古，
马来西极石千盘。
艰辛销尽轮蹄铁，
东指伊州一笑看。

天山山高路险，坡陡弯急。汽车沿悬崖陡壁吃力地盘旋而上。在山脚时，人人感到闷热，敞胸露怀；越往上爬气温越低，将近山顶寒风习习。山上山下，恍若两个季节。

天山北麓是缓坡阔远的大平原。成群的羊群、马群和牛群，悠闲地在嫩绿的草地上游荡着。雪山、草地衬托下的各色畜群，就像绣在缎面上的彩色图案。沿途见到的男男女女穿着五颜六色的服装，戴着缀满花色的小帽，姑娘们梳着十几条小辫，都操着民族语言。

车队在迪化东南20余里的红雁池停了下来，等到暮色徐徐降临大地，才趁天黑驶进市区，驶进正在修建中的西河坝纺织厂。

将士们住下后，一个使人转不过弯来的问题摆在面前。

陈云把团以上干部集合起来，说："盛世才虽然对我党友好，对南京政府采取'将在外，君命有所不受'的态度，但他是新疆的边防督办，也不公然与蒋介石的国民政府翻脸。因此，他同意将红军接进迪化市安置，但不愿意让红军在新疆公开身份。这样，我们就不便佩戴红色帽徽领章，需要换穿盛世才部队的藏青色军衣，戴青天白日帽徽来掩护身份，适应新疆特定的政治环境。"

河西血战已载入史册，新的历史篇章开始了。但是，往事不是风，不会一吹就散。那些浴血鏖战的撼天巨浪过后，千万朵带血的感情的浪花，依然沉重地留在指战员心里。陈云讲解的道理大家明白，但回去一传达，多数人情绪上接受不了。在五次反"围剿"中，在长征中，在西征河西中，不就是穿这种军服的人，想置我们于死地吗？大家把盛世才派人送来的军服堆在一旁，执拗地不穿。

陈云耐心动员，反复讲明道理。将士们终于怀着惜别的心情把红领章、红帽徽和旧军服洗得干干净净珍藏起来，换上了盛世才军队的服装。这种军服上衣四个口袋在外、短领，下身是马裤、短靴，其布料都是苏联援助的。

西路军左支队悄悄进驻迪化，对外称"新兵营"。两天之后，盛世才在督署东花园贵宾室接见红军领导人，也采取秘密方式。红军将领未走督署正门，而是从旁门进入，由陈培生把陈云、李先念、程世才等迎入东花园会客厅。

这期间，又有近百名突围时被打散的西路军指战员由星星峡来到迪化。人多院小住不下，陈云商请盛世才在迪化东门外，为进疆的指战员腾出一座有四五个相邻的院子和一个大操场的营房。营房背靠城墙，面对雪光闪烁的天山，西边紧挨着盛世才的装甲大队，东边斜对门是盛的特务团，再过去是盛的军官学校。

新兵营大门

新兵营大门搬到新营区之后，开始组织整顿。左支队走出祁连山时清点人数，全队903人，经安西一仗至此仅剩400余人了。陈云、滕代远和李卓然、李先念等西路军工作委员会领导商量后，把400多人编制成4个建制大队。每个大队下辖3个排，每个排辖3个班，每班10人左右，上设总队部统一领导。由于进疆的干部比较多，编4个大队后，还多出60多名连、营、团职干部。陈云决定将这些干部集中一起，编成干部队，由他直接领导。

进疆部队中还有十几名军师领导干部，按陈云意见暂住总队部学习、休养，等候党中央安排。他们是：

西路军总政治部主任李卓然；

西路军总司令部参谋长李特；

红五军政委黄超；

红三十军政委李先念；

红三十军代军长程世才；

红三十军政治部主任李天焕；

原红九军团政治部主任黄火青；

西路军保卫局局长曾传六；

西路军卫生部部长苏静观；

西路军总指挥部第一局局长郭天民；

西路军总指挥部第三局局长宋侃夫。

对于整个新疆来说，这些天只是普通平凡没有出现任何奇迹的日子，但是，对于西路军左支队将士，却意味着新的战斗生活的诞生和开始。

# 接应西路军者谈

滕代远——

1936 年，因接应红四方面军我去了新疆和邓发接头，到约定地方未见到邓发，就回苏联了。

1936 年，中央指示我们，西路军损失惨重，应想法组织起来，整顿一下找个出路。当时决定陈云同志代表党中央，还有我、冯铉、段子俊、李春田，赴新迎接西路军。我们未走之前，见过斯大林、莫洛托夫、伏罗希洛夫一两次，向他们反映红军长征情况。他们问要什么，我们提出西路军进疆缺弹药等。他们表示要大力帮助，有 90 辆坦克，90 门大炮，让我们看。我们很高兴，想接到西路军后搞开一个局面。

西路军总支队部分干部在新兵营宿舍门前合影

我们到边境后，恰遇“双十二”事变，我驻共产国际代表团让我们停下来等候指示。陈云同志流鼻血很厉害，就用飞机送到阿拉木图治疗。我们住在边防军一个营长家，他有妻子、母亲、两个男孩、一个女孩。正值冬天，常下雪。没书读，只有俄文报，让冯铉给我们读读；也没事干，很寂寞，就打扑克。后来接到指示，和陈云同志一同出发去迪化。盛世才派了一个顾问，给了一辆汽车，给我们每人一件牛皮大衣，穿在外面，羊皮大衣穿在里面。我们到了迪化，盛表示欢迎。

这时，李先念、程世才、李天焕、宋侃夫等同志已到星星峡一带，我们才知道西路军只有几百人了。苏联给了那么多东西不好要，要了也拿不了。和盛谈到西路军入疆，对外叫新兵营，在新疆训练干部，学飞机、炮兵、无线电等。盛同意，派了一个顾问（苏籍）同我们一起，还派了汽车，一个团（团或营记不清了）去迎接。盛的顾问提出要我们放下枪，以免出事。陈云同志说我们是去训练干部，是盛同意的，我们不干涉其他事务，不能放下枪，放下枪不成了投降？最后我们胜利了。那时盛对我们是又怕又爱，怕是怕我们干了他，坐不稳；爱是想和我们拉关系，表示亲苏亲共。

1937 年 5 月，西路军由星星峡到达迪化。新兵营住在东门外一带，我们也住在新兵营，和盛接头全由陈云同志负责。陈是中央代表，我不公开，只是当个助手。我们按营、连、排把新兵营组织了起来，组织他们学文化、政治、飞机、炮兵、无线电。我们着重从政治思想上进行正面教育。当时不少人要去莫斯科学习，我们说服先在此训练一下再去。同志们思想很复杂，陈云同志很耐心，做了不少工作。

1937 年七七事变后不久，中央派了周小舟同志来新，公开担任八路军代表驻在新疆。我们争取援助，盛给了 3 万件皮大衣，一批机枪。周初来时，盛曾问我们：派来了个姓周的，是不是周恩来？我们未见，当然不知。一次开会，盛介绍给我们，才知是周小舟。不久，中央调周回去，让我公开担任了八路军驻新代表。

这一期间，我们一直未和地方上发生什么关系。盛也怕我们。我们请他到新兵营来看看，保护他的安全，建立了一些感情。

王明、康生由苏回国途经新疆，盛设宴款待，我也参加了。盛给王明 1 万美金，王不要。盛说是帮八路军抗战的，王才收下。党中央派了邓发同志任中央驻新疆的公开代表，陈云同志回到了延安。中央又派了徐梦秋、毛泽民等来新疆。有的人本拟去苏联看病，因盛一再向中央要干部帮助他建设新疆，所以毛泽民等暂时未去苏联，就留在新疆工作了。

当时，苏联总觉得新疆那里民族落后，人口少，不主张发展党组织、多派干部，怕搞急了，像他们国内似的出问题。

我很想回延安。我同李先念、程世才等一批干部，带了些机枪、大衣等回到延安。

段子俊——

1936 年 10 月或 11 月，共产国际代表团的负责人王明、康生突然通知有紧急任务，要我马上去陈云同志那里报到。我原在国民党白区从事党的秘密交通工作，暴动失败后，党组织派我到苏联学习无线电工程专业，这时已经毕业。根据我学的专业，我想这是组织上要我回国为党建立秘密电台。我按指定地点报到后，一行五人便奉命从莫斯科出发，先去阿尔马达。五人中有陈云、滕代远、冯铉、我和李春田。冯铉是俄语翻译，我也会俄语，其他三人不大懂俄语。我们到阿尔马达后，每个人都换上皮大衣毡靴，转乘载重汽车，经过一天路程到了边境上的一个小城。与我们接头的都是苏联红军驻边疆的格别乌系统的军人。这时我才知道，我们的任务是援接西路军。

新兵营旧址

在苏联边境小城，我们住在苏军骑兵中校家里。陈云同志住的是一个小房间，我们几个住在一个大房间。我与冯、李三人晚上搭铺在地板上。因西安事变爆发，在这住了很长时间。我们到达迪化时，已经是 1937 年 4 月底了。在迪化停留三四天后，盛世才派来几十辆汽车，我们跟着汽车队去星星峡迎接西路军指战员。这时李先念等同志已先我们到达星星峡，到达星星峡的西路军将士约 400 人。

西路军到达迪化后，开始驻在西大桥纺纱厂。同年六七月间又搬到盛世才的军营驻地，对外叫新兵营。记得搬到新兵营后，陈云和滕代远同志住在里面的一个小间，我和冯、李三人住在外面一个大间。李先念、程世才、李卓然、黄超、郭天民等都住在正屋里。迪化有家医院是苏联人开的，院长和主要医护人员都是苏联人。我因懂得俄语，陈云同志派我多去医院联络，负责接送新兵营的伤病员到医院治疗。另外，我还承担一些杂务和教学工作，如帮助几位主要领导同志学算术等。

经陈云、李先念等同志商定，把新兵营编成一、二、三、四大队和一个干部队。王子刚、宋侃夫、刘寅组织了几个报务员，胡正先每天用收音机收听新华社消息，并记录下来供陈云等同志参考。在新兵营组织学习党的路线和时事期间，黄火青交出两本张国焘反中央的文件，给了陈云同志。在那段时间里，陈云和滕代远同志做了大量艰苦细致的政治思想和路线教育工作。一方面组织指战员学习文化科学知识；一方面组织指战员学习中央文件，学习有关抗日民族统一战线的方针政策。开始是上小课，过一个月后上大课，由陈云同志亲自主讲。

在新疆期间与盛世才谈判，主要是陈云和滕代远同志一道去的。有时陈云同志一个人去，有时是与李卓然等同志一起去的。

1937 年 8 月下旬，共产国际来电要我到莫斯科。我到达莫斯科时，王明、康生已经离开莫斯科回国了。此时的国际代表团团长是王稼祥。他告诉我，共产国际想积极援助我们，将原先运到边境上给西路军的一批武器，准备经外蒙古运到延安去，让延安派人接收，并要我参与这一工作。他又说现在已经晚了，由于抗日形势的发展，再这样办就会影响国内的统一战线，所以党中央主动提出此时不便接受这批武器。于是，10 月底我便与许光达、高自立一起从莫斯科回国，途经新疆住在南梁招待所。这时陈云同志已经回延安了，由邓发同志接替工作。

记得我第一次随陈云同志从莫斯科回国时，中央与共产国际还没有直接电报往来。我 1937 年 11 月初第二次从莫斯科回国时，捎回一批电讯器材，能建一台较大的发报机和电台联络讯号。后又带给我密码，以便到延安后，能与共产国际取得直接联系。1938 年 1 月，我们 50 多人，全副武装，乘坐苏联援助国民党抗战物资的汽车直到兰州八办，而后乘汽车经西安回到延安。延安与共产国际的直接电讯联系是 1938 年三四月间才建立起来的。当时我是军委三局二科科长兼无线电工厂厂长，邱均品是电台台长。为了祝贺直接电讯联系的成功，中央还给我和邱均品写了封表扬的贺信。1939 年 8 月至 1943 年，中央与斯大林和共产国际的来往电报，是通过专门设立的一个系统，当时由我负责专管这个电台和电报翻译。每次来电后先是交康生，后来由任弼时同志转中央。

林超——

我是工人出身，14 岁就离开中国到海参崴远东造船厂做工。1930 年我在船厂加入了中国共产党。我在船厂是 5 级工，每月 140 卢布，本身消费 30 卢布，剩下的钱都买了公债。我家庭是贫农，有母亲，但我没有捎钱给她。当时想法就是，只有帮助了苏联，各国革命才能搞起来。领导看我和别人不一般，1933 年送我去东方大学学习。

东方大学办公室主任是吴玉章。第三国际负责东方部的是米夫。学习内容很多，中文、俄文、东方史、西方史、革命史、政治经济、数理化、军事等。我因为没有上过学，很吃力，经常头痛，所以不愿学习了，要求回国。我往第三国际跑了三趟。1935 年第三国际告诉我，批准你回国了，分配到新疆，具体工作和李立三接洽。1935 年春，我搞了华侨的假护照，坐火车到巴哈顿，李立三就住在那里。李立三交代我的任务是以秘密工作形式了解西路军的消息，然后给我具体地讲了政治形势及技术方面的要求。

1935 年 5 月，我到迪化。我买了房子后，在靠南门三角地的新安街开了个小杂货铺，和我发生单线联系的一个是汽车队里名叫亚科夫的汉族司机，一个是在机场里做地勤工作的。他们和我是东方大学的同学，都是中共党员。所需要的情报都是由刘长胜用密码写给我，寄来或者亚科夫跑哈密时带回来。刘长胜是边疆一带中共党组织的负责人，化名王祥宝，住在伯力，常去海参崴，他当时在甘肃一带。我晚上将情报加工密写好，直接经过信箱寄给李立三，或者有汽车时带去。信皮写的是巴哈顿一个女人的名字，李立三就住在她那里。情报内容是西路军的活动情况，走到哪里了等等。

1937 年，西路军 400 人左右到了新疆，有李先念、李卓然、程世才等。

1938 年的一天，一个贸易公司的俄国人到杂货铺买好酒，穿得挺阔，进门用俄语说酒卖多少钱？然后问我从哪里来，叫什么名字？我也用俄语回答了。原来他是经莫斯科介绍来的，他告诉我，几点钟到某某地方，有人跟你接头。第二天我按时去了，来人穿商人衣服戴礼帽，我不认识。他问我懂得经商吗？我说：懂得不多。他说：你会做茶业吗？我说：可以。他说：好，你明天到某某地方去。第二天我到指定的地方去等，来了一个胖子，原来是李春田。我和他在莫斯科学汽车时在一个组里，所以认识。他给我 5 万块钱，让我换衣服，约好再到这里来，准备收摊子。我回去赶快做了收摊子的事，到时候又去了。他把我领到新兵营去，到营部一看，负责人是第一次和我接头的“商人”，原来是陈云同志。他说：这几年你辛苦了，现在工作结束，你来这儿吧！从此我就开始过组织生活了。

## 开展反张国焘路线的斗争

西路军军队工作部部长、原红一方面军九军团政治部主任黄火青——

西路军余部在陈云的率领下，离开星星峡前往迪化，第一天住在烟墩。晚上，大家都已入睡。滕代远原来和我认识，他和冯铉约我去散步，在院里停放的汽车旁边闲聊起来。他们问我西路军到底是怎么回事？因为他们在苏联，对情况不了解。我就把我所知道的有关张国焘反党活动的一切情况都告诉他们。5 月 7 日到了迪化，开始住在西郊公园附近准备办纺纱厂的地方。我们住在北面，南面空着没人住。平时陈云有事只找原西路军工委会几个负责人，不找我。有一天晚上，陈云叫我：老黄，到院里“踱方步去”。他和我在中央苏区就认识，我们在南面院子里来回散步。他当面问我西路军有关情况，我又对他复述了一遍。

1937 年 7 月间，西路军余部迁到迪化东门外营房，对外称新兵营。我们在那里休整、学习。名义上是盛世才招待，实际是苏联出钱，每人每天有一斤羊肉吃。长期艰苦行军、战斗生活之后，一休息下来感觉万分疲倦，吃了饭就想睡觉，总觉睡不够，差不多睡了 10 天。陈云当时的方针是：要大家好好休息，不谈过去的事，怕谈起来影响同志关系。我和曾传六在祁连山一起打前站带路，比较熟悉了，他是党委成员。我和他同住西屋，其他人住在一排三间的上房。我有时就和他谈谈党的政策、党的历史和苏维埃运动中的失误，只是不提张国焘的姓名，但说明党内问题总是要搞清楚的。看样子他内心非常苦恼，但从不表态。

我把随身带的那些“干部必读”之类张国焘反党的小册子清理出来。有一天，我同郭天民去看陈云，他听说我带了些刊物，叫我交给他。我捡出一份比较完整的交给他，重份的留下。我买了个练习本子，把小册子上文章的重点摘抄下来，封面写上“旧事重提”四个字，有空就看看，准备将来系统批判张国焘反党罪行之用。那个期间由于用脑过度，我曾发生过严重失眠，几乎几天几夜睡不着觉。后来还是苏井观（原在上海学医，后进入苏区）告诉我一个办法，每天早晨、晚上散步一小时，高兴了还可以跑跑步，但不要过累，睡前用冷水洗洗脸。我没地方散步，就在屋后雪地上像驴推磨一样，绕着圈子走。此外，滕代远还教会我骑自行车，有时上街，撞见卖烤羊肉串的，就停下来烤上几串，骑在车上吃。

陈云和滕代远住在八路军驻新疆办事处，经常和我们联系的是冯铉，他对外名义是新兵营政治处主任。有一天开个什么会，我们十来个人加上陈云等五六个人。李特和黄超又在会上发泄对党中央、对共产国际的不满。会议中间他们忽然冲着我说，听说黄火青同志对过去的事还有意见，什么“旧事重提”！平时陈云告诉我别讲话，这天开会说我可以讲。我就站起来说，我有意见不自今日始，过祁连山时我就讲过，我是反对张国焘反党行为的，有意见我还要讲。陈云表示，黄火青有保留自己意见的权利。这个会就算结束了。

接替杨秀昆任总队长的饶子健——

我们刚到迪化的时候，我党驻新疆代表陈云同志和滕代远同志等都住在新兵营，和李先念等同志住在一起。经历了西路军的惨痛失败，人人备尝艰辛，但不能正确认识失败原因，不少人思想上存在悲观、埋怨情绪。在此情况下，陈云同志和盛世才的督办公署交涉，伙食安排得很好，每顿都像会餐一样，让大家吃好、休息好、治病、养伤、恢复体力。更重要的是他经常利用早晚时间找干部谈话，了解情况，进行个别教育。在充分掌握情况的基础上，首先在工委成员中开会统一思想认识，开展反张国焘路线的学习，对积极执行张国焘路线而又拒不认错的李特、黄超等人进行了严肃的批评与斗争。因为张国焘在红四方面军中影响甚大，许多同志对其野心家、阴谋家的面目看不清。所以，领导同志开会的风一透露出来，部队思想就发生了动荡。陈云和李先念同志立即搬到部队驻地，深入班排，做耐心细致的思想工作，使部队情绪很快稳定下来。

1937 年冬，陈云同志奉命回延安，从莫斯科回来的邓发接替陈云、滕代远同志的工作，担任中共中央驻新疆代表，并负责八路军驻新疆办事处工作。

邓发同志住在迪化南梁八路军办事处（对外称第三招待所），对新兵营学习抓得很紧。1938 年春天，根据中央政治局决议的指示，在新疆开展了反张国焘路线的斗争。邓发同志亲自向排以上干部传达了中央《关于张国焘错误的决定》。虽然我们当时路线觉悟不高，理解不深，但张国焘分裂红军另立中央，擅自带领红四方面军南下川康又组织西路军，使大家吃尽了苦头，所以大多数同志对中央决定表示拥护。但是仍有部分同志思想转不过弯子，有的只承认西路军失败是军事指挥上有错误，不承认政治路线错了。根据这种情况，邓发同志每星期亲自给排以上干部上两次政治课，讲解张国焘路线的有关问题，并给全体同志讲党课，提高路线斗争觉悟。不久，又传达了中央《关于开除张国焘党籍的决定》。大家听说张国焘只身投入国民党特务集团的怀抱，成了可耻的叛徒，非常愤恨。原来对张国焘路线错误的严重性认识不足和受张国焘欺骗蒙蔽较深的同志，如梦初醒，恍然大悟，纷纷以亲身经历的事实来控诉、揭发张国焘的罪行。由于党代表陈云同志、邓发同志的教育和细致工作，最终使大家的思想统一到毛主席的正确路线上来，从而推动了文化学习和军事技术的提高。

# 第二章

# 陈云倡导学文化学机械学航空

## “前方在作战在流血，你们要加倍学习！”

当春季最后一股源自甜滋滋的沙枣的花香渐淡渐远时，新兵营和迪化城一同走进了万物茂盛的夏季。

陈云一方面通过苏联驻新疆领事馆的电台，发电报经苏联政府和共产国际再转党中央请示；一方面考虑到新疆与陕北路途遥远，左支队将士短期内无法回陕北根据地，可以利用新疆统一战线的环境培养人才。他向大家宣布：“在中央没有新的指示前，新兵营全体指战员要抓紧一切时间学习。要使新兵营成为一所培养红军人才的学校！”根据大多数指战员是农民出身，当红军后才认识几个字的实际情况，他决定先集中半年时间，突击学习文化知识。

黄昏夕照，陈云在暖风吹拂的院中散步。他走近正在站岗的肖显清，和蔼地问：“你们学习有什么困难？你们打仗打惯了，能不能坐下来学习？”

“能，能坐下来，就是没打仗痛快！”肖显清红了脸，低下头说。

陈云莞尔一笑，感喟颇深地说：“既要能打仗，也要能坐下来学文化，这可是为了将来更好的打仗！”

新兵营有人不习惯学习生活，不愿意穿戴敌人的军装，坚决要求打回河西为牺牲的战友讨还血债，与延安的同志会合，挺进抗日前方。支队长杨秀坤打仗是好样的，学习文化与同级干部相比落后了。有个干部开玩笑地对他说：“打仗我们听你的，学习文化你得听我们的了！”由于撤销了去苏联学习的计划，他对个别人不满，再加上这么个玩笑，一气之下用手枪自杀，经抢救两个月后才出医院。李特的警卫员用驳克枪自杀，中弹七发，没有抢救过来。

陈云在大会上动员说：“文化知识是学习其他知识的基础，没有文化就像盲人。我们在战场上冲锋陷阵，是为了革命事业的胜利，现在在这儿学习文化知识，也是为了革命事业的胜利。内容不同，目标一致。希望大家要像在战场上冲锋陷阵那样，向文化进军！”

各大队按每个人识字多少编成文化学习班。识字不足1000字的，编入语文初级班；识字1000字以上的，编入语文高级班。数学不分高低班，统一从加减乘除四则运算开始学。具有高小文化程度的教初级班，基本达到中学文化程度的教高级班。西路军机关干部中有人是学生参加红军，其中几位墨水喝得较多。例如搞无线电的王子刚、刘寅，不但中文程度高，还懂英文，这些同志就成了“教授”。后来，党中央还从延安派来了文化教员。

教材从哪里来？陈云设法筹措经费购买了一批中小学课本。数学课本很实用，语文课本都是“人之初，性本善”一类内容，不大适合。陈云就自己动手，选了党的声明、决议等，油印后发给大家，作为学语文学政治的合用教材。各班在较大的宿舍挂上黑板就是教室，每人做个小马扎，自己的膝盖就是课桌。

教员就像教小孩子一样从头教起。起初是“一、二、三、四、五，金、木、水、火、土”，慢慢由浅到深，由简单到复杂。墙壁上、树干上、操场上、寝室里、厕所里，到处都贴满了识字牌。放机枪的地方写着“机枪”，竖步枪的地方写着“步枪”；墙上写上“坦克”两个字，旁边就画个坦克。每天从起床到睡觉，营房里一片念字的声音。

学员也是好样的，意志的锋芒像一把刀子。每天的作业，几乎人人超额完成。笔墨缺，纸张少，就用树枝蘸锅灰水在石板上练写字，用树枝在细沙地上演算术。不少人睡觉时，把笔记本放在被窝里，打着手电筒看。

陈云又提出，除了语文算术这两门主课外，还要学一些历史、地理、自然常识。他组织兼职教员上了不少这方面的课。许多指战员第一次知道了中华民族有悠久的历史，灿烂的文化，有反抗外来侵略的光荣传统；知道了新疆面积占全国六分之一，居住着14个民族，有400万人口，有丰富的宝藏和特产。和田的玉，阿尔泰的黄金，还有吐鲁番的葡萄，鄯善的哈密瓜，库尔勒的香梨，伊宁的苹果，库车的杏，阿克苏的薄皮核桃等。

卢沟桥事变后，抗日战争全面爆发。陈云利用政治课时间，给大家作国际国内形势报告，他再三对指战员讲："前方的同志在作战在流血，我们要珍惜这个机会和条件，加倍学习才是。这一切都是为了将来好上前线，多打胜仗！"

陈云与盛世才交涉，给新兵营增配了武器。原来每星期用两个早晨自习文化，改为天天出早操一至两个小时。拂晓，新兵营响起了嘹亮的起床号。指战员们一跃而起，扎腰带，打绑腿，集合到大操场，精神抖擞地练射击、刺杀、格斗和其他战术动作。

新兵营还开展体育和娱乐活动。大家修了排球场。每逢星期天，各队之间赛上一两场。偶尔也打篮球，但指战员不懂运球技术和比赛规则，也像打排球那样双手将球往上抛，还将球抱在怀里，互相争夺得直打滚。大家学唱抗战歌曲，开大会时，放电影前，各队之间忘不了拉拉歌，赛一赛。歌声豪迈，此伏彼起。

电影，是当时稀罕玩意儿。迪化市只有苏联领事馆有部电影机。陈云想叫大伙开开眼，就去借来演电影。指战员们闻讯后高兴得手舞足蹈。第一场电影的名字叫《恰巴耶夫》。大家瞪着眼睛，惊奇地观看着。由于是俄语片，听不懂，只能揣测意思。从苏联来的冯铉懂俄语，就在电影机旁给大家翻译主要意思。开头几次，由苏联领事馆派人来放电影。陈云指示，要派人学放电影。搞无线电机务的贾善去苏联领事馆学习，他也许是红军历史上第一个电影放映员。从那以后，大伙差不多每个月都能愉快地看上一两次电影。

体育和文娱活动，使新兵营紧张的文化学习，充满了热情，增添了欢乐。

## "咱们就从学骑自行车开始学机械化！"

一个大队跑步奔向操场，"一、二、三、四"，练开了队列动作；一个大队全副武装奔向田野，在那儿摸爬滚打，练习战术动作；一个大队静悄悄地趴在东边的靶场上，练习对活动靶的瞄准；一个大队抡起了大刀，传来了雄壮的喊杀声；干部队拿着步枪，练开了刺杀基本功。

陈云扎着腰带，检查操课来了。他看到干部队个个练得汗流浃背，就走过去，亲切地嘱咐歇一会儿。

大路上传来了隆隆声，越来越响越来越大，连脚下的大地都在隆隆声中哆嗦。十几辆卡车拉着十几门大炮驶过，十几辆装甲车跟在长长的炮队后面。这是盛世才的炮兵、装甲兵在训练。天空中传来了嗡嗡声，越来越响越来越大，连头上的蓝天都在嗡嗡声中颤抖。几架灰色的飞机在空中俯冲、爬高、盘旋、追逐。这是盛世才的航空队在飞行。

大家看着汽车、装甲车和飞机，再看看自己手里的步枪、刺刀，都羡慕得直搓手咂嘴。有的说："要是我能开汽车、装甲车，该多好啊！用这家伙打仗才带劲儿呢！"又有人说："我连两个轮子的自行车都不会骑，那四个轮子的玩意儿，就是给我也不会摆弄！"

陈云凝望着远去的汽车、装甲车，听着大家的议论，沉思着……

不久，总队部通知各队领导去开会。他们一进总队部院，就看到两辆崭新的自行车放在那里。大家好奇地围着自行车看。陈云叉腰站在大家面前，双眼闪烁着坚毅、兴奋的光芒。

"我们也要学机械化！"陈云招呼大家坐下，说，"日本侵略者有飞机、大炮、汽车、装甲车。他们仗着这些武器横行霸道，使我们吃了不少亏，多流了很多血！我们要战胜日本侵略者，不能光靠步枪、刺刀，也需要有飞机、大炮、汽车、装甲车。现在没有，将来总会有的！等有了再学就晚了，我们从现在起，就要着手培养会驾驶飞机、汽车、装甲车的人才。"

他接着说："如果我们这400多号人，每人学会摆弄一两件机械化武器，将来回延安，一个人再带会十个八个人，这对建设我军的技术兵种，对夺取革命战争的胜利，将是多大的贡献呀！这可是一件有战略意义的任务呀！"

大家窃窃私语，都认为陈云说得对，看得远；可是又疑惑，现在有条件学机械化吗？只见陈云略停了一会儿，提高了嗓音宣布："可以告诉在座的同志们，组织上正在联系学机械化的事，已经有了眉目。今天找大家来，就是要求各队抓紧文化学习，要提前完成文化学习计划，准备接受学习机械化武器装备的任务!”

大家高兴得手舞足蹈，一个劲儿地拍手叫好，纷纷挤到陈云面前。

“请首长放心，我们一定保质保量、提前完成文化学习计划!”

“请首长尽可能早点儿安排我们学机械化吧!”

“我们都想学开装甲车，行不行?”

陈云微笑着摆了摆手，让大家坐下，接着说：“还要给各队下达一个任务：每个同志都要学会骑自行车。在学习复杂的机械前，先学学摆弄简单的机械；在学驾驶四个轮子前，先学学掌握两个轮子的。咱们就从学骑自行车开始学机械化!”

陈云筹资买来的这两辆自行车，成了指战员学习机械化的启蒙工具。大家兴致勃勃地排队轮流学骑，每人每次一小时，由两名先学会的“教员”在后面扶车保驾。学员骑车直行，骑车转圈，还骑车从一个慢坡往下溜，练习掌握平衡。学得快的骑三四个小时就能独立“驾驶”了，学得慢的学五六个小时也基本会骑。大家都非常爱护这两辆自行车。学骑中每当快摔倒时，都抢先伸出腿或胳膊接地，用自己的身子保护车子。一直到400多名指战员都能自如地骑自行车时，这两辆车还是“五官端正”的呢!

## “要建自己的空军，必须及早培养人才!”

金秋十月，艳阳高照。葡萄和哈密瓜，摆满了迪化的大街小巷，香甜诱人。

正忙于筹备新兵营学习机械化装备的陈云，忽然把吕黎平找去。窗外射入一缕阳光，把陈云笼罩在金色之中。他身穿深色的中山装，风纪扣扣得整整齐齐，见到吕黎平第一句话就问：“你对今后的工作去向，有什么打算呀?”

吕黎平是新兵营干部队党支部书记，原在红一方面军工作，红一、四方面军懋功会师后调任红四方面军总指挥部作战科副科长，西路军时任总指挥部作战科科长。他望着陈云亲切的面容，毫无保留地说出了内心的想法。第一，不愿到盛世才的政府里工作，因为很小就从农村参军，缺乏在城市搞统战工作的社会经验；第二，愿意回延安，但不想在后方做原来的参谋工作，请求派到抗日前线去。

“把你留在新疆学飞行怎么样?”陈云听后笑了笑说。

“学飞行?”学飞行对吕黎平的吸引力是那样强烈，他惊异地问道，“这可能吗?”

“有这样的可能！我了解了盛世才的航空队情况，现有六架初级教练机，九架侦察轰炸机。他办过两期飞行训练班，一期机械训练班，教官主要是苏联人。现在，第二期飞行班快要毕业了。”

陈云站了起来，一边踱步一边深沉地继续说：“我们在中央根据地，在长征途中，吃了国民党空军多少苦头呀！许多英勇善战的好同志，没有倒在与敌人短兵相接的战场上，却惨死在敌机的轰炸扫射下。你一定还记得长征途中，贺子珍同志在贵州挨飞机轰炸，受伤的情景吧？身上中了九个弹片，多惨呀！现在，日本帝国主义又用飞机对我华北军民狂轰滥炸，制造了很多血案。如果我们党有一支自己的空军，就能从空中打击敌人。空军是很复杂的技术兵种，要建自己的空军，必须及早培养人才。我想，我们可以利用新疆的统战环境，借用盛世才的航空队，为我们党培养一支既会驾驶飞机，又会维护修理的航空技术队伍。只要有了人才，再想办法通过国际援助获得飞机，我们的空军不就可以建立起来了吗!”

陈云深谋远虑的设想，使吕黎平高兴得心怦怦直跳。

陈云又说：“我已同盛世才谈过这个问题。他心里当然不愿让我们共产党人使用他的飞机培养人才，但他既然答应我们新兵营借他的汽车、装甲车、大炮学技术，就不好拒绝借他的飞机学飞行。于是，他提出了两个条件：一是他的飞机不多，要请苏联再提供点儿援助，用于代培共产党的航空人才；二是培训毕业后的飞行员、机械员不要马上离开，要帮他把航空队的军威建立起来，因为他训练的头两批飞行员都是学生出身，害怕打仗。”

说到这里，陈云爽朗地笑了起来：“盛世才的算盘打得蛮精明的哟！关于第一个条件，苏联的航空工业比较发达，再援助几架飞机不是什么难事，我已答应联系解决。至于第二个条件，估计毕业后不一定马上有飞机建立我们自己的空军，在他那儿继续飞一段时间，也有利于巩固提高技术嘛!”

陈云接着说："现在需要物色学习航空的人选，今天先找你谈谈。你要有带领一部分同志留新疆学航空的思想准备！"

吕黎平又惊又喜地注视着陈云，心里既高兴又忐忑不安。若真能插上钢铁翅膀飞上蓝天，向猖獗的敌机开火，为死难的烈士报仇，那是多么光荣的使命呀！可是，自己就这么点儿文化，能学会驾驶复杂的飞机吗？当他说出自己的担心后，陈云温厚地一笑，说："你才 20 岁，身体又好，而且语文有一定基础，主要是数理知识还要提高。俗话说：世上无难事，只怕有心人。你可以集中一段时间抓紧补习文化嘛！"

陈云的话，是鼓励，也是决定。吕黎平怀着忐忑，怀着企盼，立即表示："我服从组织决定，一定不辜负党的期望，争取早日飞上蓝天！"

陈云最后说："我的这些设想，还要报党中央批准后才能实施，你就等通知吧！"

吕黎平回到干部队，心里充满融融暖意，兴奋得一连几个晚上未睡好觉。他对驾驶飞机飞上蓝天心驰神往。

陈云开始找新兵营各大队领导调查摸底，预选学习航空的对象。为了保证政治上的高质量，决定全部从共产党员中选拔。基本条件是：年轻、身体好，有一定的文化。原计划预选 50 名候选人，但内定了 30 多名后，陈云就不再选了。

1937 年 11 月上旬，中国共产党驻共产国际的代表王明、康生和邓发从苏联回延安。他们乘坐一架由四台发动机改装的苏联军用运输机路过迪化。党中央决定陈云搭乘这架飞机回延安，邓发留下来接任党中央代表。

陈云离开迪化前告诉吕黎平，有关学习航空的事，他回延安后要当面向党中央、毛主席汇报，并说："新兵营的同志绝大多数是红四方面军的。考虑到这是我们党组建的第一支航空队，要让各方面军都有代表学航空才好。我准备在延安再选 20 名左右红一、二方面军的同志，来新疆学航空。"

陈云乘飞机飞向延安。钻石般透明澄澈的天空中跳动着一串轰鸣声。

西路军余部进入新疆的 400 多人中，最先回到延安的是几个军师职干部，他们紧接陈云之后乘飞机到达延安，时间是 1937 年底。

延河水，滋润着一个新世界；宝塔山，坚韧地托起新天地。一部中国革命史行进在苍茫的山河间。1937 年 12 月一个晴朗的日子，延安沉浸在一片和煦里。李先念、李卓然、曾传六、程世才、郭天民、李天焕等向毛泽东住处走去。毛泽东穿着洁净的灰布军装迎上前，和大家一一握手，并连连地说："你们辛苦了，辛苦了！"

红日当空，映红天际，使浩渺无垠的黄土世界百倍生辉。

## "很好么，你可以当红二十五军的代表了！"

李奎在延安摩托学校学习。延安摩托学校创建于 1937 年 4 月，仅有五辆破旧汽车，办学条件十分艰苦。11 月一个秋高气爽的上午。刘鼎校长对李奎说："陈云同志叫你去！"并指给他陈云住的窑洞。

李奎听说陈云叫，感到十分高兴。陈云从苏联经新疆不久前回到延安，毛主席为他开了欢迎会。欢迎会在陕北公学院内，毛主席向大家介绍了陈云，并致了欢迎词。李奎在欢迎会上第一次见到陈云，陈云满面笑容，给人的印象很好。

这一年对李奎来说，真是双喜临门。一是红十五军团政治部主任王首道批准他到延安抗大学习，在学习中获得了思想和文化双丰收；二是组织上又选调他到摩托学校学习，使他学到了电工以及汽车的驾驶、维修等技术。陈云找自己，一定又是一喜。李奎眼前的世界似乎变得更加明亮，怀着兴奋的心情加快了脚步。

陈云的窑洞在延河西边清凉山下。李奎在窑洞前稍微镇定了一下，然后轻轻地敲门。

"进来！"这是陈云的声音。

李奎进了窑洞，发现摩托学校的刘子立、夏伯勋、黎明等同学都在，还有几位不认识。人满满地坐了一屋子。

李奎向陈云敬礼并报告："我是李庆山，是首长叫我吗？"

陈云和蔼地笑了，叫他坐下，问他的年龄、文化程度，是哪个方面军的？

"我 21 岁，只读了三年私塾，是红二十五军的。"

陈云听了后笑着半开玩笑地说："很好么，你可以当红二十五军的代表了！”

李奎有点儿纳闷，当什么代表呢？一看才明白，原来在座的只有他是红二十五军的。

陈云拿起桌上的报纸叫他念了一篇文章。他念完，陈云就说他有一定的文化程度。陈云将一块怀表在他头上不同的位置放一下，问听到了没有？他说听到了。陈云接着让他走五子棋，他仔细考虑了一下，走对了。

“还算灵活，送你去新疆学飞行怎么样？”

李奎看了看周围的同志，才恍然大悟，原来是让大家学开飞机呀！这就是说我军也要建自己的空军了。

李奎不禁想起，1932 年 8 月鄂豫皖根据地第四次反“围剿”时，红四方面军向黄安转移，在公路上突然遭到敌机的轰炸，牺牲了一些同志；1936 年冬，红军由甘肃海原向山城堡转移时，也遭到敌机袭扰，夺走了不少战士的生命。那时他就曾想过，要是能开架飞机，一定把敌机揍下来。没想到这种偶然闪过的愿望，竟然要成为现实了；可又一想，自己文化低，个子矮，能开飞机吗？他把这些想法都告诉了陈云。

陈云鼓励说：“你才 21 岁，身体又好。经过长征后，不少同志身体都不行了。至于文化低，可以提高嘛！你在红军中锻炼这么多年，不是增长了不少见识吗？个子矮也不要紧，飞行椅是可以根据人的高低调整的。”

李奎当时的感觉是温暖的，温暖到心里。他当即表示：“服从组织决定！”

陈云沉吟片刻，严肃地对大家说：“为了战胜日本帝国主义，为了中国革命的胜利，我们要有一支强大的人民空军；虽然暂时没有，但可以先培养人。新疆是抗战后方。盛世才为了自己的利益，采取了一些进步措施，对我党也表示友好。这个环境对我们是有利的！”

陈云由新疆回到延安后，担任中共中央组织部部长，亲自到抗日军政大学和摩托学校物色学航空的人选。他物色的学员回校后，立即开始突击学习数学，从加减乘除一直学到代数。经过体检合格后，他确定严振刚、李奎等 19 名学员赴新疆学习。

严振刚是 19 名学员的领队，原是红一方面军的，到陕北后任红十五军团骑兵团政委。他们一行于 1 月 16 日从延安出发，先穿八路军军服经西安到兰州，然后又穿长袍、马褂，戴瓜皮小帽，装扮成东北流亡学生，佯称是盛世才的远房亲戚投奔新疆。他们终于混过重重关卡，搭乘兰州到新疆的运输车，赶到了迪化。

## 中央来电，完全同意陈云的意见和安排

1938 年 1 月，一个阳光温暖的冬日。邓发来到新兵营告诉大家："陈云同志已向党中央、毛主席汇报了培养我党航空人才的筹备情况。中央来电，完全同意陈云同志的意见和安排，让我们与盛世才最后商妥有关事宜。从延安挑选的 19 名学航空的同志，也已启程来新疆。"

2 月初，盛世才正式通知：飞行班和机械班都定于 3 月 1 日开学，请中共选派的学员，在近期内完成体检和入学文化考试，2 月底到航空队报到。

邓发当即与盛世才和苏联在航空队的总教官尤吉耶夫讲明："我们这批学员，从小参军，没读过什么书。要是按照《新疆日报》登的招考中学毕业生的条件，都考不上，请免予文化考试；至于体检，可以照常进行。"

苏联顾问首先表示同意。盛世才办航空队主要靠苏联顾问，顾问同意，他也就点头答应了。

邓发指定吕黎平带领新兵营的 30 多名学航空的候选人，到迪化市北门内盛世才的军队医院去体检。苏联医生和盛世才医院的军医，量身高，称体重，检查内、外科和五官科等，对视力和心脏查得特别仔细。

大家从来没有见过这样的体检场面，生怕不合格，心情很紧张，量血压时普遍偏高。那时化验血的方法很落后，验一次要抽 25CC 血样。说来也怪，当穿着白大褂的医务人员用粗粗的针筒抽血时，这些在战场上见惯了流血的人，反而感到特别不自在。最难应付的是坐转椅检查平衡机能，左转八圈，右转八圈，立即停止，要求身体站正不歪斜，能辨别东南西北。有好几个人在抽血和坐转椅时晕倒、呕吐。体检结果，25 名合格，其余被淘汰。

2 月下旬，延安派来的学员还未赶到新疆。为了不影响按时开学，邓发根据延安通知的 19 人的姓名和职别，与新兵营体检合格的 25 人编排在一起。本着让各方面军都有代表学飞行和学机械的原则，确定了 44 名学员的学习分工。

邓发将大家召集到新兵营会议室，作进入新疆航空队学习的动员。

邓发着重强调说：“关于我们党在新疆的工作方针，应按王明同志去年11月路过迪化，对新兵营全体干部讲的去做。就是：统一战线高于一切，一切服从统一战线。为了维护统一战线，你们到航空队后，要听从该队长官的指挥和管理，不要进行宣传共产主义和发展共产党员的活动。”

中共中央驻新疆代表邓发

邓发宣布了44名学员的学习分工。吕黎平为飞行班班长，延安来的严振刚为机械班班长。飞行班和机械班为一个支部，分成六个党小组。邓发提议吕黎平为第一任党支部书记，严振刚、方子翼、方槐、朱火华、陈熙、金生六名同志为第一任党支部委员。会上，大家举手一致通过。

最后，邓发又明确了几个问题。航空队党支部由党中央驻新疆代表直接领导，不同新兵营和别的党组织发生关系。盛世才不准许在他的军队内部有党派组织，因而党支部的所有活动都要严格予以保密。每个同志在航空队的登记表上填写化名，互相一律称呼化名。

2月28日，盛世才派两台卡车到新兵营，接新学员入航空队。从延安派来的学员仍没有赶到迪化。邓发决定，新兵营的25名学员先去报到。新兵营的指战员排成两列，夹道送行。大家热情地挥着手，高声嘱咐：

“好好学习，盼望你们的好消息！”

“祝你们早日飞上蓝天！”

“学会了飞行，就驾飞机到我们新兵营上空转一圈，让我们也高兴高兴！”

汽车把由于兴奋而满脸通红的航空学员拉到紧靠迪化市南门的一所院内，

在宿舍门前停下。这是一座300多平方米的大房子，隔为里外间。里间住飞行学员，外间住机械学员。每人一张床，两人合用一个床头柜。除了中共的学员外，盛世才另从地方中学招考录取了16名机械学员，已经先报到了，都住在外间。

当天，他们领取了被服装具。大家在整理内务时，自觉保持了红军的传统作风，被子叠得像豆腐块那么方正，脸盆、鞋子都放在个人床下相同的位置。整个宿舍整齐划一，井然有序。

第二天，航空队的主要军官视察新学员来了，看到从新兵营来的学员个个军容严整，内务整洁，禁不住私下里交口称赞。

3月1日的开学典礼，因延安派来的学员未到而推迟了。航空队的军官提出，初教机已空闲，等待时间不宜太长。邓发与盛世才商定，现有学员先开学，边学边等。

3月3日，航空队的操场上，搭起了一座讲台，上面挂着醒目的横幅："新疆督办公署航空队第三期飞行班、第二期机械班开学典礼"。航空队所有飞行、机械、后勤及机关人员约400人，穿着整齐的军装集合在讲台前面。新学员站在第一排。

**盛世才**

上午9时，两辆黑色轿车开来了。从第一辆车里，钻出了佩戴上将军衔的盛世才。盛世才中等身材，留八字胡，阴沉的四方脸上卧着两道又粗又黑的眉毛。他披着宽大的黑呢风衣，走路昂首挺胸，左顾右盼。从第二辆车里出来的是盛世才的总顾问，苏联红军将领巴宁。巴宁身材高大粗壮，也穿着盛世才部队的军服，佩中将军衔。

“全体立正!”航空队大队长张念勺大声发出口令，正步走到讲台前，向盛世才敬礼报告。盛世才还礼毕，同巴宁中将登上主席台就座。

典礼开始。乐队奏起雄壮、激昂的军乐。在庄严的军乐伴奏中，张念勺亲自给每个学员佩戴上有小飞机模型的军衔领章。飞行学员被授予上士军衔，机械学员被授予中士军衔。

盛世才只有一个航空队，因而对开学典礼很重视。他训话时，激昂慷慨，先是讲他的“反帝、亲苏、民平、清廉、和平、建设”六大政策，说“与共产主义思想一致”，接着又将学航空的重要性讲了一番，简直是飞机一响，包打胜仗。

3 月 10 日，邓发派人通知吕黎平，延安来的同志已到，让党支部的几个委员，悄悄地请假去新兵营会面。当晚，吕黎平、方子翼、朱火华、陈熙、金生等，匆匆赶到新兵营，见到延安来的 19 名同志。

方子翼见到方华，大吃一惊。原来，方华在红三十军八十八师二六七团当政委，方子翼在红三十军政治部当青年科长，彼此熟悉。西路军西征的石窝战斗中，二六七团为掩护全军后撤，绝大多数指战员壮烈牺牲。方华与敌人拼到最后，跳下山崖，幸未摔死，在一个山洞里躲避数日，待敌人撤退后，历尽艰险回到了延安。他俩都认为对方已牺牲，彼此悼念过。现在塞外重逢，又是为了党的航空事业在一起战斗，怎不惊喜交加呢!

航空队，在陈云的精心组织下，选有红军各方面部队的代表，体现了全军团结奋斗，共创人民空军的精神。44 名航空学员，来自红军的各个部队。其中，红一方面军 16 人，红二方面军 2 人，红四方面军 24 人，红二十五军 1 人。1 人因病返回延安。

延安来的同志听说已经开课，纷纷要求马上就去报到，及早补上缺课。邓发笑着同意了。他指示，为了对外掩护身份，新兵营和延安来的同志，在航空队的公开场合要像素不相识那样相处。为了庆贺会合，星期天外出洗澡时都到新兵营来，开个联欢会。

久经疆场的军人的联欢会是庄严而欢乐的。大家兴高采烈，热血沸腾，激情满怀。联欢会上，严振刚传达了陈云的重要指示。他说，陈云在延安窑洞里接见即将赴新疆学习航空的同志时说，你们是第一批红色飞行师，是红色空军第一批骨干；不要怕文化低，不要怕人家看不起，要有坚强的毅力，一定把技术学到手；要遵守纪律，搞好团结，保持党的荣誉。在这开始学习航空的兴奋时刻，陈云的话给每一个人留下了特殊的深刻印象。这是初春最温暖的一天。

# 第三章

# 新疆抗日民族统一战线

## 左支队进驻迪化的历史背景

西路军左支队进驻迪化与新疆独特的历史背景有关。

1917 年的俄国十月革命，建立了世界上第一个社会主义国家，并且成功地击败了外国武装干涉，粉碎了国内白卫军的进攻，转入经济恢复与建设时期。俄国十月革命对新疆最大的影响，是它结束了沙皇俄国对新疆长达近 80 年的侵略，改变了俄国与新疆关系的性质，使中俄关系成为友好通商，平等交往的关系。苏俄由于帝国主义的武装干涉和经济封锁，也由于实行军事共产主义政策，使国内生产遭受到极大的破坏，物品奇缺。1920 年生铁产量仅相当于 1913 年的 2%，糖产量只有 3%，棉花只有 5% ~6%。因此，苏俄政府急需发展对外贸易，包括恢复同新疆的贸易。新疆当时也有这个需要。以往新疆工业品的供给和土产品的销售均依赖俄国，俄新贸易骤减，工业品失去来源，土产品没有市场，只好发展与内地贸易，但由于路途遥远交通不便，运来的工业品价格昂贵，土产品除肠衣和皮毛外无人收购，价格大跌。与 1917 年以前相比，全省布匹价格上涨 300%，铁上涨 800%。1920 年 5 月 28 日，苏俄和新疆地方当局签订《伊犁临时通商协定》。这个协定废除了沙俄时的免税权和领事裁判权，是一个平等条约。条约签订后，两国地方贸易逐年恢复和发展。1924

年10月双方换文，同意相互对等：苏联在迪化设总领事馆，在喀什、伊犁、塔城、承化等处设领事馆；新疆在苏联哈萨克共和国斜米设总领事馆（1931年改设于塔什干），在宰桑、阿拉木图、塔什干、安集延等处设领事馆。

苏联和新疆边境绵延2000多公里，交界之地种族相近，经济文化交往十分密切。苏联为了本国的利益和安全，十分关注新疆的局势。新疆地方当局为了维护自己的统治，也需要边界的安宁。所以十月革命以后，苏联与新疆地方当局一直保持着和平、友好、通商的关系，即使1929年中苏外交关系因“中东路事件”而中断时，新疆地方当局和苏联仍然保持着外交关系。

杨增新借辛亥革命之力当上新疆都督，对苏俄始而严守“局外中立”，坚持“不干涉主义”，继之又协助苏俄红军剿灭入窜新疆的旧俄白卫军，始终同年轻的苏维埃国家保持正常的友好关系，是同时代的封建军阀不可比拟的；但是，他长期实行闭关政策和愚民政策，阻碍了新疆历史的发展和社会进步。他因循守旧的做法，引起他的政府中以樊耀南为代表的一些具有革新意识人士的不满和反对。1928年7月7日，樊耀南等发动政变，将杨增新枪杀。但政变很快就被杨的门生、政务厅长金树仁镇压。金树仁掌握了新疆的统治权，仍然同苏俄保持着贸易往来。

金树仁思想平庸，腐败无能。1933年，督署参谋处处长陈中、迪化县长陶明樾、航空队长李笑天等人联合归化军发动四一二政变，赶走了金树仁。金的前线总指挥盛世才在极为不利的局势下，通过各种实力加心力的角逐，最后达到新疆权力的顶峰。盛世才上台之初，因势单力薄，立足未稳，想投靠南京政府，有所仰仗，以便正名位而号令全疆。但因他不是蒋介石的嫡系，南京政府迟迟不予任命，相反还派参谋本部次长黄慕松入新“宣抚”。宣慰团里各样的人都有，实际上也就是到新疆后接替省政府的班底。盛世才枪杀与黄慕松搞到一起的陶明樾、陈中、李笑天，挫败了南京政府的企图。南京政府被迫任命盛世才为新疆边防督办，但仍然想把盛搞掉。那时，武力入新的马仲英与伊犁屯垦使张培元联合起来反对盛世才，马的部队一直打到省城附近，张也倾巢而出攻击盛世才，南疆又出现了东土耳其斯坦伪政权，盛世才的统治岌岌可危。

盛世才审时度势，权衡利害，认识到只有取得苏联的援助，才能够挽救危局。1933年5月，盛世才派外交部驻新疆办事处处长陈德立到苏联驻迪化总领事馆去见孜拉肯总领事，表示愿意在金树仁政府与苏联签订的《新苏临时通商协定》的基础上，进一步增进彼此间的友好关系。盛世才还宴请苏联驻迪化正副领事，表白自己信仰马列主义。经过多次会商，双方取得谅解。孜拉肯总领事将会商情况电报莫斯科请示，电报称盛世才为马列主义信徒。1933年10月，由于马仲英的步步进逼，盛世才又派陈德立和航空队副队长姚雄赴莫斯科请求军事援助。苏联政府遂派熟悉东方事务的驻塔什干外交特派员格·阿·阿布列索夫为公使衔的驻迪化总领事，与陈德立、姚雄一道来到迪化，负责与盛世才直接谈判。在谈判中，为得到苏联的军事援助，盛世才“曾允在将来新疆各族人民的文化水准能够接受共产主义时，可以实行共产主义”。

苏联决定支援盛世才，大致可以归结为三方面原因。第一，苏联从本国利益出发，希望新疆有一个亲苏的地方政府。当时帝国主义妄图把新疆作为反苏的基地，马仲英受日本支持，东土耳其斯坦共和国由英国一手策划。新疆乱下去，不仅对中国不利，也对苏联不利，只对帝国主义有好处。如果新疆有一个亲苏的地方政府，就可以排除英、日势力出新疆，这对于巩固苏联的边防，抵御日本的侵略阴谋是十分有利的。第二，就盛世才这个人来说，是比较合适的人选。盛世才是辽宁开原人，青年时代曾留学日本，接触过马克思主义，五四运动时期，他被留日的辽宁同乡推为代表返沪参加全国学生总会争回国土运动。此后，盛世才弃文从武，进入韶州讲武堂学习，毕业后在东北军郭松龄部任职，得到郭的赏识，后被张作霖保送到日本陆军大学深造。1925年11月，郭松龄倒戈反奉，盛世才奉命回国参加郭部反张工作。因日本帝国主义出兵干涉，郭松龄兵败被杀，盛潜回日本陆大继续读书。他陆大毕业后，正值北伐战争，任国民革命军总司令部上校参谋，后调任参谋本部第一厅第三科科长，因不被重用遂萌赴边疆之志。可见，他对日本侵略军有积怨，对南京政府也有反感。第三，盛世才政府是南京政府任命的合法政府，支持盛世才，不会加剧中苏关系的恶化；在国际上，英、美等国虽然不满，但也无干涉的理由，只好吞下这只苦果。1939年4月，斯大林在接见孔祥熙时曾经说过：“当年苏联之所以援助盛世才政府，是因为盛政府是中国中央政府任命的合法政府”，“苏联当年援助与它素无关系的盛政府，也就是间接援助了中国的中央政府”。

苏联与盛世才正式结盟，在军事、经济等方面给予盛巨大的援助。

军事上，苏联除给盛世才飞机、装甲车、机枪、弹药等军火援助外，1933年12月和1934年1月，还派红军分两路入新参战。一路由霍尔果斯进入伊犁，穿盛世才军队服装，对外称“塔尔巴哈台军”，击败张培元，张自杀身亡。另一路由塔城边卡苇塘子入境，穿盛世才军队服装，对外称“阿尔泰归化军”，直扑乌苏，南向迪化，解迪化之围。马仲英被迫逃往南疆，占领喀什，促使了东土耳其斯坦共和国的覆灭。盛世才率领省军和阿尔泰归化军紧追不舍，马军大败。英国驻喀什领事劝马仲英逃往印度，苏联驻喀什领事劝马仲英到苏联去。为保住部队，马仲英等于7月10日在依尔克斯塘附近越过边界进入苏联。马仲英余部由其姐夫马虎山率领，保留三十六师番号，退驻和田，和田“伊斯兰教王国”随之灭亡。新疆局势安定，苏军撤退回国。目睹盛马大战的瑞典探险家斯文·赫定博士评论说：“如果盛世才没有向苏联购买飞机、装甲车、机枪、弹药和卡车，甚至雇佣那个国家的军队的话，他是不会取得胜利的。”1937年5月南疆又发生麻木提、马虎山变乱，很快席卷南疆。盛世才无力阻止变乱，不得不再一次请求苏联出兵。同年9月，苏联派柯尔克孜兵两个团，俄罗斯机械化部队一个团，配有飞机40架、坦克20辆，由阿图什县境直趋巴楚，将三十六师的人马截成两段。马虎山见大势已去，率少数亲信逃奔印度，后投靠了蒋介石；麻木提也由印度逃往日本，成了日本帝国主义扰乱新疆的走卒。新疆全境宣告统一。1938年1月，盛世才以哈密一带不安宁，以及苏联运赴中国之抗战物资缺乏必要的安全保障为由，请求苏联派苏军一个团及空军一个支队开往哈密驻扎，扼守新疆的东大门。这就是苏军红八团驻扎哈密的由来。

经济上。1935年8月，苏联向新疆省政府提供500万金卢布的借款，用于战后恢复和发展生产，以及偿付苏联军火款。借款没有什么附带条件，只规定了借款的用途，即修筑公路，建立发电厂、电灯厂、清花厂、榨油厂等，五年期内由裕新土产公司以土产归还，年息5厘。1937年1月，苏联又向盛世才提供250万金卢布的借款。由于土西铁路和若干公路的完成，使苏联与新疆的交通，较之内地更加便捷，使新疆与苏联的经济交往更加频繁。根据《二十年来苏联对外贸易统计要览》所述：1933年至1936年，苏联输入新疆的主要商品有大麦、镶木、砂糖、石油及石油制品、化学及药品、火柴、棉织物、黑色金属及制品、机器及制品等，价值总计6605.4万卢布；新疆输往苏联的主要商品有：米、干果、活牲畜、羊毛、棉花等，价值总计10202.19万卢布。两相比较新疆出超3596万多卢布，而同期与内地的贸易几乎断绝。由此可以看出新疆在经济上对苏联的依赖。

盛世才得到苏联军事和经济的支持，一方面巩固、扩大了势力；另一方面在政治上不能不受苏联的影响，实行一系列进步的政策。苏联向新疆地方政府派遣了政治、军事、经济顾问和技术专家，多达300余人。但新疆作为中国的一个省份，不便聘请外国人担任各级行政领导。在盛世才的要求下，共产国际和苏联内务部派曾在莫斯科学习过或在共产国际和苏联工作，原先是中共党员后转为联共党员的中国人到新疆。1935年至1936年，先后派俞秀松（化名王寿成）、赵实（王宝乾）、任岳（刘贤臣）、郑一俊（郑义钧）、稽直（栾宝廷）、江泽民（吴德铭）、赵云蓉（女）、刘进中（陈培生）、王立祥（曾秀夫）、张逸凡（万献廷）、芒素尔、哈森木等20余人到新疆工作。其任务有两个：启发群众觉悟，制止民族仇杀，制定进步政纲，扭转新疆腐败落后的政治局势，发展民族文化；侦察敌情，打击日、英间谍活动，排除日、英间谍势力伸入新疆。这些人在组织关系上，受苏联驻迪化总领事馆的管理，遵守共产国际和苏联确定的在新疆不公开党员身份、不发展党的组织、不宣传共产主义的原则。盛世才对他们很尊敬，很优待，一个个委以重要职务，如王寿成任“反帝会”秘书长兼新疆学院院长，王宝乾任外交处处长兼新疆日报社社长，刘贤臣任新疆保安总局副局长，万献廷任新疆日报编辑长，吴德铭任新疆汽车运输总局局长，陈培生任边务处副处长，栾宝廷任省政府交通处处长；但是，在暗地里，盛世才对他们严加监视。

王寿成等虽然是经共产国际、苏联派到新疆工作的，不是中共中央派遣的，但是当时中国共产党是共产国际的一个支部，中共党员与联共党员是可以互转的。因此他们在新疆的革命活动，应成为中共党员在新疆活动的一部分。1955年新疆维吾尔自治区成立时，《人民日报》社论指出：中国共产党为了新疆各族人民的解放，从1933年起就派遣了许多优秀党员到新疆工作。这批共产党人在新疆的主要功绩是帮助盛世才制定和贯彻进步政纲——即六大政策，使新疆政局面貌一新。虽然在马仲英围城时，盛世才为了取得苏联的援军，曾允诺在新疆实行共产主义，但苏联深知这是不合时宜的，是不足取的。苏联和在新疆工作的共产党人，根据新疆的实际情况帮助盛世才制定了切合实际的进步政纲,即六大政策——反帝、亲苏、民平（民族平等）、清廉、和平、建设。

不管盛世才的主观愿望如何，应该说六大政策是符合新疆历史发展要求的，是顺应新疆各族人民意愿的，是进步的、革命的政策，受到新疆各族人民的拥护。它与中国共产党在新民主主义时期的纲领，尤其是抗日战争时期的政策，基本上是一致的。西路军左支队进驻新疆的前后几年，六大政策的执行是坚决的，取得了积极的成果，给落后的、封闭的、停滞的新疆社会，注入了活力，加速了新疆社会主义现代化进程。

盛世才对外实行亲苏路线，对内施行进步政纲。这不仅使他的政权逐步稳固，而且也影响到他的政治态度。西路军左支队进驻新疆，正是由于新疆当时独特的历史环境，由于苏联的斡旋。

## 中国共产党与盛世才建立统一战线

盛世才与苏联联盟，推行进步政纲，就必然会倾向并联合中国共产党。在相当一段时间里，盛世才“政治问题是以两个中心的态度为标准，即国际问题看莫斯科，国内问题看延安”。据陈潭秋 1941 年 11 月 6 日《新疆情形概略报告》，1935 年以后，盛世才本人以“李长春”署名发表文章，以苏联的口号作准则，号召统一世界反帝反法西斯力量，与反动势力进行坚决斗争，对国民党的攘外必先安内的政策也比较含蓄地进行了抨击。1936 年 7 月 14 日，盛世才发表通电响应共产党提出的“停止内战，一致抗日”的号召，并致电国民党中央，提出了七项救国纲领：“一、必须全国各族各界同胞一心一意精诚团结以救中国；二、必须停止内战，以最坚决的斗争反对侵略与瓜分中国；三、全国各族各界同胞必须与一切汉奸坚决的斗争；四、对帝国主义必须抛弃不抵抗政策，而采取最坚决强硬之外交政策；五、必须与外来之经济侵略及走私运货作坚决之斗争；六、必须用一切力量发展本国经济与农工商业；七、必须遵照孙中山先生遗嘱联合世界上以平等待我之民族共同奋斗以救中国之危亡。”盛世才在国内一些重大问题上与中共有一致的看法。

中国共产党为了打通国际路线，解决战略依托问题，也需要联络新疆盛世才。早在1936年4月9日，中共中央代表周恩来与张学良在延安达成停止内战一致抗日的初步协定时，双方就商定派代表赴苏联。东北军的代表由欧洲去，中共代表由新疆去，并由张学良派人联络盛世才。1936年6月初，中共中央派邓发经新疆去莫斯科。邓发在西安会见了张学良，张学良对这件事非常重视，亲自到兰州民政厅为邓发办好护照，还写信打电报给盛世才商办此事。6月12日，邓发以甘肃省民政厅查灾专员的身份从西安乘飞机到达兰州，从兰州换乘汽车经过武威，6月27日到达张掖。他到安西时不幸身染重病，待病稍好后于10月16日启程继续向新疆前进，历尽千辛万苦于11月上旬到达迪化，12月1日到达莫斯科。这是中共中央到达陕北后派往共产国际的第一个代表，也是中共中央与盛世才最早的联系。

抗日战争，使国共两党实现第二次合作。1937年9月前后，中国共产党先后在南京、武汉、西安、重庆、太原、长沙、桂林、兰州等地公开设立八路军办事处。9月22日，国民党中央通讯社发表延搁已久的《中共中央为公布国共合作宣言》。23日，蒋介石发表谈话，承认中国共产党的合法地位。此后，毛泽东发表了《国共合作成立后的迫切任务》一文，指出，两党重新结成统一战线，形成了中国革命的一个新时期。

陈云、滕代远尚在迪化时的1937年10月，周小舟奉中共中央之命，以八路军代表身份到新疆与盛世才联络。周小舟当时任中共领导人毛泽东的秘书。这时，邓发按照中共中央指示已由莫斯科回到迪化。经过陈云、滕代远、周小舟、邓发等人的努力，八路军驻新疆办事处在迪化成立，对外称“第三招待所”。

盛世才在苏联的推动下，欢迎西路军余部进入新疆，成为中共与盛世才统一战线的契机；八路军驻新疆办事处的成立，标志着中共与盛世才统一战线的正式建立。

1937年11月，中共驻共产国际代表团团长王明、副团长康生从莫斯科回延安，行前斯大林嘱咐王明亲自与盛督办谈谈。王明在迪化停留时受到盛世才的热情接待。盛世才向王明提出加入中国共产党的要求。盛为表示自己的进步，就拿出一个本子对王明说，自己在新疆重用了许多共产党员，如俞秀松等人。王明对在莫斯科中山大学俞秀松等人反对他们宗派集团的斗争记忆犹新，耿耿于怀，从私人成见出发，对盛世才说“这些人是托派”，还答应回延安后就把材料写出来。盛世才此后于 1937 年 12 月 10 日将俞秀松、江泽民、张逸凡、稽直、任岳、郑一俊等人逮捕。他强加给俞秀松的罪名有二：其一是省城阴谋暴动之参加者；其二是托洛茨基派及所谓“江浙同乡会”之领导者。所谓阴谋暴动，指的是 1937 年后半年盛世才制造的轰动全疆的“大阴谋暴动案”。他以此为借口大规模逮捕政府首脑、军队头目、民族上层人士，被捕人数多达千人，因而新疆就缺少干部了。盛世才向王明提出请中共中央派干部帮助他，要求中共派 4 名正副厅长、9 名行政长、200 名县长科长级干部。王明将盛世才的要求带回延安，由中共中央政治局讨论决定。11 月 27 日，陈云随王明、康生一道回延安。12 月，原西路军领导干部李卓然、李先念、程世才、李天焕、郭天民、曾传六这六人奉命回延安。李特、黄超被处决，由邓发执行。

关于盛世才要求加入中国共产党的问题。中共中央政治局同意接受盛世才入党，但由于多年来新疆与苏联有密切关系，此事必须经共产国际和斯大林批准。1938 年 3 月，任弼时去莫斯科向共产国际报告工作路经迪化时，将中共

新疆八路军办事处旧址

中央政治局的决定告诉了盛世才，但共产国际和斯大林没有批准盛世才加入中国共产党。任弼时在给盛世才的电报中说：第三国际与斯大林知道你已取得入党资格，可是，他们认为你暂时不能加入中共，因为在国际舞台上，新疆关系很微妙，而在中国之内，你的政治地位也非常重要。因为这两种因素，目前你的入党似非所宜。斯大林不同意盛世才加入中国共产党，而同意其成为联共党员，还另有目的，这就是便于控制盛世才和新疆。

关于派干部到新疆工作的问题。中共中央考虑到新疆的重要战略地位，为了建设新新疆造福新疆各族人民，尽管本身干部缺乏，仍然从新兵营，从去苏联或从苏联回国路过者，从延安，抽调了一些干部到新疆工作。

1937 年底至 1938 年春，首先从新兵营抽调干部出来工作。黄火青，任新疆民众反帝联合会秘书长；汪小川，任新疆日报社副社长；潘同，任和田少将警备司令；周纯麟，任喀什四十八团少校连长；曾玉良，任喀什四十八团少校连长；赵海丰，任喀什四十团少校连长；谭庆荣，任和田三十八团少校连长；黄学谦，任督办公署经理处处长；谷先南，任和田警备司令部军需处处长；胡鉴，任蒲犁边卡大队中校大队长；还有几人在边务处任职，搞情报工作。

1937 年底至 1939 年初，中共有一部分干部去苏联或由苏联回延安路过新疆，经中央同意留在新疆工作。毛泽民赴苏治病，1938 年 2 月 1 日到迪化，10 日被委任为财政厅副厅长、代理厅长；徐梦秋赴苏治病，1937 年 12 月 25 日到迪化，第二年 1 月 24 日被委任为教育厅副厅长兼新疆学院院长，后任代厅长；刘西屏赴苏治病，1938 年 7 月到迪化，8 月 3 日被委任为代理哈密区副行政长，后任行政长。留在新疆工作的还有：韩光，任督办公署上校副官；沈谷南，任迪化女中小学部主任兼新疆妇女协会副委员长；郑瑛，任迪化

由延安派往新疆工作的部分同志在临行前的合影

女中教师；苏枚，任迪化女中教师；冯咏莹，任女中小学部教师；吉合，先在新兵营任教员，后在八路军办事处协助中共驻新疆党代表工作；林超，任八路军办事处副官。

中共派到新疆的干部，主要还是从延安抗日军政大学和陕北公学抽调。

## 延安派出第一批干部

1938 年春节过后，延安的天气还很寒冷。陕北公学第四期第八队主任刘瑞森陪同身穿狐皮大衣的彭加伦来到队部，叫了一些同学。彭加伦曾是八路军驻兰州办事处处长，他对同学们说："由于抗战形势的发展，党中央决定你们提前毕业！"刘瑞森主任说："明天就办毕业手续，自己的讲义、笔记本可以带上。"这些同学原定学习时间为半年。

第二天，他们办了毕业手续，领到毕业证。毕业证是由校长成仿吾发的。

第三天，1938 年 3 月 2 日，大家启程。人们从他们的脸庞上看到对战斗生活的希望和对灿烂未来的梦想。理想和信念支撑着他们人生的旅程，每一个人都怀着抗日上前线，打败侵略者赶走侵略者的决心。校长、副校长，全体学员都出来壮行。歌声震天，场面动人。

学校院中停着三辆卡车。其中一辆是送领导和一些老同志去苏联养病的；第二辆车上有一部分同志去苏联学习，也有一部分去苏联养病，有党校的学员，还有陕北公学的学员；第三辆车完全是陕北公学的学员。

由八路军驻西安办事处出发前往新疆的同志

这是一个多风的早春上午，依然冰封的延河蜿蜒伸向远方。汽车在延河岸边遇到了周恩来副主席，他迎面站立在清风吹拂的河畔。彭加伦招呼大家下车。周恩来在延河岸边给大家作了简短的报告，声音清晰而响亮。

他们到达西安，在八路军西安办事处住了几天。就要离开西安了，办事处把大家的讲义收了，由办事处保存，毕业证和日记本未收。党代表林伯渠给大家讲了话，给每人发了一件老羊皮大衣。当时西安天气还较冷，但不一定要穿皮大衣。因此，大家有了想法，认为既不是去南方，也不是去北方。因为去南方用不着皮大衣，去北方不经过西安。大家的心情还是希望上抗日前线。

从西安出发时，彭加伦让大家脱下八路军的灰军装，男的穿长衫或中山服，女的换上花旗袍。他告诉大家说："旅途中万一有人问，一律说是平津一带无家可归的流亡学生。如再追问，就说到兰州投亲靠友。男同志可以互称兄弟，女同志称姐妹。"他们28人中有"六姐妹"，即朱旦华、王韵雪、鄢仪贞、申玲、田丽君、李菲仪。"大姐"是朱旦华，"二姐"是王韵雪。

大家带上简单的行装，挤坐在三辆卡车上。卡车被帆布篷蒙得严严实实，像是运载货物的车辆。有谁知道，里面坐的竟是青春蓬勃生龙活虎般的年轻小伙子和姑娘们呢？汽车上了西兰公路，第一天住在咸阳纺纱厂。厂里欢迎他们，他们也唱了歌。

车到兰州，他们住进了八路军驻兰州办事处。办事处党代表是谢觉哉，办事处处长是伍修权。

在兰州，他们中的林基路、李云扬、杨梅生三人随同去苏联参加共产国际会议的任弼时等20余人乘飞机先到达迪化。林基路被委任为新疆学院教务长，李云扬被委任为省立第一中学校长，杨梅生暂留新兵营当文化教员。

其余的学员被国民党西北军政长官朱绍良扣住，困在兰州。这期间，谢觉哉和伍修权给大家上过课，主要是谢老讲课。冯铉受中共中央驻新疆代表邓发委派，来兰州接他们。

他们在兰州住了一个多月，经谢老和伍修权同朱绍良反复交涉，几经周折才得以离开。一天下午，办事处通知大家，午夜，分组从小门出去，乘坐苏联援助中国抗战物资回程的军用汽车。苏联军用汽车免于检查，他们悄悄地离开了兰州。军车上面有篷子，他们坐在里面，不能说话。车内准备了面包、水果。停车休息必须周围无人，住宿都是等到天黑下来，住进中苏运输委员会接待站。卡车一行几十辆，司机都是苏联人。

车进星星峡，到了新疆境内。苏联同志马上表现出轻松的样子。车篷后面打开了，住宿也不一定非在晚上。大家在车上可以说话了，可以唱歌。休息时，苏联同志也和他们谈谈话，和在甘肃境内大不相同。汽车绝大部分时间在戈壁滩上行驶。一块块风蚀日晒的怪石，横七竖八地或站或卧或躺，畸形千态，怪状万种；一个个隆起的沙石，一节节残崖断壁，在风中在阳光下怪唳着，仿佛拼命渴求葱葱绿荫，向往风调雨顺，憧憬柳暗花明。

新疆少数民族较多，他们围着汽车看，有的表现出好奇，有的表现出惊惧。风不再凛冽，呼呼吹着，也仅仅是呼呼而已，没有更多的内容，只有团团沙尘轻烟似的飘过。这时，大家都想可能是去苏联学习。

他们在哈密西边村庄看到枪痕斑斑，还有许多烧掉的房屋，一副刚刚混战过的样子。这可能就是老百姓惊惧的原因。他们在八路军兰州办事处时，从西路军回来的同志那里知道一些西路军的情况，也知道有一部分已经进疆了。

车队经过火洲吐鲁番，人人感到了热。太阳敞胸亮怀，高高地猛烈地照耀着，四野一片温热。大家在撒满阳光的白杨河里洗了澡，话语、笑声与浪花一起跳跃、飞溅。许亮风趣地讲着西游记中的故事。他是他们中的“两大秀才”之一，毕业于四川大学文学院中国文学系；另一位“秀才”是祁天民，毕业于清华大学地质系。无论从延安到迪化，还是在新疆境内这段日子，大家心情比较愉快。

到迪化后，苏联汽车队直接开到东门外的新兵营，此时是1938年4月中旬。党代表邓发和新兵营的负责同志在操场上欢迎大家。

他们编入新兵营，叫青年队，并马上开始训练。青年队的主要任务是学习，有的学俄文，有的学通讯，有的准备派往地方工作。学习俄文的专门编了一个班，叫俄文班。不管学什么的，都要学军事、学政治、学党建以及形势任务。上课的大都是在迪化工作的老同志，形势任务由党中央代表邓发讲，时事课多半结合新疆的情况讲，党的建设课主要讲党的革命工作，结合每一历史时期的合法斗争、地下斗争，着重讲地下斗争。新兵营总队长饶子健、政委姚运良也给学员上课，主要讲武装斗争，土地革命时期和长征时期。

在新兵营学习期间，不论谁讲课都没有讲稿与提纲，讲课与听课的人之间不能交谈，听课的学员不能提问题，讲课的人讲完就走。这和延安时不一样，在延安上课可以记笔记，还发讲义，经常开展讨论，谁上课大家都知道。青年队除学习外，一些人还担任新兵营的文化教员。文化课可以记笔记、提问题。在新兵营里教员除了上课可以到各队去，别的时间不能去，学员也不能相互串门，组织上不告诉的事情不能问。通过这种严格的训练，使学员学会做统战工作，并懂得了地下工作。

庆祝五一国际劳动节，青年队出了节目，唱歌和小型话剧。五一节时，盛世才也来了，带了很多卫兵，卫兵均带着盒子枪、马刀，戒备森严。盛世才肩扛上将军衔，披着斗篷，呢子军装，土黄马裤，红皮马靴。他未戴军帽，留着背头，四方脸，卧蚕胡。中共中央代表邓发陪他坐在主席台上。总队长饶子健作了报告，讲到新兵营在这里学习训练受到盛督办的支持、帮助。饶子健讲完话后，请盛世才讲。盛世才讲话不利索，轻微有点儿结巴。盛世才的教导团住在新兵营附近，晚会和他们进行了联欢，唱抗战歌曲。教导团的官兵大部分是东北人，听了很受感动。

青年队在迪化，平时不能进城，但每星期集体去水磨沟洗澡、洗衣服，去时从城里走。来回的路上他们都是整队唱歌，在城里影响很大，尤其对青年的影响较大。新疆学院、第一中学等学校在他们的影响下也开始唱抗战歌曲。

盛世才提出要求，让邓发给他派一个音乐教官。邓发派青年队的李光，李光只会唱不识谱，他说：

“我不懂乐理，怎么能教?”

“不要教乐理，只教唱歌就行了!”邓发说。

当时凡派出去的同志都要换服装。李光问：“我穿什么衣服去?”

“你就穿这身衣服去!”邓发看了看李光，拍着他的肩膀说。

盛世才每天派小汽车接送李光，还印了正规的听课证。盛让自己的老婆及八大处的处长、政府各厅厅长都去学。李光身着战士服装教唱，来学唱的议论纷纷，说：“老八真厉害，真有人才，一个小兵就可以当盛督办的教官。”

青年队部分人员留在新兵营任文化教员或到八路军办事处工作，大部分先后分配了工作。于村被派到新疆民众反帝联合会任文化科长；段进启任组织科长；朱旦华任迪化女子中学教导主任、新疆妇女协会秘书长；祁天民任新疆学院政经系主任；杨梅生任新疆学院和省一中军事教官；许亮任教育厅编辑主任兼新疆学院教师；张东月任哈密行署第一科科长；李涛任哈密行署第二科二等科员；申玲任哈密女校校长。1939 年 1 月，李宗林任《新疆日报》编辑长；王宪唐任《新疆日报》制版科科长；鄢仪贞任迪化女中教员。

## 延安派出第二批干部

1938 年 6 月，延安。夕阳照射在清凉山北麓陕北公学高级班窑洞的门前。蒋连穆站在窑洞前平台上，注视着大家谈笑，神情专注。陕北公学做党的工作的同志走过来通知他说："中央组织部找你谈话！"

蒋连穆来到中组部，院中站着一位同志。他走上前去，说明自己是陕公的，叫蒋连穆。中组部的同志请他坐下。两人坐在院内南排石窑洞门前的石台阶上。

"组织上想分配你个工作，让你到大后方新疆去办教育，你有什么意见？"

蒋连穆一听大后方，心里很不乐意。自己就是因为想到前方去才到延安来的。他说："我没做过工作，怕完不成任务！"

"我们考虑了，你能完成任务！"

蒋连穆想，自己是新党员，组织上决定自己去，不好不服从，于是说："组织上决定，我就去吧！"

"你没有意见，那就搬到招待所来吧！"

1937 年，"民先"号召学军事，蒋连穆以北平师范大学学生的身份参加了北平大中学生暑假军事集训队。总队长是二十九军旅长何基沣，地点在北平西苑。7 月 7 日日寇炮击宛平，总队长、大队长均回部队。卢沟桥的炮声震散了军事集训队，也激起了蒋连穆参加革命组织的思想。9 月间他接到了北平师范大学的通知说：北平师范大学、北平大学、北洋工学院三校合并，在西安成立西北联合大学。蒋连穆到西安后，就参加了民族解放先锋队，参加了救亡活动，经常做街头宣传，张贴标语，参加游行。当时，他最关心的是前线抗战消息。听到刘峙一退 800 里，由保定退到邯郸；韩复榘不战而逃，丢掉山东省；上海、太原相继失守；平型关大捷，鼓舞人心。他对国民党的抗战失掉信心，希望寄托在共产党八路军打到敌人后方去。西北联合大学迁汉中时，他离开学校，经西安民族解放先锋队介绍，到了延安。他 1938 年春到延安陕北公学学习，接受了马列主义的教育和抗日民族统一战线的教育，于 4 月 29 日加入了中国共产党。

5 月 7 日，陕北公学举行毕业典礼。毛主席以“坚定正确的政治方向，艰苦朴素的工作作风”作为毕业赠言，他说：“我们共产党人最正确的政治方向，就是共产主义的方向。共产主义事业是最伟大的、艰巨的事业，要我们千百万人长期艰苦奋斗、英勇牺牲去完成。这就要我们在平时养成艰苦朴素的工作作风，才能坚定这个正确的政治方向。”毛主席这篇讲话，蒋连穆一直铭记在心。

招待所里已经搬来很多人，都是分配到新疆的。除蒋连穆和郝升是陕公的外，其余都是抗大的。成立了临时党支部，支书是曹建培，安徽省怀宁县人，1937 年 10 月赴延安，1938 年 3 月入党。这个支部由中组部部长陈云直接领导。这时蒋连穆才知道和他谈话的就是陈云。中组部副部长李富春来招待所给他们作了形势报告。支部全体党员进行了认真讨论。

他们被安排到中组部训练班学习了两个月。大家对党的组织原则、党的纪律以及党员义务的认识都有所提高。学习期间党支部大会通过了蒋连穆按期转正为正式党员。

中组部部长陈云下班之后曾两次来招待所，和大家漫谈。活跃的气氛充分激发了年轻人的热情。大家从家常便饭谈到敌我斗争，从生活琐事谈到抗战救国，热情倾谈，津津有味。

陈云质朴、沉稳，说话井井有条，似乎更倾向于冷静的思索。他问大家，到延安后生活习惯了吗？陈云这样问，是因为不少初到延安的人不习惯吃小米。

“习惯了！”大家说。

“学会‘照镜子’了吗？”陈云又问。

“我们都学会了！我们还有‘照镜子’的标兵哩！”

大伙儿哄堂大笑。“照镜子”是指抗大、陕公的同学们吃饭时，把盘子里的菜吃净后，还立起盘子把菜汤倒进碗里吃掉。立盘子倒菜汤，名曰“照镜子”。

“这是你们很大的进步!”陈云谈到革命工作是长期的一辈子的事情，好的时候有，坏的时候也有。好的时候要注意修养锻炼，防止腐化变质；坏的时候，要经得起考验，不怕艰苦，不怕牺牲。在白区工作的同志有两句话，即：“严刑拷打，家常便饭；砍头枪毙，告老还乡”。

陈云在交代任务时说：“我们党在新疆建立的是特殊的统一战线。新疆实行的‘六大政策’与我党的最低纲领是一致的，是我们与盛世才建立统一战线的政治基础。我们帮助盛世才推行‘六大政策’，也就是贯彻我党的最低纲领。我们到新疆去是为了扩大抗日民族统一战线，把新疆建设成为稳固的大后方，保持一条畅通的国际交通路线。”

夏日黄昏的最后一抹余晖渐渐消逝了，排排窑洞亮起了点点灯火。远处传来悠扬的笛声，余音不绝。和着笛声，有人在唱歌。

两个月过去，中组部训练班结束，又把他们送到党校二十八班学习。这个班约30来人，他们占了多数。同班学习的有任锐、苏菲（孙维世）母女俩。

他们到党校不久，党的六届六中全会准备召开。校方交给他们二十八班布置会场的任务。六届六中全会期间，他们听了毛泽东、朱德、刘少奇、周恩来、博古等的报告。他们每个人都买了一张12位领导的照片。12位领导是，毛泽东、刘少奇、朱德、张闻天、陈云、王稼祥、周恩来、秦邦宪、王明、彭德怀、项英、康生。六届六中全会结束之际，中组部通知他们，准备起程。他们回到招待所，中组部来人说12位领导同志的照片不能带出边区。大家都把照片交上去了。

临出发前，中组部又分配来两位同志——郑亦胜和高登榜。这个队伍就由郑亦胜、高登榜、曹建培三人率领。

郑亦胜1911年出生于江西省铜鼓县，1925年参加农民协会，1930年参加红军。他参加二万五千里长征，来到陕北。1938年底，郑亦胜正在外地工作，接到中央电报让他回延安。他回到延安，陈云即找他谈话，说：“毛泽民同志在新疆做财政厅长，来电要你和高登榜。另外再调二十几个干部，由你和高登榜带队，马上就走!”

高登榜1914年生于陕西省延川县，1932年参加革命。红军长征到达陕北以后，他受党中央国民经济部部长毛泽民的委派，担任延长油矿第一任党支部书记兼行政矿长，主要任务是迅速解决苏区党中央机关的照明用油和燃料，发展生产，支援前线。陈云找高登榜谈了去新疆工作的任务及注意事项。陈云还告诉他，毛泽民的女儿冒着风险从白区来到延安，有张照片要他带到新疆亲自交给毛泽民，并要他到城隍庙招待所看看毛泽民的女儿。

从延安出发前，陈云再次接见了大家。陈云说：我们同新疆的关系是特殊的统一战线关系。你们到新疆后，不公开以党员身份出现，不发展党组织，不吸收新党员。这清楚地说明了他们在新疆工作的性质和任务。

大家乘车到西安后，又租用了一辆商车前往兰州。在兰州车站遇到国民党特务的严格检查，他们携带的留声机和两大箱政治、理论和文学等进步书籍被扣留，交涉了一个多小时无结果。

傍晚，他们才来到八路军驻兰州办事处。刚一下车，伍修权就把大家集合起来宣布说："你们赶快把穿来的延安粗布衣服都脱下来，换上便衣，一会儿韩光来接你们。今后你们的生命安全由他负责，你们与八路军没有关系！"韩光由苏联回国，被留在新疆，任督办公署上校副官，又是党代表邓发的俄语翻译。

大家休息换装，男同志分别穿中山装、长衫或西装，女同志则换上花旗袍等鲜艳衣服。换装时有人不小心将衣服挂到伍修权的煤油灯上，把灯罩掀到地上摔碎了。伍修权诙谐地说："天哪！这可不比西安，打了灯罩，三天都买不回来。"大家笑了起来。伍修权又说："这里条件太差，管不起大家吃饭，请大家随韩光同志去招待所，那里条件好一些。"

韩光来了，穿着一身笔直的西服，对大家说："你们上我的车，到中苏招待所去住，对外你们都说是新疆盛督办的客人。"

由延安来新疆工作的同志在行军途中

汽车驶出嘉峪关，颠簸地行进在寥寥然漫无边际的戈壁滩上。大家目睹飞鸟不落、寸草不住的荒漠景象，思念日渐离开的延安和同生死共患难的战友们，又想象着到一个完全陌生的势薄力单的角落，人人心里很不是滋味。看着夕阳一点一点沉落，一种肠断天涯的莫名惆怅伴随着凉气袭人的秋风慢慢地扩散开来了。夜晚，黄羊成群出没，竟然在汽车灯光的映射下，好奇地向汽车探头探脑，有的还莽撞地一头撞在车灯上，让人不寒而栗。

有一首无名氏的《瓜沙道中》诗：

阳关古道接大荒，
官杨零落不成行。
阳沉日色连云白，
暗淡风沙入寒黄。
鸿觅稻粱衔矢石，
人拼骨肉战冰霜。
唐蕃汉垒今何在，
秦月依依照古疆。

汽车行驶在一片空旷中，仍能体味到那萧萧的悲凉。

兰州到迪化整整走了 15 天，途中在酒泉休息了 1 天，在哈密休息了 1 天。他们到迪化时，已是 11 月了，冷得出奇。督办公署指定他们住进小南门外的一个两层楼的招待所。

第一件事是填写履历。督办公署发给每个人一张表，让三天内填好，交给盛督办过目。大家疑虑重重，未见党代表邓发，这样匆匆填表是否合适？高登榜说：“离开延安前才在中央组织部填了表，怎么一到迪化，还未见到邓发同志就急于填表呢？”陈广竹附和说：“不能填这个表！要填也得见到邓发同志后再填。”

高登榜把大家的想法告诉了韩光。第二天，韩光让郑亦胜、高登榜、曹建培在南梁一片空地上等候。在初冬寒凉的朔风中，一辆小车驰来，在空地上掉转头。三人赶紧上车，来到八路军驻新疆办事处，见到了邓发。

邓发同三人热情握手，关切地询问大家的情况，告诉他们在新疆工作应注意的问题。关于填表的事，邓发说："表还是要填的，不填表就不能在新疆工作。你们的简历表要交给盛世才，他看了表后才能给你们分配工作。"

回到招待所，三人按邓发的意见，一个房间一个房间地说服大家填表。为了便于开展工作，每个人都得给自己起个化名，取什么好呢？高登榜想，古训中常言"艰难困苦，玉汝于成"，就叫"玉成"吧。想妥后，他说给周围的同志听。大家都说起得好。

表格送上去后，盛世才一看高登榜的登记表，对邓发说："这高玉成是陕西延安人，从红区来的嘛，我怎能接收呢？"

邓发找到高登榜，说："盛督办一看你是延安人，就说世人都知道延安是中共中央所在地，从延安请人来，这不行！"

"那填哪里好呢？"

邓发对着挂在墙壁上的地图思忖片刻，建议他填蓝田，蓝田离西安近。他遵命填上蓝田。这一关就算过去了。

其他同志也遇上一些小麻烦，如马肇嵩和罗乃棠两人年纪较小，盛世才看了表格后说："这两人年纪小了点，还是考虑考虑吧！"办法自然是有的，把岁数改一改，多填了几岁。这样全部通过了。

招待所奉盛世才之命通知，明早全体到督办公署集中。他们以为是盛世才谈话，到那里一看，是个考场。两个人一张桌子，讲台上放着一台留声机。督办公署政训处主任李一欧为监考人。

高登榜看看题目，有100多道，诸如"新疆有多少民族？""新疆有多少行政区？""六大政策是什么？"等等。题太多，一个上午根本答不完。中午每人在教室里吃了一碗面条，下午继续考。出题范围很广，中国历史、世界历史、风土人情无所不包，尤其是世界历史出题太偏，实在难以作答。高登榜有点儿发愁了，但又想，你盛世才若欢迎我在新疆工作，我就留下，不欢迎我就回延安。这一想，心里坦然起来，伏下头来又审了两遍卷子，第一个交卷走出考场。

当晚，盛世才请客，他们23人参加。盛世才来了，全副武装。他先讲话，讲六大政策，讲新疆有14个民族、400万人口，要团结，等等。接着，盛世才介绍了饭桌前的张三李四，说这些朋友是他的同事同乡，是哪个关系介绍来的。席间，盛世才吩咐经理部的王经理进来，对王说："这23位先生，都是我的朋友。他们从关内来迪化，衣着单薄，发给他们一些钱，带他们去贸易公司，给每个人买套衣服。"

两个星期过去了，盛世才又把他们找去。盛在客厅里坐着，把他们一个一个叫进去。高登榜进去时，盛嘿嘿一笑说："你高玉成是延安人，籍贯要改，改得好。听说你是搞财政的，很好，你就到财税部门去吧！"高登榜退了出来，一打听，才知道他们这批23人中，有9人分到南疆做财税工作。

蒋连穆化名蒋春茂，被分配到库车地方税务局任副局长。他从延安来原准备做教育工作，陈云找他谈话时是让他到新疆从事教育，没想到会让他做财政税务工作。

邓发会见了大家。邓发说："新疆是个大后方，是中国和苏联的桥梁。我们帮助把新疆建设成为一个稳固的大后方并使它不断进步，使苏联援助中国抗战的物资顺利地运送到前方。我们要认真把工作做好，这对抗战和将来都有重大的深远的政治意义！"当谈到盛世才时，邓发说："盛世才是个土皇上，以女校拉拢军校，以军校控制枪杆子，以枪杆子统治新疆，他本质上是个军阀。"最后他说，"盛世才最近和我闹别扭，分配你们的工作，没有同我商量。现在他故意到处找我们的岔子，你们要小心谨慎，不要让他抓住把柄。在目前情况下，对你们的要求是不求有功，但求无过。"

这时，大家想起，盛世才接见他们时，除说了一些欢迎的客套话之外，还说："我们新疆是个封建色彩十分浓厚的社会，这里不同口里。我们的六大政策是以马列主义、新哲学为基础的，是根据新疆的具体情况制定的。马列主义者是按照具体情况办事的，不能生搬硬套。你们有的人想把延安的一套搬到新疆来，这是不符合马列主义精神的。你们有人如果坚持这样做，我可以请示毛主席给我调换……"这一段话，是针对邓发等说的，也是给大家一个警告。

延安来的第二批23名干部，1939年元旦过后不久都安排了工作，分配到新疆日报社、教育、学校、财税等部门。新疆日报社：王谟任国内版编辑，李何任国际版编辑，马殊任文艺版编辑，陈清源任编辑；教育部门：曹建培任焉耆行署教育局局长，马肇嵩任和田区教育局督学、代局长，白大方任教育厅编辑主任；学校：郭春则任新疆学院教务长，刘子平任迪化师范学校、省一中的教师，陈谷音任迪化师范音乐教师，刘勉（女）任迪化女中军事教官，任远光（女）任迪化女中教师，熊梅影（女）任迪化女中小学部教师；财税部门：郑亦胜任财政厅秘书，陈广竹任和田地方税局副局长，高登榜任喀什地方税局副局长，黄永清任于（阗）策（勒）地方税局副局长，薛汉鼎任叶（城）皮（山）地方税局副局长，钱萍任莎车地方税局副局长，罗乃棠任巴楚地方税局副局长，程九柯任阿克苏地方税局副局长，蒋连穆任库（车）沙（雅）拜（城）轮（台）托（克苏）地方税局副局长，郝升任焉耆地方税局副局长。

# 第四章

# 周恩来说："你们是我军较早的、走在最前面的军事技术学校！"

## 汽车、装甲车

萧显清——

1938 年 1 月，文化基础课学习圆满结束，开始转入军事技术学习和训练。一、二大队学习汽车；三、四大队学习炮（后改为特科大队）；警卫排学习装甲车；干部大队变化大，有部分同志回延安，部分同志调入盛世才部任职，余下的分别学习军医、兽医和无线电；从我们中选出 25 名同志学习飞机。这时，部队又有些思想波动，特别是陈云同志和工委的几个负责同志回延安，工委和总队部取消，改名为支队部，加之部分大队干部调入盛部任职，一部分人想马上去前线的念头又浮动起来。因进入复杂的新式装备的学习，加之思想工作的开展，大家很快又安下心来学习技术了。当时，我们警卫排在盛世才的装甲车队学习，每天回新兵营吃饭，每星期六过组织生活。为了保密，我们相互之间不称名字而称代号。教官对我们这种做法很反感，因为相互间不知多少号，叫人没法叫。第二天，我们就去掉代号，每个人起了个假名字。

1938 年初，从延安来了几十名青年学生到我们新兵营，其中有 6 名女同志和天宝等 3 名男同志任我们的文化教员，帮助、辅导我们学习文化，19 人去学飞机。

党代表邓发为了鼓舞我们新兵营的学习，叫人为我们写了一首歌，歌词大意是：你们为着老百姓，为着千百万的妇女儿童，你们打了无数的仗，学习在遥远的边疆。自从鬼子占了我们的东北，又进攻了我们的长江，看他们杀，看他们抢，飞机不断扔炸弹，大炮隆隆响。同志们啊！学习文化，掌握现代军事技术，到前线去英勇杀敌，为着收复我们可爱的家乡……这支歌说明了我们过去的功劳，又指明了今后的任务；大家唱得非常有劲儿，鼓起了学习的热情。

1938 年 8 月，毛主席发电报给新兵营，要求我们好好学习，赶快学好出来，早日上前线。这对我们又是极大的鼓舞。

我当时在警卫排，学习装甲车。邓发同志到新疆不久，开展了对张国焘的批判；后来说前线需要枪，又令我们警卫排把短枪全部上缴。有的同志想不通，还把枪破坏了几支。不久，我们警卫排编入了一支队的三大队，后又编为一大队的四排。后来，一、二、三大队合成一个大队，学炮的为特科大队。因而，我们警卫排的同志就学到了装甲车、汽车、火炮的技术及机枪技术，学的课程最多。

我重点学的是装甲车和汽车，从发动机构造到战术技术都学了。光装甲车就学了三种，特别是叫"发依坎"（音）的轻型装甲侦察车，乘员三人，机枪一挺，非常灵活轻便；"步瓦"（音）二五式、二六式战车，乘员四人，机枪和炮各一。教我们的教官是盛世才的军官。教无线电、医学的教官大多数是从莫斯科留学回来的东北抗联的同志。他们大多出身学生，多数是东北人，也有个别朝鲜人。后来又教我们学习日语、俄语。我们学习了半年的日语，相互间都能用日语说些生活用语和军事术语了。

陈潭秋同志主持新疆党的工作后，大部分时间就住在我们新兵营的支队部。他经常和我们谈心，查看我们的生活，再三指示要办好伙食。他告诉我们：学习不要死记硬背，要记要点，把大意、大概意思串起来，就有了全貌，这样才能记住和理解。他还形象地说，要像想点子打胜仗那样想办法把学习搞好，要互相交流学习方法和体会。7 月至 9 月，我们进行野营训练，他还和支队领导同志一起察看地形，和大家一起步行。大家都共同感到，他像老妈妈带孩子一样，把党的温暖传给了每个人。

1939年9月，我们学装甲车的同志，以“参观”的名义，参加了盛世才的联合兵种演习，与盛部装甲车队在一起演习了三天。苏联顾问不断地提出情况，要我们判断和行动。大家都说大开眼界，学到了不少东西，见到了飞机、重炮、装甲车、骑兵，以及用无线电进行通讯联系，真是开了“洋荤”。有的说：“我们西路军要是有这样的武器，在河西走廊就不会失败，一定能战胜敌人，就不会有成千上万的同志牺牲在西北的黄土高原上。”

1939年9月，周恩来副主席去苏联路经迪化，来到新兵营看望我们。他说：“你们是我军较早的、走在最前面的军事技术学校；是种子，是骨干，学不好可不行。”周副主席还来到我们的宿舍里查看内务，说：“你们的学习条件、生活条件很好，要抓紧时间学好，多学习一点；我军还从来没有这样好的条件。党中央一声命令，你们就要上前线去。”我们一听到“上前线”三个字，把目光一齐投向周副主席，兴奋的心怦怦直跳，真想马上问清什么时候，是马上？还是很远？可又觉得实在问不出口。

1939年底考核时，我们驾驶、修理、战术射击等项课目，都取得了良好的成绩。苏联顾问对我们的学习很满意。在后来的解放战争中，我对缴获的敌汽车、坦克、装甲车能开得动、打得响，就是在新兵营学得的技术。

当时我们伙食标准很高，每天油肉丰盛，青菜、豆腐都有保障，常吃抓饭，每星期六还要改善伙食，吃打来的野味。这对繁重的训练起到了物质上的保障作用。

我们新兵营十分注意同盛世才部队的关系，我们见到他们的人，只要是挂武装带的军官，不管大小都主动敬礼，这使他们很受感动。我们和驻地的老百姓关系也很好，群众说：你们这些新兵真好，说话和气得很，客客气气的。那些老兵（指盛部教导团），天一黑就和妇女拉拉扯扯，还是你们这些新兵“亚克西”，从来不和妇女拉拉扯扯。我们的妇女有时和你们新兵讲一句话，你们的脸都红了。的确，我们在两年八个月的时间里，没有一个红军战士犯过群众纪律。

新疆督办盛世才几次来到新兵营。第一次是在1937年的八九月间，他派出一个骑兵连先到我们的驻地警卫，随后是七八辆小汽车。第二次是1938年的七一。第三次是1939年的八一，我们新兵营开晚会。他是坐小汽车来的，带着他的太太参加了八一晚会。那天，他一到场，先赏了我们每人 1 万两（十元）银票，并在会上讲了几句话。他说：“鄙人参加这个晚会很荣幸，可惜我没有这个资格！我争取不久的时间里，加入这个行列。”当时我们被他的辞藻蒙蔽了，还给他鼓了掌。晚会上，延安来的几个年轻女教员唱歌跳舞，毛泽民同志表演了魔术。盛世才看了夸赞不已，连连叫好。

盛世才每年有两次大的活动，我们新兵营也前去参加。第一次是 4 月 12 日，是他在新疆取得政权的胜利纪念日；第二次是九一八开运动会。我们每次去，他都让坐在主席台前面的位置上。

李志明、王崇国——

学习坦克，第一道关是先学开汽车。盛世才部队的军官当教官，这些家伙仗着有一套技术，可神气啦，一个个保守得要命，好像把技术传授给对方，对方就会夺去他的金碗似的。你好心地向他请教，他却二腿搁在大腿上，嘴里叼着烟圈，慢腾腾的连嘴也怕张：“这个嘛！慢慢地看，慢慢地看吧……”我们遵照支队部的指示，主动团结他们。发了津贴，除了买点学习用具，会抽烟的连烟也舍不得多买，大家把钱凑在一块儿，买些礼物送给他们。在这个腐朽的军队里，这竟是特效药，有些问题就可以得到解决。但有时候还要故意刁难我们，经常借故不出车，说什么天气不好啦，没有领来油啦，等等。好容易出两台车，教官嘴里叼着烟卷，跷起二郎腿坐在驾驶室里，指挥我们加油、加水、检查、发动，要折腾好半天才开走。大家轮换着开一会儿，屁股还没坐热就开回来了。闹得人手痒痒的，气闷在肚子里干着急。

旧军队里的教官，野蛮得很，经常骂我们是“笨蛋”、“混蛋”、“土包子”，有的还动手动脚。我们遵照党的指示：“遵守纪律，学好本领”，忍气吞声地学习，尽量不和他们发生冲突。记得有一次驾驶时，我加油不匀，坐在旁边的教官往我腿上就是一拳头，打得我心慌脚乱，低头去看油门踏板，脑壳上又挨了一拳。我真想冒火，但想起了党的期望和学习纪律，竭力克制住自己，继续开着车子行驶。

我们也有最高兴的时候，那要算长途驾驶。从迪化向西北方向的乌苏开去，或者越过达坂城的崇山峻岭，开向天山南麓的吐鲁番盆地。一来回就是好几天，每个人都能连续地开好几个小时。9 月，吐鲁番火洲的葡萄熟了，每村每户门首的葡萄架凉荫遮天蔽日，串串无核白葡萄就像珍珠似的挂在绿荫里。这时公路上热辣辣的难受，那些教官一个个把车子扔在公路边，钻进葡萄园里去了，吃完葡萄索性躲进坎儿井里睡觉乘凉。这时候，没有这些家伙打扰，我们就痛痛快快地开上它半天。9 月的火洲相当炎热，鸡蛋和面饼放在石头上都能晒熟。赤日似火，戈壁滩上气浪滚滚。我们开着汽车，一点儿也感觉不到热，反而像吃过甜葡萄，全身上下都凉滋滋的，手脚也灵活了，头脑也清醒了。

学完开汽车，接着就学习开坦克。

这里的坦克，只不过是几辆第一次世界大战留下来的旧车子，半天发动不着。盛世才的装甲大队有 200 多人，装备有轻型和重型两种装甲车，轻装甲车有两挺“德克特拉瓦”机关枪，重型多一门七五公分炮。我们第四排被分配学习装有轻机枪和小炮的装甲车，这就引起了他排同志的羡慕，每天在营房里看见我们学习回来，总要和我们开玩笑：“快看啦，红军的装甲旅来了！”我们听了心里自然高兴，但有时心里也感到不安，觉得学不好就对不住同志们。

这些教官比汽车部队里的教官更反动，其中还混杂特务。他们的官衔比别的部队高，排长一般都是中尉，还有上尉，讲课时洋腔怪调，故意叫我们“坐飞机”，头昏脑涨，不懂还不许发问。每当我们在学习上提出一点儿要求，教官就把眼一瞪，轻蔑地说：“没学会爬，就想飞起来啦！”那些特务还利用教学机会来刺探我们内部情况。我们没有在任何困难面前低头，教员不好好讲，我们就自己苦心钻研，同志间展开互助，包教保学。上课时每个人都带笔记本，细心听讲，把内容尽量详细地记下来，然后利用休息的时候，大家在一起对着笔记相互参考，相互补充，凑在一起就全面了。疑难问题解答不了，我们可以不吃饭，可以不休息，除非真正弄懂才罢手。

星期天，那些教官和盛世才的学员早就溜到街上喝酒作乐去了，但对我们来讲却是一个最好不过的学习机会。早晨起来，同志们三个一群，五个一堆，拿着笔记本进行讨论。这现象不久就被教官发现了，说什么不遵守坦克学校纪律，还要处罚我们。抓紧时间学习，在旧军队里也是一种罪过啊！

实习那天，大家高兴得跳起来。因为就在今天，我们的一双手就可以摸到盼望已久的装甲车了。谁知道这时候教官的鬼名堂又来了，让从旁边的车门爬上爬下，学了一星期的上车下车动作。就是这样，都是求之不得的啊！我们这些放牛出身的穷孩子，是党培养我们提高了觉悟，学习了文化，如今又学习开坦克，为我军的第一支机械化部队开辟道路，谁打心眼儿里不激动呢？谁不想找机会多摸摸车子呢，就是呆在旁边多看几眼也痛快呀！

1939 年 6 月，我们学完了装甲车，准备学习新式坦克，等了好久，根本没有见到新式坦克是个啥样子。支队首长知道那些教官故意拖延时间和我们为难，就组织我们到城西 20 多里的地方去野营。就在这时候，周恩来副主席由重庆去苏联，经过迪化时专门下飞机来野营地看望我们。周恩来同志给我们分析了国内外的局势，还说，大家学得好，中央都知道，不要看现在底子薄，很快我们就要建立一支自己的特种兵部队。是啊，我们多么希望早日能有一支自己的特种兵部队啊！

王元喜——

我参军时没什么文化，学习汽车挺费劲，在家乡没见过这玩意儿。学习开汽车是在盛世才的汽车局学习，地点在西大桥，后来搬到东门外。开始学习汽车原理，教员在上面画图画，讲解发动机四个行程即吸气、压气、爆发、排气循环。学了三天，还真的没弄懂，我们就起立问教员。教员还不错，很耐心地给我们解答，并把活塞拿到讲台上，给同学们上下活动。经过一段时间刻苦努力，我搞懂了汽车原理和它的作用。

理论学习一段后转入实际操作。我操作的是苏式汽车吉斯五，教员坐在身旁指挥，如何挂挡、启动。由于我头一次开汽车精神高度紧张，把车子一下子开到沟里去了。老师看我太紧张了，劝我说："不要慌，把刹车拉着，挂倒挡，慢慢抬脚，少给油，再加一点儿油，车子就动起来了，再挂一挡加速前进。"我细细琢磨了一会儿，又按要领操作了几下，弄懂了开车的要领。经过一段艰苦学习，我们的同志在考试中都得了较好的成绩，普遍在 60 分至 90 分之间。苏联教官高兴地用俄语称赞我们"好样的"。

第一期考试后，中共中央要求我们学汽车修理，就挑选了 20 多个人到盛世才汽车管理局西大桥汽车修配厂学修理。我到了工厂，跟一个师傅学拆装引擎。师傅是苏联人，既会俄语又会汉语，对我十分耐心。不久我就入了门，掌握了汽车的毛病。修理厂工人对我们二十几个人给予了热情关怀和指导。有的工人悄悄对我说："将来你们回延安，我跟你们一块儿走。"他们知道我们不是盛世才的兵，是红军。

有一天上午来了个电话，通知我们二十几个人到东门外的西路军总支队开会。我们老早赶到指定地点，队伍整理好后，值日排长叫起立，欢迎周恩来副主席讲话。这是我第一次见周副主席。同志们听了周副主席的讲话，信心倍增，表示一定要学好技术和文化，为解放全中国作贡献。

张官朝——

我们新兵营是中国共产党领导的革命武装，牢记“三大纪律八项注意”，处处维护群众利益，尽力搞好统一战线工作。新兵营指战员官兵平等，穿戴一样。节假日外出或上街总是几个人共同行动，走成一路纵队，风纪严整，买东西不讨价还价，不去馆子乱喝酒，也不在老百姓家乱窜，就是做客也很少。遇到盛世才部队的军官或他们从我们门岗经过，我们对他们行军礼。学习汽车和装甲车的同志行车时遇上有困难的老乡，就让他们搭车，甚至把我们的水和干粮送给老乡们吃喝。碰到盛世才部队或地方的汽车出了毛病，我们就帮他们修，有时还陪他们看守汽车或守夜。天长日久，新疆人民都夸赞我们“亚克西”。我们行军或部队外出，老乡们老远就伸出大拇指，高喊“亚克西！亚克西！”

1939 年 9 月，周恩来副主席偕邓大姐去苏联治病，专程来新兵营看望我们。周副主席讲完话后，请陈昌浩同志讲话。陈昌浩只说了几句，泪水直流，难过得讲不下去了。他讲话的意思是自己没领导好，使西路军受到了重大牺牲，对不起西路军全体同志，更对不起成千上万的烈士。邓颖超同志接着对我们作了鼓励性的讲话。我记得，我们新兵营的同志是席地而坐。大家见到周副主席，就像见了亲人，他的每句话、每个动作都记在脑子里，事后常常想起，有时还模仿着。

1940 年周副主席从苏联回来，第二次来新兵营看望我们。这次周副主席讲了六大政策与三民主义方面的问题，并且把三民主义与六大政策作了对比。

盛世才那时还算进步，曾三次来新兵营做客。头一次是 1938 年五一劳动节，他来看我们的演出；第二次是七七抗战两周年，他来看我们的节目；第三次是 1939 年苏联十月革命节，他参加了我们的纪念活动。第一次盛世才到新兵营来，对我们有点儿信不过，也有些怕我们，所以戒备森严，跟来了不少警卫，在新兵营周围房上还架了机枪。第二次来时带的人少了些，第三次只带两三个警卫。

## 炮兵大队

宋承志、王德润——

四大队学炮兵，也叫特科大队。学炮兵之前，约80多人。因为学炮兵对身体条件有一定要求，所以将身体差的同志调到三大队去了。不久又调走了几位文化程度较高的同志到航空队学习，又从总队部调来4位同志，都是首长的警卫人员。这样，从1937年冬至1938年秋这段时间，四大队的人员约60多人。大队下辖两个排，四个班。第一排：一班是野炮班，二班是观测通讯班；第二排：三、四班都是山炮班。每班10人左右，炊事班不到10人。1938年秋，从苏联回国的原东北抗日联军的二十来位同志，编到四大队学炮兵，四大队又有80多人。四大队的领导干部和排、班长在学炮前后有些变动。没有学

西路军总支队的炮兵队

炮前，大队长是曾玉良，政委是胡鉴。学炮之后，大队长是宋承志，政委仍是胡鉴，胡调走之后政委是邹开盛。

为了教学，我们向盛世才部队借用苏造 7．2 厘米口径野炮一门，7．62 厘米口径山炮两门，炮镜一部，方向盘两部，还有电话机、备复线等。火炮是用马牵引的，全大队有 30 多匹马。

炮兵大队的学习课程有文化、政治和军事。

文化学习：文化课有语文、数学和地理。文化学习分甲、乙两个班。因为学习炮兵射击的需要，炮兵大队特别重视数学课程。甲班学三角、几何等与炮兵射击有关的部分；乙班学的内容简单一些。教文化课的，先是从干部大队派来的人担任，后来任教的是从延安来的一些知识分子。

政治学习：政治课，主要是学习政治常识、社会发展史、中国近代革命史、中国现代革命史、党的建设、联共（布）党史，以及毛主席当时发表的文章。陈云、邓发、陈潭秋同志都很重视我们的政治学习，他们除了经常给我们作时事、政治报告外，还讲授政治课。黄火青、孔原、冯铉、彭加伦等同志都是政治教员。后来各大队政委也教本大队低级班的政治课。政治学习是主课，抓得很紧，经常进行小、中、大考试。政治课各大队学习的内容基本相同，有时是全总队在一块儿上大课。

军事学习：四大队主要是学习炮兵，但排以上干部也参加总队统一组织的步兵战术（合成军战术）学习。苏进等同志任教员，还有一个苏联顾问给我们讲军事课，由吉合、常乾坤同志当翻译。

炮兵技术、战术学习：大体分为火炮、器材操作，炮兵的射击理论、射击法则和射击指挥，炮兵专业战术等。分两个教学班：副班长以上的干部学习全部内容（当时大队的正副班长，绝大多数是原部队中的排、连、营级干部）；文化程度低的同志，只学火炮、器材操作、射击基本知识和有关的专业战术。教射击和战术课的教官是苏联顾问，教火炮操作的是新疆军官学校的教官。每年进行两次炮兵实弹射击。

经过两年多的学习，同志们在政治、文化方面都得到了很大提高，炮兵技术训练也取得了较好的成绩。这些同志在后来的战争中特别是在解放战争和抗美援朝战争中，发挥了积极的作用。不少同志成为我军炮兵部队的团、师干部。

## 干部大队

刘鹤孔——

新兵营营部（即总队部）以下编成四个大队和一个干部队，每队约百余人。中央代表陈云、滕代远同志具体领导各大队工作。

营部是一个单独的伙食单位，主要都是领导干部：李先念、程世才、李卓然、曾传六、黄火青、李特、黄超、郭天民、李天焕等同志。秘书是冯铉、段子俊和李春田等。营部设秘书、参谋、警卫员、油印员、管理员。

中央指示：新兵营要利用我党与盛世才的统战关系，在苏联同志的帮助下，组织全体指战员学习军事科学技术和政治文化。新兵营一边学政治、文化，一边学军事技术，主要是学习汽车、炮兵、装甲、无线电等技术。军事顾问是苏联人，叫安德烈，技术人员也是苏联人。

干部大队有连、营、团、师级干部共60余人。苏井观、宋侃夫、王子刚、刘寅等同志也在干部大队学习。队长是潘同，政委是刘鹤孔，刘鹤孔兼支部书记。队部设一个文书、一个司务长、一个理发员、四个炊事员。

干部大队的主要任务是学习政治、文化和军事技术。政治课由陈云、滕代远等同志亲自讲授。学习文化的同志按不同程度编为五个班，每个班十余人，由文化程度较高的同志教课，李特、黄超、苏井观等同志都教文化课。

干部大队还设立一个无线电通讯训练班，抽调原来做过机要工作的青年同志和各大队年轻的有一定文化程度的同志到训练班。这个训练班是在干部大队领导下，由刘寅、王子刚同志负责。教员是由过去从事电台工作的同志担任，有徐明德、荆振昌、郑执中、王玉衡等同志。

由于形势发展的需要，干部大队学习不到一年就结束了。有的同志派到苏联学习，有的同志分配到其他大队工作，有的派到新疆省政府和军队中工作。

1938年2月，邓发同志找我个别谈话，说中央决定派些同志去苏联学习专门业务技术，到苏联具体学什么没有详细讲。从新兵营到莫斯科学习的同志共30余人，分两批去。第一批16人，组成临时党支部，我任支部书记。由苏联同志带领，我们16人到了莫斯科，分配在两个学校学习。我们学搞地下情报工作，1939年从学校结业回国路过新疆，第二天就乘飞机到八路军驻兰州办事处，我被派到上海工作。到苏联学习的同志有的由苏联派回新疆做情报工作，派到甘肃、重庆、香港的也有，有的派回甘肃老君庙油田工作，和我一块儿回国的董家良同志派到重庆工作。我们16个同志分配在全国各地，担负地下情报工作，绝大部分没有通讯联系，有的同志如董家良牺牲在这条战线上了。

## 无线电训练班

徐明德、郑执中——

新兵营前后举办了两期无线电训练班。

第一期训练班1937年8月开始，1938年4月结束。这期训练班的基础是红四方面军原来办的通讯学校，到达迪化后，又把这部分学员重新组织起来，叫通讯训练班，同时吸收了一部分在电台当技术工的同志和几个青年同志，学员不到30人。训练班由刘寅负责，徐明德、王玉衡、王子刚、荆振昌同志任教。经过训练班的培训，学员们的技术水平有很大提高，完全能独立工作。不久，中央将大部分人调回延安，新疆只留了几位骨干。

第二期训练班是1938年六七月开始的，1939年7月结束。学员来自各个大队，共30人左右，编为三个班一个排，排长俞以仁。训练班与总队卫生所组成一个党支部。一位从苏联来的德国工程师当教员，主要讲解无线电常识、收发报机原理及维修、电报的收发及翻译。上课时练习收发报，只抄收国民党新闻社和延安新华社新闻，抄收快又准确者还得到一些奖励。

学习期间生活待遇比较好。营以上干部津贴每月十块钱，连以下干部三块钱。除了盛世才发津贴外，领事馆（实际上是共产国际）每天还给两毛钱补贴。服装按照盛世才部队标准供应，大概约合百多元，有皮靴、呢大衣、毛衣、棉衣以及被褥等，连及连以下干部发光板皮筒和毡筒。

学员结业后，大部分回延安了，只有几个人留在新疆工作。徐明德和王玉衡同志被派往兰州，随同苏联专家勘察迪化到兰州的桥梁，担任电台的报务工作，只管收发电报和翻译密码。荆振昌被派往苏联在迪化的一个秘密电台工作。

胡正先——

新兵营开办了第一期无线电通讯训练班，把红四方面军原来办的通讯学校或通讯训练队的学员重新组织起来。学员都是有基础的，共 20 人左右。三局局长宋侃夫给我们上文化课，刘寅负责训练班，教员是王玉衡、郑执中。红四方面军南下天全、芦山时，我第二次进通讯学校，刘寅就是我们的教员。新兵营第一期训练班上课不多，主要是复习，练习收发报，抄延安新华社和国民党中央社的新闻。

我记得第一期训练班的学员有何仁忠、杨大奎、杨家德、高家传、聂鑫、陈大孝、王道益、宋仁望、阙子山、杨永贵、陈继贤、郑如宽等。我们第一期学员 1938 年初回延安以后，新兵营又办了第二期训练班。

徐明乐是第一期通讯训练班学员，原和我们一起学收发报，徐要求改学汽车，学成后给邓发开车，再后来给陈潭秋开车。汪德祥是第一期通讯训练班学员，挑选航空队学员时，汪和我都被挑选为飞行员。我因感冒，没有去成飞行班。1942 年夏天，汪德祥在新疆高家户机场飞特技时，进入螺旋，没有改出来，机毁人亡，牺牲在即将学成之时。

我离开家乡安徽省六安县石板冲参加红军，转战川陕，长征跋涉，西征河西，一路走来，居无定所，从没有机会给家里写信。新疆新兵营比较安定，我给父亲写了一封信。我识字不多，写信吃力，刘寅说"我帮你写"。后来听说父亲回了一封信，但我没有见到信，那时我已回了延安，是别人告诉我的。父亲是篾匠，母亲双目失明。我 4 岁时母亲去世，跟奶奶和父亲过，10 岁时奶奶去世后，我给人家放了一年牛，此后跟着父亲串户干活。父亲生在河南，逃荒到了安徽，祖上三代篾匠。我小时在家吃红薯、包米、大米饭，有时缺粮，也吃麦麸子。父亲认为干篾匠没有出息，常对我说："你愿干什么就干什么!"我参加红军时只有十一二岁，可父亲从来没有反对过。父亲只有我一个儿子，红军没有离开鄂豫皖我在独山县保卫局看守连时，看过我一次。父亲连门都没有进，说说话就走了。那时，保卫局要求严，外人不能接触。我再给父亲写信，见到父亲，已是新中国成立以后的事了。

部队长期南征北战，很少有安定的学习环境。大家珍惜新兵营通讯训练班来之不易的学习时间，每一个人都燃烧着热情，争分夺秒，争先恐后。经过培训，大家的技术水平有很大提高，完全能独立工作。

我们1938年初结业，由刘寅带队，4月份回到延安。我们是新兵营第一批回延安的，乘苏联援华物资车队的汽车，有两辆车坐着我们的人。

我们的车到兰州，原以为一路顺风，不曾想横生枝节。车队到达兰州黄河铁桥，苏联援华物资车队去交接地卸货。黄河铁桥桥头有国民党哨卡，我们两辆车上的全体人员下车接受检查。

哨兵查问："车上装的什么?"

我们回答："一些药品。"

哨兵问："都是干什么的?"

我们回答："苏联归国华侨。"

一个哨兵指着我们一位同志突然说："你在河西抓过我，你是红军，怎么是归国华侨呢?"

刘寅一看不妙，让大家快上车，又给八路军驻兰州办事处打了个电话。八办给苏联驻兰州领事馆打了电话。领事馆来了两辆小卧车，一辆在前引导我们，一辆跟在我们车后，一直护送我们到八路军办事处。我们的两辆车顺着路边停在八办门口，苏联领事馆的小卧车一前一后横着停在我们的卡车跟前。国民党特务再没有明着纠缠，但办事处周围增加了不少警察和便衣。为了避免国民党特务的纠缠，我们任何人都不出门。办事处有一栋木结构两层楼，延安来的20多名青年学生住在楼上，我们住下面平房。我们在办事处住了两天，租了一辆汽车坐到西安，又由八路军驻西安办事处派车将我们送到延安。延安来的青年学生，乘我们来时的汽车去新疆。这些学生是延安派往新兵营的教员，其中有六位女青年。

新兵营第一批回延安有搞报务的，有搞医务的，就这两种人。隰启德是搞医务的，和我们一起回到延安。红四方面军离开鄂豫皖挺进川陕时，我曾在医院当护理员，那时隰就是医院院长。

回到延安，我被分到三局五十三分队任报务员，后调到军委二局。日本飞机轰炸延安以后，我们由王家坪搬往安塞，碰上从延安城往王家坪搬的滕代远同志。王家坪是个山沟，比较安全。

滕代远问："你很面熟，是不是三军团的？"

我说："我是新疆新兵营的，我们见面是在新疆新兵营。"

## 军医、兽医

洪耀——

我作为西路军的一名医务人员，随军进驻迪化，被分配在卫生所工作。卫生所的人来自西路军各个部队，水平高低不同。大家对战地救护比较熟悉，但其他医务知识缺乏，有些病看不了。在战争年代，既缺医少药，又没学习条件，我们很是为难。卫生所主要是打针、治治沙眼和头疼脑热小病，稍大点病，有时请苏联医生，有时送迪化医院。动手术之类的事情，我们都做不了。

1937 年下半年开始组织医务所，以原有卫生队 14 名同志为主，其中一名是从苏联回来的。组织工作由原西路军卫生部部长苏井观同志负责。1937 年底，苏井观同志随同李先念同志回延安后，由杨锡光同志继任。杨锡光是红五军团卫生部医务主任，苏井观和杨锡光是当时的医学专家，早在长征时期他们就已闻名。我是西路军总部野战医院的，对于外伤的救护，稍有些常识，但在西路军中，整天打仗，伤员太多，只能为一些同志进行紧急包扎。

医务所组建起来后，由于住在总队部，同无线电排一起成立了一个党支部，开始时支部书记是荆振昌，后来是杨锡光。

陈云同志回延安之前动员我们学医，挑选了洪耀（洪贤奎）、肖邦林、朱月辉（朱明辉）、谢流泉（谢华）、周云超五位同志到盛世才的军医学校学习。同时调肖永汉（肖平）、陈浩萍（陈银山）、谢良洪、胡炳孝、易良荣、王明朝六位到新疆兽医学校学习。

我们军医班共 40 人，主要学习技术。课程有外伤学、战地救护、外科、临床护理、手术等。有时是苏联教官上课，有时是盛世才的教官上课。这些人在当时是有相当水平的，教得好，比较认真。我们五个人在班里学得好，成绩都在前几名。由于延安急需人才，我们没毕业就回延安了。

朱明辉——

1937 年底的一天，党代表邓发和杨锡光同志前往新疆盛督办处及军医学校，商定由新兵营医务所抽调 11 名同志，到新疆军医和兽医学校学习。5 名同志到新疆军医学校学习，6 名同志到新疆（军办）兽医学校（兽医站）学习。大家到学校报了名，并参加了考试，合格之后才被录取。

1938 年 1 月 12 日，到军医学校学习的同志正式入学，参加了新疆军医学校举行的开学典礼。学制两年（1938 年 1 月至 1940 年 1 月），但我们只学了一年半就毕业了。

迪化军医学校规模不大，学习军医的同志就在这个学校门诊部的眼科、生理、解剖、病理、药物、内科、皮肤、传染等科实习。军医学校的负责人对新兵营的五位同志比较客气，加之这五位同志在学习上刻苦努力，影响也较好。

卫生所与各大队一样，都是直接受工作委员会领导。毕业后，除学兽医的四位同志继续留在迪化工作外，其他七名同志都在 1940 年 2 月 6 日回到延安。

谢良洪——

我当时在二大队学汽车，于 1938 年 5 月毕业，不久被调到卫生所学医。延安来的王韵雪、王宪唐、李涛等给我们讲文化课。当时的卫生所所长是红四方面军的卫生部部长苏井观同志。

1939 年 11 月，组织决定让我到盛世才的兽医学校学习，同去的还有肖永汉、王明朝、胡炳孝三人。1940 年 1 月，西路军总支队部分同志返回延安，我急了，直接找到陈潭秋要求回延安。潭秋同志语重心长地对我说："在这里也是抗日，都走了这里的工作谁做？要听党的话，服从分配，学兽医的同志由你负责。"

1941 年 11 月，我从兽医学校毕业了。前三名都是我们的同志，并得到了钢笔、毛毯的奖励。我被分配到盛世才政府，其他人分配到兽医院工作。兽医学校校长曾参加过东北抗日义勇军，对苏联顾问说：这些人就是不一样，表现好，纪律性强，自觉性高，工作交给他们我就放心了。那时，我曾随苏联顾问跑遍了北疆。一次我从外地回来，与吉合同志一起去看望正在害病的苏联顾问。吉合同志说："谢良洪同志是参加过二万五千里长征的红军。"顾问夫人大吃一惊。顾问请我们吃饭，深有感触地说："中国若是都像你们这样的人，日本鬼子根本打不进来。"

1942 年 3 月，潭秋同志通知我：不要再上班了，盛世骐被杀，四一二阅兵式也被取消。我们在外地的人陆续被调回迪化集中，后被盛世才逮捕，投进监狱。

## 我在迪化苏联领事馆工作

**聂洪国——**

新兵营学习文化，我因左臂上的伤没有好（包座战役时负伤），上级要我去苏联莫斯科治伤，我听到后很高兴，便积极准备赴苏。

过了几天陈云同志给我们作报告，动员大家安下心来学习文化和军事技术。他说，如果文化知识不高，要想做好工作是不行的，要为党做更多的工作或到国外工作更是不行。我听了陈云的讲话，就提出不去苏联治病，留下来继续学习文化。这次学习机会很难得，因此，我在学习中很是积极、认真。经过八个月学习，我的文化水平和认识能力都有很大提高，更加认识到文化的重要性，也越发引起了对学习的兴趣。

1938 年 2 月，组织上决定我到苏联驻迪化领事馆工作，负责联络工作，目的是解决我们新兵营的供给问题。盛世才骨子里是仇视共产党和红军的，他对我们的接待，实际是按苏联的意见办的。他离不开苏联的支持，离开了苏联的支持，他在新疆的统治就维持不下去。

苏联是共产党领导的国家，在斯大林领导下，实行无产阶级国际主义，对中国革命给予了大力支持，曾吸收大批中国青年去留学，为中国共产党培养了很多人才，许多留学生后来成为中国革命的领导干部。苏联还答应给予中国工农红军军事物资和技术装备方面的援助，我们西路军西征，就是为了打通与苏联的联系，取得苏联的援助。我们在西征途中，就听说苏联已经为我们准备了很多轻重机枪和大炮，还有坦克和飞机，装备我们红军几个师。我们听了很兴奋，都希望早日拿到这些武器装备，回过头来打马家军。

我们新兵营的供给，包括伙食、服装、办公费、取暖费、人员每月的津贴等等，名义上是盛世才给的，实际上是苏联按月拨的。这是陈云、邓发同志早已同苏联商定的，我到苏联领事馆，就负责这方面的联络事宜，每月给领事馆预报所需经费和实物的数额，由领事馆给苏联报送支援盛世才的经费总额，里面就包含了新兵营所需的经费。苏联政府拨下来款项和实物后，再由领事馆和盛世才的有关部门分配下来，发到我们新兵营。

我刚到苏联领事馆时，很不习惯，很受拘束，觉得领事馆内都是苏联人，自己又不懂俄语，工作中困难很多。可我想到自己是一名共产党员，一定要努力学习，克服困难，完成组织上给予的任务。到领事馆后，苏联同志很热情，对我也很照顾，我做好工作的信心就更大了。我拿出自己的津贴，找当地会俄语的人学习，很快学会了一些俄语，特别是一些常用的基本词语，学得较好，能和苏联同志进行简单的会话和交谈，从而解决了工作中的很多困难。此后，一有机会，我就用半通的俄语向苏联同志介绍中国工农红军为共产主义事业英勇斗争的历史，特别是西路军不怕牺牲、艰苦斗争的历史。苏联同志对中国工农红军英勇斗争的精神十分钦佩，凡是我提出的要求，他们都能满足。

我在苏联领事馆工作了三年。在此期间，我始终保持着谦虚谨慎的工作作风，向苏联同志学习，积极向他们反映情况，所以这期间虽然困难很多，但还是完成了党组织给予的任务，并在这个过程中增长了不少见识。

1940 年初，新兵营的绝大部分同志完成了学习任务，返回延安，参加抗日战争。当年秋，又一批同志回到了延安。这时，留在新疆的同志不多，我的工作任务已经不大，于是就再三向组织提出申请，要求回延安参加抗日。1941 年 3 月终于在组织的安排下回到了延安。

## 俄文班

吉合——

我回国前，正是苏联共产党在全国范围内进行肃反运动的时候。1938 年 3 月间，“殖民地民族问题研究院”逐渐变得冷清起来。各国派来的留学生，不知为什么，陆陆续续悄悄回国了。

一天早晨，我走进食堂，里面空荡荡的，好半天不见有人来就餐，就连往常的病号也在夜里回国了。究竟发生了什么事情？使我困惑不解，但又不好声张询问。当时研究院要求很严，也很神秘。平时部与部之间互不来往，互不见面，很少交谈，所以互相间谁也不摸谁的底细。

那一天，我碰上了许之桢，他是中文教员。我问他，研究院里发生了什么事？他环视一下四周，悄声说："不该你知道的，还是不要问吧？"

那时，研究院归共产国际管。研究院给我请了六个教员，分别教我英语、俄语、哲学、数学等六门课程。每天由这些教员轮流给我一个人上课，其他问题不问不想，集中精力老老实实地学习。

大约4 月初的一天，又遇上一位中国留学生，后来知道他叫贺诚。开头相遇都不好议论长短，因为组织上早有规定，见面不许谈论与学习无关的问题。不久，又遇上贺子珍、马明方、张子意等同志。他们都编在中国班，集中住在一个大楼里。又过了几天，组织上通知我去给马明方他们几个同志读报，并且负责照顾他们的生活，组织他们搞一些活动。由于经常接触，渐渐跟他们混熟了，当时都用化名，不知道他们的真名实姓。然而，通过跟他们交谈，不仅了解了当时的政治形势，也了解了中国国内的一些情况。

有一次，我陪他们去政府俱乐部看电影。当银幕上出现斯大林的形象时，大家不约而同地站起身来鼓掌。他们对无产阶级的领袖斯大林无比的崇敬。电影是俄语对白，我就给他们当翻译。在看完电影休息时，我忍不住慨叹地说："一个统一的国家，一个政党，必须要有一个英明的领袖啊！我们在莫斯科，不知道国内的情况，在这里经常喊王明万岁！"于是他们便跟我说："王明算什么？不能喊王明万岁！"蔡畅告诉我说："中国有领袖，是毛泽东！"这时，在我的脑海里，才有了毛泽东这个名字。心想，中国有了领头人，中国就有希望了！

但在当时的场合下，只能在心里高兴，不能喜形于色。因为那种紧张神秘的气氛是王明、康生一手搞的。公开表示拥护毛泽东，他们会给你眼罩戴的。尽管如此，我还是暗自学习毛泽东的著作，俄译本的《论持久战》，开阔了眼界。

每当我掩卷沉思，便想尽早回国。祖国正在进行伟大的抗日战争，我应当投入拯救民族危亡的斗争中去。当我第二次碰到许之桢时，由于我恳切地要求，终于得到了他的支持。当即，他给我写了一个地址，让我找中国代表陈琳（任弼时）同志。

我按他指示的路线和地址找到了中共代表的住处，陈琳同志热情地接待了我。第二天，他便通知我，组织批准我回国了。他要我马上回去，买两个大木箱，然后到书店选购一些军事理论与技术书籍，将木箱装满为止。

我从陈琳同志那里出来，直奔阿鲁巴大街，买了木箱和书籍。次日上午，乘一辆小汽车在城内兜了几个圈子之后，便朝东南方向的郊区驶去。大约行驶有40里，车子开进一个陌生的村落，看样子好像沙俄时期的大庄园。别墅似的院落，四周是木板围墙。这里有几位中国人住着，其中有陈龙、朱光、柳英等同志，大约20多人，都是等回国才住在这里的。我把书籍搬进屋里，一个管事的人给我安排了住处。

一天下午，任弼时同志陪同教育部部长米尔曼、干部部部长鲍尔克夫来了。这天晚餐非常丰盛。任弼时同志举起酒杯对大家说："同志们！你们要回国了，今天特意为你们饯行！"大家一听，兴高采烈，笑逐颜开，频频举杯，开怀畅饮。任弼时同志当场宣布："回国的40多人组成一个大队，由吉合同志担任大队长，陈龙同志为副大队长。"

当天，我们登上了火车，然后又转乘汽车，终于踏上了祖国的土地——新疆迪化市。在第三招待所的小楼上，驻新疆党代表邓发同志接见了我们。他要我们好好休息，选定时机再送我们回延安。在招待所休息期间，遇上黄火青同志，我们是老相识了，我在莫斯科步兵学校当排长时，他是我那个排的学员，后来当了班长。那时，伍修权同志在我们学校当翻译。

我和黄火青同志促膝攀谈，十分亲热。他打开木箱，见是许多军事书籍，便品评着，哪些能用，哪些不能用。我们交谈学习，交谈步校同学们的近况。他见我的一本俄文字典很好，很喜欢，我送给了他。我问他在迪化做什么？他说，在迪化反帝会里当秘书长。接着，他向我介绍了新疆的一些情况，并告诉我，反帝会会长是新疆督办盛世才。

我们住在招待所里，食宿安排得很好。每餐高级白米，有酒有肉，生活舒适、美好，但是拢不住飞向延安的心……

半个月后的一天，邓发同志突然把我叫到他的寝室，言谈中有意识地了解我的情况。我都如实地作了汇报，并把陈琳同志的信交给了他，我说："您需要了解我的详细情况，可找陈龙同志，他了解我……"

陈琳同志在信中着重介绍我的俄文好。邓发同志一面看信，一面用眼睛审视我。从这目光中，我看出是信任的，友好的。尽管如此，我对自己的去向仍不摸底，一颗心仿佛吊在半空，忍耐不住地问他："明天同志们回延安，我是不是跟他们一块儿走?"

邓发同志回答得很干脆："你留下，发挥你的专长，到新兵营去工作!"

新兵营是个什么单位？对我来说不得而知；但想到自己是一个共产党员，没有二话，服从组织分配！第二天，便背起行装来到新兵营。

我当时不习惯的是，要换上盛世才部队的灰色军衣，扎裹腿、束皮带、戴国民党帽徽。一到新兵营，组织上便向我交代必须遵守纪律，不许随便上街，不准一个人出去，见了熟人不准说话，尤其是不准谈论有关新疆的问题。总之，对外人一概不准接触。

新兵营除总队部外，下设四个大队，开头分班学习文化，后来转入学习军事技术。平时学习，首先给高级班上课。高级班的学员由各大队的干部和文化水平高的同志组成，大约100多人，课堂设在炮兵大队礼堂，统一授课，分组学习。普通班学员主要学习语文、算术、政治常识等基础课。技术课一般由苏联教员任教，由翻译讲解，教员讲完就走。学装甲、汽车、火炮等，到盛世才部队里现场实习。

新兵营设有教研室，一间大房子里住着三个教员。孔原同志教党的建设，彭加伦同志教近代史，曾涌泉同志教俄文。我到新兵营后，邓发同志宣布由我接替曾涌泉同志教俄文。

新兵营为了适应形势发展的需要，成立了一个俄文班，共计十名学员。其中有男学员六人，他们是：苏启昌、安志远、天宝、李复兴、余学彬、陈厚基；女学员四人，她们是：王韵雪、鄢仪贞、田力君、李菲仪。学习中所用的俄文教材，都是由我临时编写。我不仅负责授课，还要亲自辅导、批改作业。每天上午讲课两小时，下午学员个人自习。

我从1938年7月开始教俄文，直到1939年，大约一年半的时间。教学工作是顺利的，同志们的学习成绩很突出。为了备好课，我常常工作到深夜。

我除了教俄文之外，还担负军事技术的教学任务。例如：机关枪性能及应用，组织野营训练时教步兵分队战术。此外，在党内担任新兵营直属队党支部书记、总支委员兼组织干事。冯铉同志任副组织干事。

新兵营设总支委员会，下设直属队支部，装甲、汽车大队支部，步兵大队支部，炮兵大队支部，医务所和无线电训练班支部，这几个支部均在总支委员会领导下，航空队支部直接由中共党代表领导。

在新兵营这所大学校里，学习十分紧张。同志们为了掌握科学文化知识和军事技术，孜孜不倦，勤奋不息，克服重重困难，努力向上攀登，获得了较好的成绩。

当时新兵营不准谈恋爱。有一次，邓发同志让我整理一份《费尔巴哈论》的资料，他给我派了一个助手，名叫鄢仪贞。在翻译整理资料的过程中，我们渐渐熟悉了，关系也更加密切了。

1939 年 3 月，邓发同志去延安前，我把同鄢仪贞的关系向他作了汇报。邓发同志当即表示："不准谈恋爱！要说老实话，谁是你们的介绍人？"我故作理直气壮地说："是你介绍的呀！"邓发一愣："你胡扯！"我满不在乎地说："不是你让我们在一块儿整理《费尔巴哈论》的资料吗？就从那时我们……"气得邓发哭笑不得。他从延安回来后，就批准我们结婚了。

# 第五章

# "我们迟早要建设自己的空军!"

人们常常自然而然地回过头来审视身后的历史，以及为这个历史作出过贡献的人们。在中国人民空军成长的历史中，"新疆航空队" 第一个从我们的视线中浮现出来。红军老战士与信念结伴走进航空队，成为人民空军第一支既会驾驶飞机又会维护修理的航空技术队伍。历史的嘱托燃烧起的信念，串成一段壮阔恢弘的瑰丽，张扬在蔚蓝天空如雨后彩虹。

## "对驴弹琴"

航空队上第一堂课。领航中队长站在讲台上，拿着三合板的点名牌，开始点名。他先点了盛世才的人，并一一介绍谁是中学生，谁是大学生。他点到红军学员时，一会儿皱眉头，一会儿撇嘴。

"金生!"

"有。"

"你从什么学校毕业的?"

"我没有念过书。"

"没念过书，就想学航空，这不是对驴弹琴吗?" 新疆多驴，这位中队长就把"对牛弹琴" 的牛说成驴。点完名之后，他骂咧着夹着讲义走了。

在新兵营里，金生先是学习开汽车的。一天晚上，李天焕主任叫他到办公室兼宿舍，李卓然也在那里。

“准备派你去航空队学习。”李天焕对金生说。

金生吓了一跳，立即说：“学航空要懂得天文数理，我的文化这么低，只能简单写几个字，怎么能学这个呢？”

李天焕笑着说：“学飞行，当飞行家是困难的；学机械，当工程师也是困难的。但是，要你学会驾驶飞机打击敌人，还是比较容易的；要你学会当机械员维护飞机，保证它能飞到天上去，还是可以办到的。”说到这里，李天焕稍微停顿一下，指出现在抽调红军干部到新疆航空队学习是有深远的战略意义的：“我党从早期就注意培养从事航空事业的人才了。早在大革命时期就曾派王弼、常乾坤等去苏联学习航空，1934 年又派刘风等七人去苏联学航空。”

李天焕见金生眉宇舒展一些，就说：“你去检查身体，如果合格就去。”

航空队设有飞行和机械维修两个班。大部分人愿意学飞行，金生文化程度低，学了机械。可是，第一堂课就让他吃了个下马威，也让大家一个个很生气。

有的说：“不学了，回去。”

有的说：“咱们跟他斗。”

“现在不能走，我们还得上课！”严振刚说，“这个教员走了，别的教员还要上课的。等星期天回新兵营时，向党汇报请示看怎么办！”

好不容易挨到星期天，红军学员都到党代表邓发住的四合院去。邓发满面笑容，非常亲热地站起来招呼大家：“你们都来了，好哇，学得怎么样？”大家都撅着嘴……

支部书记代表大家把所受的窝囊气都倾诉了出来。

邓发听完，说：“你们不要生气嘛！那个中队长，你们不要理他。我们主要是去学技术的，将来要建立自己的空军。没有空军，打起仗来要吃亏。你们自己认真学习，内部组织学习小组。每天晚上自习时，你们以小组为单位，互相帮助，相信一定能学好。你们是为了党，为了革命，去学习航空技术的，要排除万难，争取胜利！”

他们按文化高低相互搭配，分成了几个学习小组，由党支委和党小组组长分别担任小组长，每天早晚自习时间，都在一起学习。

飞行和机械两个专业，都要学不少科目。飞行班除必须学习飞行课程外，还学习领航员和射击员的课程。机械班除重点学习飞机、发动机原理、结构和操作技术外，还要学习通讯、领航、轰炸、照相等课程，还学了木工、焊工以及其他基本知识。

高飞的雄心使红军学员的激情与活力倍增。他们上下求索，每一点收获都付出了艰苦和心血。听不懂的内容，大家在课堂上毫不客气地提问，或在课后请听懂了的同学给大伙儿上“小课”；理解不了的原理，就先念它 20 遍，背它 30 遍，直到“刻”在脑子里。教员上课不发讲义，光凭嘴说，或写在黑板上，这使学习更加困难。大家要学技术，还得边学文化，一天到晚拼命地记，记不下来就画圈或做记号，本子上都是自己发明的速记符号，晚上按小组对笔记。互相借笔记整理四五次，才能整理出来。为了抓紧点滴时间用于学习，他们除了早操、吃饭和睡觉外，其余时间几乎不离教室一步。学习发动机润滑油路的课程时，由于油路的循环复杂，大伙儿想出一个方法，用硬纸卷个纸筒，对着教具发动机把纸烟的烟雾往里吹。烟顺油路走，从窟窿散出，就可看清油路的来龙去脉，立即记在本子上，也牢记在脑海里。

不久，航空队的军官们开始议论了：“前两期学员，自习时间总是迟到早退，溜出去玩，还要我们从外面往教室里撵。这一期反过来了，一天到晚泡在教室里，得把他们从教室里往外赶，才会休息一会儿。”

他们硬凭着这股韧劲和毅力，初步掌握，确切地说是背熟了基础理论知识。一个月后的考试，个个及格。教官对他们刮目相看了，私下里评论说：“从新兵营和外地来的那些学员，文化基础比前两期哪个人都差，可是学习的钻劲、刻苦劲，又比前两期哪个人都强!”

## 完成初教机，转飞侦察轰炸机

基础课学完后，转入专业学习。飞行班和机械班开始分开上课。飞行班学飞机操纵、领航、仪表、气象等课；机械班学飞机、发动机分解和维护。

飞行班有一名本地学生，叫姚维涛，只有 17 岁。他父亲叫姚雄，是盛世才请来的东北系空军军官，曾任飞行队副队长、队长。事实说明，盛世才将姚维涛安排到飞行班学飞行，是应姚雄的请求，并没有政治上的不良动机。红军学员同姚友好相处。姚在学习期间，始终不知道航空队的党组织情况。新中国成立后，姚曾在北京民航局任专业科长。

学习专业课的同时，教官开始带飞飞行学员。

盛世才的航空队共有三个飞行中队。第一、第二中队由前两期毕业的老飞行员组成，每中队十人左右，配一名中队长。第三中队专门训练飞行学员，有一名中队长和两名飞行教官。

紧挨航空队大院的迪化市南门外的草地机场，有两个高大宽敞、能停放十几架飞机的机库。由于机场小，平时只用于飞机起降和停放。用于训练的机场，开始在博格达山下的欧亚机场，以后在迪化以西的地窝铺机场。

飞行班26名学员编成三个教学组。第一组六人，由中队长黎焕章带飞。黎是维吾尔族人，能说汉语和俄语，对苏联和中共都友好。他在以后盛世才发动的反苏反共事变中被关了起来，据说也被杀害。第二、第三组各十人，由飞行教官任兆祥、杨兆荣带飞。苏联教官负责指挥和检查考核。

开飞前，教官先领大家到机场搞了三天地面实习。大家好奇地围着外号叫“双膀子”的Y－2型教练机转。这是20年代的初级教练机，机上安装一台100马力的内燃发动机，最大时速146公里，升限2000米。教官从如何放、拿飞机轮挡的最基本知识讲起，领他们逐一了解飞机的主要部件和性能。接着，上座舱熟悉仪表和操纵系统，多次练习地面开车。

1938年4月4日。蔚蓝色的天空没有一丝云彩，能清晰看到百里外的天山雪峰在阳光下泛着银光。离迪化城7公里的博格达山脚下的欧亚草地机场上，铺着白色T字布。在T字布的前方150米、后方50米，各放一块白色限布板。三架Y－2型教练机，昂首挺立在起飞线上。整个机场划有起飞、着陆和滑行三个地带，随着风向的变化而调整。

当时的飞机没有无线电设备，机场上也没有指挥用的塔台车。指挥员只好站在起飞地带，令一名值日的飞行学员替他打红、白信号旗实施指挥。举起白色信号旗，表示允许起飞和着陆；举起红色信号旗，表示禁止起飞和着陆。飞行教员和学员按旗语开车、起飞。着陆前，先低空绕场一圈，看到亮红旗，就加油门复飞、盘旋；看到亮白旗就对着T字布下滑着陆。着陆后，滑到固定在机场边缘的加油线。那儿有十几个贮油罐。机械人员提着油桶，用漏斗往飞机上加油。加满一架飞机，约需100多公斤汽油。教员和学员都在加油线上下飞机。

航空兵

飞行服上衣和裤子缝在一起，穿的时候，先两腿伸下，然后从身后往上拉才能穿好，头戴皮帽及一个视野很宽的风镜，脚穿毛皮靴。

第一天课目是感觉飞行，也就是到空中体会飞行的滋味，感觉飞机的操纵性能。他们憋足了劲儿，体内像灌足了气似的随时能弹射出去。

中队长黎焕章带吕黎平走向第一架飞机。一进座舱，吕黎平的心就狂跳起来，怎么也抑制不住。随着发动机的轰鸣，中队长驾飞机徐徐向前滑行，接着抬起尾部加速，飞机就晃晃悠悠地升空了。Y-2型飞机只有风挡，没有座舱盖。一升空，强劲的寒风迎面扑来，冷得人直起鸡皮疙瘩。耳朵内除了螺旋桨的"嗡嗡"声和"哗哗"的气流声外，其他什么也听不到。

吕黎平在座舱内左右侧着身子往下看，不敢相信已经到了空中，只见地面的人影越来越小。升高到400米左右，人影只有几寸长；到800米的空中看下面，人就像芝麻粒那么小了。中队长口对着一根前后舱相连的通话专用橡皮管，大声地叫吕黎平前后、左右活动驾驶杆，体会一下飞机的操纵性能。飞机盘旋了几圈，他还没来得及将机场周围的轮廓完全看清楚，飞机就轻飘飘地下滑接地了。

26人都完成了20分钟的感觉飞行，乘汽车返回航空队宿舍。春天的阳光那么灿烂，一直灿烂到他们的笑容里。

有人说："长征路上，一见敌机来了就命令谁也不许讲话，说飞机上有顺风耳，连咳嗽都能听到。大家连粗气都不敢喘。现在可明白了，在地面上就是喊破嗓门，吹响军号，飞机上也听不到。”

有人说：“反空袭时伪装还是很有用的。只要头上戴一顶草编的帽，飞行员就发现不了。”

大家都嚷嚷，一定要把这些新发现，转告前线作战的战友们。

汪德祥瞪着迷惘的大眼睛告诉大家：“我原以为飞机这么大的铁家伙，开起来一定很费力气。教官让我在空中拉一拉驾驶杆，我的手刚使一点儿劲，飞机的头一下子直翘起来。要不是教官喊我快松手，飞机不知翻哪去了。原来，开飞机要像绣花那样轻手轻脚的。唉！可惜了我这双粗胳膊，在飞机上没地方使劲！”

大家听了乐得笑声像是放炮仗似的。

两次感觉飞行后，开始由教官带飞起落航线。Y－2型飞机速度小，纵向安定性差，因而起飞和下滑都很难保持直线方向。空中转弯要手脚密切协调，动作一致，坡度压得不大不小，否则很容易掉高度。在有侧风的情况下，着陆杆稍粗猛一点儿，飞机就会歪歪斜斜，跳跃飘飞。

红军学员都在沙场鏖战多年，见惯了冲锋陷阵的惊险场面，学飞行中共同的特点是胆子大不怕死，动作粗猛不柔和。吕黎平在着陆时目测高，拉平早，动作量又大，飞机尚有一米高度就失速坠地，右翼尖差一点儿擦在草地上，受到教官的严厉训斥。类似的险象，其他学员也发生过好几起。

七八个飞行日过去了，多数学员的起落动作仍然歪歪扭扭，险象横生。好发脾气的苏联教官开始骂人，盛世才的教官，有的公开嘲讽：“粗手笨脚的大兵，还想学航空！”有的私下嘀咕：“放不了单飞，就淘汰！”

大家切身体验着学习的艰难和焦急，树立起心中那山一般不可动摇的信念。

要学好操纵，首先要熟记程序和要领。大家几乎将能利用的每一分钟时间都用来背记和练习，连站队走路也要默背几句。机场、操场和宿舍内外，到处有红军学员比比画画、念念有词地在地面“飞航线起落”。半夜里，常有人说梦话，仔细一听，还在背操纵程序呢。

要克服险象，必须练柔操纵动作。教室里几件简陋的地面练习器，成了大家的宝贝，一天到晚总有人坐在上面。熄灯了，还有人摸黑摆弄练习动作。吕黎平还摸索了一个练习起飞、着陆动作的方法。每次乘坐汽车，他右手握根棍子，面对车行方向。汽车开动，就模拟飞机加油门滑跑，轻轻地将手中的“驾驶杆”往前推；汽车速度快了，就往后带杆“起飞”，汽车减速，就模拟飞机减速下滑着陆，眼观左前方，目测离地面的高度，轻轻地“带杆”、“拉平”。后来，不少同学乘汽车时，也用这个办法练习驾驶杆的操纵动作和目测距离、高度。初学阶段，都感到得益不浅。

带飞中，碰到困难最多的是李奎。李奎在同学中个子最矮，由于苏联飞机的座舱是按大个子设计的，他坐在里面，眼睛刚高过风挡下沿的金属框，很难看清外面，也就难以正确操纵了。大家想方设法为李奎制作了一个两寸多厚的坐垫，又把两个足镫调整到最高位置，终于使他摆脱了由于视力角度高、腿短带来的困难，能够自如地操纵了。

大家的起落动作越来越柔和、准确。在带飞 50 多个起落后，吕黎平和方子翼经过苏联教官严格考核合格，终于首批放了单飞。其他在带飞 60 多个起落后也陆续放了单飞，连李奎也顺利放了单飞。只有王东汉因痼癖动作，着陆跳跃将螺旋桨打坏，被停飞改学机械。

教官又带大家飞简单特技、编队、航行、迫降等课目。经过艰苦努力，大家也陆续考试合格，放了单飞。

单飞的实践，使大家进一步体会到，飞行是脑力与体力密切结合的特殊劳动。比如翻筋斗，没有体力，就承受不了大负荷的压迫，而没有灵敏的思维和快速反应能力，就不能正确判断和及时改出飞机的复杂状态。要做一个优秀的飞行员，必须培养大胆而细心、沉着而机敏、准确而迅速的素质。一进座舱，不管发生什么紧急情况，都要使自己的心情像湖水一样平静，使操纵动作像绣花一样细致准确。飞机出了故障，操纵出了险情，更不能慌张，要通过“想”，迅速判明原因；“做”，严格按《操纵手册》去做；“查”，核查动作是否按准确的程序去处理。这些是大家从实践中集体总结出来的经验体会。

他们学飞行的历程，有迷惘，也有清醒，有磨难，也有成功，沉重与轻松就这样始终杂糅着。

天道酬勤，四个月过去了，红军学员完成了初教机的全部单飞课目。盛世才第一期飞行班招收十名中学毕业生，初教机单飞期间淘汰两名。第二期飞行班招收16名中学毕业生，又淘汰4名，淘汰率都在20%左右。第三期25名共产党员，只淘汰1名，淘汰率是4%。

主持航空队训练的苏联教官，亦称顾问，共有四人。其中两名飞行教官，负责飞行指挥和带教；一名领航教官，负责航空理论教育；一名机械教官，负责指导机务维护保障。苏联教官携带家属，不定期地轮换回国。红军学员进入航空队时，飞行总教官是尤吉耶夫上校，1939年换为扎布罗斯克上校，1941年换为米佐古夫上校，他后来晋升为少将。这些教官都是苏联政府从苏联空军中选派来的优秀干部，都是联共（布）党员。

邓发事先与苏联顾问谈过红军学员文化水平低，苏联顾问表示："只要他们好好地学，我们负责教会他们。"因此，苏联顾问在讲授课程时都非常耐心，手把手地教学员学飞机。苏联教官为了回避盛世才人员的疑虑，除了教学上与学员接触外，平时不与他们来往，但经常通过苏联驻迪化领事馆，向中共党代表转告这批学员的学习情况，提醒注意事项。

苏联教官都有1000小时以上的飞行经验，有的参加过远东诺蒙坎事件对日空战。他们飞行技术过硬，对红军学员关心，但教学作风比较粗暴生硬。一旦学员空中操纵动作不准确，苏联教官就在前舱晃起拳头。学员在空中出现危险动作，他就要大发脾气，拿着通话筒用俄语将学员劈头盖脸骂一通，并高举拳头示意要打脑袋，甚至突然压驾驶杆，利用前后舱驾驶杆的连动，敲打学员的腿部，或者拉几个大动作量，把学员折腾得晕头转向。

有一次，谢奇光实在忍受不了苏联教官的这种打骂人的"教训"方式，就在空中与教官顶起牛来。第二天，总教官把吕黎平找去，用俄语夹着几句汉语及大量的手势，向他说明："你们是共产党人，我们教你们飞行比前两期认真。教官虽然在空中打人骂人，但目的想使你们学得更快更好，希望能理解。"吕黎平向总教官表示，严格要求是对的，应该的。我们每个同学都从心底感谢苏联教官的好意，但也请注意到，中国红军的制度是禁止打人骂人的，希望能改善教学的方式方法。

从那以后，党支部经常进行尊重教官的教育，并组织大家学习常用俄语。学员见到苏联教官，主动用俄语问个"您好"。苏联教官发脾气少了，教学双方的感情越来越融洽。苏联教官的教学更加细心、刻苦了，经常一个人包一架教练机，连续带飞四五人次不下飞机。通过严格泼辣的传帮带，帮助学员解决了许多技术难点，纠正了不少痼癖动作。红军学员也学到了苏联红军飞行员的无产阶级国际主义的好思想、好作风。

盛世才的航空队军官，都是苏联教官训练出来的，因而完全依赖苏联教官主持航空队的训练。苏联教官按照他们的飞行条令、大纲和操典，全套运用，因而小小的新疆航空队成了当时苏联空军训练模式的缩影。其训练方式还是卓有成效的，诸如：重视理论先行；注意循序渐进；平时“少吃多餐”；强调从严从难；培养学员气质等等。

1938年10月，24名学飞行的红军学员以平均4分以上的优良成绩，完成Y-2型初教机所有课目的训练，转飞P-5型侦察、轰炸机。P-5型飞机是当时新疆航空队的主要机种。机长9.5米，翼展15.5米，装1台700马力的内燃发动机，最大时速约280公里，最大航程1000公里，升限约4000米。飞机上装有3挺7.62毫米口径的机关枪，其中两挺固定，一挺可旋转射击，翼下可挂两枚50公斤的炸弹。飞机是双座舱，既可以教学，又可以执行战斗任务。

教官在P-5型飞机上，带学员飞了30多个起落，就陆续放了单飞。

天气逐渐转冷了，纷纷扬扬的雪花覆盖了机场。刚开始，飞机在薄雪上滑行，还飞了几天。后来，积雪厚达半尺，机轮陷在雪地里不能转动。当时没有扫雪机，要用人工把一个偌大的草地机场打扫干净，这在人口稀少的迪化市郊区，是不可能办到的。大家被迫停飞了。

教官很会想办法，安排了三天滑雪课。大家高高兴兴地穿上一米半长的滑雪板，先在平坦的机场雪地上学滑走，然后到三五十米高的山坡上往下溜。两天后，大家就滑行如飞，还组织了比赛。

正当每一个人都发愁怎么飞行时，教官下达了飞行任务。晨曦掀开了夜幕，大家冒着凛冽的寒风来到机场，一看飞机都乐了。飞机的两个前轮不见了，装上了两块30多公分宽、2米多长的木质雪橇板。尾橇也改装成小雪板。大家驾着带雪橇的飞机又开飞了。

## 土豆块萝卜块

1938 年冬，在转飞 P－5 型飞机以后，盛世才曾考虑利用空闲的初级教练机，再办一期飞行班。邓发闻讯后，马上请示中共中央同意，将大革命时期去苏联学习航空，1938 年 9 月回国路过迪化的共产党员常乾坤、王弼留下来，准备送进新疆航空队任教。又将 1938 年 8 月从延安抵迪化的郑德、吴元仁、周元春、叶元之、李春华、任平、林征等组织起来，准备送进航空队第四期飞行训练班学习。

盛世才做事波诡云谲，变化莫测，见中共学飞行的人员先后到达迪化，忽然改变了主意。虽经邓发再三商谈，他都以种种借口不同意再办第四期飞行班，也不同意让常乾坤、王弼进航空队任教。邓发又提出，能否让延安来的人插入第三期飞行班学习。盛世才又以飞机少、学员多为借口回绝了。

邓发遂于 1939 年春，电请中共中央同意，将当时在迪化的已学过航空和准备学航空的组织起来，在党中央驻新疆代表驻地，举办了一个“航空训练

中共在新疆航空机械班学习的学员与老师合影

班”。训练班一边组织自学航空理论，一边继续等待进航空队的机会。在国民党空军学过飞行的共产党员郑德，担任了航空训练班的班长。常乾坤、王弼负责理论教育。学员有吴元仁、林征、周元春、叶元之、李春华、任平以及1939年5月从苏联回国路过迪化的刘风、王连、李凡、刘春、王占山和王田，其中刘风、王连等在苏联学过飞行。

航空队和航空训练班，在航空业务方面经常来往，互相学习。航空队学员利用去党代表驻地汇报工作，开支部大会的机会，向航空理论造诣较深的常乾坤、王弼请教理论问题，请他们上理论辅导课。常乾坤、王弼等还翻译了盛世才航空队没有的一些苏军飞行教材，供他们学习参考用。他们也向航空训练班的学员介绍飞行的实践和体会。

1940年，盛世才对中共态度明显冷淡，航空训练班的人已不可能再进新疆航空队。这部分同志按照党中央的指示，于当年夏天，分乘两辆汽车返回延安。其中常乾坤、王弼、刘风、王连等乘坐的汽车先行到了西安。跟在后面不远的郑德、李凡、刘春等乘坐的汽车，却在甘肃平凉被国民党无理扣押。郑德、李凡被杀害。

随着飞行课目难度的不断增加，航空理论教育内容也越来越深。他们24名飞行学员，除了夏伯勋高小毕业，其他多数只上过几年的初小，有的是参军后才摘掉文盲帽子。从新兵营来的人，由于突击学习了半年文化，能勉强跟上航空理论学习进度，但成绩一直悬在3分左右；从延安来的人中，有几位连乘除都不能熟练运算，在越来越多的数学概念、计算公式面前，茫然不知所措，连续几次测验都不及格，急得直搓手。如果阶段性的航理考试和补考都不及格，就不能参加新课目训练，这就意味着失去继续飞行的资格。驾驶飞机在蓝天上战斗的梦想绝不能破裂，怎么办？只剩下华山一条道，坚决攻克航空理论这只“拦路虎”。

破釜沉舟，百二秦关终属楚；卧薪尝胆，三千越甲可吞吴。大家每个人准备了个小本子，将定律、原理、公式都记在上面，有几分钟空，就掏出来背几句；还利用集体智慧互帮互学，互当“考官”，比比画画，互考互答，切磋交流。

每次上完理论课，教官一出教室门，夏伯勋等几位“小教员”就走上讲台，给几位文化底子差的同学“开小灶”，帮他们赶队。可是，一则小教员的能力很有限，再则那几位同学基础实在太差了，连立方体概念也搞不清楚。小教员急得抓耳挠腮，看到窗外有一堆土豆，灵机一动，拔腿奔出教室，不一会儿蹦蹦跳跳地走进来，高声嚷道：

“同志们，这就是立方体模型！”

大家一看，都乐了。原来，小教员手里捏着一个用小刀切得方方正正的土豆块。

“土豆块太小了，用萝卜可以切成大的立方体。”机灵的陈熙冒了一句。

陈潭秋他们真的从食堂、菜地找来了大萝卜。小教员不但把萝卜切成立方体，讲解体积、乘积，还切成四方形、三角形，拼成平行四边形，讲解几何图形、概念和计算公式。小教员还把萝卜切成不规则的圆锥形，拦腰割了几层，讲解航空图上等高线概念。如此等等，萝卜块成了多用途“数学模型”。

航空队党支部同志之间亲密团结，一人有困难，八方伸出热情帮助的手。胡子昆、王东汉和吴峰等技术上薄弱环节多一些，技术较好的方子翼、陈熙、夏伯勋、朱火华等，就主动用业余时间手把手地传帮带，帮助他们克服技术难点。周立范患病动了大手术，在住医院和回队养病期间，同志们护理他，替他洗脸擦背，背他到院里晒太阳，早晚帮他补功课，上街也都忘不了买点儿营养品给他。在全体同志无微不至的关怀下，曾经病危的周立范终于恢复了健康，而且很快跟上了学习进度。

陈潭秋

盛世才不允许他的军队内部有任何党派活动。在森严的禁令下，航空队党支部有巧妙的活动方式。“新疆民众反帝联合会”

是政治团体，要求军政人员和各阶层人民普遍入会，广泛建立“反帝会”分会、支部、小组。航空队全体都加入了“反帝会”，他们利用这一合法组织，凡党的会议都以“反帝会”小组名义召集。偶然，航空队“反帝会”分会的干部来参加小组会，他们就欢迎“光临指导”，畅谈反帝；等其一走，又变成了他们的党小组会。由于每隔一周半月都以这种方式开一次党小组会，他们曾因“经常组织反帝会活动”而受到航空队“反帝会”分会的嘉奖。每月的党支部大会，多数是利用星期天到市里洗澡的机会，悄悄地集合到党中央代表驻地附近的一所独立“新房子”召开，偶尔也利用休息时间在教室里开。外人总以为他们又在自学航空理论。党支部每年都按党章要求，通过民主选举改选党支部委员会。继吕黎平之后，严振刚、朱火华、方华、汪德祥等，分别担任过支部书记。

1939 年夏天，邓发因汽车事故胸部受伤，中央决定他回延安，由从苏联回国路过迪化的陈潭秋接任党中央驻新疆代表。陈潭秋待人谦逊和蔼，满腔热情，给航空队每一个人都留下了深刻印象。周立范老觉得肚子疼，航空队军医确诊肚子里长了个瘤子，说是不治之症。陈潭秋闻讯后，亲自四方奔走，多方联系，最后通过苏联总领事，请苏联在盛世才军队医院工作的专家诊治，动了手术，切除瘤子。陈潭秋还用自己的津贴，多次购买营养品送给周立范，还指示航空队精心护理，终于把周立范从死亡线上抢救过来。1940 年以后，盛世才倒行逆施，使新疆经济恶化，物价飞涨。航空队学员的伙食费却没有涨，只好经常吃咸菜疙瘩，人渐渐消瘦了。陈潭秋看到后非常心疼，请示中央有关部门，从新疆历年节余的党费里，每月拿出 120 元补助航空队的伙食，使大家感受到党组织的关怀和温暖。

机械班经过一年半的紧张学习和实习，于 1939 年 9 月按期毕业。航空队按照惯例，在大操场上搭起讲台，举行隆重的毕业典礼。盛世才亲临讲话，和全体毕业学员合影。给毕业学员授军衔时，按照考试成绩排列授衔的先后顺序。红军学员总共 18 名，除王东汉考 4 分外，其他都考 4．5 分以上，自豪地排在靠前位置。严振刚等两人被授予中尉军衔，其余被授予少尉军衔。吴茂林因患肺结核，已于 1938 年退学养病。

学机械的同学以这么好的成绩毕业，使大家心情振奋，沉浸在激动和喜悦中。他们决定利用星期天，买点瓜果、糖块，到党代表处的“新房子”开个庆祝会，热烈庆贺党的第一批航空机械人才。

机械班的同学在庆祝会上，激动地回顾了一年半艰难曲折的学习生活。第二期机械班共有 34 名学员，其中 16 名是新疆富裕阶层的子弟。有一名当地学员叫袁国藩，是新疆督办公署兵工厂厂长袁国维的弟弟，北京大学附中的高中毕业生。这些人自恃文化程度高，见到红军学员连基本的数、理、化知识都答错了，就在课堂上哄笑。由于红军学员理论知识差，很难弄清原理，看懂线路，因而在实际操作中，发现了故障也难以从原理上找准原因，常常张冠李戴，阴差阳错。最头疼的是考试关，每星期必有一次测验，每个学科结束都要大考。大考场上，铺着红布的考官桌前，并排坐着航空队的苏联机械顾问、大队总工程师和主讲教官。他们事先拟好了一大堆考题，把学员逐个叫到桌前，立正站着，抽题提问。从理论到实际操作程序，要求当场演算、对答如流，稍有“卡壳”，就要扣分。考一个学员时，全体学员都端坐静听。这样的以口试为主、当场演算、当场指证，每个人考不同的题的方法，是苏联教官提倡，在航空队各种考试中通用的方法。每参加一次考试，就是一次全面的复习，使学员没有任何作弊的可能，但也容易使基础差的学员在众目睽睽下精神高度紧张，往往考试一次，汗湿全身。由于 16 名当地学员和红军学员编在一个班，朝夕相处，比着瞧，赛着干，迫使机械班的同学在学习中跌打滚爬，在更为艰难的环境中奋斗。

学机械的同学用兔子与乌龟赛跑的寓言激励斗志。每当下午和晚上自习时间，当地的学员见教官不在，就像兔子一样悄悄溜出教室，玩耍去了。红军学员却埋头书桌，不做完习题，不弄懂原理，不写好笔记，就不离开教室。刘子宁、吴峰参军前没上过一天学，他俩就常年坚持每天早起晚睡一两个小时，补习文化，病倒了还拿着书本在床上做功课。终于，红军学员与当地学员在文化上的差距越来越小，而在熟记常用的机械理论、计算公式和各种数据方面，则远远超过了他们。地勤理论课上了半年时间，接着是下厂实习，拆装发动机。在操作实习中，教官讲解线路关系和维护要领，做完示范就走了。当地的学员自以为一听就懂，一看就会，又怕油垢弄脏了白嫩的手，就在实习场地闲逛。红军学员围着飞机爬呀、摸呀，往往弄得满身油垢浑身汗。正课时间嫌不够，又在午休时间悄悄跑到机场去实习。

毕业考试了。当地的学员“平时不烧香，急时抱佛脚”，往往抓耳挠腮，窘于应付，成绩当然不理想了。红军学员从容地甩开早已熟记的书本、手册，开始互相之间当“考官”，你提我一个问题，我考你一个故障，互相琢磨，加深印象，等到站在考官面前时，早已互相考过好几回了。毕业考试最难的一关，是考核实际操作。红军学员由于平时实习次数多，动作准确熟练，挥洒自如；当地学员拆装同样的机件，花的时间往往超过他们一倍。教官指着一架开车时冒着一丝丝黑烟、转速上不去的飞机考问原因。当地学员大眼瞪小眼，说不出道道来。教官考问红军学员丁园，他略加思索，就肯定地回答：“这是发动机汽缸划了痕，活塞密封不严引起的。”教官当场令丁园拆下汽缸，汽缸内壁果然有一条头发丝粗细的划痕。丁园当场用极细的砂纸磨平，又利索地换上新的胶垫，随着教官一声口令，丁园重新启动飞机。发动机“突、突、突”，吐出了青白色的烟雾，螺旋桨“嗡”的一声转成了一圈白光。故障排除了，教官破例地给丁园打了满分。

奇迹每出于困境，胜券总握于哀兵，这是历史和人生的规律。机械班毕业考试成绩表贴出来了，大家都挤上前看成绩。当地的学员看着名次，羞愧地低下了头。红军学员又蹦又跳地拥抱在一块儿，兴奋得脸色像怒放的红玫瑰。是呀，应该高兴，应该庆贺！日出日落和暑去寒来中，500 多个日日夜夜的心血，终于结出了丰硕的成果。

18 名红军学员毕业分到机务中队后，保持和发扬了刻苦钻研、一丝不苟的好作风。每架飞机有两个机械员，一个是盛世才的人，一个是红军学员。名义上是盛的人为主，实际的机务工作多是红军学员做的。红军学员恪尽职守，努力工作，而且工作能力比他们强。虽然都是军官，但是待遇不一样，每月只给红军机械员 20 元的生活费，不过在他们看来，20 元比爬雪山过草地的时候要好多了。当时实行物质奖励，连续保障飞行 100 个小时、500 个起落不发生任何问题，就奖励该飞机的机械员一个月的工资。朱火华、丁园、刘子立、金生等多次得到这类奖金。

1939 年 8 月，一个风和日丽的星期天上午。陈潭秋通知航空班班长吕黎平和机械班班长严振刚赶到新兵营的野营地。野营地在迪化城外高大茂密的树林中，林中有一条清澈见底的小溪。溪底的鹅卵石在阳光下泛着五颜六色的光彩，鸟儿在林中叽叽喳喳地欢唱，微风拂面，送来一阵阵扑鼻的槐树清香。

他俩看到陈潭秋陪着一个身影很熟的人站在一顶白色帐篷前，定神一看，原来是周恩来副主席。两人惊喜地奔过去，向周副主席敬礼、问好。自 1935 年 7 月，周副主席找吕黎平谈话，令他随叶剑英到红四方面军工作以来，他已经三年没见过周副主席了。这次意外地在西北边陲见面，他心里非常激动、高兴。

周副主席和他俩热烈地握手，他俩这才发现周副主席的左胳膊不灵活，用白纱布裹着夹板。陈潭秋说，周副主席是乘飞机去苏联治疗摔伤的胳膊，路过迪化。两人着急地询问周副主席的伤势。他笑了一笑，说没事，亲切地招呼他俩坐下。

周副主席一开头就告诉他俩："党中央、毛主席很关心你们学航空，让我路过迪化时向同志们表示慰问。我不便直接去航空队看大家，就见见你们两个代表，请你们转达。"

周副主席详细询问航空队的学习情况，吕黎平和严振刚一一作了汇报。当周副主席听到他们的考试成绩都在 4 分以上，已能操纵、维护两种飞机时，高兴地说："陈云同志做了件很好的事。将来建设我们自己的空军，有骨干、有种子了。"当他俩汇报到 43 名同志，是从红军各方面军中挑选出来的时，周副主席赞扬说："这很好！每一个方面军都有特点，应该互相学习，取长补短。继承了各方面军的优良传统，我们的航空队会有很高的战斗力。"

周副主席还和他俩谈起国民党建设空军的情况。他说，现在国民党的空军人员，主要是由江浙籍和两广籍组成。以前，陈济堂倒戈蒋介石时，他的空军被蒋介石用金钱引诱、用籍缘拉拢，都倒向南京政府了，这是反面的教训。将来我们党建立空军时，应从八路军、新四军，从各地的游击队，从各解放区中选调德才兼优的同志，要搞五湖四海，把各方面各地的优点都集中到空军，因为对空军的要求高嘛！一个飞行员驾驶一架飞机单独行动、单独作战，没有好的思想作风和高超的技术、战术，是胜任不了的。

周副主席问有什么困难需要解决。他俩提出：能否请周副主席到苏联后，向苏联领导人反映一下，苏联给了国民党不少飞机去打日本侵略者，我们共产党人打日本鬼子最坚决，应该也给我们一些飞机。这样，学成之后回延安，就能组建自己的空军了。

周副主席微笑答应，要向苏联领导人反映这方面意见。

1940 年 2 月，周副主席受伤的胳膊基本痊愈后，又乘飞机从苏联回国路过迪化。他再次接见了吕黎平和当时机械班负责人朱火华。周副主席告诉他们，关于请苏联援助飞机的事，苏联政府考虑到八路军名义上属于重庆国民政府统一领导，援助飞机只宜按国家之间的关系给重庆国民政府，不便直接给八路军，否则会带来一些外交上的问题。此事，就等以后再争取吧。周副主席又坚定地说，不管怎么样，我们党迟早要建设自己的空军。暂时没飞机，就先培养技术人才嘛。你们 40 多名同志既有会飞行的，又有搞机械的，一有飞机就能形成战斗力。党中央对你们寄予很大的期望。

周副主席语重心长地嘱咐说，我听潭秋同志介绍了你们的情况：40 多名同志多数是红军的营团干部，在航空队过着艰苦的学员生活，一年到头都是紧紧张张地学理论学技术，年龄大了还不能结婚成家。你们有理想有志气，不计较个人得失，克服很多困难，取得了好成绩，这是很可贵的。要告诉同志们，现在这样的学习环境、学习条件，是非常难得的。机不可失，时不再来呀！一定要珍惜目前的学习机会，争取更好的学习成绩，向党中央汇报。

周副主席又根据当时新疆的政治形势，决定把航空队党支部暂时改名为“学习生活指导委员会”。他说，这样改变名称后，党组织的性质没有变，党支部的领导作用没有变，只是为了使盛世才找不到任何借口干扰我们的组织生活。

吕黎平、朱火华怀着激动的心情回到航空队，当天就向全体同志传达了周副主席的关怀和勉励。党中央的殷切期望，建设人民空军的壮丽前景，鼓舞着他们。

# 第六章

# 行政长副社长
# 边防大队长

## 想外出巡视，去外县跑跑，都办不到

阿克苏是区行政公署所在地，放眼就是绵亘无尽、挥斥不去的天山。阿克苏位于天山南麓，塔里木盆地西北边缘。“阿克苏”系维吾尔语“洁净的水”，主要河流有阿克苏河、塔里木河、托什干河等。阿克苏河、叶尔羌河与和田河汇聚于阿克苏的阿拉尔附近，汇合后的干流始正式为塔里木河。阿克苏河发源于天山南坡，挟着山风，凌厉锐进，为塔里木河提供了四分之三以上的水量。河道两岸，植物繁茂，绿荫层层；绿洲之上，麦熟稻黄，果香沁人。塔里木河水流浩荡，震颤大漠，是中国最大的内陆河流，其流域是古代西域文明的发祥地。这里气候温暖、水土滋润，是素负盛名的瓜果之乡和棉花之乡，早在秦汉时就有了较发达的农业文化。这里民俗质朴、乐歌善舞，是著名的歌舞之乡和音乐之乡，西域三大古乐——龟兹乐、疏勒乐、于阗乐皆源出于这片土地。因此新疆各族人民将塔里木河称为故乡的河、母亲的河、生命的河。阿音柯和浑巴什的蒙古城堡遗址是阿克苏历史的见证。阿音柯的买吾拉乃姆清真寺有600余年的历史，是南疆伊斯兰教活动中心之一。这时的阿克苏城，人口不到万人。

阿克苏邮局在南城根下，是清末驿站所在地。土门楼上悬挂着一块白底黑字招牌，上写“邮局”二字。大门两侧各挂一块虎头牌，左面写着“邮政重地”，右面写着“禁止喧哗”，虎头牌两侧悬着红黑木棒两根。十足封建衙门派头。群众望而生畏，寄信很少。

一天，黄行政长逶逶迤迤找上门来，开口就对邮局局长说：“谷局长，你这个邮局好难找呵！这么偏僻，民众怎么来送信呢？得想个办法，换个地方！”

邮局局长谷梦麟原是东北抗日义勇军战士，辗转从苏联到新疆后脱离军队，考取新疆邮政管理局乙等邮务员，历任巴楚、绥定邮局局长，1939 年 3 月任阿克苏邮局局长，比黄行政长到阿克苏早两个月。谷局长知道这是行政长来了解下情，赶紧让到屋里坐下，一五一十地将阿克苏的邮政情况作了汇报。

阿克苏邮局有职工 25 人，驿马 38 匹，设局长 1 人，邮差长 1 人，信差 2 人，马差 21 人。邮局管辖阿克苏、阿瓦提、温宿、乌什、柯坪、拜城 6 个县的邮政业务。每县 1 个邮政代办所，设主任 1 人。另外还管辖干线邮路阿克苏东至库车 395 公里，支线邮路以阿克苏为中心，西从齐兰台到柯坪，北去温宿、乌什，南到阿瓦提。

邮政上存在的主要问题有两个。一是邮运方式落后，载量少、速度慢、费时长。干线邮路，沿袭了西域两千年来的驿马置站传递方式。马差一人双马，载重 60 公斤到 80 公斤，昼夜行程 200 公里，站站接送。支线邮路除马差外还有步差，邮递员徒步背负传送，载重 10 公斤至 20 公斤，日行 40 公里，既累又慢。二是收入少，开支大，入不敷出，全凭上级贴补，建设和革新根本谈不到。

黄行政长听了谷局长的汇报，点头赞许，说要想方设法改变这种状况，以利巩固抗战后方，加速三年建设计划。

黄行政长即黄火青，原红一方面军九军团政治部主任，西路军军队工作部部长。他 1938 年初被任命为“新疆民众反帝联合会”秘书长，改用年轻时的名字黄民孚。“反帝会”地位很高，因为会长是盛世才本人，副会长是省长李溶，规定政府厅长等必须加入。反帝会前任秘书长王寿成等 20 余人由苏联派来，其中两位黄火青熟识，一是王宝乾，任外事处处长，一是张义吾，任公安管理处处长。1927 年 6 月汪精卫叛变革命前，黄火青同他俩一起乘船到苏联，都在东方大学学习。盛世才捏造阴谋暴动案，逮捕了许多人，也逮捕了王寿成、张义吾等，送回苏联。

在新疆的中共党人克勤克俭努力工作，但人人心里感到压抑，另有艰难。1939年初，盛世才借故追查中共党人违反协议过组织生活，责难黄火青为反帝会起草的一个文件提到新三民主义的论点有问题，责难林基路散发抗战歌曲小册子中印的领袖像，以及李云扬让学生在宿舍中挂马克思、列宁、毛泽东像是政治错误。盛把三人叫到督办公署，训了一个多小时。一方面说，他是毛泽东同志领导的，“六大政策”集团的人将来都是党员；一方面又不和谐地宣称，延安的那一套不适合新疆。第二天他就宣布黄火青改任阿克苏行政长，林基路改任阿克苏教育局局长，李云扬改任喀什教育局局长。黄火青的夫人苏枚也一起来到阿克苏，任简易师范附属小学教师。苏枚曾长期从事秘密工作，1935年去苏联学习，1938年1月回国，被党组织留在新疆工作，与黄火青结婚。

阿克苏邮局，在行政长黄民孚的支持下，蜿蜒曲折的邮路由冷落变得热闹，由僵硬变得活泼。谷梦麟和邮局员工从1939年至1940年办了三件好事。

一是发动员工建起新邮局。阿克苏城，城北门外有一片不小的空地，长着一棵大榆树，很适合做邮局。谷梦麟向黄行政长提出拨地要求，立即得到批准，将这片空地拨给了邮局。地皮解决了，砖又是个问题，那时阿克苏的砖又贵又难买。谷梦麟见城北环北门门楼的砖石可用，便又去找黄行政长。黄行政长批准，把城北门瓮城旧址的砖石全部拨给邮局做了基建材料。1939年下半年，谷梦麟发动全局员工挖地基、拆砖石、打土块，热热闹闹地干了起来。谷梦麟拿出自己几个月的工资，买了150根大杨木，做屋顶梁檩。由于省财政厅厅长毛泽民治理财政，金融稳定，物价便宜，95元新币就可买一两黄金。当时谷的月薪是150元新币，他又发动员工筹集了一点基建费，请了技工、木工。经过全局员工半年的忘我劳动，终于在1940年5月29日建成新邮局，有营业室、办公室、候车室、宿舍等23间新房。新邮局既美观宽敞，又方便群众，开创了阿克苏邮政史上光辉的一页，受到了黄行政长和业务上级的多次鼓励和表扬。

二是改驿马传递为驿车传递。1939年秋天，经黄行政长同意，谷梦麟请求上级邮政部门拨款8000元，在温宿苏新贸易公司订购了50辆苏联六根棍四轮马车。由于黄行政长和苏新贸易公司很熟，说话顶用，很快便到了货，50辆崭新的车带全套挽具。谷梦麟雇佣木工，将六根棍改装成红油漆颜色的马槽车，增加了车的容量。新邮车两侧用醒目的绿色大字写着，“巩固抗日后方，打倒帝国主义”，“发展经济，加强生产”等口号。1940年1月1日，新车正式在阿克苏至库车干线上使用，四五月又用于支线。邮车一人两马，载量可达600公斤，速度既快，人又不累，比驿马传递功效提高七八倍，经济上又不多开支，还是原马差的一人双马开支。从此阿克苏结束了两千年来相沿使用驿马传递的落后方式，出现了一派车辚辚马萧萧的崭新景象，受到上级邮政部门的通令嘉奖。驿马邮递改为驿车邮递之后，包裹邮运多了起来，客商也找上门来搭乘邮车，收入逐月增加。谷梦麟想，每次班车搭客两人，每月可增收2100元，半年之后，筹集1．2万元资金，从乌什口岸进口苏联6辆一吨半的小货车，每辆新币1500元，将干线马车邮运改为汽车邮运。谷梦麟作了计划，呈报黄行政长，行政长很赞许。谷又呈报省邮政管理局，得到批准试行。谷梦麟正准备施行这项计划时，不料黄行政长于1940年8月离开阿克苏，匆匆返回延安。真正支持革新的主管长官走了，谷局长个人便无能为力了。1942年谷梦麟也调离阿克苏，一个美好的革新愿望落空了。新疆邮政直到1946年5月，才在迪化至兰州的邮路用上了汽车，整整晚了七个年头。

三是开挖黄渠，解决驿马粮草困难。1939年冬，黄行政长发动阿克苏、温宿、阿瓦提、乌什、柯坪五县数千民工，开挖了一条6米宽、3米深、60余公里长的黄渠，从阿克苏经阿音柯、过黄宫到沙井子，1940年初春挖成通水。黄行政长和阿克苏报编辑长陈清源数次骑马前往视察，现场解决问题，慰问修渠民工。黄行政长号召，挖渠者可以开荒，开荒归己，谁种谁收，三年免征田赋。各县贫民去沙井子开荒者甚多，荒漠的了无生趣被人群的热火朝天取代。谷梦麟为解决阿克苏至巴楚邮路驿站的草料困难，动员邮局员工20余人也参加了挖渠。经过三个月的苦干，每人分得4米宽不限长的一片荒地，全局共得80米宽不限长的一大片荒地。开春，他们打田埂，浇上水，种上春麦。小麦黄熟，共收小麦1．2万斤，麦草5万余斤，每人分得小麦600斤，草数千斤。由于此地距离齐兰台、黄宫等驿站较近，草料拉运方便。过去那种驿站处于万古荒原，草料困难、马匹瘦弱倒毙的历史从此一去不复返了。

这年夏天，阿克苏昆马力克河河水猛涨。疯狂的波涛，掀起大浪，冲击河堤。一旦河堤决口，阿克苏城区和温宿县托乎拉乡将成为一片汪洋。黄火青采取紧急措施，动员阿克苏、温宿、阿瓦提三县民众，备料修堤。民众利益攸关，义无反顾，上下齐心合力、奋勇争先，终于避免了一场洪水灾害。

黄火青对行政长职务虽不熟稔，但谦虚随和，常常徒步出门，到各机关鼓励公务人员好好工作。他还在行署会议室给青年职员讲哲学和政治经济学，有时举办电影晚会，有时举办文艺晚会，演抗日救国和反法西斯的文艺节目和话剧，组织歌咏赛，举办运动会等等。他们在行署旁边修了一个砖基、土木结构的俱乐部，能容千把人。他还举办训练班，对维吾尔、回、汉等各族青年工作人员进行培训。维吾尔族青年艾则孜·艾沙等五人，经黄行政长批准，到迪化省维文会主办的文化干部训练班学习。艾则孜·艾沙后又被转送新疆学院水利系学习，新中国成立后曾任阿克苏地区水电局局长。

黄火青一开始在阿克苏工作，就被盛世才的密探、公安局长曹天爵严密监视。曹在他身边安排了两个特务，起初他一点儿也不知道，是当地苏新贸易公司的人告诉他的。一个叫蒋泽中，原在迪化反帝总会当科长，蒋的父亲曾任省政府办公厅主任，被盛世才逮捕关进监狱。黄火青任反帝总会秘书长时兼任审判长，审问后认为没什么问题，就作决定把他释放了。黄火青到阿克苏时就把蒋带来当秘书，不料他被公安局收买。蒋泽中趁黄火青不在家，找苏枚借阅马列主义书籍，故意表现“左”，以便接近黄火青。黄听说后，马上让苏枚把书要了回来，以免蒋要什么阴谋诡计。盛世才组织了个南疆调查团来阿克苏，团长是王宝乾。黄火青告诉王，蒋泽中是给盛干事的，以后蒋被调走，到一个县里当副县长去了。另一个安插在黄火青身边的9是秘书主任，叫买买提，维吾尔族，天天送文件来，念给他听后，他再批办。

盛世才的权力磁场紧紧地统摄着新疆。黄火青在阿克苏的活动范围被限制在城区附近，想外出巡视，去外县跑跑，都办不到。有一次他和苏新贸易公司经理讲好了，坐公司的汽车去看看调任库车县县长的林基路，还没走上几十里，当地警备司令孙庆龄就拿着盛世才的电报叫他回专署，问他为何出门不请示督办公署，擅离职守。孙庆龄原是吐、鄯、托警备司令，对他一向冷淡，他也从不找孙。后来黄火青离开阿克苏回延安，孙兼任了阿克苏行政长。

黄火青

黄火青很想做点儿调查工作，但走不出去，尽管按规定行政长有匹好马和一辆马车。林基路任区教育局长时，他便以反帝会阿克苏分会为基础，和林基路一起抓抓文化教育、宣传工作，充实和扩大公立的汉族及少数民族学校，还开设教员训练班，特别注意培训少数民族青年，解决师资缺乏问题。他常去阿克苏报编辑长陈清源那里坐坐，陈有收报机，可以收听外国的新闻广播，当时新疆还没有广播电台。林基路是第一批由延安来的干部，陈清源是第二批由延安来的干部。程九柯和陈清源同批来新疆，在温宿任税务局副局长，也常来黄火青这里谈谈。因为走不出去，平时黄火青有空就和学生们、工作人员一起打打乒乓球、台球等。行署有个果树园，种了些苹果等。他让人修了条路，叫学校学生们游园时随便摘果子吃，但不能带走，最后剩下的给工作人员分。行署有点儿官地，每年收庄稼后，农民向行署交一部分粮，黄火青让人分给工作人员，包括大师傅和警卫队共四五十人，也算是给大家办的一点儿福利。他家吃粮是自己买。

黄火青住房后院里有个小水池，夏日池边绿草丛丛，冬日池中一片冰心，春天买三四十只小鸭放养，秋后杀了腌起来吃，还用 12 元钱买了只小鹿养在园里。当地风俗，六七月间果子熟了，有钱人家要请地方长官“浪”园子，喝茶，吃烤羊肉串。这对主人来说是很体面的事。有个大阿訇伊布拉伊，100 多岁了，在地方上很有威望，过生日时请行政长黄火青去他家“浪”园子。

果树亭亭如盖，园中荫凉爽人。

在阿克苏时，黄火青意外地收到一封家信，是寄到延安后转到重庆八路军办事处，又由办事处转到迪化，最后才送到阿克苏。这是他离家十多年第一次收到家书，信内附了老母亲的一张照片。大哥的信充满感情，说多少年来只收到过他从福建寄出的一张明信片，虽“寥寥数语”，但得到很大安慰。大哥还说多年来天天看报，随时留心他的消息，等等。黄火青看着老母亲的照片，思母之心的迫切与深情眷恋，使他平静已久的心，又成了秋后的茅草地，凄凉荒芜又杂乱无章。

1940 年夏，盛世才突然给黄火青来了个电报，说他母亲病重，要他回家探望，为照顾母子之情，准予离职等语。他心里明白，可能是中央调他回延安。

他去苏新贸易公司辞行，他们听说他回去没有车，就派了一辆载重汽车送他一家三口去迪化。第一天住在库车，受到林基路夫妇的热情招待。第二天到迪化，见了陈潭秋。陈告诉他，周恩来由苏联返回延安路过迪化时，对盛世才讲了中央要调他回延安。据陈潭秋说，中央准备派他到湖北担任新四军五师政委，接替陈少敏的工作。

他乘飞机出发，盛世才到机场送行。飞机飞经武威和兰州之间的乌鞘岭时有云雾不能通过，临时在武威降落。飞机场有国民党特务监视，他找机会把刻有“黄民孚”三字的图章扔进一口井里。因为盛世才给他的护照上写的是“八路军少校参谋黄和青”，不是黄民孚。他们到兰州后买票坐汽车去西安。国民党特务也跟着上了汽车，想要搭腔，试探是否从新疆来。车开到华家岭住了一夜，次晚宿平凉。早晨上汽车后，他看见有个戴眼镜的人挟着皮包进了汽车站，向屋里走去，样子有点儿像张国焘模样。他赶紧把脸掉过去，心里有点儿紧张，没开车前的那几分钟真难熬。

黄火青一家三口经西安到了延安，住在中央组织部，正好在陈云隔壁的窑洞。陈云担任中央组织部部长，告诉他，要等到交通方便时才能去新四军五师。一两天后，陈云通知，毛泽东要见他。

他是在杨家岭见到毛泽东的。毛泽东在窑洞门口迎着他，第一句话就说：“我们知道，你黄火青是不反中央的！”毛对他说，新四军五师现在去不了，是不是到学校里学习学习。

“我已经快40岁了，怕学不进去!”

“我比你大8岁，还在学习呢!”毛泽东笑笑说。

毛泽东问了问新疆以及盛世才的情况，各少数民族人口多少和盛世才军队的数量。他告诉毛，盛世才部队包括后勤人员号称3万，其中战斗兵员不过万把人。

黄火青告辞的时候，毛泽东特别关照他一句话，有两个人一定要去看望一下，就是王明和高岗。他体会毛的意思是顾全大局，从团结出发。王明住在杨家岭，他去了一趟；高岗新搬住处较远，和高岗又素不相识，就没有去。朱总司令、周恩来和任弼时他都一一去看望过。

## 秋日的迪化透出丝丝阴冷

汪小川走出新兵营，到新疆日报社任副社长，化名汪哮春。社长由外事处处长王宝乾兼任。汪小川是新兵营干部队党支部研究后推荐给陈云的，文化程度在新兵营算高的，但也只有高小毕业。陈云考核后感到他的写作能力与报社副社长的要求还相差很远，就连续一个多月亲自辅导他提高写作水平，帮助他熟悉报社副社长的职责，还修改了他上任后见报的第一篇文章。

当时的新疆日报社根本不像个事业单位，倒像个小衙门。生产部主任是退伍军官，权力很大，超过编辑部的一切人。他说能出报就印，说不能出报就印不成。每期印刷3000—5000份，能不能发行出去，权又在他手里。星期天报社放假一天，像其他官衙一样，因此星期一无报。按规定报纸每周出六期，但并没有保证。

汪小川初去时，报社在城东小巷，大门对着师范学校。一进大门，是条很窄的砖铺通道。通道右边是一排七八间土木结构的平房，有社长、副社长办公室，有制版科、校对科和印报车间。通道左边有两栋砖木结构的长方形房子，各约50平方米，前屋是生产部和发行科，后屋是编辑部和总务科，中间用些柜子之类的家具隔着。20多个编辑、记者挤在几张桌子上工作，多数愁眉苦脸，惶恐不安，不出报，少编稿，也是求之不得的事。

印报车间的印刷设备破旧不堪。一台对开平面印刷机，一般时候用小柴油机带动，遇到故障就用人力摇动。一台手合式铸字机，汉字铜模残缺不全。小化铅炉整天冒出浓浓的黑烟，使整个车间的空气浑浊不堪。制版科的主要任务不是为报纸图片制版，而是为盛世才印钞票制版，请有一位苏联工程师。工程师占用两间小房，油漆一新，是报社最辉煌之处。

1938 年 5 月，汪小川用化名汪哮春给武汉中共办的《新华日报》写了一篇通讯性的文章。这篇文章是党代表授意并修改的，题为《建设中的新新疆》。文章从“新疆的政治状况”和“新疆的建设事业”两个方面介绍了“六大政策”在新疆实施取得的成果，表明共产党人支持“六大政策”，把反帝和抗日战争紧密联系起来。这无疑给盛世才打了一针兴奋剂，他看到后很得意，同意在西大桥修建新报社，立即拨款动工。此前，兼社长王宝乾曾向盛世才建议修建新房舍，采用新设备，虽得到盛的同意，但迟迟未见拨款。

延安来新疆的第一批干部，李宗林化名李啸平，任《新疆日报》编辑长；王宪唐化名王苇，任文艺版编辑兼校对，后任制版科科长。编辑长李宗林一到任，就在报社新址工地上坐镇指挥，加快了施工进度和质量，主要厂房和生活用房仅几个月就基本建成。社长王宝乾通过外事关系，从苏联购进一台半自动全张印报机，使全社职工顿开眼界。可惜的是，只有主机，没有副机和配件，发挥不了作用。进步人士萨空了任副社长后，立即去内地和香港购置必要的印刷设备，物色急需的技术人才。萨空了劳碌奔波，终于解决了这方面问题。报社确实有了点儿新的气象。

新疆的抗日民族统一战线内，也是有争议的。盛世才 1938 年夏天在一次“反帝会”总会干部大会上说，他的“六大政策”即是“六大主义”，既不同于共产主义，更不同于三民主义，亦有别于新民主主义，“六大主义”最恰当，等等。对这篇讲话，共产党员颇多抵牾，一般认为“不要理睬”，也有人认为要适当抵制和批判。不理睬，实际上不大可能。盛世才手下几个人，揣摸其主子心理，要按照其主子的腔调奉迎拍马瞎吹乱捧。报纸拒绝刊登这类文章，当然引起盛世才及其核心成员很大不快。为此汪小川给党代表写了个意见，说明报纸拒登甚至应该批判的理由。党代表考虑到各方面关系，没有采纳汪小川这个意见。

延安来的第二批干部，也有几个人分到新疆日报社。李何化名洪履和，任国际版编辑；王谟化名王谟行，任国内版编辑，后调任喀什报社编辑长；邝宗球化名马殊，任文艺版编辑，后调任和田报社编辑长；陈清源化名陈浩然，编辑，后调任阿克苏报社编辑长；陈谷音化名陈克琴，先任迪化师范音乐教师，后调任报社编辑；郭春则化名郭慎先，先任新疆学院教务长，后调任报社编辑、校对科科长。

当时报社有职工80余人，其中采编人员近30人。一些年轻的记者编辑，看到共产党人挤住在狭窄的宿舍里，却不分昼夜地工作和学习，深受感动。他们拿共产党人的工作精神和生活态度同任何部门和单位的情况作比较，觉得每一个人都那么优秀，那么坦诚，那么可亲，觉得这些人是真正为新疆新闻事业献身的。共产党人也有意识地同进步青年交朋友，团结教育他们。凡是党员能够看到的党中央领导同志的讲话、言论，未及公开发表或不便在报刊上转载的，看过后转交他们阅读，有时还组织一些座谈等。大家谈了许多，不管是严肃的话还是幼稚的话，都是自己的心里话。这些青年逐渐接受和拥护中国共产党的主张，要求参加共产党或党领导的组织。报社党员较多，有党小组，但他们遵循上级规定，在新疆不建立党组织，不发展新党员，不暴露自己的党员身份。

邓发、陈潭秋都十分重视报纸宣传。报纸的重要社论、文章或消息他们都要审看。1939年秋天，周恩来和邓颖超去苏联路经迪化，在南梁招待所召见汪小川汇报报社的情况。周恩来耐心地听完汇报，明确指示：一定要贯彻党的抗日民族统一战线政策，一定要团结各族人民，团结一切进步力量，坚持抗战到最后胜利。在周恩来等人深思熟虑目标远大的嘱咐中，《新疆日报》的编辑方针和版面内容不断改进，中共党人努力使之为团结抗日多尽一份力量。

茅盾、张仲实接受杜重远先生邀请来到新疆。报社人员，特别是副刊《绿洲》的编辑欣喜若狂，约请两人写文章、演讲、开座谈会。茅盾、张仲实为报纸说了些好话，也提了些改进意见。报社决定扩充副刊，增加期数，加大版面，甚至想筹办类似“绿洲”之名的文艺刊物。这么一件事，被盛世才一伙儿知道，多方加以阻挠，原来报屁股上小块《绿洲》副刊也不能照常出版了。茅盾和张仲实看到盛世才统治如此腐败、暴戾，料想在新疆难有作为，很快就束装东返了。

《新疆日报》曾经发表过大量有关抗日战争的消息和文章，还全文转载过毛泽东的《论持久战》、《新民主主义论》、《在六届六中全会上的报告》等。对“皖南事变”的真相，《新疆日报》也和延安及其他解放区的报纸一样，进行了充分的揭露，并且发表了盛世才签发的支持新四军的通电。《新疆日报》让人们透视世界大潮和时代走向，但这并不意味着新疆的新闻可以与共产党人的精神品质对应起来。新疆的新闻难有独立人格。

抗战初期，在全国抗日潮流的影响下，盛世才对报纸大量转载中共领导人和国内进步人士的文章、讲话、著作纵然心有芥蒂，但毕竟不好提出反对。可是自从他将爱国民主人士杜重远软禁在家之后，在不到两个月的时间里就连续用通报形式给汪小川记“大过”两次，而且明令通报。记过的理由说是报纸上发现了差错，诸如“督辦”成了“督辨”。秋日的迪化透出丝丝阴冷。汪小川感到局促、郁闷，处处缚手缚脚，时时憋气窝火，又不愿意也无法和盛讲什么道理。经过上级同意，他于1939年底借口“家严病重”，怀着残缺的新疆梦、报纸梦，请长假回了延安，和他同行的有韩光。韩光先在督办公署任副官，后被盛调离迪化，任布尔津县县长。

《新疆日报》文艺版搞了一次有奖征稿活动，全疆有几千篇文章应征，新疆学院一位姓徐的学生获得第一名。他们又创办了《新疆文艺》专版，把一些青年文学艺术爱好者组织起来写文艺评论文章。这些青年写文章很认真，有的批评很严厉。通过这个办法，培养锻炼了一批青年人。《新疆日报》每周都出一期《新疆文艺》专版，报纸一出来，就有许多青年来访他们，但是这些青年很快就被抓了起来。为了避免更多的人受迫害，他们尽可能不接见来访的青年。

报社里虽洋溢着温暖的气氛，但外面的世界依旧沿着蒙满灰尘的轨道盘旋。

## 米字旗的降落

胡鉴来到苍穹低垂、大地浮生的帕米尔高原，在蒲犁县任边防大队中校大队长，化名胡栋。他是四川省宣汉县人，曾任红三十军二支队四大队长，在新兵营任炮兵大队政委。

帕米尔古称葱岭，蒲犁海拔甚高。那时没有公路，甚至没有大车路，只有崎岖蜿蜒的布满大石头的小路。他们从喀什乘马出发，一路上坡，空气越来越稀薄，人骑在马上呼吸都感到困难。路途艰难，常得下马，抓住马尾巴一步一步往上爬。群山环抱，重峦叠嶂，山顶积雪在阳光下闪闪发光，清冽泉水从路旁潺潺流过。如遇天气骤变，则终日狂风不停，飞沙走石。唐代高僧玄奘去天竺取经，就经过这里。

蒲犁，今塔什库尔干塔吉克自治县，“塔什库尔干”即汉语石头城。它的北面是公格尔九别峰。公格尔九别峰、公格尔山、慕士塔格山，三座冰峰紧紧相连，直指蓝天。雪山深处，有水草丰盛的四季牧场，高山深谷，有各种野畜和药材，还出产铁矿以及各种稀有金属。叶尔羌河是塔里木河的上游，绕城流过，河里的青鱼有十多斤重。蒲犁是塔吉克民族聚居的地方，塔吉克族人过着半游牧生活，放养羊、马、毛驴、骆驼等牲畜。他们放养的牦牛，是牲畜中的一宝。骆驼是沙漠之舟，这里的牦牛堪称高原之舟。它不怕高山寒冷，走在冰上不滑倒，刮风下雨不迷路；它产奶多，产下的奶可煮奶茶、做酸奶子，给牧民提供生活必需品；它的肉好吃，皮的质量好，毛可以擀毡和捻绳子，粪晒干后又是燃料。

帕米尔地处“绿洲丝绸之路”的要冲，是古代中国通向印度、波斯、费尔干纳、里海沿岸和欧洲的咽喉；也是欧洲、中亚、西亚、印度次大陆北部等各地人民前来中国的必经之地。由于帕米尔在中西交通和战略地位上都十分重要，英俄对该地区也早就虎视眈眈了。沙皇俄国侵吞了中国帕米尔西北部好几百平方公里的领土。英国指使其傀儡军强行侵入阿尔楚帕米尔中部，并以武力攻占了中国的苏满卡伦。英国于 1892 年 8 月提出划分英俄在帕米尔势力范围的界线，以防俄军继续向南推进。英俄就私分帕米尔举行了秘密谈判，经过激烈的争吵，1895 年 3 月 11 日，英俄背着清政府签订了关于划分帕米尔势力范围的《英俄协议》。这是两个强盗瓜分中国帕米尔的分赃协定，历届中国政府从来未予承认。

英帝国主义以它的殖民地印度为基地，越来越多地把赌注投向帕米尔地区，不断地把侵略魔爪伸向蒲犁，伸向喀什、和田，企图从政治、经济上控制这些地区。英国在喀什设立了领事馆，在蒲犁设立了代办处，从事各种间谍活动，多次策动叛乱，并勾结当地官员欺压老百姓。英国商人雇佣阿富汗人身背或雇佣牛马驮载呢绒、染料、大烟、枪支弹药从蒲犁入境，进行非法贸易。边境外的武装土匪也不时越境，抢劫我边民的牛、羊、财物。蒲犁虽有很长的边境线，但以前中国政府未设卡，成了三不管的地方，中、印、阿居民都有。

胡鉴等的来到，引起了塔吉克族山民的注意。人们从帐篷里钻出来，远远地看着他们。一群儿童跟在马后面跑着、叫着。这些儿童衣衫褴褛，蓬头垢面，有的还赤裸着下身，两腿冻得红肿。看得出，山民的生活相当穷苦。

他们老远就看见山城上空飘着一面英帝国主义的米字旗，插在一幢用石头建筑的楼房上。楼房好像古堡似倚山建成，比城内所有房子都高。翻译告诉胡鉴，把房子盖得这么高，为的是窥探全城的情况。那根旗杆，很可能是电台的天线。

城里街道两面的铺子都是石头修建的，有些铺面还比较整齐，摆着绸缎、毛皮以及山货之类。这一切胡鉴都没有在意，心里只想着英国国旗的事。

县政府就在英国代办处的旁边，正好形成鲜明的对比：一边楼房高耸，一边土房低矮；一边电网围墙，非常森严，一边大门敞开，连个站岗的都没有。胡鉴没有立刻下马，反而把马打了一鞭子，把马头勒起，马昂着头嘶叫了一声。十多个随从人员都学着他的样子，十多匹马就在英国代办的门前嘶叫着，原地踏着步子。马的嘶叫惊动了铁门里的人，一个鹰钩鼻子的英国人从窗口探出头来，操着半通不通的中国话，问道："你们，干什么？"

翻译是个维吾尔族小伙子，这时候胆也壮了，气也粗了，大声地向他说："我们在自己的街道上跑马，你管得着吗？"

他们翻身下马，就把缰绳拴在代办处门前的铁栏杆上，十多匹马立刻把门拥塞住了。这是名副其实的"下马威"。

听见响声，县长文津从大门里走出来，迎接他们进去，摆上奶茶、油炸点心和葡萄干之类的食品。副县长叫克尔完夏，是塔吉克族人，30 岁上下，却生着满脸胡子，不留心观察会误认为是个老头子。

胡鉴和正副县长谈起了英国代办的事。听胡鉴说话的口气，副县长的眼睛里流露着兴奋的光辉，走到胡跟前，把胸膛拍了一下，用半通不通的汉语说："我早就恨死这帮英国人了。他们用驮子运进来鸦片烟，说什么能治病，好些人吃这种药死掉了。他们的商队来了向我们要草料、要羊羔，连抢带偷，把我们塔吉克人的狐皮、鹿茸、元宝，还有和田的玉石全都驮走了。"

胡鉴对他说："外国人和我们做正当买卖，我们表示欢迎，在这里做坏事就不能答应。现在，我们要把群众发动起来，组织起来，守住边卡，不让他们把鸦片往里运。他们如果胡作非为，就要依法惩办！"

边卡大队共500多人，队部原先设在城郊一所老乡的房子里，胡鉴来了不几天就搬到半山坡的古堡里。古堡残破不堪，据说是当年塔吉克族王子的私邸。他们打算利用残壁断墙作为基础，修建营房。

副大队长翟米尔是塔吉克族人，听说要修建营房，眉头皱了好几天。胡鉴找他商量，他推说有事，叫他集合部队，他生气地说："要集合你自己集合，我不管！"胡鉴知道塔吉克族人的性格是相当倔强的，就主动地找他谈话，征求意见。原来，他怕修建营房打扰老百姓，给群众造成负担。胡鉴便向翟米尔解释，我们是给人民当兵的，职务是保护人民的幸福生活，绝不能给人民增加负担，修建营房也不会打扰老百姓。

"不打扰老百姓，我们拿什么修建营房呢？"

"就用这个。"胡鉴伸开两只手。

"用我们自己的手吗？"

"对了。我们每人都有双手，难道连个营房也修不起来吗？"

翟米尔打量着胡鉴，眯缝起眼睛笑了好半天，才高高兴兴地说："如果真是这样，那我马上集合部队。"

胡鉴站在队前再三说明部队要爱护群众，不能欺负老百姓。全体战士都感到非常新奇。副大队长翟米尔像在胡大队长身上发现了什么新东西似的，几乎被全身心地收服了。晚上，他弄来一瓶酒，硬要请胡鉴喝。这酒，是久旱见雨，是久雨放晴。胡鉴本来不会喝酒，但不能使他失望，就陪着喝。屋子里酒香盈溢、烟雾缭绕，言谈忘情、淋漓尽致。翟米尔把瓶子里仅有的酒全部倒在杯子里，端在胡鉴的面前，激动得气喘吁吁地说："干了吧，干了吧，为了我们塔吉克族人民，你把这杯酒干了吧！"窗外，晨光微露，天气晴好。

翟米尔不断向胡鉴展露边防的天地，把部队的情况介绍给他。旧部队里民族关系很坏。汉族官兵惧怕艰苦不愿意驻扎在边卡上，看不起民族士兵，互相谩骂，常闹摩擦。当官的可以随意体罚和打骂士兵，再加上当官的贪污、吃空名额，因而边卡检查很不严格。英国投机商人可以自由地进进出出，如入无人之境。这一切都给当地山民带来了灾害，更加引起塔吉克士兵的不满。胡鉴告诉他：部队营建结束以后，要进行整顿。这支边卡大队在我们的手里，就要像八路军一样建立起部队的民主生活，官兵一致，爱护老百姓，反对贪污和违法乱纪的现象。胡鉴又讲了好多八路军的故事给他听，他从胡鉴这儿听到了以前闻所未闻的事情。

营建任务由一部分塔吉克族士兵担任，胡鉴和翟米尔都参加了劳动。尽管天气已经严寒，石块端起像铁块似的，常把手上的皮沾掉一块，泥成了冰凌碴子，腿被冰冻的泥水拉出血口子。可是士兵没有怨言，抢着干重活。有些连长、排长从来没养成劳动的习惯，认为干活丢人，不体面，那些士兵就当面问："大队长都不嫌冷，偏偏你的官架子大!"

古堡变成了崭新的营房，威严地挺立在山坡上，正好对着英国代办处。队伍每天操练、唱歌，洋溢着健康欢乐的气氛。这歌声惊醒了山城，荡漾在群山之中。哨兵端着刺刀警惕地站在碉堡上，守卫着山城的安全，同时也居高临下地监视着英国代办处的行动，注视着那里进进出出的人。山峰上，一只鹰把尖锐的铁爪紧扣在一块冷硬的岩石上，静如止水。它把生命系在高处，俯瞰浩茫大野，随时准备冲向风暴，冲向难以预测的危难和险峻。

县长文津调走，从泽普县调来一位县长，名叫许亮，是延安来的。一听说许亮来了，胡鉴急忙到县政府去看他。有关英国代办的活动，许亮比胡鉴了解得清楚。许亮告诉胡鉴："边卡上一定要严密盘查，凡是违法的物资都扣下来。不许他们在我们的土地上胡作非为!"

许亮一到县上，就给当地牧民发放贷款，减轻赋税，并且带着商业机构的贸易公司，深入农村进行公道买卖。这一来，城里的奸商活动受到致命的打击。他还广泛地开展抗日宣传，启发人民的爱国热情。这许多活动中，大胡子副县长表现得异常积极。大胡子是当地人，讲话群众能听懂，他也带着贸易公司从这村到那村，就连许多偏僻的山沟也跑到了。饱受奸商敲诈和勒索之苦的穷苦群众，纷纷向政府揭露英国商总和商人们的嘴脸，证明他们是坏人，和他们断绝了来往。

胡鉴按照上级指示，向翟米尔传达：“咱们到边境上巡视一番，确定修建哨所的地点。”翟米尔连连点头说：“对，这下我们的边卡大队就像个守边卡的样子了。”

他们组织了一支20多匹马的轻骑队，带着帐篷、小锅、水和粮食，向边界进发。人员大多挑选的是塔吉克族士兵，他们从小在高山上生长，适应高山反应。副大队长翟米尔在挑选人员的时候，首先挑选自己的儿子马拉尤夫连长，还有一个被称为“山鹰”的班长，名叫哈斯木。

山路险恶，空气稀薄，马张着嘴巴直喘气，有些山路陡得上不去，需要人连推带拉地往上掀。大雪埋住了山路，塞满了山谷，稍不小心就会摔进万丈深渊，连尸首也找不见。翟米尔父子不愧是高山上长大的猎人儿子，对边境上的每一条路、每一处地形，就像对自己的羊群那么熟悉。有一次大风倏起，飞雪如席，打得人眼睛睁不开，马蹄子一个劲儿往山下滑。不少士兵都喊着要找地方休息，可是翟米尔却喊道：“不能休息，停在这里就是死，现在只有往过冲！”说着，他抓起胡鉴的马缰绳，两腿一夹自己的马，抡着鞭子狠劲儿地抽。山那面的风雪小多了，大家脱了险。又一次，他们在山谷里行进，突然听见雷鸣似的吼声，胡鉴还闹不清是怎么回事，马拉尤夫喊道：“雪崩，停止前进！”部队刚刚站定，前面就像天崩地裂似的，雪雾弥漫，惊心动魄。有时候也遇到雷雨和洪水，闪电像金蛇般的在山谷中旋绕，炸雷像炮弹似的震得人头疼，半山上的石头被山洪冲得咕咚咚滚下来，但每次他们都能找到山洞隐蔽起来。葱岭中的气候就是如此多变，比长征时胡鉴经过的西康高原更加恶劣。高原上强烈的紫外线把他们的脸照得乌黑，手往脸上一摸，就脱一层皮。休息的时候要张大嘴呼吸。水烧到满锅都冒水泡，手伸进去却一点儿也不烫，面条下到锅里成了糊糊。

他们这支轻骑兵，沿着国境线整整走了两个多月，行程1000多公里，确定了建立哨所的位置和营建的地点。这一路，他们还碰到几次武装土匪的入侵。这些强盗抢去了塔吉克族牧民的几百只牛羊，还有大批财物。这群家伙，跑到我们的国家进行非法勾当，就如同在自己家里一样不慌不忙，赶着牛羊、吹着口哨慢腾腾地走着。因为多少年来他们就是这样过来的，目中从来没有中国的法纪。哪知道正行之间，马拉尤夫带着士兵已经绕到他们的前面，拦路截住他们。还没有等土匪把枪举起，塔吉克族士兵愤怒的子弹已经射进强盗的胸膛。

他们押着俘虏，赶着牛羊，把强盗夺去的一切都还给老乡。老乡们感动极了，军队保护他们真是破了“天荒”。他们向老乡进行宣传，启发爱国主义思想，叫乡亲们自己拿起枪来保卫自己，还留下一名士兵在那里组织民兵。乡亲们纷纷要求参加民兵组织，有些妇女老头也报了名。边境上的群众很快就发动起来，民兵也组织起来了。他们炯炯有神的眼光观察着守卫着，定期派人给部队报告情况，对保卫边防起了很大的作用。

他们回到蒲犁，把边境上的情况，如修建哨所，组织民兵，所需人力、财力、物力等，写了一份详细报告，送到喀什警备司令部。司令蒋有芬，东北军出身，很有正义感，很快就写了回信，同意修建哨所的计划。只是报告要转呈迪化，等督办公署批下来就可以执行。

报告很快批了下来。昆仑山下的好几个县都动员起来了，莎车、英吉沙、叶城等县的民工，赶着成千上万头马匹、毛驴，向边卡上送木料，送苜蓿，还有粮食。山路崎岖，路途遥远，到边卡一趟要走半个多月。蒲犁县的老百姓就更不用说了，“大胡子”副县长亲自带着支援大队，跋山涉水，风餐露宿，把一袋一袋的粮食送到前沿去。部队和民工一齐动手干活，这是山城自古至今罕见的事情。老乡们的情绪异常高涨，都争着在巩固边防和保卫家乡的斗争中贡献一份力量。

部队进行了一次整训。首先开始“民主生活”，让大家有什么意见就提。当时军官打骂士兵的现象相当严重。班长就可以支使士兵洗衣服、当勤务，排长和连长就更不得了。开始士兵不敢说，经过再三动员，打通思想，士兵才发动起来，敢在会上揭露那些坏军官的罪行。揭露出来的问题，展开讨论，凡属性质严重的进行了处分。边卡部队的伙食标准是比较高的，但生活却不好。经过追查，发现有几个军需贪污了菜金。这几个家伙，整天花天酒地，戴着金戒指金手表，箱子里还压着不少金条。大家立即叫这几个军需退赃，并且予以撤职。汉族士兵和塔吉克族士兵的关系，在这次学习中，也得到了改善。为了尊重塔吉克族士兵的生活习惯，另外成立了一个民族食堂。

驻喀什的骑兵三十五团叛乱。叛军一部向蒲犁逃窜，企图控制边界。早先混进三十五团的英国间谍军官沙迪尔，收买、煽动部分柯尔克孜族军官，让一名叫依沙克的军官给蒲犁边卡大队驻丕衣克哨所的排长西克尔写信，串联共同叛变。胡鉴得知叛军向蒲犁逃窜的消息，立即通知才建立不久的边务处蒲犁办事处转移到苏联控制的辛滚山口，要他们保护好电台，保证通讯畅通，绝对不能与迪化失去联系。正在这时，西克尔排长已从丕衣克哨所窜到县城，一发现胡大队长就开了枪，打伤了胡鉴的左手小指头。胡鉴下令将其逮捕，西克尔排全部缴械。边务办事处出发两个多小时后到了20多公里外的辛滚山口苏联边卡哨所，架起电台，用手摇发电机发电，向迪化总台呼叫，汇报了叛军情况。

边卡大队兵分两路，一路由胡鉴指挥守住边卡，以防叛军越境；一路由翟米尔率领赶到浑巴什截击叛军。翟米尔带人到木吉，与喀什派遣的追歼部队三十一团、四十八团会合，继续尾追。经过三天的战斗，叛军大部被歼、被俘，残部沙迪尔等30多人逃往阿富汗。边务办事处返回蒲犁，装电台、立天线，与迪化联络。此后不久，新兵营的杨文先去苏联学习情报后来到蒲犁，任边务处蒲犁办事处副主任，后任主任，化名卓铎泰。

边卡大队直接受盛世才指挥，和盛世才的联系通过边务处电台。电报除发给盛世才外还给喀什警备司令蒋有芬一份，蒋负责边卡大队的供应。胡鉴还另有一本密码，专门和陈潭秋以及苏联方面联系，由他自已亲自收发，别人一概不知。

边卡大队和苏联边防军联系密切，互相交流情报，开会商议工作。苏方常派人通过中方边境去印度、阿富汗工作。

边卡大队日夜巡逻，民兵武装经常汇报情况。因此，边卡大队的活动主动而迅速，截击了那些偷越国境的间谍，抓住了搞非法活动的传教士、印度商人，然后向驻喀什的英国领事馆提出抗议。对于明铁克这条通向印度和克什米尔的商道，他们盘查得异常严格。英国代办处运来的几驮子大烟，还有运走的黄金、宝石、稀有矿产等，他们都予以扣押。这些无法无天的冒险家，竟然把枪支也混在货物里往中国运。对于那些没有带违禁商品的商队，他们就派部队护送到蒲犁，并对商队的活动进行监视。这种差事需要精明能干的人，因此大都是马拉尤夫和哈斯木去。他们不但熟悉路途，沿途的村庄和部落也都熟悉。每晚歇到一个地方，马拉尤夫就派人监视商人，看他们和谁联系。这帮家伙，时时刻刻想摆脱监视，有时在大雪山上宿营，故意不靠近村镇，有时候歇在河边，在篝火边吃罢饭立刻就地休息，但等到人们都睡熟以后又悄悄爬起来，进村庄找情报“点”。就这样，从边境到蒲犁，沿明铁克大道，英国代办建立的联络点都被掌握了。这些人中有毛拉、教员和一些被收买的群众，甚至有些人脱离了原来的伊斯兰教而信奉起基督教，背弃了自己的国家而变成“大英帝国”的“侨民”。当地民兵对这些人进行严密的监视，割断了他们和群众的联系。

英国代办处那座房子就像海洋中的孤岛，日益陷于孤立。人民群众不与他们交往，也不给他们卖粮食和肉食，特别是肉食。那时，突然接二连三发生了丢羊的事。牧民们终于发现，羊群经过英国代办处的大门，就要丢羊，羊被代办处的人抓进门里去了。牧民于是纷纷到县政府控告商总奴尔买买提，要求政府保护他们的财产，依法惩治偷羊贼，赔偿经济损失。县长许亮约请政府有关单位、边卡大队、边务办事处各方面负责人研究对策。大家一致认为，捉贼要捉赃，不管活羊、死羊，只要抓着证据，就好办了。

暮色四合，视野中只有代办处的房子还有灯光。有人从窗中窥视，平日身着整齐、彬彬有礼的英国外交官，现在又显出另外一副嘴脸，正和他的爪牙们充当屠夫宰羊呢。他们当即敲代办处的门，代办处的人非常慌乱，拒不开门。门越敲越紧，终于打开了。许亮、胡鉴、大胡子副县长和蒲犁边防委员会的几个公安人员，走进代办处，后面还跟着一群丢了羊的老百姓。人们很快找到了几只被屠宰的羊，肠子肚子撂了一地，简直没有落脚的地方。

“我们大概走错了地方，好像来到了屠宰场。”大胡子副县长质问道，“这些羊从哪里来的?”

“从市场上买来的!”商总奴尔买买提满不在乎。

白天丢了羊的老乡从地上羊头的记号认出了自己的羊，就质问英国商总：“这是我的羊，我什么时候卖给你的？我的羊是你们偷的!”

他们还查明了奴尔买买提在蒲犁的情报活动。蒲犁县政府将案情通过边务处电台上报督办公署，经批准，将奴尔买买提驱逐出境。

悬挂在塔什库尔干城头的米字旗降落了。

一只鹰抖擞翅膀，一跃而起，从高不可及的山峰峡谷猎猎起飞，飞翔在辽阔而高远的仰望里，不管雷鸣电闪、寒流滚滚、云雾千仞、风雪万重，以稳健的翱翔穿越历史的重帷向天地万物发出震山裂谷的啸叫。

# 第七章

# 南疆军营汗与血

## 其他连的士兵都想往一连调

1938 年 3 月的一天下午。潘同、谷先南、谭庆荣等人，一起被请到督办公署参加盛世才为他们举行的饯行宴会。盛世才亲自督宴，宴席十分丰盛，楼下还有军乐队演奏。

数日之后，邓发找他们谈话，说："你们很快就要下去了，即将到盛的军中任职，组织上送给你们每人一条毛毯作纪念吧!"邓发详细询问他们还有什么困难，指示下去后应注意的事项，还发给每人一套衣服。

他们连同地方官员共约 50 人，乘着督办公署派的八九辆专车前往南疆的和田。路，铺在满目的苍黄中，烙得人双眼疼痛；坑坑洼洼、颠颠簸簸，却没有一点儿的旁逸斜出，一览无余地伸向前方，伸向下一个绿洲。车队沿塔里木盆地西北边缘走了七八天，才到达南疆重镇喀什，继续沿塔里木盆地西南边缘行车五六天，才到达目的地和田。

塔里木盆地位于天山山脉与昆仑山脉之间，盆地中的塔克拉玛干沙漠是我国最大的沙漠，也是世界第二大流动沙漠。和田，塔克拉玛干沙漠南缘的绿洲，丝绸之路上的重镇，古代称做于阗，后称和阗，远在西汉初已成为一个泱泱大国。其鼎鼎大名如和田玉般嵌入了西域的发展史。和田河伸出长长的手臂将母亲河塔里木挽住，给西域大漠带来绿色，给长途旅人带来慰藉。洗去风尘，走马上任。潘同就任和田警备区少将司令兼和田区行政长，谷先南任和田警备区少校军需处长，谭庆荣任驻和田骑兵三十八团一连少校连长。潘同化名潘柏南，谷先南化名谷志远，谭庆荣化名谭桂标。

谭庆荣，壮族，1929 年 12 月 11 日参加邓小平、张云逸领导的右江百色起义，历任班长、排长、连长、侦察参谋、教导员兼营长，随西路军左支队进疆。

骑兵三十八团没有营的建制，下属 5 个大连，其中 3 个骑兵连，1 个机枪连，1 个辎重连，每连 150 人左右。骑兵连各有军马约 200 匹，连长一般配营职校官，4 个排长有上尉、中尉，也有少尉。连队绝大部分是东北籍战士，还有少数新疆人。这支部队原是东北义勇军，因与日军作战失利经苏联境内到新疆，被盛世才收编。士兵年龄多在 40 岁左右，且多数没有结婚成家。部队思想混乱，士气低落，作风腐败。谭庆荣任连长时刚 30 岁出头，加上不是东北人，也不是骑兵出身，所以几个排长都看不起他，老兵们也不大理睬他。他一时束手无策，不知从何抓起，真是吃不好，睡不香，日夜在琢磨改造这个连队的办法。他终于想起了红军中的“士兵委员会”，蕴藏在心内的希望汹涌起来。

谭庆荣 1929 年参加红军后，先后在右江根据地的红七军和中央苏区的红三军团当过战士和基层干部。他不但亲眼看到红军中“士兵委员会”在连队中的重要作用，而且还当过士兵委员会的委员。他决心用“士兵委员会”的办法来治理骑兵连。他把这个想法向警备司令潘柏南作了汇报，潘司令很支持。他又把想法告诉了蔡志达团长，蔡团长也很赞成。蔡团长虽是个旧军官，但却是个有文化、有见识的人，对共产党也有一定的了解。他对旧军队的腐败作风虽然十分不满却又无能为力。有人带头起来改造这支部队，他是支持的。

领导支持，士兵们的态度怎样呢？谭庆荣找一些老兵谈话，征求意见。他从谈话中了解到，士兵多是东北人，对日寇侵占东北极为仇恨，对蒋介石不让抗日，使他们有家不能回、有地不能耕十分不满，普遍都有“思乡病”。他们对长官克扣军饷、打骂士兵不满、对自已生活痛苦的现状也很不满，盼望早回故乡，与家人团聚，也希望在军队能过上人的生活。

谭庆荣的生命中饱含着一种锐利的东西，这东西像粒种子，饱满而生动。

种子唯一的使命是生根发芽，成长壮大，枝繁叶茂。他根据士兵的要求，打算先从改善物质、文化生活抓起。

谭庆荣在连里组织了“士兵伙食委员会”，每个排选出一名伙食委员，加上准尉司务长共五人组成，由司务长负责。士兵们看到要改善生活都很高兴，因为伙食太差了。连里有时一周吃不上一顿肉，只有到星期天才能吃上几块薄肉片，馋了就只好上街吃馆子。但司务长对组织“士兵伙食委员会”很不高兴，认为夺了他的权，更重要的是他的账目有问题，怕露了马脚。谭连长首先做司务长的工作，宣传“士兵伙食委员会”的作用，说明组织“士兵伙食委员会”不但不会使他为难，而且会成为他的帮手；还宣布：“只要努力为大家搞好伙食，过去的老账一概不算。”经连长这么一说，司务长的顾虑打消了，一心一意抓伙食并逐步见了成效。两个月后，部队移防到离和田不远的墨玉县。这是南疆一个气候温和、粮牧皆宜的富裕县。司务长和伙食委员会决定先从养羊抓起，请了当地两个经验丰富的牧民为连队牧羊；开始喂八九只母羊，不久又用卖马粪的钱买了12只。两位牧民白天把羊放出去吃草，晚上回来又加喂马料。羊长得很快，不到半年发展到60多只，一年后发展到100多只，每只平均60斤左右，大的重达七八十斤。连里也由开始的每周吃几顿羊肉发展到每周吃十来顿，加上其他肉类，每人每天吃肉将近一斤。连队炊事班里有三个是当地人，很会做羊肉、抓饭等新疆饭菜。过去士兵上街看到烤羊肉馋得流口水，现在每周都可吃到烤羊肉、炖羊肉了，大家高兴得不得了。

谭连长想到东北的士兵爱吃猪肉，特别是野味，就利用野外训练和冬闲时间，把队伍开进芦苇地去围野猪。高头大马一进芦苇地，野猪就到处乱跑，有时打得两三头，有时打得十多头，大的一头重达两三百斤，连里吃不完就“进贡”给团部。全团都知道一连的伙食搞得好，上级想到一连来走一走，其他连的士兵也都想往一连调。伙食搞好了，上街吃喝的现象大大减少，原来一盘散沙似的骑兵连开始稳住了。

解决了士兵的吃肉问题后，开始抓伙食账目公开。骑兵连收入不算少，除上级下发的军饷外，还可以卖马粪，卖半新半旧的马具，卖吃不完的饲料等，仅卖马粪一项收入就很可观。200多匹大马，几乎一天就是一大堆马粪，但历届司务长都不把这些钱归入公账，而是悄悄分给团长、连长，自己也得到一份。开始两个月，司务长把马粪钱加在谭连长的薪金里，他也不明不白地收下了，后来他查问，司务长才说这是马粪钱。谭连长说，以后我不收了，把它充进伙食里，叫大家吃好些。司务长说这是骑兵连的“老规矩”。谭连长告诉司务长：“从我开始破这个规矩，以后不论是马粪钱、马具钱、饲料钱，统统归入公账，并向士兵们公开，以前的账目不追究。”这么一抓，每月多出来的钱真不少，落实到饭菜上很可观。连队从来没有这么做过，士兵们都很高兴。

谭连长把骑兵连养羊改善生活和账目公开的做法向潘司令、蔡团长作了详细汇报，他们也很高兴。潘司令还指示蔡团长到一连考察取经，并把这件事汇报到了省财政厅长毛泽民那里。毛泽民对全省下了一个训令：今后党政军部门，凡薪金以外的收入都一律交公。训令下达后，立即遭到一部分军官的抵制。机枪连连长修阴春公开说：“那些钱用不完的人可以这样做，如果我们也像他那样的话，那太太、少爷、小姐吃什么呢?”这话当然是针对谭庆荣的，谭当时未结婚，没有家庭负担。但由于这种做法得到领导支持和士兵拥护，很快就推广了。账目公开，经济民主，改善了生活，改善了官兵关系，促进了连队正气上升。

伙食委员会在解决士兵吃肉和账目公开后，接着又大力抓士兵的文化娱乐生活。过去连队文化生活缺乏，营房除听到一些思乡小曲外，就是打牌、赌钱、吵架声。士兵一犯纪律，排长就打骂或关禁闭。针对这些情况，伙食委员们先教大家唱歌子。自己不会教就请会唱的士兵出来教，如《松花江上》、《大刀进行曲》等；还请识字的士兵给大家读中共办的《新华日报》，也读《新疆日报》的文章，讲前方抗日胜利的消息。过年过节和冬闲时间，还演些活报剧，如《码头工人》、《活捉汉奸》等。大家一唱一听一演，抗日的热血沸腾起来了，恨不得立即打回东北老家去。他们还举行篮球、排球、乒乓球活动，士兵的体质也有了增强。

连队有歌有戏有球赛，不但吸引了士兵，也吸引了附近的老百姓。开始老百姓很怕他们，一见当兵的就走得远远的，特别是那些年轻姑娘，经过营区时头都不敢抬，后来慢慢到营区来听歌看戏看球赛。开始来些男青年，后来男女老少都来了，特别是星期六来得更多。县城的姑娘也来唱唱跳跳，县里的乐队也来参加伴奏。以后他们干脆在院子里搭了个戏台，歌声、锣声一响，老百姓就来了。很紧张的军民关系逐步搞好了。

接着，谭连长和伙食委员会又想办法解决治病的问题。当时主要的疾病是“花柳病”，全连患这种病的约40来人，一发病就尿道发炎、化脓，重的还拉血，路也走不成，不能执勤，甚至还要人照料。由于病号多，没有药品，连队负担很重。谭连长亲自到军需处要了一些药回来。由于人多药少，药品质量不行，解决不了问题。谭连长只好去找潘司令，通过潘与苏新贸易公司联系，从苏联进口了一些药品。伙食委员会把伙食账算了算，省出一部分钱，加上谭连长的一个月薪金，用来买药。当时有一种治花柳病的针剂药叫做“六六”，潘司令通过苏新贸易公司买回90多支，全连40来个病号，有的打了两针，有的打了三针，都好了。这件事很快又传到了其他连，不少花柳病号要到一连来就医。团长感到很为难，没有答应。

谭连长和伙食委员们还注意把抗日的思想政治工作做到病号身上。骑兵连兵油子多，平时病号少则几个，多则十几个、几十个，有的是真病，但多数是“思乡病”，还有人是长期装病。他们一方面给那些确实有病的士兵做病号饭，端到床前，送到手上，病号深受感动；另一方面又发动士兵互相监督。这么一来，真病的士兵振奋了精神，装病的兵油子再也装不下去了，病号明显地减少。

最后一个问题是赌钱。他们先从当官的抓起。过去是排长、班长找士兵赌钱，士兵不敢不赌。当官的赢了钱就哈哈笑，直到把士兵的腰包挤干为止，而输了钱就发火骂人，士兵真是又恨又怕。团长有时就把这些当官的关禁闭，但他们还是偷偷地赌。谭连长找几个排长谈话，对他们说：“我们不能刮士兵的血汗钱！他们每月几个钱，有的要养老婆孩子，有的要供养老人。他一个人输了钱全家都要受苦！”排长刘景和抽烟，又有老婆孩子，钱当然不够花，不够就从士兵身上刮。经谭连长谈话后，他慢慢不赌了，一班长也不赌了。这么一抓，营房里没人赌了，但少数人跑到外边去赌。他们偷偷摸摸地闹了一阵子，由于没人跟着跑，只好不赌了。

骑兵连虽然改造得大有起色，但谭庆荣的路途并未自此一帆风顺。盛世才出于利益需要，一方面装出亲苏亲共的姿态，表示“重用”他们；另一方面又存有戒心，怕他们“赤化”了军队，所以派特务处处监视他们。

骑兵团的特务头子是团部少校指导员周凤鸣。这个家伙又坏又凶，连蔡团长的马弁尹贵斌都被他发展成为特务。蔡团长见尹鬼鬼祟祟，就不要尹在身边，把尹调到一连当上等兵。谭庆荣连原来已安插了四个特务：一个叫单勇，是个下士，此人有老婆孩子，月薪才十几块钱，为了领钱养家当了特务；一个是下士班长薛永生；一个是上等兵赵连吉；一个是上等兵王才。五个特务都受周凤鸣直接指挥，谭庆荣的一举一动他们都报告周凤鸣。一次晚饭后，谭庆荣到潘司令那里去汇报工作，刚坐下电话就响了。他一接电话对方就问他是不是谭连长，并说连队门口有人找他，要他立即回去。特务是让谭庆荣不要与外界，特别是与党组织和党员同志接触。一个星期天，他们到玉龙喀什河边碰头，刚刚去，周凤鸣就带着七八个人来了，见了谭庆荣奸笑两声，而后就骑着马走了。又一次，他们在操场边的沟里刚想碰头，地方公安局就来了几个人。这些公安人员和周凤鸣算是一伙儿的，经常互相通气对付他们。1941 年冬，谭庆荣被调到警备司令部参谋处任作战参谋。参谋长张炳光是个特务，处里的上尉参谋张鹏程也是特务。他们与盛世才有密切联系，与公安局刘麻子一伙儿来往也很密切，专门监视潘司令和谭庆荣。张鹏程什么也不懂，专门与谭庆荣作对。谭庆荣把这件事向潘柏南司令汇报，潘司令说："他们对我早就这样干了，只是我没告诉你，往后要多加小心!"不久，潘司令被调走了。他们把谭庆荣"夹"在中间，许多工作都逼着他去干，但又不让他随便活动。一位副官长对谭开玩笑说："你兼了这么多代处长，要发财了!"谭庆荣心里明白，一场政治迫害就要临头。果然，谭庆荣和军需处长谷志远也被赶走了。

谭庆荣与刘瑞珍结婚，是 1940 年阴历十一月初三。婚礼和家中的一切都是刘家操办的。婚后不久，谭庆荣调到司令部当参谋。每天晚上，谭庆荣回家翻电报，有时叫妻子帮着念电码。他常对妻子说，家里来过谁，干些什么，不要对任何人讲。司令部的处长谷志远，和田报社的马殊，墨玉县县长陈解虚，于田财政局局长黄永清，叶城税务局薛局长，星期天经常来，说什么母亲母亲的。这些人一来，老谭就叫妻子出去玩，并叮嘱她不要乱说。刘瑞珍回家给父亲讲，父亲说老谭是共产党员，不要出去乱讲。

结婚不到两年，1942 年阴历七月十四日，刘瑞珍回家，院子里的人对她说，来电报调老谭。老谭对她说："这次走不知道情况怎样，你要好好照顾家。现在不让带家属，你就等着吧！”第二天早上，刘瑞珍和母亲送老谭到西门外飞机场。谷处长已坐在汽车里面，车两边站着两个大兵，拿着枪。老谭一上车就被大兵把匣子枪卸了。刘瑞珍身体禁不住剧烈地抖动起来，心里凄凉，放声悲哭，泪水哗哗地流。她的和谐梦团圆梦，揉进了涕泪和辛酸。谭庆荣走了，在暑气逼人、黄沙漫天的日子。

老谭走后，陈县长和妻子来住了半个月。他俩住外间，刘瑞珍和母亲住里间。陈县长叫陈广竹，是第二批由延安到新疆的干部，陈解虚是其化名。陈县长一来就把房子彻底检查了一遍，说：“现在情况紧张，不要有啥东西忘了让别人搜查走了！我有很多话要和他商量，现在已经来不及了。”陈县长还说，“老谭叫人送来个条子，条子上讲家属不能带走，请多照顾。”陈县长兑了100元公债券，把钱交给刘瑞珍。墨玉县来了几个阿訇，对陈县长说：“像你这样的好县长，不能走！”陈县长说：“现在是工作，还得走，以后我再来。”陈县长听不懂维吾尔语，由刘瑞珍给他翻译。

## 指挥骑兵打仗的机会居然来了

1938年6月的一个拂晓。驻喀什骑兵四十八团团长张永夫把各连连长叫到团部，召开紧急会议。新兵营来的二连少校连长曾玉良和三连少校连长周纯麟也匆匆走来。

会议一开始，气氛就显得非常紧张，与往常很不一样。张团长压低声音对大家说：“昨天晚上，骑兵三十五团叛乱了。团长不在营房住，个别军官、一些司务长和上等兵，先把团里连排军官集中到一个房子里，用枪打死，然后乘马逃跑了！”

“什么？三十五团叛乱了，怎么搞的？”

有位连长惊讶地问了一句。周纯麟也觉得很吃惊。

张团长扼要地谈了骑兵三十五团的组成，说：“去年四五月份，南疆第六师七团八团相继叛乱后，大部分被消灭，师长麻木提也逃到国外去了。这个师没跑掉的人又被收容起来，经过整编，成了现在的骑兵三十五团。这个团不仅枪和马匹很差，而且从团长到各连连长对士兵都很苛刻，经常吊打士兵。士兵生活非常苦，一天连三顿饭都吃不饱。上操上课，军官也很厉害，随意打骂士兵。军官随便出入营房，晚上也可以回家去住，却根本不准士兵外出。士兵认为，宁愿回家当老百姓，也不愿在这个团当兵。因此，这个团的官兵关系非常紧张，经常处于一触即发的状态。这次叛乱，既有坏人从中煽动，又是这个团官兵关系紧张的总爆发。”

张团长说到这里，提高了声调，脸部表现也显得更加严肃。他打开地图，指着说：“叛军分两路逃离，我们团的任务是兵分两路追歼。一路由杨副团长带领二连和三连，经乌恰，向托云方向追击；一路由我带着一连和四连，经阿克陶、塔什米里克，向盖孜、蒲犁方向追击。”

张团长又具体地向各连连长交代了在追击中应该注意的事项。他说明骑兵四十八团是由步兵改编的，对步兵作战有些经验，对骑兵作战还缺乏经验，特别是同骑兵还没有打过仗。张团长还讲了几种打法：发现敌人乘马时，要先把敌人的队形打乱，然后再分割消灭；如果敌人已经下马，就先解决马桩（马桩是骑兵下马徒步作战时控制马的少数人），然后包围起来，报告团部，集合全团兵力去歼灭；如果敌人分散隐蔽，我们即就地驻下，进行宣传和清剿；如果敌人逃跑，就要迂回到前头堵住，进行追歼。张永夫团长讲完，杨炳瑞副团长又补充说，各连应要求每个排带一匹预备马，并带两天的粮食和一天的马料。

周纯麟回连之后，一边通知部队开饭、喂马，一边召集各排排长、司务长和司书，传达了团长的讲话精神，分配了各排的任务，要各排都带上空马。他要司务长按照团里规定，用马车带上几天的粮食和草料。

周纯麟化名周玉龙，鄂豫皖根据地和川陕根据地的反“围剿”，塑造了他沉稳如磐的意志和性格，在红军中历任排长、连长、营长、教导员等职，随西路军左支队进疆。组织上原计划要他学习飞行，体格也检查了，但因工作需要来到南疆。他和曾玉良是以胡宗南第一师“学兵营”的名义，来到骑兵四十八团任职的。周纯麟开始了一如既往的勤奋和充满激情的工作，虚心向下级和士兵学习，很快掌握了马术和骑兵指挥的一些基本知识。他在连队的威信渐渐提高，最终众望所归。他带领连队进行了骑兵对骑兵的对抗演习、骑兵的追击战、打密集队形的步兵，以及没有步兵配合的骑兵攻坚战和有步兵配合的步骑协同作战等多方面的战术训练，使连队的机动作战能力有了明显提高。这时，周纯麟很想有一次打仗的机会，试一试自己指挥骑兵的水平和连队的机动作战能力，到底到了什么程度。说来凑巧，这种机会居然这么快就来了。

太阳依旧平静地露出脸来，把光芒撒向大地。周纯麟跃马扬鞭，目光如炬，紧跟着尖兵排，指挥部队搜索前进。沿途，他们看见叛乱部队昨晚逃跑时烧、杀、抢、掠老百姓的许多痕迹。下午四五点钟，他们已跑了 100 多公里。尖兵排报告："前面就是我们骑兵四十八团的马场。"马场是团里平时喂养体弱马匹的场所，在巫山口东面山口外。

周纯麟见马场附近被马匹践踏得乱七八糟，便怀疑叛乱部队是不是逃进马场里去了。这时候，杨副团长还在后面。他一面让部队下马隐蔽休息，一面派两个人进马场侦察。叛乱部队果然进了马场。马场场长田种玉还不知道这个骑兵三十五团已经叛乱，正在热情地接待这伙人哩！可是这伙人却慌慌张张，有的在场里喂马，有的在场里换马，有的在做饭吃，有的在捆绑沿途抢来的东西……

两名侦察员将情况向周纯麟汇报以后，杨副团长还一直没有上来。于是，他与曾玉良连长商量，进行了分工：二连在左，三连在右，先将敌人包围起来，一齐向叛军冲去。叛军本来就是没有指挥人员的乌合之众，这时变得更加乱糟糟。他们有的上马，有的抵抗，有的乘马逃跑，有的徒步跑散，有的抱住抢来的东西不放，有的跪在地上只是磕头求饶。追剿部队捉了一部分俘虏，缴了三四十支枪、一些马刀和几十匹马；老百姓的驴、马和许多东西，不少也被截了下来。

夕阳西下，渐渐落尽，灰色的夜幕从天边像水一样弥漫而来。杨副团长才上来，周连长和曾连长向他提出：继续追击逃跑的叛军。他不同意，要部队驻下。第二天吃过早饭，杨副团长要曾连长带着二连追击，三连就近封锁山口，继续搜剿叛乱的散兵。

曾玉良化名曾海山，红军营长，参加过二万五千里长征。曾连长带领二连追到下午，消灭了十几个叛兵。他正走得人困马乏时，突然白马仰起头来，向空中嗅了几嗅，振鬣长嘶，转过身来，向南奔驰。他知道此马颇具灵性，便也由它。奔不多时，沙丘间出现了稀稀落落的铁草；再奔一阵，地上青草越来越密。他知道前面必有水源，心中大喜。白马这时精神大振，四蹄如飞，转眼之间已听得淙淙水声，出现了一条溪流。曾连长跳下马来，见水清见底，便抚摸马背笑道："多亏你找到这条小溪，咱们一起喝吧！"他俯身溪边，掬水喝下，清凉直透心肺，甘美之中还带有微微香气。那马饮了溪水，长嘶一声，跳跃数下，也有说不出的欢喜。曾玉良饮足溪水，心旷神怡，于是卷起裤脚，踏入水中，把头脸手脚洗了个干净，再把马牵过，给它洗刷一遍。白马经水一洗，雪白光亮，更加矫健。

曾玉良骑马沿溪向上游行去，渐行溪流渐大。他纵马急驰一阵，溪水转弯绕过一块高地，从一排参天青松中穿了出来。他顿时惊呆了，眼前一片大湖。湖周乔木灌木参差，杂花红白相间，倒映在碧绿的湖水之中，奇丽异常。远处是青草平原，无边无际地延伸出去，与天相接，草地上白羊成群，惊跑吃草。草原西端一座高山参天而起，耸入云霄，山腰以下树木苍翠。树上小鸟啁啾，清脆婉转，此伏彼起。忽然，曾玉良看见林边有个叛兵在慌忙逃窜。他便使出学到的马上工夫，催马向前，将叛兵捉住。

他们抓住俘虏之后，不加杀害，好好照顾，给吃给喝给住。老百姓反映：他们这支队伍的做法，跟过去大不相同。一年前，盛世才的部队在这里抓了俘虏，都赶到沙漠上用机枪扫射，使这里很多少数民族妇女都当了寡妇。同样是盛世才的部队，为什么前后大不一样呢？

周纯麟带领三连就近封锁住山口之后，主要是做群众工作。他们将叛军抢来的东西，全部还给老百姓。这在当地群众中影响很大，有的群众说："昨天的部队抢我们的东西，今天的部队将昨天抢去的东西又还给我们，真是做梦也没有想到！这两个部队，虽然穿一样的衣服，戴一样的帽子，但做法却根本不相同。"周纯麟在连队对军官和士兵进行了三大纪律八项注意的教育，要求他们尊重少数民族的习惯，不准随便进老百姓的帐篷和房子，更不准进清真寺去看人家做礼拜。老百姓看见部队在下雨天，宁可自己遭淋，也不进帐篷和房子，很受感动，就主动地腾出帐篷和房子。一家只有一个帐篷的就两家合住一个，腾出一个给部队；一家有两个帐篷的，就全家住一个，腾出一个给部队住。

要想使盛世才的部队真正按照红军的三大纪律八项注意办，也不是很容易的。对于那些违犯群众纪律的，周纯麟及时地进行批评教育。有个班长不遵守规定，私自跑到清真寺看人家做礼拜，他就狠狠地批评了一顿；有个士兵，把一位少数民族妇女的面纱揭开了，他们就召开群众大会主动向老百姓作检讨，周连长还当众宣布把这个士兵关了禁闭。周连长动员士兵给老百姓担水、打扫卫生和下地劳动。部队缺少马料，没有铡刀，就通过乡政府或当地阿訇、头人向群众借，决不随便拿群众的一把铡刀、一斤草料。群众的看法了然于心，纷纷说："以往的部队，见了我们就打、就骂，见了东西就抢，见了姑娘媳妇就要糟蹋。可你们却纪律严明，对老百姓秋毫无犯，真是个好部队！"群众有的给他们带路搜捕叛军，有的给他们通风报信，有的索性把叛军的散兵捆绑起来，送给他们。他们在群众的帮助下，在附近的山村、树林搜捕到近百名叛乱的散兵。

许多群众请他们到家里做客，吃抓饭，吃烤羊肉，还有许多青年主动要求参军。二连在恰克马克一带，主动参军的就有十多个青年。其中一个维吾尔族少年，叫艾义提，13 岁，起先曾海山连长嫌他年纪小，不要他，他硬是缠着曾连长不放，后来偷偷坐上运俘虏的汽车，来到团里。张团长同样嫌他年纪小，还是不让他当兵，他急哭了。他的单纯与热切像山间盛开的一朵野菊花，散发着淡淡的清香。最后，曾海山连长为他求情，向张团长说好话，团长才同意他留在二连。他在二连给曾海山连长当勤务兵。新中国成立后艾义提在喀什政治学校当翻译，常怀念曾海山连长，怀念曾连长关心他照顾他的情形，在心灵的一隅栽植着一棵永不凋零的常青的绿树。他直到白发斑斑、体态沉重时才知道，1944 年曾玉良在八路军任骑兵团长时，在山东曹县打日本鬼子时牺牲了。

## 悬空坐在碗口粗的木头顶端

1938 年 9 月初的一天早晨，周纯麟带领连队乘马到团马术操场上出操。这会儿他还不知道，一个阴谋正在等他，一场惊心动魄的生死历险正在等他。

周纯麟回到营房，武装带没有解下，马刀也没有拿下，脚还没有迈进连部的门槛，姓殷的司书就上前通知他说："连长，警备司令部请你去一趟。"

他听了一惊，似信非信地问了一声："哪里去？"

"警备司令部！"

"什么事？"

"不知道。团司令部只是说事情很急，不必经过团部，请周连长直接去警备司令部好了。"

他看殷司书说话的神情，觉得事情可能紧急，便立即转过身，向警备司令部跑去。

周纯麟一进警备司令部大门，军法处长王洪喜就不分青红皂白，带着三四个士兵上来卸他的枪。

"这是为什么？"

"你有嫌疑！"

"什么嫌疑？"

"以后你就知道！"

军法处长把他的少校军衔扒去，把他的帽子、马刀、武装带，也都统统拿去，还让士兵把他强推硬拉，关进监狱。

监狱在警备司令部的后院。他刚进去，一股阴湿气、霉气和臭气相交糅的恶心味便扑鼻而来，熏得他头痛，熏得他呕吐。从这时起，他的每一刻就不仅具有阴湿、霉臭的气息，还带上了一种难以祛除的死亡的味道。房子又黑又小又潮，里面只有一条用高粱秆子编的破窄席子。房子的门后靠墙有一个小圆坑，是供犯人大小便用的。坑里面的大便，监狱的管理人员是不管的，而是在每天放风时，由犯人用手捧到破布上提出去。牢房又臭又脏，实在难闻，所以在一般情况下犯人尽量不在牢房里大便。

第二天早上，狱卒"咚、咚、咚"地敲他的门，从门上的小窗里递进一碗凉水、一个馕，说这是早饭。他站在门边，端着凉水，拿着馕，心里闷得慌，根本不想吃，就把碗和馕扔在地上。

三个士兵把他押出牢房，押进一个小房子，里面坐着军法处长王洪喜和一个长着满脸黑胡子的乌孜别克族的公安指导员，名叫阿布都卡基尔，还有三个维吾尔族的公安人员，一个懂汉语的翻译。

周纯麟进门还没有站定，那个公安指导员和军法处长就立即对他说："你有问题，快交代！赶快讲！”

“你们要我讲什么？”他直挺挺地站着，干脆地反问。

“你不要装蒜！”

“我根本不知道要讲什么！”

他落入了虎狼之中。他们让两个士兵用皮鞭抽打他。起先，他坐在椅子上被抽打；后来，他们把他拉倒在地没头没脑乱抽一气，问一阵再打一阵。他们再问时，他根本不吭声，不予理睬。他们见他不回答，又继续抽打，一直打到天黑。他被打得皮开肉绽，浑身是血。

更加残酷的折磨和沉重的夜幕一起降临。吃过晚饭，军法处长和公安指导员又带来另外几个人，把他双手反绑着，吊在房梁上抽打。他被打得不省人事，昏了过去。在白昼与黑夜的亲吻里，他的生命与死亡浑然融为一体。

不知过了多久，他苏醒过来。他们把他的双手在腕部紧紧绑住，又把绑住的双手套在两个膝盖下面的小腿前面，用棍子穿在他的腿弯和两臂之间，把他抬到凳子上。几个人把棍子上的绳子使劲往后拉，还在背上不断鞭打。这种残酷的刑法，他一直不知道叫什么名字。他们每拉一次绳子，他都钻心疼痛，浑身出汗。他想咬紧牙关不出声，但不争气的骨肉却没有理会他的苦心，终于痛得难忍，只好拼命喊着“冤枉”！他们越拉越紧，把他的手关节拉脱臼了。他痛得昏了过去。

他又一次苏醒过来，发现自己已躺在地上。他们又把他抬上凳子，照样又拉绳子，又拼命鞭打。他照样回答说：“没有什么好讲的！”

这样的酷刑进行了多次，第三天，改变了花招。他们把骑兵四十八团四连的于清文连长带到审讯室与他对质。于清文外号大头，比他大两岁，老家在山东。

公安指导员和军法处长把于连长一带进屋，就厉声问：“你认识吗？”

“认识，他是我们四连的于连长。”

公安指导员用鞭子顶着于连长的背，逼于连长讲。于连长在公安指导员的逼迫下，用恳求的口气对他说：“周连长，讲吧！”

“你叫我讲什么？”

“你就讲我们反政府，反盛督办，要把部队带走！”

“于清文！我什么时候对你讲过这些话？你无中生有！你没有良心！你陷害人！你不是个东西！”周纯麟一听他要自己讲这些，圆目怒睁，青筋贲张。

于清文不敢正眼看他，低下了头，用恳求的口气继续说：“你看我被打成这个样子，你就照我的说吧！他们还要我讲你是共……产党哩……”

周纯麟不等他说完，目光里喷着怒火，抢着继续骂：“你不是人！你诬陷好人！我同你无冤无仇，你为什么要陷害别人！”这时候，他真恨死于清文了，恼恨这个为了减少自己的痛苦而陷害别人的家伙。但当他看见军法处长不让于清文再讲，而且狠狠地给了于清文一个耳光之后，他的心也就软了下来。周纯麟目光扫了一下于连长，发现他也被打得很厉害，脸上、手上、衣服上都是血迹，刚才进屋时脚还一瘸一瘸的。他立即想到，于清文也是在残酷的刑罚折磨下屈打成招，才乱咬的。

于连长被带走之后，公安指导员和军法处长又叫人继续打他，并一个劲儿地逼问：“你是哪个地方派来的？你有五星没有？”

“我是中央军第一师的，是盛督办亲自写的信，派我到骑兵四十八团来工作的！”

“不是，根本不是！”军法处长怒吼起来。

“那你说我是从哪里来的？”

“我要让你自己说！”军法处长狡黠地说，让三个士兵把他架到老虎凳上。这个老虎凳是军法处长别出心裁造出来的，结构很简单，只是在两根交叉的十字架上钉着一根碗口粗的木头，有两米多高。他们把他架上去之后，他就感到坐不住，没有多久，腿肚子又酸又肿，臀部只有一点地方坐在桩头上，顶得血直往下流。

他悬空坐在碗口粗的木头顶端，怎么也不敢动，因为一动就可能摔下来。后来，他实在坚持不住，稍一晃动就“咚”的一声，从两米多高的木桩顶端上摔了下来。他从高处摔下来，肩头被摔得疼痛难忍，但坐在地上比坐在木桩顶端要好得多，屁股和大腿都能松一松了。

他躺在地上，正想把腿再放松一点，可是两个士兵的刀背已经砸到背上。他们用刀背和皮鞭又砸又打又骂，接着又把他抬上了老虎凳，连吃饭也不让下来，晚上也叫他坐在上面。他们还不准他闭眼，只要一闭眼睛，刀背就砸到身上。他被折磨得实在不成人样，坐在上面确实受不住了，就故意从上面摔下来。他宁可挨刀背，好让屁股和大腿放松一会儿。就这样，他们把他抬上去，他自己摔下来，又抬上去，又摔下来，不知轮番了多少次。第三天下午，把他送回监狱。

周纯麟被送回监狱的时候，曾玉良在小门洞里看到了他。曾玉良关在隔壁的一间房子里。两间房子中间，有一层单砖墙。白天，曾玉良不能同他联系，到了晚上，曾玉良先轻轻敲了两下中间的砖墙。周纯麟听到墙响，就爬到墙边问是谁，只听得墙上的缝里回答："曾玉良。"

"你什么时候进来的？"周纯麟一听隔壁住着曾玉良，心里急坏了。

"在你被抓进来的当天下午，我就被抓进来了！"曾玉良着急地问，"什么事情被抓的？"

"我们被陷害了！"周纯麟将被打，与于连长对质，以及自己没有承认的情况，全部告诉了曾玉良。

一天下午，军法处长把曾玉良从监狱里拉出去。周纯麟在门缝看到后，心痛欲绝，为他难过，自己受过刑，知道那种味道真是太难受了。

曾玉良受刑回到监狱后，通过墙缝，告诉周纯麟受刑的情况。他被带到审讯室后，劈头第一句就是："你是不是共产党员？你是不是苏联的走狗？你有没有红五角星？"他不承认，他们就用马鞭子轮番抽打，打得他死去活来，直到第三天晚上，才被拖回牢房。

周纯麟又连续坐了五天五夜的老虎凳，死过去活过来好多次。棍棒、扁担、皮鞭、辣椒水等等各种刑罚的滋味，都尝过了。他被打得皮开肉绽，背上的衣服早已成了碎片，黏在血和肉上。但是，靠着宁折不弯生命力的倔强，他硬是咬紧牙关，一句不招！曾玉良虽然比周纯麟少受了几次刑，但是每次也把他打得很惨。有一次，他被打昏过去后，被直挺挺地拖回牢房。

身心交困的最沉重时刻，寒冷和饥饿也不放过他们。他俩在监牢里都戴着脚镣，睡在芦席上，冰凉冰凉的，寒气直往心窝里钻。整天吃不饱，一顿一个不到拳头大的馕，一碗凉水。周纯麟虽然吃不饱，还能马马虎虎对付着。可是，曾玉良的肚子大，过去在红军里是出名的小胖子，别说是只有一个拳头大的馕，即使一顿五个也很难填饱他的肚子。曾玉良有时饿得呀呀直叫，可是在敌人面前一个饿字也不讲。敌人拿油煎的饼子来引诱他招供，他连看也不看一眼。

十多天过去了，周纯麟的伤刚刚有点儿好转，军法处长和几个公安人员又把他带去审问，又一次让于清文连长与他对质。这一次，周纯麟比较策略，先顶着于清文的话说："你要说我反政府的话，那是我反对政府中的贪官污吏，反对政府里那些阳奉阴违的人！"因为他知道这样讲，与"六大政策"中的"清廉"是一致的。但是，军法处长不肯罢休，一个劲儿地让公安人员用皮鞭抽打他。他们自已轮班休息，却不让他睡觉，不给他饭吃，不给他水喝，一连拷打折磨了三天，还灌了辣椒水。

周纯麟回到原先的牢房之后，却不见了曾玉良。原来，敌人觉察到他俩有接触，于是在他出去受审的时候，搜查了他俩的牢房，连破席和墙缝都搜遍了。他们还是不放心，就把曾玉良调到别的牢房去了。

天气很冷，他们与敌人斗争的内容又增加了一个方面，就是要草垫，要被子，要火烤，还要一个小便桶。一天夜里，周纯麟在过堂时，看到自已的被子盖在一个公安人员身上，就提出："我要被子。"

军法处长阴阳怪气地说："你的被子我也想给，可是，你们连队还没有将你的被子送过来啊，我拿什么给你呢？"

"我们连队已经将我的被子送来了。"

"在哪里呀？我怎么不知道。"

"在那个家伙身上！"他用手指着躺在床上，盖着他的被子的公安人员说。

"你怎么知道的？"军法处长厉声问道。

"因为我被子的一头，有一条黑平光呢缝着。"他理直气壮地回答。

军法处长见他说得证据确凿，本来就很长的脸一下拉得更长了，提起皮鞭一面劈头盖脸地猛烈抽打，一面恶狠狠地说："就是不给你！就是不给你！"

周纯麟也毫不示弱，又提出三条要求：第一，要见原来喀什警备区的司令；第二，要见原来骑兵四十八团的张团长；第三，把我送回省城，见盛督办。他这三条提出后，他们好多天都没有答复，也没有审讯他。他一见到军法处长就提这三条要求，此人一直避而不答。

11 月中旬的一天晚上，突然一位苏联顾问到监狱里来，悄悄地把他带到办公室，翻译也是苏联人。当时，他不认识这位顾问，因为这位顾问不是他们司令部的顾问。他事后才知道，这位顾问是从省城来的，是盛世才的总顾问。

周纯麟跟着顾问进了办公室。顾问让他先坐下，定定神，然后劈头第一句话就问："你们坐监狱是怎么回事？好好对我讲一讲。"

当时，中苏两党关系是很好的。他在喀什骑兵四十八团时，因到苏联顾问住处汇报情况，也常与司令部的苏联顾问见面。因此，顾问一提问，他就将什么时候进的监狱，审问的内容，以及狱中的残酷刑罚等，统统说了。

顾问问得很详细，连他的吃、住、睡以及狱中天天死人的情况，都一一问到了。顾问反复问他："据你所知，他们是为什么把你送进监狱的?"

周纯麟想了一会儿，说："对于这个，我确实说不清，但听看守和放风时别人议论，好像是反盛世才的人利用反间计，来陷害跟随盛世才的人，而我和曾玉良被牵连了。"他又把在监狱里听到的情况告诉苏联顾问，"听说是英国住喀什的领事，收买了骑兵三十一团的艾买提团长和公安局的一部分人，陷害了这个团的米杰副团长。米杰受刑后屈打成招，又咬了我所在的骑兵四十八团的于清文连长，于清文又咬了我和曾玉良。"

这天晚上，苏联顾问与他谈了两个多钟头。最后，顾问说："我是从省城来的，你是中国工农红军，不要怕。中国工农红军是什么也不怕的，他们不能把你怎么样!"听顾问这么说，周纯麟心里一亮，坐牢的事党组织已经知道了。

从这以后，他们的生活情况有了一些改善，地上有了铺草，被子还给他了，连队也给他送来了大衣，审讯次数也明显减少了。

1939 年正月的一天夜里，军法处长突然带着几个公安人员闯进牢房，不问青红皂白，给周纯麟戴上脚镣，戴上手铐，还用一块黑布蒙住头，推上汽车。他还以为要暗害他们，后来从押送士兵的闲谈中才知道，是盛世才来了电话，说案情重大，一个人也不要死，要安全地送到省城，他要亲自审问。这天夜里，周纯麟被从汉城监狱送到回城公安局的王庙第四监狱。在回城监狱，还是三天两头被审问一次，他还是那么几句话。

2 月，周纯麟、曾玉良、赵海丰，还有一个维吾尔族的副团长共四个人，被当成"要犯"，分乘四辆车子，由一个排的部队押送，从喀什的监狱出发，走了一个多星期，于一天下午到达省城督办公署的大院门口。

天依然昏昏欲睡的死样子，下着鹅毛大雪，非常寒冷。周纯麟头上没有帽子，身上还穿着夏天的单衣，披着黑色的夹大衣。他下车后好长时间都站不稳，想把靴子脱下松松脚，但脚肿得厉害，脱了好久也没有脱下来。

他们进了督署的第二道门之后，从里面出来两个军官，带着几个士兵，要把他们四个人往后院监狱里送。那个维吾尔族中校副团长边哭边叫喊，非要见盛世才本人不可。几个士兵推他拉他，他坚决不走，就在地上躺着，怎么拉也拉不动。他们三人也不愿意走，一定要见盛世才。双方僵持不下，一个军官跑到后面去了两趟。

盛世才衣冠楚楚，从里面走出来。维吾尔族副团长心急火燎急不可待，从地上爬起来，大步走上前去，跪在地上，脱了上衣，转过身去，要盛世才看他的背。

周纯麟也上前几步，只见他的背上一个眼一个眼的，周围有许多火疱，都破了皮，血肉模糊。他背上的眼，是在喀什受审讯时，先用锥子锥，然后用油纸捻子放进去烧。盛世才看了那个副团长的背，改变了原先要他进监狱的决定，对身旁的一个军官说："把他送到医院去。"为什么这个中校副团长在公署里敢于大叫大嚷？盛世才见了他的背之后，为什么又能让他住进医院？

当时，喀什附近驻有两个骑兵团。骑兵四十八团住在汉城，是盛世才的老部队；骑兵三十一团住在回城，大都是维吾尔族人。1937 年南疆叛乱时，三十一团也有不少人想叛变盛世才，但由于没有来得及跑掉才住在回城里。对于这一点盛世才心里清楚，于是就从自己身边的卫队里，派了四个亲信，想去改造这个团。一个是警卫连连长，也就是被屈打成招的中校副团长。盛准备让这个副团长接任团长，另外三个人是警卫连的排长，准备接任这个团的三个连长。临行时，盛世才特地向这个副团长交底说："你名义上是副团长，三个排长暂时还当排长，但你们要注意控制部队，要不了多久这个团就交给你们了！"

谁知道，这件事很快就让骑兵三十一团的那个维吾尔族艾买提团长知道了。他非常恼火盛世才和这个副团长，但又慑于盛世才的权势，不敢公开反对，于是就采用反间计，先收买好团里的几个人，跑到公安局告发这个副团长要反政府反盛世才，要投军阀马步芳。艾买提就以这个罪名，把这个副团长抓起来，投进监狱，使之屈打成招，从而达到除掉心腹之患的目的。

这件事，本来是盛世才内部的一场争权夺利的斗争，与周纯麟、曾玉良、赵海丰毫无关系，但因两个方面的原因把他们牵连进去了。一是这个副团长与骑兵四十八团四连长于清文非常要好，是盛世才办的深造班的同班同学，因此别人就诬陷于清文与这个副团长是同伙。另一更为直接的原因是，曾玉良、周纯麟、赵海丰应盛世才的要求，受邓发的委派，由省城到喀什骑兵四十八团和四十一团工作时，是与这个副团长坐汽车同行来的，在一起吃住了几天。谁能想到，与这个副团长几天的同路，致使他们三人飞来一场横祸，无辜地受到了酷刑折磨。

艾买提原打算把他们“就地正法”，以达到杀人灭口的目的，盛世才也相信他们捏造的假报告。但是，苏联顾问却从省城坐飞机来到喀什，盛世才又下令把所有的“犯人”统统送到省城，而且下令不准死一个“犯人”。原来和田警备司令部军需处处长谷志远也是新兵营干部队的。大家到南疆工作时，是一路乘车的。谷志远到省城开会回来，经过喀什到周纯麟所在的骑兵连看他。这个连的士兵告诉谷说，周纯麟和曾玉良都关进了牢房。谷志远回和田后，向新兵营派到和田的警备司令潘柏南作了汇报。这事又用电报报告了中共驻新疆的代表。党代表同苏联顾问商量，并同盛世才谈过，盛同意苏联顾问前去。

他们到了盛世才这里，虽然也提出要求，但盛还是只把他的亲信副团长送进医院，而把他们三人关进了公署院子后面的监狱。这个监狱，不是正式监狱，而是临时用仓库改做的。一个房子里关了好几个人，有被收买过去的，也有受刑后胡乱招供的，还有他们三个根本不招供的。周纯麟和赵海丰关在一起，曾玉良关在另一间房子里。

周纯麟和赵海丰，在以往的战斗中是老搭档。西路军西渡黄河时，他俩都在二六三团，周纯麟任三营教导员，赵海丰任一营营长。他俩是“渡河先锋连”的指导员和连长，共同渡过了奔腾咆哮的黄河。血战河西走廊时，在倪家营子坚守围子，他俩又苦战在一起，一起组织突围。

“老赵，你是怎样被抓起来的?”周纯麟悄悄地问。

赵海丰黑瘦黑瘦，一口接一口地抽着烟，慢吞吞地用六安口音告诉他：

“我同你跟老曾在喀什分手后，就被派到叶城的骑兵四十一团当连长。有天吃过晚饭，团长找我去，说司令部来了电话，要我到喀什去，连夜把我送到喀什。一到喀什就把我关起来了……”赵海丰用沙哑的嗓子，边咳边叙述着。

“你们团抓起几个人?”周纯麟又问。

“听说咬了我们团好几个人，可是我们团长都不交出来。我操他奶奶，单把我送到警备司令部，一到就关进监牢，我也不知道是为了啥事。”

赵海丰告诉周纯麟所受的各种酷刑，鞭打、坐老虎凳、灌辣椒水，还罚他在叠起的几张桌子上站了几天几夜。他打瞌睡从上面摔下来，把腿摔断了。有一次，那帮人还把他头朝下脚朝天吊了两天两夜。“我是抱着准备死的决心”，老赵慢吞吞地说。

赵海丰同他们几个人不同的是，除吃饭吃不饱外，就是烟瘾特别大，没烟抽实在难受。放风时，周纯麟看到他到处去拾看守人员丢下的莫合烟头。看到这种情景，周纯麟心里真难受。

他俩的牢房里，有一个维吾尔族排长，会说汉话。开始，他俩不知道他为什么坐监狱，后来才知道他是被制造事件的三十一团团长收买的。起先，他俩不与他讲话，他也不敢与他俩讲话。几天之后，互相之间渐渐熟悉，慢慢地也在一块儿交谈。周纯麟问他是从什么地方来的，他说从喀什来。他俩问来了多久，他说早来了。他俩又问他有没有准备，他说口供都已写好了。

“什么口供?”周纯麟追问道。

这时，他感到失言了，怎么也不肯讲。周纯麟和赵海丰就动员说：“我们关在一个牢房里，是患难的朋友，怎么连口供的内容都不肯露一点儿呢?”赵海丰和其他几个人又吓唬他说：“你不讲实话，将来死了也上不了西天，你死也没有一个好死。”这个排长很迷信，年纪还轻，被赵海丰一吓，就悄悄地告诉他们说：“我的口供，是我们一块儿反盛督办、投马步芳!”

“你招这样的口供，不怕杀头吗?”周纯麟奇怪地问。

“不怕!”他镇定地说，“这是我们团长叫我这样说的，团长还说，这样讲主要是把我们的副团长以及他带去的几个人搞倒，等案子结了之后，他担保我不仅能出狱，而且一回到团里就当连长。”

这个宵小之徒说得那样神秘，那样起劲儿，那样眉飞色舞，可把他们气坏了。周纯麟"咚"的一下，狠狠地给他一拳。其他的几个人也上来揍了他几拳，踢了他几脚，大声骂他"缺德鬼！你真不能有好死！你这个家伙是个坏种！"

过了半个多月，一天下午。盛世才的军法处长、副官处长、秘书处长把周纯麟叫去。军法处长"叭"的一下，把手枪往桌上一拍，恶狠狠地说："你要老老实实地讲，有什么讲什么，有事讲成无事，不行！无事讲成有事，也不行！"

周纯麟一边琢磨这个军法处长问话的意思，一边回想那个诬蔑、陷害自己的三十一团团长的罪恶阴谋，感到今天即使被整死，也要把事实真相揭露出来！老实说，坐了几个月的监狱，死去活来好几回了。于是，他就把如何被抓，如何被审，如何受刑，以及从同牢房里的那个排长嘴里了解的情况，统统都讲了出来。讲到最后，军法处长、副官处长、秘书处长不住地点头，深深地吸了一口凉气。

周纯麟以为又要受重刑了，结果他们却反复地问他："你讲的，是不是全是实话！"

"一点儿不假，不信，你们可以去问我同狱的那个维吾尔族团的排长。"

事后周纯麟才知道，原来盛世才的亲信、维吾尔族团的副团长，在重刑之下，把军法处长、副官处长、秘书处长也统统咬上了，说他们是同伙，要反盛世才，投马步芳。这三个处长急坏了，于是一起偷偷地来审问周纯麟，打听事实的真相。第二天，他们三人又偷偷地审问了周纯麟两次，见他说的前后一致，就说："你的情况，我们知道了。"

最后，这个案子由新疆民众反帝联合会秘书长兼审判长黄火青审理。黄火青也来自新兵营，但不了解案情。苏联顾问告诉他放人，他自然很快放人。案子搞清了，诬陷者受到了处罚。被捕的人都一一释放，并晋升一级，回去工作。周纯麟没有回南疆，先到南山疗养了一个时期，新兵营野营时回到了部队。曾玉良、赵海丰也一起回到了新兵营。

# 第八章

# 边务处的情报工作

## 酒泉情报站

1938年秋，阎保禄从苏联学习结业返回迪化，被分配到新疆督办公署边务处，化名林德。阎保禄，湖北人，1931年参加宁都起义，同年加入中国共产党，参加了二万五千里长征，随西路军左支队转战来新，任新兵营政治处特派员。在边务处坐办公室，他觉得十分别扭。前方的战士正在和日本帝国主义者浴血奋战，自己却远离战场，在大后方过着悠闲的日子，因此很想到前方去大干一场。

边务处副处长陈培生约阎保禄去家中。他心里非常高兴，估计有什么任务要自己完成。他到陈副处长家后，寒暄了几句，陈就转入正题，说："林德同志，你们学习回来不久，本应该让你们好好休息一下，现在看来不行了。"陈培生说着，摊开手表示无可奈何。阎保禄和陈培生过去不认识，到边务处后才开始接触，得知陈是中共党员，应盛世才的要求，由苏联派来帮助开展边务处工作。他见陈态度随和，又是党内同志，也就无拘无束了。

"不会再让我去学习了吧？再学习可就憋死我了！"他随口就问。

"学习的好机会恐怕不会再有了！"

陈培生把话题转到当前形势，说："现在有大量的工作需要去做，各地都急需干部，特别是专业干部。根据邓发同志的推荐，边务处决定派你到酒泉去组织领导情报站。”又说，“边务处在酒泉已派有情报人员，但他们缺乏经验，工作不甚得力，所以需要加强。”陈培生注视着他，等待回答。他对革命工作，从来没讲过价钱，自然表示坚决服从领导安排。

阎保禄接到了督办公署正式命令，任命他为“边务处酒泉情报站中校情报专员”，负责酒泉情报站的工作。边务处下达了酒泉情报站的主要任务：一、了解马步芳、马步青及马步芳部署在酒泉的马步康旅的军事实力及其活动、联系情况；二、日本帝国主义在河西的渗透活动及其同马家的联系；三、国民党政府在河西的政治和军事活动，以及与马家军阀的联系和矛盾。边务处又给他起了鲁进财、字兴发的化名，代号 001。他去酒泉后与原派去的情报人员 002 接头，让 002 担任他的秘书，负责掩护和建立地下电台。

阎保禄接受任务之后，原来急于工作的激动心情，变得忐忑不安起来。他在敌对势力的环境中，领导开展地下工作还是生平第一次。任务艰巨，责任重大，既要获取情报又要保证安全，搞不好自己和被领导的情报人员都有坐牢、被杀的危险，因此他心里总感到有点儿不踏实。

阎保禄带着这种心情，去找党代表邓发。他第一次见到邓发还是 1933 年 1 月，他在国家政治保卫局特派员班学习，邓发任保卫局长，曾到训练班讲课。训练班结束后，他留在保卫局新编师任特派员，就经常和邓发在一起了。邓发幽默风趣，大家有空总是围上他，让他讲他的海员生活和地下斗争的故事。中央红军长征时，阎保禄从基层调回国家保卫局，更是经常见到邓发，聆听教诲。红一、四方面军会师后，他被派往红五军团，同邓发分手了，没想到九死一生，在新疆又见面了。邓发是他的老上级，他去苏联学习也是邓发把他从新兵营选调成行的。1938 年 2 月，邓发从新兵营选调了 11 名同志，有新兵营政委刘庆南，警卫排长杨文先、王振坤、刘孔、沈先传、吴启满、董家良等。他们先在苏联驻迪化领事馆学习了一段时间，然后去苏联莫斯科附近学习了五个多月。学习内容是情报工作、收发报技术、密码编译技术、摄影、密写等许多项目。学习后分批回国，刘庆南、王振坤、杨文先、阎保禄回到新疆被分配到边务处，有的派到关内工作，如董家良、吴启满、沈先传等。

邓发询问他们在苏联的学习情况，阎保禄一一作了汇报。

“工作命令下达了吗？”邓发又问他。

“下达了。我是来向您辞行的！”他又说，“我很担心，唯恐完不成任务？”

邓发听后笑了，说：“你去酒泉工作担子不轻，可你也是国家保卫局的老工作人员了，对敌斗争的经验总是有的吧！考虑到这一点才决定派你去酒泉。当然，这次的工作和以往的不同。这次你是盛世才边务处派出的人员，一定要注意和边务处其他人员搞好团结，维护我党和盛的统一战线。就全国来讲，现在是国共两党合作，一致抗日，但河西马家仍然坚持反苏反共，残害我西路军流落、失散人员，因此要注意斗争策略。在酒泉只了解情况，不参与其他方面任何活动，也不与当地党组织发生关系，你要有足够的思想准备孤军作战。要记住，酒泉工作对于新疆的安全，国际交通线的畅通，包括我党去苏人员往返的安全都非常重要，你要竭尽全力做好工作。”接着邓发谈了他所了解的马家部队的基本情况，又风趣地讲起河西一带的历史掌故，风土人情。

阎保禄知道邓发前几年受党中央的派遣由延安去共产国际汇报工作，就曾乔装打扮，经河西走廊到新疆去苏联，酒泉是必经之地。

邓发问他：“你知道那个地方为什么叫酒泉吗？”

他当然不知道。当年左支队在祁连山中行军，出山已经到了安西，绕过了酒泉。

“酒泉城外西南有眼泉，水很清冽，相传霍去病领兵破匈奴在此驻扎。汉武帝赐御酒一坛，慰劳霍去病。霍将酒倒入泉中，与诸将士共饮。以后此泉就称做酒泉，又以泉名为地名。”邓发又说，“酒泉又名肃州，在历史上就是军事重镇，为兵家必争之地，现在仍然是很重要的。”

他告辞邓发之后，又去黄火青处辞行。黄火青那时任反帝会秘书长，黄也是他的老首长。他参加宁都起义，部队改为中国工农红军第五军团，黄火青担任红五军团十四军政委。他调去工农红军政治学校政治营第四期第一连学习时，黄火青又担任政治营的政委。长征途中，他从苏维埃国家保卫局调红五军四十三师一二七团任特派员、后代理团政治处主任时，黄火青任红五军政治部主任。过草地、战西康、会宁会师、渡河西征、河西走廊恶战，直到最后安西战役，他始终跟随黄火青战斗，一起进入新疆。黄火青和邓发一样，给他很多鼓励，嘱咐他注意身体，要他圆满完成任务。

陈培生副处长对他的工作又作了进一步详细指示，让他到酒泉后与边务处哈密办事处联系。所获情报，如果用电报发回，也发往哈密办事处，由哈密转发边务处。陈副处长还向他宣布了几条纪律，在外活动期间，不得参加任何组织，如党派、团体、帮会等，否则要受处分。最后，陈副处长交给他电报密码和2000元法币作为活动经费。

阎保禄装扮成商人，坐汽车到达哈密。他从边务处哈密办事处领到一部15瓦收发报机，两箱干电池，在街上买了几大包棉花、布匹等日用百货，以及杏干、瓜干、葡萄干等土特产。他把收发报机、电池、密码藏在几包棉花中。哈密办事处派人用骆驼把他送到星星峡，星星峡办事分处又帮他雇用了张姓驼户的几头骆驼。

这段路，阎保禄并不陌生。上次从安西到星星峡，蓬头垢面，脚步踉跄；这次从星星峡到安西，长袍马褂，心中忐忑。驼队离开安西快到酒泉时，遇到的马家骑兵多了起来。有的也把他们拦住，盘问一番。遇到盘问，老张笑脸相迎，一连串说好话，总算应付过去。到了酒泉北城门口，马家队伍戒备更是森严，盘查更紧。

“从哪里来?”

“安西。”老张赔着笑脸说。

“什么货?”

“棉花、布匹，还有点儿杂货。”

“全部卸下打开，我们要检查!”

阎保禄不是当地口音，所以尽量不开口，让老张去应付。老张说：“马家爷，这些货是城里大十字刘掌柜的。都在一个城里住着，乡里乡亲的，就行个方便吧!”

“不行，说查就得查，这是上司的命令!”

老张见央求无效，向他递了个眼色。他连忙上前向两个当兵的口袋里塞了几张钞票。老张趁势说：“这些货当然要查，可在这城门口卸货，货弄得乱糟糟的，还碍你们的事。我看不如麻烦老总们跟我走一遭，到店里卸货检查，路不远，就在前边。”

两个兵拿了钱，脸吊得不那么长了，向城门口其他兵招呼说：“我们进城去检查。”

“那就是刘掌柜的铺子。”老张用手指着一家杂货店说。这个杂货店不大，铺子里有两个人。

“刘掌柜，我从老家给你带货来了。”阎保禄不认识刘子青，只好大声说出接头暗语。一个年纪二十刚出头，眉清目秀的年轻人应声走出来。他想这就是刘子青，便走上前去，说：“刘掌柜，你要的货送来了。城门口没检查，两位老总随我们来店里查查!”

刘子青一听他是从老家来的，便会意地点了点头，连忙招呼伙计和驮夫卸货，又招呼两个兵和老张到后院坐。老张很知趣，说什么也不去，却帮忙卸货。刘子青把两个兵请进后，又是点烟，又是倒茶，又拿出一些糖果往他俩兜里塞。阎保禄见此情景，便从卸下的货物堆中，拿出一个麻包，打开来倒出一堆哈密瓜干、杏干、葡萄干，给两人端在桌上。他怕两人怀疑，就说：“这是新疆出产的，安西最近多得很，我顺便买了一些，请老总们尝尝!”两个兵一边大嚼大咽，一边往衣兜里装了不少。刘子青又拿出一些银圆，给每个人手里塞了几块，说：“二位老总辛苦一趟，这点儿小意思，别嫌弃!”这两个家伙装模作样地推让了一番，还是装进了兜里。两个兵起身要走的时候，刘子青忙说：“现在把货打开，让老总们看看吧!”两个兵摆了摆手说：“不查了!”

刘子青是新疆迪化人，汉族，从新疆军校毕业后分配到边务处。他就是002，原名曾效鲁，化名刘兆恩，字子青。他只身一人到酒泉后，开了一间小杂货店，不久又娶了酒泉警察局陈巡官的女儿陈良玉为妻。他到酒泉将近两年，情况比较熟悉。

他们这个小杂货店，一方面掩护情报站，另一方面要解决工作人员的生活来源，还要靠它弥补活动经费的不足。由于商业不景气，货店收入十分有限，再加上苛捐杂税，所剩无几。他们只能节衣缩食，尽量省出钱来用在工作上。

阎保禄初到酒泉，在刘子青的帮助下了解熟悉各方面情况。刘给他介绍了一些商界同行，又教他学习商业方面的知识。不久，他便以商人身份在酒泉公开露面，开始侦察活动。边务处指示，让他同酒泉复泉新货栈经理丁炳南接头，由丁担任情报站的报务员。丁炳南由新疆电信局附属交通学校第二期毕业调入边务处。

酒泉城驻军不少，警察、特务活动也很猖獗。他们便利用各种渠道，广交朋友，打通关系，达到目的。他们利用刘子青岳父的关系结识了一些军警人员，在麻将桌或应酬的酒筵上，从每一个人的谈话中，了解驻军的实力、分布、武器配备，以及党、政、军之间的矛盾，目前的动向等等。

在阎保禄到酒泉之前，边务处在酒泉已建立了情报组，由边务处直接联系，他来后由他直接联系。这个组有三个人：李国芳，化名李香亭，公开身份是商人，与酒泉马家驻军的最高长官马步康私交甚密；鲜明成，在马步康旅部管档案；还有一名姓金的，是马步康的报务员。由于他们的特殊身份，提供了许多颇有价值的情报。李国芳利用与马步康的交情，可随意去马家串门，经常能获得一些重要消息，如召开军事会议、召开党政军警联席会议等等。然后几个人再通过各种渠道，探听会议内容，有时甚至能搞到会议纪要。对于他们送来的情报，阎保禄立即进行筛选、整理，将有价值的部分，电告新疆。有一次姓金的情报员匆匆来告诉他，说能搞到八十二军最新的密电码本，不过得花点儿钱。花钱也值得，他喜出望外。密码到手后，他立即让交通员送往哈密。姓金的情报员还送来过几份密码电稿，他通过电台及时发往新疆。

1939 年初，边务处指示他，尽快在酒泉成个家，单身汉常常会引起别人的怀疑，并且指出对象的条件：家在酒泉，本人不大识字，家庭社会联系比较单纯。不久，刘子青通过妻子介绍了一个名叫曾玉清的姑娘，符合组织要求。经过请示同意，他和曾玉清结了婚。他们一家和刘子青一家，都住在店里。店里还有两个来自金塔县农村的学徒。每次发报，都在夜间。学徒因白天劳累，早已睡去。他让妻子曾玉清回娘家去住，或者让她和刘子青的妻子到戏院去看戏，好让他们拍电报。

他们和边务处的电讯联络，虽然避开了一般人的耳目，但无法躲避敌人的侦察电台。1939 年下半年，敌人突然一连几天加紧在这一带搜查。天一黑，全城戒严，成队的军警在保甲长的带领下，以查户口为名，挨家挨户地搜。阎保禄当机立断，马上转移电台。

阎保禄托人找了合适的房子，带着电台和妻子搬到了雷子庙巷。他把电台藏在破木箱中，上面堆了许多干辣椒，放在厨房中黑暗的地方，叮嘱妻子不要用箱子里的辣椒。为了防止敌人侦察电台测出他们电台的方位，拍发几次电报后就搬一次家。好在这个家空空如也，只要打起行李卷，把锅碗瓢盆找个箱子一装，借来的几件家具还给人家，就搬走了。他从城南搬到城北，从城东搬到城西，在酒泉城里兜了好几个圈子。

虽然如此，电台还是遇到几次危险。有一次，他们获得一份重要情报，需要及时拍往新疆。他们以打麻将的名义，到了刘子青家里。打过几圈之后，刘子青和妻子到前面铺子里盘货，其实是担任警戒，阎保禄和丁炳南到货物库房中发报。报快要发完时，突然听到紧急的敲门声，夹杂着“开门，开门！查户口”的喊叫声。他们赶快把电台塞进一个空货箱，但已来不及藏到存放电台的地坑里了，就随手搬了一些布匹堆在货箱上。这时，警察和保甲长已经走到院中。怎么办？真是急中生智。丁炳南把他推倒在地，然后抄起一卷布就往外走，嘴里还骂他：“输了牌还想赖账?”他扑上去要把布抢回来，嘴里说：“老子今天没钱，明天给你也不晚，你把我的东西放下！”他们又吵又骂，又撕又打，到了院中。看到保甲长正带着四名警察站在院中，丁猛然甩开他跑过去，说：“你们几位评评理，输了钱不给，想赖账呢！”他也毫不示弱，高声吵：“这家伙想抢我的东西，真他妈的缺德！”刘子青夫妇也跟出来相劝。警察见他们吵闹，很不耐烦。两个警察走过去掀起门帘看，桌上麻将牌零散地摆着，是刚散局的样子，又打开手电筒在库房里看了看，见里面乱糟糟的，便退了出来。他们这里还让保长和警察评理。“去！一边去，少胡缠，谁管你们那些事！”警察转身出去，到隔壁搜查去了。

多次搬家，会引起军警的怀疑，也会引起妻子和她们家人的误会，应该找个更妥当的办法避免突然袭击。他们注意到，每次军警搜查都由保长带领，如果保甲长事先通个信息，那可就保险得多了。阎保禄和刘子青商量，决定由刘出面谋取保长职务。阎保禄分析了刘的有利条件：刘是巡官的女婿，和公职人员交往多，在商界和这一带居民中有声望，再加上请客送礼，取得这一职位是不成问题的。不出所料，刘子青很快被派成酒泉中山镇公所第九甲甲长。他们把电台藏在刘家中。

刘子青当了甲长之后，又出现了个难题。原来国民党从 1939 年起，一方面要求居民中的青壮年轮流参加“国民兵”训练，作为后备兵源；另一方面要求公务员，包括保甲长、学校教职员，一律要参加国民党，否则轻者丢掉饭碗，重则给戴顶“红帽子”。刘子青当了甲长，如果不加入国民党，不仅会丢掉甲长职务，而且会引起怀疑，牵连到情报站；如果让他加入国民党，则又违反了边务处的纪律。阎保禄反复考虑，为了情报工作顺利开展，经请示边务处同意，让刘子青和其他保甲长一起，用当时的化名刘兆恩，集体参加了国民党。

1940 年初，情报站一度陷入困境。在马步康旅部工作的情报员鲜明成和金某某，由于不谨慎被发觉了。幸好他们从别的渠道及时得到消息，在逮捕他们之前，通知他们和李国芳一起秘密撤回新疆。复泉新货栈是新疆商人开的商店。由于盛世才公开打出亲苏亲共的旗号，虽然在国共合作时期，也深为马家和国民党不满，对新疆往来人员严加防范，因此对复泉新货栈自然不会放过。丁炳南又是东北人，更容易使人怀疑是盛世才派来的。一天晚上，军警突然把复泉新货栈团团围住，里里外外仔细搜查了一番。这个事件表明，丁炳南虽然还没有完全暴露，但已成了重点监视的对象。丁炳南以复泉新货栈歇业为名，撤回了新疆。

1940 年夏天，边务处又派来两人加强电讯工作。先期到达酒泉的叫武守礼，任电台台长；后到的叫高成兴，任机务员。他们的口音与玉门人相近，就称是玉门人，安排在杂货店当店员。自从李国芳情报组撤回新疆，要获得有价值的情报，也成了问题。他们用重金经常从马步康警卫队一个大个子兵那里购买情报。这个兵是青海回族，做了马步康的卫士，家境甚为贫寒。他们利用他需要钱贴补家用，得到一些马家军的情报。阎保禄利用内兄的结拜兄弟、马步康旅一个姓袁的排长，探听到一些情报。但这些情报比较分散，很不一致，需要认真地分析、补充、核实。好不容易搞到情报，又到了和边务处电台联络的日子。半夜，武守礼和高成兴从刘子青家的炕洞里拿出发报机做试验检查，准备发报，发现没电，干电池受潮失效。因为自丁炳南走后，机器和电池就一直藏在炕洞里，未使用过。虽然有了报务员，却连一次电报也未能发出去。他们只好把情报写成密信，从邮局寄走。

1941 年三四月间，阎保禄奉边务处的指示回新疆汇报工作。他在星星峡见到了王振坤，化名吴南山，任星星峡哈密办事处分处主任。他在哈密见到了刘庆南，化名万友林，任哈密办事处主任。刘庆南、王振坤都是新兵营的战友，与阎保禄同一批去苏联学习。刘庆南私下告诉他，陈培生已不在边务处工作了。边务处人员变动很大，据说一些人被捕了，罪名是“国际间谍”。现在，盛世才的五弟盛世骥兼副处长。

阎保禄回迪化后，去边务处汇报了工作，也讲了不能发报的原因。边务处决定再派一名报务员带上干电池与他同去酒泉，换回武守礼和高成兴。他们到哈密后，停留了几天。刘庆南对他说，现在国际、国内斗争形势非常严峻。德国法西斯蠢蠢欲动，进攻苏联；日本法西斯加紧对我抗日根据地清剿，对国民党诱降；国民党想破坏抗日统一战线，对我党我军搞摩擦，加强对各地的控制。因此，除非特别紧急的情报，不要轻易使用电台联系。刘庆南还要他和刘子青不要合营商店，要分开独自经营，以免发生问题，相互影响。

阎保禄回到酒泉后，通知武守礼和高成兴回边务处。他俩雇上骆驼回新疆了。阎在东大街开了家经营土产品的商店，和刘子青的杂货铺分家了。

1943 年初，他们发现酒泉马家队伍，军纪较前更加涣散，公然在大街连偷带抢，骚扰老百姓。获得情报说，河西马家队伍将撤回青海，由中央军换防。阎保禄将得到的详细情况，电告新疆。这是他发出的最后几份情报。

马步康部离开酒泉后，他一直等待组织上的指示，但没有得到任何信息。他心急如焚，又不能擅离职守。同年七八月间，新疆督办公署交通运输科中校科长宛思昌到达酒泉找他，带来了督办公署参谋长汪鸿藻签发的命令，命令要求撤销边务处和各地机构，驻外全部人员回新疆迪化。他将这道命令传达给刘子青和报务员，要大家做好善后工作，携电台坐宛思昌带来的汽车撤回新疆去。

阎保禄和宛思昌私下交谈，探询撤销边务处和调回人员的原因。宛思昌在新疆工作多年，对共产党有一定的认识，对近年来盛世才反苏反共的行径很不满意，同情中共人员在新疆的遭遇。他悄悄地说：“新疆出了大事。盛世才投靠了国民党，与苏联决裂了，把请来的各部门的苏联顾问、教官全部遣送回国。全疆各地的进步人士也都被抓起来了。边务处的人调回去，也有可能遭到逮捕。我看你最好先别回去，避一避再说。”阎保禄感谢他的忠告，就写了一个请病假的报告，说患病在身，不能长途跋涉，稍好后再回新疆。他把报告交给刘子青，让刘转交上级。刘子青全家和报务员一起回新疆了。

阎保禄和党组织失去了联系，像一只离群的孤雁，日夜盼望能早日回到党的怀抱，重新为党工作。1949 年 9 月 25 日酒泉解放，他怀着万分喜悦的心情，立即到酒泉军事管制委员会，找到了负责人刘护平，诉说了自己的情况，要求随部队进疆。刘护平曾在新疆被盛世才逮捕，坐过几年监狱，对新疆那时的情况比较了解，很同情他的遭遇，同意他随军的要求。可是，酒泉解放，百事待兴，很需要熟悉情况的干部。考虑再三，他还是留在酒泉，参加了地方工作。

## 武威情报员

赵峰是一位红军，是第一批由延安来迪化的干部。

1938 年春天，他在延安中央党校学习，组织决定抽调他去苏联学习。苏联是他久已向往的国家，自然喜出望外。他当即和一些被抽调的同志乘坐运输苏联援华物资的汽车，千里迢迢，到达迪化，住进了“新兵营”。

“新兵营”的新兵多是小伙子，一般个头不高，大都是南方口音，对他们称同志，十分亲切，使他们感到仿佛又回到了边区革命大家庭。

先期到达的他们的领队彭加伦和“新兵营”的领导为大家的到来召开了欢迎会。会上彭加伦首先向他们介绍了邓发，邓发在会上讲了话。从邓发的讲话中，他知道了“新兵营”这些同志的来历。他们虽然大都很年轻，却是驰骋疆场、身经百战的红军“老”战士，是经过长征、经过河西转战的红军西路军的一部分。

在“新兵营”，同志们的友爱温暖着他，顽强的学习精神鼓舞着他，特别是同志们讲述的可歌可泣的长征故事教育着他。他喜欢这个革命之家，但仍然存在着作客思想，盼望着去苏联的消息。

赵峰来到“新兵营”，一晃就过去了三四个月。一天，他们这批延安来的同志，又被集合在一起。邓发说：“根据盛世才的请求，同时为了不增加苏联的负担，最近中央决定你们这批同志不去苏联了，就留在新疆培训。请苏联派专家来，这样就可以在国内培养更多的人才。”邓发的秘书冯铉宣读名单，他被分配到无线电班学习通讯技术。虽然对不能去苏联学习感到遗憾，但对分配学习无线电技术很高兴。

赵峰搬到无线电班的小院里，可是没有让他立即参加学习。他有点纳闷，正在焦急时，邓发找他个别谈话，冯铉也在场。

邓发握手、让坐，给他倒茶，使他情绪放松了些。邓发说：根据需要和党对你的了解，决定派你去做情报工作，通俗点说就是侦察工作。我们党的工作，有公开的和隐蔽的两条战线，只有两条战线的有力配合，才能取得革命的胜利。秘密工作需要隐姓埋名、单枪匹马，深入敌人心脏，经受各种艰辛、危险，所以需要有胆有识的共产党员去干。组织上认为你对党忠诚，好学上进，机智沉着，有做好秘密工作的素质。你对这个决定有什么意见？

赵峰事前没有丝毫思想准备，领导谈话使他感到这是组织的信任和殷切的希望。但他考虑到自身的条件不足，担心完不成重任，说："我什么都不怕，不怕苦也不怕死，我怕的是自己文化程度低，又没有社会经验，搞不好工作，会给党带来损失。"为了证实他的想法，他简单地述说了自己的经历。

赵峰 8 岁时家乡定边县遭了大灾荒，他沦为叫花子到处流浪，后到一家工厂当学徒。红军到了定边县，他就参加了红军。那时他 16 岁，还是个娃娃。参加红军两年，在党的教育和培养下，懂了一些革命道理，做了一些工作，那是和大家一起干的。单独一个人，远离革命大家庭，去社会上闯荡，应付复杂环境和各类人物，实在感到没有一点儿把握。

邓发听了后，斩钉截铁地说："没有问题。我们革命者的办法和经验都是在干中学，逐渐积累起来的。"邓发又讲了不少年轻同志革命斗争的事迹。他当即表示，服从组织分配。

冯铉找人给他量体裁衣，很快发给他一套合身的新西服，并教给他如何打领带以及应酬礼仪方面注意的事项。当晚，冯铉用汽车把他送到南梁一个大院内，见到一位中年男子。冯铉介绍说："这是陈培生，是咱们自己人，是一位搞情报工作多年、富有经验的老同志，以后你就在他的领导下工作。"

赵峰打量着领导人陈培生，中等个头，大脸大眼，英俊潇洒，一表人才，30 多岁，给人印象庄重朴实，像个学者。陈培生看他拘谨，就亲切地打招呼，让他坐下，并说："随便点儿，就像在自己家一样。"陈培生介绍自己的妻子说："我的太太张鲁丝，也在边务处工作，是总电台的教官。以后不管有人无人，你就称呼她嫂子。从现在起，你就住在我家中，如果有人问你和我是什么关系，你就说是我的表弟。”陈将他的两个孩子叫到身边说，“男孩叫陈印，11 岁；女孩叫小惠，9 岁。”并对孩子说：“这是赵叔叔，要尊敬他，叫叔叔，一块儿好好玩。”又叫来保姆，介绍说：“这是张国珍大姐，自己人，以后由她照顾你的生活。”

赵峰在陈培生家住了一年，这是他终生难忘的一年。

陈培生在工作之余，陆续给他介绍了新疆和新疆督办公署边务处的一些情况。陈还帮他制订每日学习的日程表，让他读书、看报、练字。陈培生要求他养成读报的习惯，“既读自己感兴趣的文章，还要读不感兴趣的文章，就连物价行情、广告启事也要读。从许多文章综合分析中得出形势发展的趋势。”

赵峰字写得不好，陈让他练习写字。他买了一本字帖，买了毛笔，蘸上调成糊状的红土，在一块方砖上，反复书写。经过将近一年的努力，陈夸奖他说：“字写得有了形，可以看得过去了。”

陈培生爱好打猎，差不多每个星期六晚到星期天，都要带着全家和一只大耳朵紫色鬈毛猎犬“差差”，骑马或乘汽车去郊外打猎。有次赵峰也参加了，那天获得猎物不少。

赵峰生性好动，打球、下棋、跳舞都喜欢。在陈家和陈的两个孩子一起，又爱上了滑冰、滑雪运动。一次，陈提醒他说：“一个好的情报员，要有多方面的爱好和知识，如开车、骑马、打牌、弹琴等等，必要的时候都可以用上。但是，不该用不该说的时候，必须严格保密，否则就会带来麻烦。如滑雪在关内是没有条件的，你如果说自己会滑雪，就会暴露你曾经在边疆呆过。”他指着猎犬“差差”说，“这只洋狗很引起人们的注意，听说茅盾先生写了一篇《差差和吉地》的杂文。‘差差’就是这条狗。茅盾先生来咱们家和‘差差’很熟悉。他的文章全国各界都是重视的。你如果无意中说你也熟悉这个‘差差’，那就等于是暴露了咱们之间的关系。所以，你到关内工作，关于来新疆的一切事，一丁点儿都不能泄露，否则要出麻烦。”

赵峰容易冲动。在吃饭桌上，为嫂嫂的一句不妥当的话，他摔了筷子，不吃饭了。联系到当时陈全家准备去迪化市南山避暑，孩子早告诉过他，可陈夫妻俩却不曾谈及，他认为他们看不起他，这么一想就更为恼火，闷在自己的房子里不出门。晚间，满面笑容的陈培生来看他了，耐心地给他解释。去南山避署，会接触到很多人，特别是一些大人物，根据他将来的任务，在新疆与人的接触面越小越好，这对他有利，对革命有利。饭桌上发生的不愉快的事情，主要是你嫂嫂说话不妥当引起的。但你不够冷静、沉不住气，小事发大火，在自己家里没有什么，可在外面就会出事。陈反复强调，为了搞好情报工作，今后无论遇上什么事，一定要头脑冷静。头脑冷静才能想出最好的处理办法，不会干出愚蠢的事来。他想起来家后嫂嫂对他关怀备至，为了一句话就斤斤计较，他感到惭愧、悔恨，当晚就去向嫂嫂道歉。

1940 年 4 月 2 日，赵峰告别了陈培生一家，踏上了去兰州的征程。戈壁荒原在汽车的颠簸中一片一片地退去，扑面而来的是春风，带着新鲜和活力。车行到兰州黄河大桥附近，他下了车，独自过桥去市内接头。他找到曹家庭 27 号院，会见了接头关系人全泰木器店的老板王立民。

当天晚上，他的直接领导人俞鸣九来了，单独和他作了长时间的谈话。俞说："你的工作地点在河西，具体任务今后再谈。"俞接着说："你的籍贯要更改，定边是红军根据地。报定边县等于向敌人挂号，自我暴露。我看你今后当个天水人吧！"俞思索了一会儿说，"把名字也改一下，不要再叫赵崇志，叫赵瑞元。年龄说大一些，说成 24 岁。学历嘛，说成是大学毕业，是陕西师范学院的毕业生。职业是商人，兰州瑞记布店经理，明天我去给你印盒名片。就让王立民带着你去一趟天水，熟悉一下天水吧！"谈话中，赵峰觉得俞性格直爽，思考周密，机警敏捷，是个知识渊博、办事老练的领导。

赵峰和王立民以采购货物的名义去了天水。他们穿着蓝色长袍，带着礼帽，装扮成商店老板模样。

他每天跟着王立民出入天水的大布店。每到一处，先递上名片，继而了解呢绒布匹的行情。什么布匹什么价，口中不说，两人在袖筒里扳指头，口中只说："这个整"，"这个零"。他也学着做。他俩还去山货行，打听纸张、卷烟、花椒、核桃、红枣的行市。各商行把他俩看成是有希望的大买主，都表示"如果要得多，价钱好商量"，他们也说："过几天再定。"当然，他们的目的，并不是成交一批生意。

王立民回兰州，他仍留下熟悉天水。他除继续跑商号了解各种货物的行情外，就按俞鸣九的要求，要像天水人那样熟悉天水，了解天水的风貌及天水的历史。他每天走大街穿小巷，记熟街名、走向。哪条街有哪些商号、机关、学校；哪里有军营、有作坊、有戏院、有茶馆，甚至赌场、妓院；哪些街的院落门前有下马石、旗杆和匾额，如“赐进士第”等原是谁家的住宅。他还游览了伏羲庙等古迹，记住了有关的神话传说。每天出去了解情况，走累了就坐茶馆歇脚，饿了就品尝天水的小吃。大约过了一个多月，他觉得对天水比较熟悉了，可以以天水人自居了，就乘车回到了兰州。

从天水回来的当天晚上，俞鸣九向他交代了去武威的任务。俞说：“武威是马步青统治的地区，马是军阀，与青海统治者马步芳是亲兄弟，是国民党骑兵第五军的军长，骑五军军部设在武威。所以，我们要准确掌握武威马家的一切行动，特别是有关军事的，如兵力、装备、布防、调动，指挥人员姓名、年纪、特点等等。还要搜集马家包括青海马步芳与国民党的关系；马家与日本人的关系；马家对苏联援华的态度；马家对新疆盛世才的政策；武威地区专员公署和县政府重要人事安排；蒋家特务活动情况；财政经济等其他情况。当然，重点是军事情报，重点城市是武威。”

俞对他去武威应注意的问题，又讲了些意见：“在武威要以经商作掩护。考虑到你的年纪正是当兵的年龄，你得在三五个月内成个家，否则就有被抓去当兵的危险。成家一定要娶个良家姑娘，最好是大家闺秀。文化高的大学生你驾驭不了，但姑娘一点儿文化没有也不行，有点儿文化以后好培养做工作。”

俞拿出200元国民党法币给他，说：“这是活动经费。你以这些钱做本钱，做买卖自己开辟财源吧。你知道，咱们共产党是穷人的党，没有经费来源。这点儿钱也来之不易，要节省着花。”

赵峰到武威，通过关系认识了骑五军参谋长康冠卿。他去拜访了康参谋长，参谋长不在家。康太太见他一人来，就问：“张局长怎么没来？”他说：“我‘表兄’有急事回去了，没有来得及向参谋长和太太辞行，让兄弟我代表他来致歉意。”康太太说：“你‘表兄’性子太急，谋个差事哪能那么容易。你看，参谋长给他活动得差不多了，他又走了。”他赶忙称谢。康太太打开皮箱，拿出一沓钞票，对他说：“我和参谋长商量过了，先给你2000元，你做生意时捎上，给我们赚几个。过几天，再给你2000。”赵峰说：“太太尽管放心，赚钱是不成问题的。”他接过钱，告辞离开康家。

赵锋立即去一家大布店，买了布，办了手续，存在店中。过了几天，康太太又给他2000元，他又去另一家布店办货。在几个月时间中，他利用这4000元资本，就地买了卖，卖了又买，获利不少。他将纯利润的一部分交给康太太，说是赚的，两口子非常高兴，对他更加亲热了。他自己也积存了一笔资本，成了名副其实的经理。

1941年3月间，赵峰下决心闯入马步青指挥机关。他到康参谋长家，向康太太交代了为她做生意的收支情况，表示最近要将本利一起还给她，要离开武威去兰州。两口子惊奇地问道："生意做得好好的，为什么要走了？"他说："这地方的保甲人员欺生，今天这个捐，明天那个税，还要出钱买壮丁，看我们买卖人好欺负，真叫人受不了。"康太太对参谋长说："派个人去教训教训那帮龟孙子。"他连忙说："快别那样。出门人只能交朋友，不能得罪人。那样一时可以，长远怕还要吃亏呢？"两口子说："那咋办才好。"他说："我羡慕当兵的，穿上一身老虎皮，谁敢欺负！"康太太说："那好说，你也是个大学毕业的，只要你愿意，就让参谋长给你补个名字，你又不图那几个薪饷。"他赶忙说："只要能在军部哪个处谋个小差事，穿上军服，保甲长就不敢来找麻烦，就谢天谢地，什么薪饷不薪饷都无所谓。"参谋长拿起电话找政治部任盛治主任，说："我有个表弟，是个买卖人，来凉州不久，住在大西街，他来说尽受保甲长的欺负，你看，你那里能不能补个名字。他是大学生，他不讲究职位，也不缺钱花！"对方说："参谋长的亲戚我能不安排吗？补个少尉司书行不行？"参谋长说："行，行！请老兄多关照。"他非常高兴，不仅进骑五军军部的大门打开了，而且又变成了参谋长的表弟。他连忙感谢参谋长夫妇对他的帮助。

第二天，赵峰买了礼物，带上参谋长的名片，去拜访政治部主任任盛治。任在家也身着军服，带少将军衔，同夫人一起，很客气地接待了他。交谈了几句，主任让他自己去做一套灰色的军官服，然后去政治部找周秘书报到。

赵峰穿上军服去找周秘书。周告诉他，已委任他为少尉司书，可以正式来政治部上班。

马家部队一直拒绝国民党在部队中设立政治部门。据说，1939年国民党在加强抗日思想教育的幌子下，在骑五军军部和师、旅、团设立了政治部门，营、连基层仍不容许派人进去。这里的政治部门等于虚设，摆摆样子。工作只限于编写部队的编制、装备、官佐花名册等例行报告。赵峰作为政治部的司书，业务工作主要是按例抄写各师旅上报的表册。工作是单调繁琐的，但对他来说却是至为重要和求之不得的。

赵峰上班后兢兢业业，也积极帮同事抄抄写写。不仅抄写，也“等因奉此”地开始拟办公文。旧社会机关里把工作态度好的老实人称做“没出息的孬种”，想方设法抓你的大头，把工作推给你。他也乐意代劳，这样，他接触的材料范围扩大了，情报来源更多了。两三个月后，他从各种报表中完全掌握了骑五军的编制、驻防、装备，各级指挥人员和后勤人员的姓名、简历以及训练情况。他不断向俞鸣九写报告，报告是俞鸣九派兰州裕新土产分公司的朱月恒、马异才取走的，或情报员傅子亮开车过武威时捎走的。

赵峰虽然在马家军中当了少尉，但照样经营商业。在国民党统治区，军官和政府公职人员不少都经营商业、工业、农业，亦官亦商、亦官亦工、亦官亦农。他又当军官又经商，就不是什么奇怪事了。除了代康参谋长经商，又替政治部主任做一份生意。俞鸣九曾指示他，要设法到甘新公路沿线去，实地核对一下从报表中搜集到的情报的真实程度。他很顺利地请准了短假。向河西走，侦察了永昌清水军营、张掖韩起功师、酒泉马步康旅。又掉头东下，侦察驻防在永登、河口间的马呈祥旅，搜集了一批有价值的情报，送交了俞鸣九。

正当赵峰工作顺利开展的时候，他在政治部的同事关切地对他说：“你要提防你的老乡老聂，他说，你不是天水人，满口陕西话，没有一点儿天水味。”他大吃一惊，果真有人怀疑他了。他马上镇静下来，若无其事地解释说：“我上中学、大学都是随爸爸在西安，学了一口陕西话，改也改不了。可我老家是天水人，妈妈一直在天水。”

他在政治部报到时，听主任说，政治部有两个天水人。他见第一个老乡、秘书周炳尧时，闲聊了些天水旧事，向他讲了自己的家庭情况、住址、上学的学校等等。周对他的谈话深信不疑，对他这个老乡在政治部工作感到欣喜。聂青田是另一位老乡，聂是少校科员，对他的来到也表示欢迎。他不清楚他们的底，所以见面之后，就采取“敬而远之”的策略，保持一定的距离。后来发现许多人对聂青田不感兴趣，背地里称他“特字号”，说他是军统特务。他也询问过一些朋友对聂的看法有何根据，他们也说不出一二来，只是感觉这人很古怪，常常了解上下左右的人的这情况、那情况，因此大家不约而同给他起了个“特字号”绰号。他经过再三考虑，决定主动进攻。

一天，赵峰见聂步行去东大街，就骑上自行车绕道赶在前面，又掉头向聂迎面骑来。

聂问他：“老赵，到哪里去了？”

他答：“我到参谋长家去了一趟。”

聂惊奇地说：“你认识参谋长？”

“啊，你不知道吗？参谋长是我的表兄。”

聂更惊讶。

他趁势说：“老乡，明日如有空，来我家玩玩，我在家等候。”他知道聂很想到他家里去，这一邀请，聂欣然答应。

第二天，赵峰打扫好房子，特意将来自天水的“家信”找出，放在装衣服的皮箱上面，箱子开着也未加锁。聂青田来了，为了表示对聂光临的欢迎，他说：“今天咱俩老乡好好聊聊，我去饭馆订几个菜，让他们送来，再去买瓶好酒。”他去街上订了菜、买了酒，又兜了几个圈子后回家。他发现聂动了箱子，估计看了信。他佯装不知，菜送来之后，就边吃边谈。几杯酒下肚之后，聂不打自招，说：

“瑞元，我头次听你说话满口陕西腔，你自己说是天水人，我确实不信。”

“老乡听口音真有两下子，我自小跟爸爸在西安上学，在那里呆了十多年，口音全变成了陕西腔。说陕西人有人信，说天水人有人就不信。”

“现在我相信了。你妈妈、弟弟不是还在天水吗？”

赵峰知道是那几封“家信”解除了聂的怀疑。聂谈这谈那，透露了好多他知道的机密，和他表示亲近。酒足饭饱之后，聂告辞了。

“家信”确实从天水寄来，信里称谓是大哥，落款是小弟东城，中间叙述的大都是妈妈身体健康，家中平安，让他保重身体，不要挂念等语。外人看来的确是家信。

这些信是他在天水时认识的一个穷朋友寄来的。

赵峰去天水时，正值夏季，每天走街串巷，渴了就在一家茶园喝茶休息。

那家茶园跑堂的是个年岁不大的孩子，对他非常友善。那孩子常穿背心裤衩，天阴下雨也是如此。有天天阴，他好奇地问："这么凉的天，你怎么不多穿点儿？"

"想穿，但再没有衣服了。"

他追问孩子的家庭情况。

"我叫王东城，今年13岁，妈妈正在害病，打摆子。我在茶园一月有3块钱工资，再加有的客人给点儿小费，吃饭和给妈妈看病就花光了。"说着说着就流了泪。

他听着心酸，提出要去孩子家看看老人，孩子很感动。

过天，赵峰如约到王东城家，孩子在门口迎候。王家十分贫困，房屋破烂，家中只有几件破旧家具，王妈妈正在发病，全身发抖，上下牙齿嗑得直响，家中能盖的东西都压在身上。见到他只说了声"赵先生请坐"就无力说下去了。他看她病得很重，当即出去买了5斤挂面，又去西药房买了治疟疾的特效药奎宁。他离开天水前，又看过她几次，她的病已痊愈了。小东城要与他结拜成兄弟，他说："不结拜也是兄弟。"从此，他在天水就有了一个弟弟和妈妈。他到武威后，书信不断来往，这就是那几封"家信"的来由。

有人对他籍贯的怀疑，给他敲了警钟。他冷静地总结了前一段的活动。有了住房、落了户口、建立了商业联系、闯入了马家军指挥部门，但还是个有家无室的光棍汉，立足基础仍不稳固，容易引起人们的怀疑。必须尽早成个家，这也是领导俞鸣九早就关照过的。

1941年6月，赵峰举办了婚礼。女方姓赵，父亲经营了一辈子油坊，母亲早已去世，由大嫂拉扯长大。婚礼既体面又热闹，政治部同事、商界朋友、街坊邻里都来祝贺。康参谋长夫妇和任主任夫妇也亲自光临或派人送礼来。经婚后一段时间观察，他娶了一位贤淑的妻子，她对他生活上体贴入微，对他的交往、工作从不过问。她不爱交际，少言寡语，对他开展工作是有利的。

1942年初夏，接俞鸣九暗语电报，让他去兰州。俞向他介绍了全国形势，国民党消极抗战，积极反共；介绍了皖南事变，指出蒋介石又在酝酿新的反共高潮，正在调兵遣将包围陕甘宁边区。"我们当前的任务，就是要搞清蒋介石的军事布置。调你来就是让你去边区西侧、西南各县，侦察蒋军集结的兵力、番号、兵种、装备、士气，搞得越准确越好。”俞鸣九问他“会不会骑自行车?”他说“会!”“这次去，扮作第八战区的少校军需，军装和护照、自行车都已准备好了。明后天就出发。”俞摊开一张甘肃地图，指出要去的地方。最后嘱咐他，“所见所闻，死记脑中，不要记笔记，以防万一。”

赵峰穿上军装，沿西兰公路直去平凉。他在平凉停留了两三天，侦察了所需的情况，西行固原、海原抵达同心城，然后又折向镇原、西峰、宁县、泾川、长武、邠州、永寿、礼泉、乾县，最后到达咸阳。沿途较大集镇都按情况作了停留，少则半天，多则一两天。亲眼观察，再加上利用机会和各阶层各类人闲扯，相互印证，做到情况准确。前后共用了 40 多天时间，基本掌握了国民党在边区西侧和西南侧的军力布置。

赵峰来兰州时，就听说骑五军要调往青海，马步青就任青海柴达木屯垦督办，请示俞鸣九下一步怎么办？俞说：“河西情况有很大变化，蒋介石部队将接管河西防务，以保持由甘肃通往新疆的大道。你迅速回去，趁换防之际，请长假离开政治部，仍留在武威，以商业为掩护，侦察国民党军队以及其他方面的情况。”赵峰带着新的任务，回到了武威。

1942 年冬季，接俞鸣九的信，让他去兰州。这次他们是在市郊华林山满城见面。俞鸣九说：“这次要你来，主要是告诉你，新疆形势发生突变。盛世才已完全撕掉了伪装进步的外衣，彻底投靠蒋介石，死心塌地反苏反共，大肆逮捕和杀害在疆的共产党人和进步人士。你知道的一些人，已被驱逐、扣押，甚至杀害了。马家军队撤出河西，国民党的军队和特务将大批进入新疆。形势将越来越险恶，但是在上级没有通知撤离的命令之前，我们还要一如既往，搜集敌情，做好工作。”接着说：“一旦发现敌人要下手，我会及时通知你。若有‘妈妈病危速归’的电报，你就马上离开武威，想方设法去延安。”俞长久地握着他的手，注视着他，叮咛说：“坚持工作，小心谨慎，好自为之。”

回到武威之后，他抓紧了对国民党部队的侦察，办法是除从各方面了解外，主要亲自去观察。他骑上自行车离开武威东去古浪，沿着兰新公路就可以看到过境部队的番号、人数、武器装备。为了核实，他又掉头骑车赶过部队。一支部队的情况弄清楚后，马上向兰州作一次报告。

1943 年 4 月一天上午，赵峰接到了“母病危速归东城”的急电。他带上玉英和孩子，绕道赶路，搭黄鱼车，坐牛车，骑毛驴，乘汽车，坎坷和艰辛伴随着他们一家人，终于辗转来到西安八路军办事处。办事处送他们回到延安。

赵峰接到任弼时要他去谈话的通知，就去中央办公厅找任弼时。任仔细地询问了他在西北工作及离开武威的情况，说："你只身闯入虎穴，完成了党交给的任务，又胜利返航了，现在的任务是学习。"此时他才清楚，由俞鸣九领导的以兰州为中心的西北隐蔽的战线，是与党中央办公厅或任弼时同志保持着联系的。

他带着任弼时的亲笔信到中央组织部报到，组织部给他写了介绍信。1944年7月，他第二次到中央党校学习。

## 和田办事处

1939年夏，新兵营和盛世才部队进行的联合军事演习结束回营不久，党代表邓发和陈潭秋分别找干部、战士谈话。谈话之后由苏联专家讲话，吉合任翻译。后又召开会议，邓发和陈潭秋讲了话，大意是：为了世界和平、世界和中国革命的胜利，派你们去共产国际学习和工作，今后你们要服从共产国际的领导和分配，回国后不要再找我们了，见到原来认识的同志，也不要发生组织关系。参加这次会议的有15人：施昌汉、张明敬、荀辛才、夏中庸、谢启侯、刘明让、刘武才、芦友玉、王顺志、杜发树、谭政文、孙士年、刘大礼、杨天云、任寿武等。王顺志、任寿武、刘大礼去苏后因病不能坚持学习，又提前回国了。此前，1938年春，新兵营已派刘庆南、阎保禄等十多名干部战士去共产国际学习情报业务。他们请示党代表邓发，组织关系如何转？邓发回答，组织关系不用转，共产国际知道你们都是中共党员。

1939年11月1日起，去苏联学习的人分两批乘飞机离开迪化飞往阿拉木图。全体到达后，改乘火车，经过五天五夜的长途旅行，到达莫斯科郊区的达拉索夫茂密森林中的一所秘密学校。

"欢迎中国同志"的横幅标语，在学校门口张贴着。校长的欢迎词十分热情、亲切。宿舍设备整齐考究，钢丝床、新被褥、新床单、毛毯、鹅毛枕头，还有收音机。体育设备应有尽有，足球、排球、篮球、台球、扑克、沙克玛，还有滑雪器材。他们这些长工、放牛娃出身的红军战士从未见过这么好的生活条件，即使是愿望都觉得遥不可及，十分奢侈。

学习异常紧张。课程有无线电学、侦察学、绘图、摄影、电台用的英语缩语、日语，以及联共（布）党史简明教程。由于他们文化水平低，为学习无线电学又补习了物理、化学、数学等有关知识。无线电收发报业务，要求对收发报机线路图、零部件都能背下来，坏了可以维修，有零件可以装配。他们学习就像在河西走廊鏖战，虽然被动却绝不消极避让，虽然坎坷却努力奋勇前行。

学校对他们的生活关怀备至。西服、衬衣、大衣、毛巾、肥皂、牙具，按月按季发给，并给一定的零用钱。做饭的俄罗斯族女青年，为让他们吃得合口，坐火车到60公里外买来东西。谁的饭量减少了，她就及时报告学校，医生就来检查原因。契尔可夫是学校唯一的中国人，原姓刘，山东人，是无线电学的教员兼翻译，对他们更是关心。为了让大家吃上饺子，他亲自动手并发动大家一块儿做，吃“集体饭”。

凡遇到节日活动，都邀请他们参加，如十月革命节红场的阅兵式、五一国际劳动节、红军建军节、空军节、海军节等等。他们还三次参观了红场上的列宁墓，瞻仰了列宁的遗容。每个星期天都由翻译官菲利波夫陪他们去莫斯科红军大剧院和其他影剧院看文艺演出或电影。1940年初春，他们去红军大剧院看话剧演出。演出即将开始，全场起立，热烈鼓掌，经久不息。这时他们发现包厢中出现了斯大林、莫洛托夫等苏联党和国家的领导人。

夏天，学校让他们去黑海旅游，由翻译官菲利波夫带队。他们从莫斯科运河经过加里宁城到黑海，每站都受到热情接待，伙食标准很高。苏联各族人民对中国人非常亲切，一些极为温煦的场景出现了。在从黑海返回莫斯科的轮船上，有许多已考取莫斯科各大专院校去上学的男女学生和他们同行。学生们特别是女学生非常活泼，都愿意到他们舱中来玩儿。他们不懂俄语，只好用手势比画，夹杂俄语与学生们交谈。他们中的谢启侯、张明敬学了些俄语，交谈就更热烈了。谈笑风生，唱歌跳舞，船舱里一片欢乐友谊的气氛。

他们回校后接到通知，搬到西火尼亚地方和西班牙的同学合校。他们和西班牙同学虽然语言不通，可奋斗目标一致，因此相处得很好。

他们到校后，向校方提出，如何过党组织生活，党费往哪里交？得到的答复是，学校不允许有中共的组织活动，在这里的任务就是学习。

1941 年春节刚过，他们正式结业。学校举行了欢送会，苏联国防部一名少将参加，在祝酒词中希望他们为全世界社会主义革命胜利而努力工作。

张明敬、谭政文和杨天云由共产国际派回新疆工作。他们三人从莫斯科坐火车到阿拉木图，改乘飞机到迪化，从机场乘车到边务处总电台。三人住一间宿舍，一个星期不许外出，吃饭按时送来，不去食堂。边务处苏联总教官马兰切夫少将、总电台主任教官瓦尔纳科夫中校和报务主任徐祖德来到宿舍，由徐祖德翻译，接上了组织关系。马兰切夫指示他们：暂时在总电台实习，并说过几天由他带着去见盛世才。几天后，马兰切夫又告诉他们盛世才太忙了，不接见了。给他们造了一个假来历，即："我们是云南昆明无线电训练班毕业的，是盛世才的朋友李培天私人介绍来边务处的。"要他们牢记，如有人问，就以此应付。

1941 年 5 月中旬，边务处派杨天云到和田边务办事处任电台台长，同去的报务员是总电台第二期无线电训练班毕业的柯尔克孜族进步青年阿不都拉。杨天云化名贾诗评，四川苍溪人，1934 年参加中国工农红军，1936 年加入中国共产党，随西路军左支队转战来新时，只有 16 岁。他是红三十军军长程世才的警卫员，在新兵营总支队警卫排，一方面担任首长的保卫工作，一方面学习文化、政治和驾驶汽车、装甲车等军事技术。

和田边务办事处成立于 1938 年冬，地址在县城以东约 2 公里的一个大果园内，面积约 200 余亩，原是英帝国主义的一个贸易机构。和田办事处主任李文杰是新疆人，新疆军校第二期毕业生；副主任阎永顺是甘肃人，新疆军校第三期毕业生；翻译努尔，鄯善人，维吾尔族，政治干部训练班毕业；还有管理员刘彦彪、殷生祥，均为甘肃人。见到这些人之后，杨天云不禁想起来和田前，在总教官家中，马兰切夫和瓦尔纳科夫介绍和田边务办事处情况时，提醒他要提高警惕，细致观察了解周围的情况，多看少说，很好地配合阎永顺副主任的工作，要注意李文杰和努尔的活动。

和田边务办事处原来没有电台，杨天云和阿不都拉去时带了一部，有美国造经苏联改装的收报机、苏制的发报机和天线、德国造交流发电机，这几种机器都是他在苏联学习和在总电台实习时同型号的机器，因而使用起来无任何困难。他俩积极性很高，几天之内，就架好电台与迪化通报了，但天线架设不够理想。办事处又为电台专门修了房屋，改善了条件，从此拍发情报方便得多了。收到的情报，当天就可拍发到迪化边务处；迪化有什么指示，当天也可以收到。

和田办事处的任务，是搜集西藏和境外毗邻地区有关中国的情报。派遣人员都由边务处选派，经总教官或副总教官个别谈话、布置任务之后，到和田办事处。办事处做好各项准备，选择去目的地的道路，如以商人身份出境，要筹办货物，组织运输驼队。来人由办事处领导，管理员护送出境。他们搜集到的情报，一是以回来办货的名义送回，二是通过邮政寄密写信。遇到特别重要的情报，按规定需要向边务处总教官当面汇报的，办事处要及时解决交通工具和经费，不得延误。

办事处副主任阎永顺，管理员刘彦彪、殷生祥经常护送派遣人员出境。派遣人员和护送人员的工作很辛苦，也很危险。从和田到边境坎坷而漫长，要经过戈壁沙漠，要攀登高山峻岭，吃不上饭喝不上水，还要提防野兽和歹徒的袭击。他们成年累月地奔波，真真切切听到了死亡的脚步，随时随地都会与死亡惊心动魄地猝然相遇。

派遣出境的人，有的再也没有回来。日出日落，光阴如流，至今下落不明。如李仁杰，焉耆人，蒙古族。李仁杰临出境时曾对杨天云说，这次出境不知何时才能回来，要杨回迪化时，顺便把他的家属带回老家交给他父母。杨天云痛快答应了，并劝勉他小心谨慎、提高警惕，一定能够回到祖国与亲人团聚。李好像有什么预感似的，只是摇摇头。李去何地，完成什么任务，杨不应该知道，而李始终没有消息。信守同志的嘱托，杨天云回迪化时，把李仁杰的家属伊佩英带到焉耆，送到乡下李仁杰父母家中。

新疆政局在急剧变化，但在和田是觉察不到的。1942 年 4 月中旬，边务处副处长盛世才五弟盛世骥和边务处副总教官梅达洛夫飞抵和田视察。梅达洛夫与盛老五在一起，没有机会与杨天云单独谈话，只在暗中塞给他一卷关金票，是共产国际发的津贴，约 600 多元。在汇报工作中，梅达洛夫有意问他，电台有什么困难？他明白用意，说发电机缺乏机油，本地不好解决。梅教官要他第二天早晨拿个油桶去飞机上取些来暂用，等回迪化后再尽快给他们送来。第二天，杨天云随梅教官上飞机取油，在飞机上梅教官对他说：国际形势在变化，中国形势也在变化，新疆以及边务处都在不断变化，你应该随时注意情况变化，要提高警惕性。梅教官让他在收款单据上签字，他签字时对梅教官谈了对共产国际发给他津贴的意见。他说苏德战争和中国抗战都到了紧要关头，共产国际给的津贴今后不要了，作为党费上交组织，算作他对战争的支援。从那时起到新疆和平解放为止，杨天云只在 1948 年到 1949 年间，因一次去南疆，两次去东疆哈密、巴里坤，由苏联总领事馆补助过一些路费和一套西服外，再没有领过津贴。

1942 年 8 月，杨天云奉命调回迪化。边务处派专车送王道建来接替他的工作，王是总电台第三期无线电训练班毕业生。阿不都拉思想进步，和杨天云相处不错，看他调走，有些恋恋不舍，私下问些问题。他确实不便回答，只好鼓励阿不都拉好好工作，后会有期。

联系梅教官在飞机上的谈话，杨天云对工作调动产生了怀疑。是正常调动？还是有其他原因？他仔细考虑在和田的工作是否出了差错，觉得没有出什么差错，也没有违反纪律，在办事处的群众关系也很好。虽然和翻译努尔闹过一次意见，但过错不在他。一次打篮球，努尔与他相撞，这本是打球中常有的事，可努尔恼羞成怒，掏出手枪指着他要动武。他当场严厉地指责了努尔，并向李文杰作了汇报，李批评了努尔，努尔向他道了歉。另外，他宅心仁厚、情怀怜悯，暗中接济了办事处雇佣的几户工人，这是否引起了办事处主任的不满。办事处面积很大，雇佣了看果园的、看大门的、喂马的、赶车的、种瓜的、种花的，还有专门侍候主任生活的，共十多名工人。他们收入很少，生活贫困。托乎提、麻木提等几家维吾尔族工人，啃干馕、吃桑子，孩子连衣服都没有。主任李文杰只管自己，根本不关心群众疾苦。他当时拿双份工资，又无家小，就买了几匹花布，暗中分给生活最困难的几户，名义是暂借。是不是这件事造成了自己的调动？如果不是上面两个原因，又是因为什么？

一年多来，他对和田办事处几个工作人员的观察结果，和他来和田前总教官马兰切夫对这里情况的分析是完全一致的。办事处副主任阎永顺为人正直本分，对人和蔼可亲，思想进步，工作认真，关心群众疾苦。管理员殷生祥、刘彦彪老实厚道，对工作一丝不苟。主任李文杰和翻译努尔，思想反动，热衷于向上爬。边务处撤销后，李文杰当上了国民党阿克苏地区警察局长，新中国成立后交代有两条人命，经查证属实，判无期徒刑。努尔担任了国民党的鄯善县长，新中国成立后被判处死刑。两人最终落得悲惨可耻的下场，也是由于他们卑下乃至邪恶的人品所致。

杨天云办完交接手续，乘汽车返回迪化。车到莎车县时，一个边务处总电台无线电训练班三期毕业生要搭便车回总电台。他搭车的事，离和田前边务处有指示，可是他提出要莎车县税务局长钱萍一起搭车回迪化。杨天云观察钱萍的神情沉着镇静，心中暗猜，钱不像盛的职员，很可能是延安派来的人。他又想一个县的税务局长调动工作，不可能事先没有安排，还让私人介绍搭便车？这里面定有什么文章，切不可上当，就以上级没有指示为借口拒绝了。那人要他们停车等候，打电报请示。第二天拿来了边务处的回电，让钱萍搭车，他只好照办。在路上，那家伙形影不离钱萍，说明负有监视任务。果然不出所料，车到迪化进入警察三分局检查时，只把钱萍留下。事后得知，钱萍是延安来的共产党员，从莎车调回，是先集中起来，再把他们投入监狱。

杨天云回到总电台，就去找马兰切夫少将询问，为什么调动他的工作？他在和田究竟有什么错误？总教官说："你在和田工作很有成绩，原来打算把你调回派到重庆去工作。现在形势有变化，暂时还走不成，先在总电台工作，以后再说吧！"

不久，派到外地的同志陆续被调回。哈密办事处主任刘庆南（万友林）、星星峡办事分处主任王振坤（吴南山）、电台台长谭政文（赵俞）连同家属都被监视了。蒲犁办事处主任杨文先（卓铎泰）调三科（译电科）科长。有一天杨天云在边务处和同宿舍的李文甫下棋，李曾是蒲犁办事处电台台长。杨文先来看李文甫，李向杨介绍："这是贾诗评先生。"李以为杨不认识卓铎泰。其实化名卓铎泰的杨文先是他生死与共的战友，最熟悉不过了。杨文先是红四方面军总指挥部的参谋，长征和西进途中他们天天在一起行军、打仗，进疆以后又在新兵营一起工作和学习。原警卫排长张发理护送王稼祥首长走后，杨文先接任了警卫排长职务，就是他的直接上级。杨文先先期去苏联学习，他们才分手了。他俩为了不暴露过去的身份，只好装着不认识，趁李文甫去打开水之际约定星期天到俄罗斯坟详谈。

俄罗斯坟是一个草木掩映的冷僻所在，在柔和的秋阳里更添了一抹平和的静穆。杨天云带着食品先到，杨文先也如约赶来。他俩边谈边吃，倾诉了自1938年分手后的别情，谈了国际国内形势，特别是新疆的政局。国民党要员朱绍良、毛邦初来疆，宋美龄也飞迪化。新疆政局处在剧变的前夜，盛世才投靠蒋介石已见端倪。

这一年，驻哈密的苏军红八团撤回苏联，在新疆各部门工作的苏联顾问和教官撤离回国，7月份边务处撤销。

## 总电台报务员

他们换了装，脱了盛世才发的军装、布袜子、双鼻梁的布鞋，换上了西服、皮鞋、洋袜子，还有礼帽、领带、大衣。张明敬的脚特别大，穿42号鞋，为买双合脚的皮鞋，吉合跑了几趟商店，累得满头大汗。张明敬有生以来第一次穿戴这些东西，土包子开了洋荤。

1939年秋，第二批选派去苏联学习的人，进行了文化测验，读报纸。张明敬识字不多，结结巴巴地读完了指定的一段文章，就算合格了。最后，从20多人中确定了15名，有杨天云，也有张明敬。张明敬，四川通江人，15岁参加红军，在连部当通信员，后来给团长杨秀昆当警卫员，随左支队进入新疆。社会主义的苏联，是大家久已向往的地方。能到苏联学习，张明敬觉得非常幸运非常荣耀。

他们在莫斯科近郊森林中的一所学校学习了整整一年，学校就他们一个班。临毕业前组织了旅游，乘船沿伏尔加河到黑海附近的加里宁城。大家旅游回来后转到另一所学校，也在莫斯科近郊森林，有已经毕业行将离校的一些西班牙同学。

学习结业，张明敬和杨天云、谭振文第一批分配回国。三人临行前被告知，学习期间的讲义、笔记，都不能带走。他们由学校翻译菲力波夫陪同，乘火车到阿拉木图，等候了一个星期飞机。这期间，给他们起了名字。张明敬在新兵营的化名是张绍青，俄语名叫喀力，在这里又让他改为韶青。他们还被告知回国后和中国共产党不发生任何联系，说这是一条纪律。他们乘飞机到达迪化后，留在飞机上等别的乘客离开机场，无人后接他们的车才来，一直送他们到边务处总电台。

总教官马兰切夫来看他们，电台主任教官瓦尔纳科夫交代了注意事项，由报务主任徐祖德翻译。总电台还有一位苏联教官马尼可夫，还有报务副主任贾跃生。报务员朱岫春，是边务处第一副处长武佐军的爱人；陈凤仪，是蒲犁办事处主任盖佩斌的爱人。给三人发了履历表，填写了一套假履历，让他们记住。张明敬表上的姓名是韶青，籍贯是四川宜宾，军衔是中尉报务员，是督办朋友李培天介绍从昆明来的。张明敬留在总电台任报务员，杨天云去和田办事处任电台台长，谭振文去哈密办事处电台任报务员。

总电台主任徐祖德被捕了，紧接着副主任贾跃生被捕了。前电台台长张鲁丝被遣返苏联前，来电台和同事告别。张明敬才知道她是边务处第二副处长陈培生的爱人，陈早已被盛世才驱逐回苏。不久朱岫春和陈凤仪也以叛逆家属的罪名，被迫离开了电台。朱的丈夫武佐军后来被盛世才杀害在狱中。张明敬和朱岫春接触时感到她很友善，她告诫张的话，张一直记忆犹新。她说，年轻人，许多事你不懂，今后要多注意。一时间，电台人员骤减，变得冷冷清清。

从地方电台调来李元芬充当电台副主任，主管技术工作，又从独山子调来了王跃昌，也担任副主任，主管行政工作。从二里子河调回报务员王学礼、王积箴，并开办了第三期无线电技术训练班。

电台的工作按部就班，非常单调。一般是边务处派专人早上从电台拿走夜间抄收的电报密码，晚上送来发往各地的电报密码。电台对收发报密码内容，毫不知情。由于组织关系，张明敬和电台教官联系较多。张在苏联学了点儿俄语，在一起勉强可以通话。教官给他一项任务，就是在指定时间，抄收一电台的密码，秘密径送教官。他猜想这个电台可能是党中央电台或共产国际在中国某地的地下电台，总之是为革命而工作的电台。教官要安装一台 100 瓦的发报机，也让他做副手。教官给训练班上技术课，临时也让他做过翻译。教官每月去苏联领事馆领工资时，也给他代领一份，由他签字具领，发的是关金券，数额 80 元，每元折合新疆币 3 元。关金券是国民党中央银行发行的缴纳关税用的证券，后来作为货币流通。这份工资超出他边务处工资两倍还多。这期间，总教官还找他谈话，让他做好准备，即将调往关内兰州去工作。原计划要以兰州为中心，把重庆、西藏、青海、宁夏、甘肃的地下电台组成一个网。在兰州设立一个枢纽电台，负责这个网的联系，再由另一个电台与边务处总电台联络。

新疆政治形势起了根本变化，盛世才决心投靠蒋介石，大肆逮捕共产党人。1943 年，苏联教官被遣返，边务处被撤销，派往各地的人员都调了回来。李保华和刘淑明从若羌边务办事处调回迪化。李保华原名高布泽博，刘淑明原名胡敬宜，夫妇俩 1937 年 7 月由苏联来新疆，参加边务处工作。他俩由若羌回到迪化，李保华单独报到，刘淑明奉指示以家属身份隐蔽下来，未报到。至此，由共产国际派在边务处在新疆省内工作的八个共产党员全部集中到迪化，在新疆境外工作的未见回来。他们被分别派到警务处和参谋处等单位监视起来。7 月份又把他们几个分配到外地。张明敬和杨天云分到塔城警察局任事务员，谭振文分到伊吾警察局，刘庆南分到绥定警察局，杨文先和王振坤分到阿勒泰，李保华留在警务处户籍科。他们没有分到外地前，搞到情报就去迪化苏领馆联系。张明敬和杨天云到塔城后，也曾去苏联驻塔城领事馆联系，但没有接上头。他俩在塔城仅三个月，又被调回迪化。

苏联专家撤离后，李保华、刘淑明、刘庆南、王振坤、杨文先、张明敬、谭政文、杨天云八个人，失去了组织联系。一次偶然的机会，杨文先与领事馆人员接上了头，约定了时间，确定由李保华去接头。李如约独自去城南荒凉的乌拉泊，苏领馆的汽车也向乌拉泊驶去，见李后邀其上车，甩掉了跟李的尾巴。在车中领事馆人员传达了组织的指示，八个人编为一个小组，由李保华任组长，搜集国民党的军事、政治、经济情报，集中起来由组长和组织联系，并确定李保华如果被捕，就由刘淑明负责与组织接头。为了让领事馆接头人员认识刘淑明，又约定时间，让李保华陪同刘淑明去城隍庙逛市场，领事馆人员也去逛市场，认清刘淑明。

1944 年 3 月 17 日，警务处来人以处长请谈话为理由，请杨天云和张明敬坐上皮包车（载人马车），径直送入由刘文龙公馆改建的监狱。入监四个月，一天早晨狱卒突然找张明敬，问他李保华家住在什么地方？他回答不知道。看那家伙惊惶的样子，他估计李保华越狱逃出虎口了。

李保华越狱逃到南梁苏联领事馆。苏领馆人员将他藏入木箱中，以外交官行李装入飞往阿拉木图的飞机行李舱中，飞往苏联。他 1945 年底回国，见到乌兰夫，又投入全国人民的解放斗争。

国民党中央陪审团来新疆，清理盛世才羁押的“罪犯”，释放了不少人员。他们当然不在释放之列，但狱规比较松弛了，“犯人”可以在院内晒太阳。这样，许多战友又会面了。张明敬在交谈中知道了边务处许多前所未闻的情况。西路军左支队到达迪化后，电台人员宋侃夫、王子刚、荆振昌等，都到电台值机与党中央取得联系，并抄收新华社新闻；总电台台长张鲁丝到新兵营无线电班教过课；张明敬到总台后，根据教官的指示，抄收过某电台密电码，直接送教官。这些情况都说明总电台与党的关系。40 多年后的 1980 年，有人问当年在新疆八路军办事处搞联络工作的冯铉时，冯说：“当时背着盛世才，通过与苏联有关系的边务处电台，用密码向党中央发报。”

# 第九章

# 毛泽民任代厅长

## “我们谁也不靠谁!”

他们从迪化（乌鲁木齐）出发颇有点儿诡秘。组织上只告诉蔡博是跟毛泽民乘飞机去苏联，哪几个人去，如何集合，都不知道。蔡博的姑妈是蔡畅，姑爹是李富春。她从八路军驻重庆办事处被转送到西安办事处，打算去延安。因为胡宗南的特务专门在西安一带搜捕去延安的青年学生，她就按姑爹李富春的意见，既然姑妈蔡畅、表姐特特都已去了苏联，马上又有由苏联运送医疗用品的卡车大队从延安返回苏联，最好趁此机会去苏，比较安全。她到迪化，被安排在新兵营俄文班学习了几个月的俄语。

1939 年 5 月，临行的清早，蔡博和林彪原夫人张梅被送到机场的飞机里面。不一会儿又来了一位，名叫“岳菲”。蔡博以后知道他就是李天佑。他们被叮咛静坐等待，别被人瞧见。机外人声纷杂，蔡博一抬头，看见“老太爷”登机进舱，坐在了最前面。那时，人们习惯称毛泽民为“老太爷”，他到苏联去看病。毛泽民是新疆财政厅代厅长，这次以考察苏联农业的名义出国，他的外交护照允许携带家眷。蔡博正是利用这个机会，可是问题就出在护照上。护照只准带两个人，而他们却是三个。迪化起飞时没什么问题，因为他们躲在机舱里，没人进来检查，到苏联阿拉木图就出了麻烦。

“毛泽民？你们护照上写着携带眷属两名，为什么有三个人？”苏联边防军官面带笑容质问。

毛泽民只是微笑着假装说："不懂俄语，不懂俄语！"

苏联边防军认真起来，把他们送进市里一家旅馆待命。在阿拉木图等待的几天里，他们实在闲得发慌，也找不到一个翻译，和苏联机关方面谁也无法表达自己的心意。在这种窘境下，蔡博觉得也许能应用几句学到的俄语，但口语很差说不上来，她用钢笔写了一句"我们要吃饭"，拿去给苏联军官看。苏军官一看连连点头，立即帮他们安排了吃饭的问题。蔡博来了兴趣，又写了一句"我们要看电影"给那位军官。军官很快给他们买来了《列宁在十月》的影票。

毛泽民

毛泽民没料到蔡博在新兵营学了点儿俄语，派上了用场，高兴地直夸奖她。

经过几天的联系，边防军向莫斯科和共产国际请示后，终于批准他们前往莫斯科。从阿拉木图到莫斯科，他们是坐火车，走了三四天。他们的车厢是软卧，两人一个房间，中间有个盥洗室，实际是一个单元。毛泽民和李天佑一间，蔡博和张梅一间。这样高级的安排大概是照顾毛泽民的吧。火车开动后，他们庆幸地议论起来：边界上的纠缠终于化险为夷了。火车在轻松的议论声中奔驰着。

大家一路上说说笑笑，无拘无束。被大家尊称为"老太爷"的毛泽民，诙谐逗人，平易可亲，见多识广，无话不谈。他皮包里带了几本书，有中文版《资本论》，不时拿出来翻看。蔡博第一次见到《资本论》，顿时起了好奇心，顺手拿走一本，回到车厢里反复看。毛泽民看到后，不但没有责备，反而亲切地考问她，究竟能不能看懂，有什么想法。毛泽民发现她对剩余价值的概念多少有点儿入门时，表示很满意。后来毛泽民还把她看《资本论》的事告诉了姑妈蔡畅，姑妈给她送了一份礼物——《资本论》。在火车上，大家海阔天空地畅谈。他们几个人总想知道点儿毛泽民与毛泽东兄弟关系及一些家庭情况，而毛泽民总是冷冷两句："他当他的主席，我当我的党员，我们谁也不靠谁！"

火车平安到达莫斯科近郊的克桑车站。他们被接到莫斯科郊区的中国干部居住点库钦诺。这里是中国干部来苏学习和生活的地方，抗日战争时期不少人都曾在这里住过。病员和休养员一方面在这里学习，一方面等待皇宫医院的治疗。蔡博的姑妈蔡畅以及杨之华、欧阳钦、贤诚、马明芳、刘亚楼、林彪等都在这里。

毛泽民带着蔡博从食堂走向宿舍，寻找她的姑妈。突然，在宿舍走廊通向草地的90度拐弯处，一位穿着苏式布拉吉的中年妇女，使劲儿推开走廊的玻璃窗门，高声喊叫："老太爷，老太爷！"三步两步跑到毛泽民跟前，双手挂在毛泽民的脖子上，两只脚蜷缩着离开地面。毛泽民抱着她举了两举，窘迫地笑着说："蔡大姐，你看我把谁带来了！"蔡畅转过身来，仔细端详了蔡博一番，然后一只手搂着，一只手拉着，亲热地领着蔡博坐到了阳台的凳子上，抚摸她的脸，详细询问家中和路上的情况。库钦诺的干部招待所并非蔡博应呆的地方，她应该去设在莫宁诺的第二国际儿童院。那里集中了中国干部的子女，其中相当大一部分是经迪化送往苏联的。

毛泽民是1938年2月21日乘飞机到迪化的，准备转道去苏联治病。因中苏边境发生传染疾病，边界封锁，只好在迪化作短期停留。中共中央驻新疆党代表邓发对毛泽民来新疆非常高兴。因为盛世才对新疆财经极端混乱的状况束手无策，曾向邓发提出要求，从延安派一名财经干部来新疆帮助理财。邓发深知毛泽民的理财经验和本领，向毛泽民谈了有意留他在新疆工作的考虑，并介绍了新疆的情况，特别是财政经济情况。既然是工作需要，毛泽民欣然表示愿意留在新疆。邓发立即请示中央，党中央和毛泽东同意毛泽民留在新疆工作。就这样，毛泽民在新疆担任了财政厅副厅长、代理厅长的职务，化名周彬，人们称他"周厅长"。毛泽民是中国共产党内久经锻炼的理财专家，曾任中华苏维埃共和国临时中央政府国家银行行长、中央总金库主任，长征到达陕甘宁边区后任中国工农民主政府国民经济部部长。

## “不借上面势力作解决方法！”

深蓝色的天宇上闪烁着繁星，寂静的财政厅院内，毛泽民独坐在办公桌前。改善新疆财政的念头，占据了他的整个头脑，拥有了他的全部热情。他心里装着一团火，开始了艰难的理财旅程。

毛泽民的第一步工作，是建立财政机构，培训财政干部。

当时，新疆财政厅名义上有200人的编制，实际只有几十个老弱病残在应付工作。毛泽民到任后，将财政厅编制压缩为100人，厅设二室四科，整顿或设立喀什、和田、阿克苏、伊犁、阿山、哈密等行政区财政局以及各县税务局。毛泽民在1939年初主持召开了北疆税务会议，还亲赴喀什，召开南疆各区、县财政局长、税务局长会议，研究和解决财政金融工作的组织领导等问题。

为了解决财政干部缺乏的问题，毛泽民在省城迪化创立了财政学校。锡伯族的安世民，就是当年毛泽民亲手培养起来的少数民族干部。毛泽民有一次去财政学校讲话，通晓维吾尔语的安世民担任了翻译。当时安世民已快毕业，但为了下一期少数民族学员的学习，毛泽民把他留下边学习边翻译，并和第二期学员一同毕业。安世民毕业后怀着颗赤诚的心，被分配到焉耆区做财税工作。他坚持财税制度，敢和偷税漏税的行为作斗争。他被千户长诬告，行政长公署把他逮捕了。安世民无处求援，就带着试试看的心理给毛泽民写了一封信。没想到过了不到一个月，毛泽民派的视察员就到了焉耆，查清了案情，惩办了偷漏税者和千户长。绿洲小雨把嫩枝与翠叶洗涤一新，毛泽民把安世民调回财政厅工作。毛泽民调任民政厅长后又调他到民政厅担任会计室工作，并在工作上耐心地指导他，在生活上无微不至地关怀他。安世民激动地说：“毛泽民对我的恩情太重了，没有他就没有我，更不会有今天。他对我们少数民族干部实在太关心了！”

对于原有财经人员中的不良习气，毛泽民尽量采取教育的方法，使他们自觉改正。毛泽民初任财政厅长的时候，孤身住在自己的办公室里，外屋是秘书办公室。他多次发现秘书上班后，把帽子、外衣往衣架上一挂，半晌不见人影。他听别人反映说，秘书有鸦片嗜好，经常躺在马车夫的房子里吸鸦片。一天，毛泽民通知车夫套车，要出去开会，可是等了很长时间不见马车来。他走进马号，推开车夫的房门一看，不禁大吃一惊，原来那位秘书卧在鸦片灯前，正由车夫给他烧烟枪。秘书一见厅长来了，恐慌万状，急忙站起来，支支吾吾："我拉了好几天肚子，什么药都治不好，所以才……"毛泽民笑呵呵地叫秘书上马车去医院，秘书再三推诿。他说："快上车吧，我可以步行去开会。"秘书推脱不掉，只好捂着肚子上了车。车夫啼笑皆非，赶着马车走了。

毛泽民挂在办公室衣架上的皮大衣不翼而飞。有人说，是不是到公济当去看看，看后才知当了10元钱。毛泽民当即拿出10元让人取回。主任秘书张远凤得知后，认为是内部人窃去的，一定要查个水落石出，从严惩处。毛泽民说："我想偷窃的人一定是万不得已。查出来后，最低限度开除吧？试问，知情单位谁也不再用他，一家大小又将何以为生？我想，我们不追究，他内心难道不内疚么？"毛泽民与人为善，待人诚恳，把真心摆在大家面前。厅里干部工作上有毛病，他就叫到自己办公室谈一谈，讲道理直到说服为止。即使对一些错误严重的人，虽然严厉，但目的仍是帮助。有一个干部出外收购了几千只羊，是准备出口的，但他满不在乎地宰了几只，又死了不少。为此事毛泽民召集全体开会，对该干部进行了批评教育，也教育了大家。毛泽民经常开展工作评比，奖励好的，带动差的。他还说："大家都有说话的机会，有意见可以提！"

1938年4月18日，毛泽民给张闻天、毛泽东的信中曾指出："千头万绪的财政金融工作，尤其首先遭遇着本厅过去铁桶一般的旧恶习，以及毫无章则。对整个内部已费两个余月时间，经过最艰苦的说服与教育工作，至今天未曾开除一个人（督办数次要我开出名单，他用调虎离山的方法调到别的机关）。我认为首先进行团结工作，不借上面势力作解决方法，是与今后整个工作有利。果然，百分之八十以上已被我争取过来了，牢不可破的恶习，今天大大在改变着。少数坏分子，在广大群众面前暴露，使这些坏分子的阴谋全不得逞。"毛泽民任职财政厅的三年期间，从未辞退过一个人，不像过去经常采用处分、撤职、扣薪等手段来对付工作人员。毛泽民的做法如春风化雨，深入人心，形成了凝聚力和向心力。有一次盛世才抓了几个干部。毛对盛说："他们在这二年里工作很好，抓去是没有理由的!”因为这，毛泽民在群众中的威信更高了。

毛泽民除了培养和改造旧的财经干部，还向延安要了一批财经干部。他于1938年4月18日向张闻天、毛泽东作了关于新疆财经情况和他的工作情况与计划的报告。在报告中，他向中央请求：“设法给我十个党的干部（赖祖烈、高登榜、郑亦胜三人必须调来），因银行、金矿、海关必须有强有力的领导人，才能很快转变，起得作用。”毛泽东对毛泽民的报告作了批示：“请陈云同志替他办，财政事情第一重要，不但那里好，将来也大有助于我们。”根据毛泽东的批示和毛泽民的请求，中央组织部长陈云选派了高登榜、郑亦胜等财经干部到新疆工作。

## 统一币制是意义重大且影响深远的一项举措

毛泽民根据新疆的实际情况，制定了财政、银行、金库等方面各种切实可行的规章制度。为了全面实行各项规章制度，他倾注了大量心血。毛泽民创立了新疆财政监察委员会，各行政区派有财政监察组。财监会检查，经常是突然进行，执法如山。它到财会部门封存账目，到金库仓库封存票据，限期交清财务，当时称之为财会人员“八小时交接制”。1940年《反帝战线》第三卷介绍财政监察委员会一年来的工作时写道：“自开始提倡八小时交接的办法，颇引起各方的骇异。适本年七月在迪化正式举行演习，已切实证明八小时交接，不是标奇立异，而是我们能做到的（计能在八小时接交完竣，竟达二十七个机关)，并且应当做到的。迪市演习成功后，伊犁、塔城两区均相继自动演习，这是清廉政策在今年新的胜利。”由于制度严格，财会人员平时都有准备，所以能按时结算，清查工作不拖拖拉拉，很少发生财务理不清的问题。财政监察制度后来又发展为全疆性的财政审核制度，即由财政监察委员会向各部门派稽核员和总稽核，负责财政监督检查。所有部门的一切财经手续，必须通过稽核员签字盖章方能生效。这样就杜绝了财经工作中“跑、冒、滴、漏”现象，使一些贪污、盗窃、经济犯罪、“败家子”难有机会可乘。

新疆与内地不同，没有私人银行和钱庄，仅有一个新疆省立银行。新省银行1930年由官钱局改组而成，专为政府拨款服务，从未开展其他业务。盛世才上台后，银行业务范围有所扩大。毛泽民将省银行改组成官商合办的商业银行，吸收商股和社会游资，扩大银行资本，使银行在扶助农、牧、工商业的发展，调剂金融，稳定物价，改善人民生活等方面发挥了更大的作用。1938年12月5日，新疆商业银行筹备委员会成立，毛泽民任筹委会委员长。经过紧张有序的筹备，新疆商业银行于1939年1月1日正式成立。商业银行资本定额为500万元，其中官股占60%为300万元，商股占40%为200万元。银行章程规定，官股利低，商股利高，存款利高，借款息低。因此，商业银行受到群众的拥护，不但商界积极入股，普通群众也有不少合伙入股者。

在毛泽民领导下，商业银行发展很快，除迪化总行外，下属分行由9处增加到17处，并设有13个办事处。商业银行营业范围不断扩大，有汇兑、存款、贷款、保管等，利润大大增加。商股获利不小，所以他们喜气洋洋地在给股东大会贺电中说："我们在银行入股，不但得到了优厚的股息红利，而且间接地参加了抗战建新的工作。"毛泽民为天下寒士谋，建议商业银行开展了"典当"业务，名为"公济当"。过去新疆豪富人家多开当铺，当息很高，一般是月息15分，有些20分，而且当期3个月，过期不赎即为"死当"，典当的物品就归当铺老板所有。商业银行开设的"公济当"，规定微利3分，当期一年，到期不赎，还可延期，取消"死当"。"公济当"的开设，受到劳苦大众的欢迎。

毛泽民忠实地履行着自己的职责，实施了一系列改革，其中统一币制是意义重大且影响深远的一项举措。

盛世才1933年4月掌权，到1937年这四年中，新疆战乱频频，军事耗资巨大，财政入不敷出。1935年的财政收入是7亿多两银票，支出却达12亿两。盛世才靠借外债和滥发纸币维持家业，因此，经济大厦疲态尽露，物价飞涨。当时省财政厅的主要任务就是发行钞票，不够就印，印了就发。省票印刷厂日夜赶印，纸币如同草纸一样不值钱。发工资每人一大捆，谁也顾不得去数。一张50两的银票买不上一盒火柴，买一个鸡蛋要500两银票。办婚、丧事要用马车拉票子买东西。币制的流通方面也混乱得不可收拾，省政府发行50两一张的省票，喀什自用喀票，伊犁用伊票，一些地区甚至还在使用清币青铜制钱，一些商号也发行竹简或铁制币。除此之外，还流行天罡、元宝、油布贴等比值不一、五花八门的地方币和卢布、卢比等外币。各种价值不一的钱币互相折顶，混乱使用，致使货币流通紊乱，物价极不稳定，到后来商品流通中竟出现了以物易物的情况。旧币不值钱，信用一落千丈。各族人民怨声载道。

毛泽民较劲动真，统一货币。为了树立新币信誉，需要让群众知道新币是以黄金储备为基础的，是有雄厚基金的。毛泽民利用1938年秋新疆全省第三次代表大会的时机，动员盛世才将自己库存黄金拿出一部分，加上银行库存的黄金、白银、珠宝，搞了一个黄金白银储备展览。1939年2月1日，新币正式发行。票的背面印有毛泽民的签名。全疆各族人民吃够了旧币混乱的苦头，一俟新币兑换之日，家家户户奔走相告，拿出平时积存的旧币，一捆一捆搬到兑换所。

为了保证新币稳定，有必要增加银行黄金储备，充实新币基金。毛泽民一方面在迪化成立了金矿局，在伊犁、阿山成立了金矿分局，加强对黄金开采的管理，并号召与组织群众去开采金矿。另一方面，他于1939年11月主持修订了《新疆省限制现金银出境暂行办法》共十二条。其中第二条规定："凡属现金、现银、美金票及一切硬货币，一律禁止出境"；第三条规定："首饰金银，以完整随身佩戴之整饰为限，每人出境所带金饰最多不得超过二两，银饰五两"，"违者没收以破坏抗战后方论罪"。这十二条规定，一改过去大量金银外流的情况。

毛泽民的理财工作进行得秩序井然，有声有色。由于他的倡导，1941年4月新疆发行了计划500万元的建设公债。认购公债这在新疆还是首次，是非常大胆的创举。由于毛泽民主持财政工作不尚空谈，言而有信，尤其是实行币制改革成绩显著，深得人心。老百姓注意"信用"是具体的而不是抽象的，也就从心底里拥护财政厅发行公债的新措施。虽然认购公债分10年还本付息，百姓仍然踊跃认购。全疆很快就发行了建设公债670余万元，超过原计划34%。

## “这个钱怎么开支呢?”

毛泽民主政新疆财政，制定了新疆历史上前所未有的财政预算决算制度，规定凡预算外开支必须经财政经济委员会批准，否则财政厅不予拨款。他经常教育干部：“财政纪律要胜过军事纪律，因为财政是一切的命脉!”

前财政厅长陈德立为了巴结盛世才，将自己的一座私人公馆无代价地送给了盛的岳父邱老头。公馆后面有片空地，有些树木，邱老头派人种了花草。春夏季节，落日黄昏，很多男女市民喜欢到这里赏花乘凉。邱老头便用了心计，找到工程委员会委员王齐勋，说：“请你同财政厅商量一下，是否可以拨款，在这里搞点儿设备，建成一座小公园，供人游览。”这块地在邱公馆范围以内，公园建成后他把后门一关，便成了他私人的花园。王齐勋到财政厅向毛泽民提出这个意见后，毛泽民识破这是邱老头玩的把戏，对王说：“这块地太小，没有发展前途。我们为了使市民有个游憩的场所，还是充实西公园吧!”

王齐勋调任为财政监察委员会委员长，觉得办公地址太小。邱老头又利用这个机会向王说：“我把我的公馆，让给你们办公，你们在明园给我建筑如数的房屋。这属于对等交换!”王将此意转告毛泽民。

“邱如愿让出公馆，可以作价卖给财监会，给你们办公。他卖产得价，自己去修好了!”毛泽民说，“你们对等交换的办法，使公私混淆，无法列入支付预算。”

邱老头知道这个方法又落了空，便给盛世才写了一个书面建议，将和田街空地划为地段编号，卖给市民群众，让其自己修建住房，以此项所得价款，作为市政建设开支。这个建议，经盛世才同意后，通知了财政厅。毛泽民认为，我们财政厅的方针是统收统支。将上述空地划为地号，卖给市民是可以的，但所得价款，应如数交财政厅，统一处理。至于市政建设，准备怎样进行，应做出计划，经财经委员会审核后，财政厅可以根据计划所需数字，核实拨款。毛泽民的这个建议，得到盛世才同意，将原批予以撤销。邱老头知道后，大发雷霆，认为毛泽民三番五次给他找麻烦。他生气地说：“地号划不划，卖不卖，我不管；市政建设不建设，我也不管；谁会做市政计划，谁去做吧！干我甚事?”

后来，以毛泽民为市政委员会主任委员，魏亚瑶为城市建设总工程师，进行市政建设规划设计。毛泽民招收青年20余人，组成测教班，一面学习技术，一面实习测量。魏亚瑶设计了规划蓝图：在原有西大桥外，增设中桥和三桥，以利市区与河西新区的交通；由中桥进入市区，修建中山路，三桥进入市区为团结路；修筑几条主要干路，如黄河路、扬子江路、钱塘江路、西北路；对市区原有街道、私营商店，亦要逐步做到合乎标准，趋于整齐。除道路外，又划出不少房号，按“干”字排列，卖给市民群众，收入交省库，支出经预算，纳入全疆总预算内。

盛世才统治时期，特务组织的活动经费称为“特别行动费”。当时特务横行，搞得人心惶惶，惊恐不安。毛泽民以坦荡胸襟，不移贞刚之质，对“特别行动费”卡得非常严。有一次，李英奇又向财政厅要一笔庞大的特别费。

“干什么用，拿出计划来?”

“特别行动费是临时采取的紧急行动，无法拿出计划!”

“那不行！没有计划，你总该知道干什么用的，否则这个钱就不能拨!”

“干什么用？我不知道，你去问督办好了!”

“你是公安管理处的处长，你连自己干什么都不知道，这个钱怎么开支呢?”

两人争得很厉害，直闹到盛世才那里。最后李英奇还是做了个公开的行动计划，尽管是巧立名目。

毛泽民在制定财政收支预算时，对军费特别是“公安费”卡得很严，而对经济建设、文教卫生等方面尺度放得宽。在毛泽民的坚持下，公安费在总预算中由20%降为10%弱，教育经费由4.5%增加到11.5%。

李溶是新疆巴里坤人，由迪化专区行政长接任新疆省主席。财政厅和省政府在一个院里，毛泽民常和李溶谈天，交流在杨增新和金树仁时期人民生活的见闻及看法。李溶对此是知无不言，言必详尽。毛泽民认为李溶在当时一般高级官吏中还是较好的，常称赞李主席诚恳正直。他认为有人称李溶为“李草包”，是不切合实际的。李溶认为办理新疆财政，前有胡寿康，现有毛泽民，而在经验和一切措施上，有远见，敢负责，毛是优于胡的。所以李溶告诉省政府秘书长刘效藜，对毛泽民有关财政上的一切办法和措施，应大力支持，并说："我们新疆有毛泽民这样的人掌理财政，是新疆人民的幸福。"

李溶病故时，成立了以毛泽民为主任委员的追悼会。李溶灵堂前，有毛泽东和朱德的挽联，有盛世才的挽联，此外还有各厅局、八路军办事处以及各法团的挽联。各单位按规定日期集体参加吊唁，当时驻迪化的苏联领事也前来吊唁。过去杨增新的追悼会，在上帝庙开了将近40天，所以李溶家属要求按照追悼杨增新的先例，也举办文公礼，时间至少也不要少于三七二十一天。虽然，毛泽民和李溶无论是工作关系还是私人交情都很好，但他还是再三说服李溶家属，追悼会只开了7天。

## 不能竭泽而渔，杀鸡取蛋；要蓄水养鱼，养鸡生蛋

毛泽民的理财是平稳和务实的。在他任财政厅长以前，为了奖励税务人员，增加收入，规定了不少收入提成办法。如田赋税，规定县长在总收入内提成5%归己所有，正副税务局长和征收人员提成1．5%，此外还有税收提成，由税局掌握分配。因此，一个税务局长的月收入，比一个专区行政长的月收入还要高出很多。由于当时规定各县县长兼任各县税务局副局长，这些县长又多由汉族人员充当，他们的高收入及其变相的贪赃枉法引起了当地民族县长和民众的不满。为了严肃财政纪律，消除这种弊端，理顺各方关系，毛泽民决定各县税务局长统由财政厅委派。他一再告诫他们，要尊重当地民族县长，和衷共济，完成收入计划。全部取消提成惯例，考虑到会影响收入，毛泽民采用逐年降低提成的办法，避免一刀切。

盛世才掌权初期，地主们虽然占有很多亩地，但每年缴纳的田赋很少。因为他们的地亩常化整为零，分租于贫农，立约言定，按四六分成，地主占四成，租地人占六成，但种子、差徭、赋税，地主不管。租户每年虽得六成，除留种子和缴纳赋粮外，还带应付差徭，信仰伊斯兰教的农民还按本人全年收入缴纳1/40的"乌守扎卡提"宗教粮，因而每年所余粮食，不足糊口，难以维生。占有大片土地的地主不纳粮，不应差，一切都加在贫农身上。根据毛泽民颁布的税收条例，各县税务局同县政府一起组织群众，将全县巴依的土地、资

产进行复查，核定纳税量，按规定征税。这样核定征税，既杜绝了偷税漏税现象，又改变了税收混乱局面。

毛泽民经常强调，理财要有全局眼光，不能竭泽而渔，杀鸡取蛋；要蓄水养鱼，养鸡生蛋。收入有了来源，支出才有保证。毛泽民认真实施经济计划，亲自担任新疆二期三年建设计划起草委员会委员长兼财政组组长。在财政金融日趋巩固下，新疆经济建设得到空前发展。他在新疆留下了感人的业绩，仅以农业为例：减免农业税，指导奖励牧民从事农业生产，使全疆开始在较大块土地上耕作。全疆开垦荒地 5392488 亩，单以和田为例，两年开荒达 153019 亩。水利兴建也颇普遍，迪化红雁池水库修建，麦盖提县引玉河水大渠完成，伊犁裕民渠河槽及渡水槽的增设，博格达山水利勘察的成功，修缮长 90 公里深宽 3 米至 9 米的伊犁皇渠，修缮长 30 公里深宽 1 米至 3 米的焉耆乌拉斯台渠。此外，棉种的改良、农作物病虫害的扑灭、新式农具与农机的推广使用，均获得成就。为发展农业，银行逐年增加贷款，并调整贷款项目。1938 年发放贷款 40 万元，贷籽种 3 万石；1939 年发放农业贷款 47. 5 万元，贷籽种 4. 1 万石；就在这两年，财政厅还拨专款从苏联购买了各种农机用具 2 万多件。1940 年对农业的贷款总数达百万元，各类籽种 6. 9 万石，并免息给阿克苏、喀什、和田等地区农民团体优良棉种 30 吨。1941 年春耕农机及特种农作物贷款总数达 250 万余元。

毛泽民站得很高，新疆财政和新疆建设就像他面前的一帧米白色宣纸，他挥毫泼墨，酣畅淋漓地描绘……

## “你这样搞，不符合清廉政策！”

毛泽民身任厅长要职，但生活朴素，冰雪节操。他任厅长时沉稳内敛的目光和不动声色而又极具张力的自信，令人每时每刻都感受到他的人格魅力。

他与朱旦华的婚礼，在督办公署西大楼举行。盛世才送了一幅红色缎幛，上写“组织新家庭，建设新新疆”十个大字。督办公署外事处处长王宝乾代表盛世才讲话。新房陈设，除了书架、写字台和四把苏式椅子外，别无他物。床上铺盖仍用新人自己原有的被褥，连件新衣也未添置。很多同志和朋友到他家里贺喜，但因房屋狭窄，客人随来随走，只有陈潭秋、徐梦秋、茅盾、张仲实等坐得久一些。婚礼虽然热闹但极为简单，也无喜宴，只是在鸿春园买了点儿菜，简单招待。

婚礼之后，财政厅主任秘书张远凤对会计科科长刘德贺说："我打算找个炊事员给他俩做饭。另外，由于厅长的住宅距财政厅较远，打算让办公室工友张德胜老头每天到他家里，照顾一下炉火或代为购买日用主副食品等，你看如何?"刘德贺自然同意，他也觉得两人每天都在紧张地工作，甚至晚上还要开会，哪有时间搞家务。他俩把这个意见向毛泽民提出。

"不行，不行，我们各厅预算，并未给厅长规定一个炊事员和工友。今天由我开端，那如何能行?"

"即使炊事员不要，每天采买以及一些杂务，你们没有时间，迪化市又没有夜市，你们下班后到哪里买去？张老头是你办公室里的人，他也同意，又不需要多开支，难道还不行吗?"

这样，才使毛泽民点了头。他和朱旦华总是自己动手做饭，饮食也极为简单。他从到财政厅直至离开，未缝一件新衣，总是穿那套毛布西服和外衣。

毛泽民工作，一度到了寝食难安的程度。有时朱旦华半夜醒来，仍见灯光摇曳不灭，他还在挑灯伏案，埋头工作，常常是一边咳嗽一边批阅文件。他夜以继日超强度的工作，使新疆财政起死回生，自己的气管炎却更严重了。他仍不辞辛劳，带病卧床叫来部属，当面指示和督促工作。有位科长，在一次出差回来的路上，由于道路崎岖，又逢大雨滂沱，发生了严重的翻车事件。消息传来，正是半夜三更，毛泽民不顾重病缠身，冒着大雨，摸黑赶到现场。大家看他咳嗽吐血，仍全身心投入工作，无不深受感动，口服心服，热泪盈眶，自觉主动地完成各项任务。总务科长，感到厅长公务繁重，身体不好，伙食简单，花钱买了几斤好肉，让他改善生活。他对这位科长说："我的生活很好，不需要特殊照顾。你这样搞，不符合清廉政策!"并让把肉退还了。

由于过分劳累，病情加重，毛泽民不得不于1939年5月到苏联治病。工友张德胜老人对毛泽民感情很深，日夜盼望厅长早日病愈归来。当毛泽民返回迪化时，张德胜欢喜极了，激动地说："我到底又看到你了!"他经常赞叹地对别人讲，"我从来没有见过这样好的厅长!"

毛泽民到苏联疗养返回新疆后，还有些后遗症，有时感觉腹痛，经盛世才同意，在迪化东郊的水磨沟休养。他住在水磨沟清凉亭上，做饭需要一个火炉。张远凤主张买个石油炉子，由财政厅开支。毛泽民不同意："我个人休养，为什么让公家买炉子呢?"刘德贺家有个石油炉子，拿出让他使用，他才接受了。

从延安来的财政厅秘书郑亦胜到哈密出差，返回时乘坐飞机。郑知道毛泽民身体不好，特意从哈密带来一桶活鳝鱼送给他。毛泽民收下后对刘德贺几个人说："今天你们下班后，都来水磨沟，我给你们做鳝鱼吃。"下班之后，几个人乘车一同来到清凉亭。

清凉亭四周，郁郁葱葱，青青翠翠，气蕴温馨而恬静。毛泽民和朱旦华加上来客一共七个人，大家动手共同享受了一次鳝鱼风味。因为只有一个石油炉子，又要做饭又要做汤，大家很晚才吃完回家。第二天早上，盛世才下了一道手谕说，不准毛泽民在水磨沟养病，要他立刻回来，在城内另找适当地方。为了让毛泽民很好养病，刘德贺等到处看房子，只有刘家花园较好，但吃水困难，而且地方偏僻，安全也有问题。毛泽民不让他们找房，决定一边在家养病，一边仍带病办公。

1941 年 7 月 30 日，吃鳝鱼的时间过去还不到一个月，盛世才以毛泽民有病，财政厅工作繁重为借口，将毛泽民调离财政厅，改任民政厅代厅长，以银行行长藏谷峰兼财政厅代厅长。据说，盛世才接到密报，说毛泽民和几个人在水磨沟开秘密会议，所以做出如上决定。

## 暂缓在新疆使用法币

抗战时期，苏联支持中国，通过新疆霍尔果斯至哈密国际运输线，向内地运送物资。运费先由新疆垫付，然后由南京政府按期拨付法币。起初，新疆使用旧币（以两为单位），币值法币较高，但在改用以元为单位的新币后（新币一元换旧币 2000 两）币值又比法币高得多。加之法币大量发行，币值日有跌落，而拨来的法币新疆尚未通用，只好在西安、兰州一带套购物资，运回新疆。陕西、甘肃两省认为这样影响了他们的物价，因此电告蒋介石，请求加以制止。另外，新疆伊犁航空教导队，系苏联为中国培训航空人员而设，许多航空员觉得新疆货多价格又便宜，便想从中捞些油水。他们因新疆不用法币，就从内地捎带美国纸烟，以新币销售，再套购物资，牟取暴利。新疆当局发现这种情况后，就一面提高烟的统税，一面对新来或回去的航空员在新疆境内使用的新币额作出规定。在规定限额内，可用法币一元兑换新币一元，超出此数概不兑换。这样，就限制了航空员的套购，因而航空员大为不满，跑到内地说什么新疆是中国领土，为什么不用法币，法币是国币，应该通用于全国，新疆为什么闹独立而例外？后来，蒋介石来电指示：新疆是中国领土，为了顾全大局，新疆应通用法币，并将通用日期电告中央等等。

盛世才接到电报后，将原电交毛泽民、藏谷峰两人核议。

藏谷峰对毛泽民说："我一点办法也没有，还是我执笔，你定调子，看这出戏如何唱法？"

毛泽民考虑后说："我的意见：一、新疆是多民族地区，少数民族都不识汉字，尤其是农民及边远牧民，更不懂汉字，因此新疆币票面印有维吾尔、蒙古各族文字。而法币上全是汉字，票面又多种多样，少数民族不易识别，一些人难免从中捣鬼，不但人民易遭受损失，市场也容易乱。同时，若帝国主义者伪造法币，鱼目混珠，则贻害更不堪设想。二、目前情况，新疆币值比较稳定，而法币币值一再毛荒，新疆若使用法币，则新疆新币也必将受到影响，或发生毛荒，或影响币值，按比率计算将使新疆财政金融遭受很大困难。这种情况，对中央无所裨益，对新疆更加不利。又如新疆新币，在某种情况下可以买到苏方货物，若使用法币则失去这种便利。三、新疆垫付运费，一切垫付和过去多次代中央向苏方购买汽油和飞机油，其中有用土产换的也有用新币买的，但在中央还垫款时一律拨发法币，虽然两种币值有着差距，但为顾全大局，新疆仍是勉为其难，承担损失。新疆仅有400万人口，若在币值上再受到更大压力，实在无法承担。四、今后，新疆一律改用法币，固然属于统一币制或改革币制问题，但若使用法币后，在法币贬值的情况下，全疆收支预决算必将出现大量赤字，中央是否能为弥补？根据以上理由，我们的意见是，暂仍维持现状，到抗战胜利后，币值趋于稳定，再行统筹解决。"

最后，藏谷峰依据上述理由，拟写成电文，亲自送到督办公署，由盛世才审阅同意后，发出电报，请暂缓在新疆使用法币。

## “周彬是一位好厅长！”

毛泽民上任民政厅代厅长，采取的第一个民政措施，就是坚决废除压在农民头上的“农官乡约”制。

新疆地处边疆，又是兄弟民族聚居区，长期处在封建统治下。农村实行的“农官乡约”制，就是维护封建统治的基础。“农官乡约”为当时农村官员的总称。当时在各族人民中流传着这样的民谣：“农官下了乡，农民家遭殃，马不吃高粱（吃包谷），人不守空房。”毛泽民深入民间，体察民情，参照中共抗日根据地实行的民主选举办法，亲自起草了《新疆省区、村制组织章程》，经省政府批准，于1941年11月1日公布施行。《章程》共八章三十五条，主要精神：一要民主选举区、村长；二要选出“名望素孚办事公正”之人。为了使《章程》切实地付诸实施，毛泽民组织力量，做了大量的宣传、教育工作。在他的领导下，先后举办了政治干部训练班、文教干部训练班、区村长训练班。他还亲自编写了《区、村长须知讲义》发到各地，作为学习讲授的材料，有时还亲自宣讲。一场轰轰烈烈的民主选举运动在全疆普遍展开了，各族人民第一次享受到民主选举权利。选举工作结束后，民政厅给新当选的区长、村长颁发了证书。这些区、村长拿到证书，理直气壮地走马上任，带领各族群众发展生产，建设新疆。

毛泽民仁德宽厚，心地的广阔与善良是非常具体的，他领导建立和健全救济院的工作深得民心。1941年8月12日，毛泽民到迪化救济院视察，和贫苦的孤寡老人、盲聋哑人促膝谈心，了解情况，倾听意见，帮助解决实际困难。他根据亲身调查和各救济院报来的情况，了解到救济院数量少，现有各救济院制度不健全、管理不善等问题。为此，他亲拟了《救济院整理大纲》，于1941年10月31日公布。《大纲》对救济院的分布，收容贫民的标准，经费给养等方面作了明确规定。决定在迪化、塔城、承化（今阿勒泰）、绥来（今玛纳斯）、伊宁、奇台、哈密、库车、焉耆、阿克苏、疏附、莎车、和硕、吐鲁番、于田、叶城、且末等区、县设立救济院共72所。救济院收容无家可归的鳏寡孤独，除政府发给每人每月30斤面粉外，还有菜金、剃头、沐浴、服装和文化教育等费用，还组织他们从事力所能及的劳动，如缝纫、补鞋、编筐、编抬把、扎扫把、做粗木器及小孩玩具，制作公文信纸信封，养鸡、养羊、养牛，种瓜果、蔬菜等。这既增加了救济院的收入，改善了院民的生活，也有利于他们的身心健康。迪化东门外救济院的福利生产搞得很红火，蔬菜瓜果自给有余，每当瓜果蔬菜成熟的时候，他们总要送一些到民政厅，请“周厅长”品尝他们的劳动成果。毛泽民十分高兴地收下，加倍付钱给他们，以鼓励他们自食其力的精神。各族群众齐口称赞“周彬是一位好厅长”。

当时，民政厅掌管卫生部门。由于医务人员缺乏，除行政区有医院、药房外，各县的医务设备是一无所有。所有民间疾病，主要靠私营中医治疗，私营中药铺供应药物，有些小县连中医和中药都没有。毛泽民多次亲临省医院、省药房视察，设法增加和完善医疗设备，改善病房条件。他花费了许多心血，从苏联进口了一台X光机，拨给迪化医院。1942年全疆已有医院13所，药房4所，诊疗所16所，医药专业学院1所。其中，莎车、焉耆两地的医院，奇台、鄯善、库车、温泉四个县的诊疗所，喀什、阿山的两个药房都是在毛泽民的关怀和指导下建立起来的。毛泽民了解到温泉县有18眼温泉，泉水可以治病的情况后，决定把温泉建成疗养区，给温泉县投资了10万多元，设立了诊疗所，配备了医生、医疗器械，使温泉造福于人民，成为当时新疆远近闻名的疗养地。

毛泽民非常注重培养医药专业人才。他在迪化设立短期医训班，速成地培养医务人员。他指定当时由苏联留学回来的刘德俊大夫担任讲师。虽然毛泽民在民政厅工作的时间不长，但这个短期医训班逐年扩大。喀什少数民族医务人员很少，毛泽民提出由喀什医院办一个训练班，为各县培养专业医务人才。在毛泽民的关怀和支持下，训练班在不到一个月的时间内筹备开学了，培养了一批少数民族医务人员。毛泽民还筹办了药剂培训班，参加了药剂训练班毕业典礼，与全体学员合影留念，还为他们题词：“新政府培养下的医药干部要切实担负起新政府所赋予对全疆民众保健使命以期在胜利的基础上争取保健事业更高的发展。”

新疆妇女生孩子都用旧法，产妇、婴儿丧命的不少。为了保护产妇和婴儿的生命安全，毛泽民提出，医院设妇产科，配备妇产大夫、女护理。仅迪化医院就有114名女医护人员。毛泽民还亲自宣传新接生法的好处，动员产妇到医院分娩。全疆召开第一次妇女代表大会，毛泽民在会上作报告时还专门讲了新接生法的好处。他说："新政府对儿童保健特别注意，不仅在各医院设有专门小儿科诊断室，聘有专门小儿科大夫为之看病，如遇着病重的儿童，连母亲也留在医院带着小孩陪诊，直至病好才一同出院，不花任何一文钱。"毛泽民还动员妇女发挥"特别细心、耐心和慈爱的天性"，参加医药工作，实现妇女政治和经济方面的解放。

1942年2月间，伊犁和新源两县发生了斑疹伤寒。当时，毛泽民心脏病和支气管炎发作，正躺在床上。他得知这一情况，立即组织了两个医疗队，委派副厅长马云文和专家率队前往。为了加强卫生防疫工作，他在病床上伏枕起草了一份2000多字的《给全疆医务人员的指示》。公务员看到厅长病得这样厉害，还专注地执著于工作，执著于各族群众的安危，止不住流下了热泪。这次新疆西部流行斑疹伤寒，由于防治及时，措施得力，很快制止了蔓延，大大减少了人口的死亡。

马云文副厅长是回族，是留苏学生，因得罪盛世才于1942年5月30日被捕。他的家属突然被不幸推入无边无际的黑色灾难的深渊，挨着以泪洗面的日子。毛泽民即派人给他的家属送去了马云文6、7两个月的工资，使马的家属没有断炊。马云文得知此事十分感动。

1942年2月初，盛世才指定毛泽民及王宝乾参加复审"阿山案"审判委员会。陈潭秋、毛泽民等经过慎重研究并请示中共中央后，决定毛泽民在审判结束签字时附加下述意见："本席没有参加全部审判"，"对牵涉苏联公民一节，该犯所提供之口供与犯罪证据，其确实性如何，本席不能作任何结论，并认为仅据此不能证实苏联公民之犯罪行为。"这自然引起盛世才的震怒。

陈潭秋在给中共中央的电报中说："在讨论阿山案总结时，因王（王宝乾，联共党员）、周（周彬，毛泽民化名）坚持要附注意见，督办首先同意，后经人怂恿决定不作总结，也不要附注意见（因附注意见就等于推翻全部审讯），仅在最后口供上签字。事后王、周仍要将附注的意见用书面送给督办。周彬受到督办严厉申斥，说他不忠实于政府，并责问周彬这样做依仗什么人的势力，是不是自己的意思。”陈潭秋在给中共中央的电报中还说，“显然的，反苏阴谋家在阿山案件中布置的阴谋是失败了，不过周彬以后的处境更加困难，可能遭受更多的打击，我已嘱其谨慎镇静忍耐与应付可能的打击。”

这年的秋天来得快。窗外，一帘秋风梦一样吹拂，萧瑟日渐浓重。

# 第十章

# 理财者沧桑录

## 不愉快的事相继发生

延安来的第二批干部23人，有9人分配到南疆各税局任副局长，上任前还得集中学习一段时间。他们先是被安排到省财政厅各科室和迪化市税局各科股实习，同时到财政厅创办的财经学校听课。毛泽民亲自讲课，分别讲了财政税收工作的方针、任务及重要意义，讲了开源节流。高登榜是学习班长，经常把大家的学习情况、想法、要求向毛泽民反映，同时把同志们对新疆政局的看法汇报给他。听了这些，毛泽民总是再三思索。从他深沉的目光和一字一顿的谈吐里，高登榜深切地感到要做好财税工作并非容易，尤其是新疆政局，盛世才的“六大政策”背后，莫测高深，令人困惑，无论是阴风晦雨，还是阳光明媚，都在难以预料之中。

1939年2月，春节前夕，停放在省政府院内车库的一辆汽车不知何故突然起火。夜深人静，火光熊熊，省政府主席李溶出来喊“救火”。郑亦胜、高登榜等闻讯纷纷赶来，提水桶，端脸盆，把火扑灭了。事后，盛世才不明不白地记了财政厅代厅长毛泽民一大过。高登榜十分纳闷，省政府汽车着火，这怎么是财政厅代厅长的过错呢？邓发一针见血地说：“这是督办的权力，成心找岔子呀！”高登榜听了以后，心里很不是滋味。

1939年春节过后，高登榜启程到喀什赴任，他被任命为喀什税务总局副局长。翻越天山气温骤然回升，北疆还是冰天雪地，寒冷异常，而南疆却如同关内江浙一带温暖，气候宜人。喀什的街道两侧流水潺潺，草木复苏，当地居民正在用天山流来的雪水浇灌农作物或洗涤器皿、衣物，别有一番情趣。喀什足以唤起人们对载满了丝绸、染料和作料，缓缓地穿过宽广的沙漠和迷人的绿洲的那些古老商队的联想。

喀什是喀什噶尔的简称，位于塔里木盆地西北边沿。发源于帕米尔高原的喀什噶尔河曾是塔里木河的支流，但在上个世纪已断绝和塔里木河的联系。境内还有克孜勒河和吐曼河灌溉，气候干燥但水源充足，温差悬殊而土地肥沃。喀什古称疏勒，疏勒国是公元前 3 世纪已经存在的西域三十六国之一。中国的西北是由高山大漠组成的，稀少的绿洲点缀着沙漠地带。旅行者必须经过绿洲，所以经过喀什绿洲的路自然而然成了最畅通的路。这里是马可·波罗和其他探险者的落脚点，来往于丝绸之路的西亚和欧洲商人对这里的文化曾产生过深远的影响。历史学家认为这座城市是中国最早的国际性商业城市之一，是西域历史文化的丰盈仓库。它在“丝绸之路”通行的那些年代，对东方和欧洲之间的经济文化交流发挥过重要作用。

喀什是新疆第二大城市，面积大人口多，是区行政公署所在地；但是，直到 20 世纪 30 年代后期这里依然文化落后，经济很不发达。虽然也有少数巴依、富人家资充盈、骄奢淫逸，广大农牧民却十分贫困。

喀什的居民以维吾尔族为主，位于市中心的艾提尕尔清真寺是全国著名的文化古迹。每当礼拜开始，古钟轰然齐鸣，悠扬悦耳，几十里外清晰可闻。

喀什税务局负责管理疏附、疏勒、伽师、英吉沙、巴楚、蒲犁、乌恰、岳普湖等分局的税务工作。

1939 年 3 月 29 日，即高登榜到职后的第二个月，毛泽民就整顿财政、提高财政系统干部素质一事发布通令。通令强调了财政干部要严格挑选，不允许贪官污吏和敷衍了事者充塞各级税务部门。这个通令在当时的确很有针对性。

高登榜刚到局里上任，便风闻税务科一位姓李的科员有贪污的劣迹，经了解确有此事。岳普湖县的税务人员每月来总局交账，会计均不开收据，大沓的税款无声地落入李的腰包。这位科员是局长李英才的亲戚，屡屡得到庇护，因碍着局长的面谁也不好做声。高登榜坚持要严肃处理，但困难不少。刚上任，遇到的不仅是混乱的财政状况，还有顽固的习惯势力和复杂的人事关系。这时正好省里检查团莅临喀什视察，王宝乾任团长，卢玉琳任副团长。他们在喀什视察时听到这一情况，便找税局核实，处理了这一案子。贪污者受到处分，局长李英才也被调回迪化另行任用。

一些税务人员外出稽查，常有损公肥私、白吃白拿的事情发生。原来，在税收规定中有一条，对于偷税漏税一经查出，税务人员可根据其态度、情节以及违法款项多少决定罚款、罚金。被罚的商人往往以好烟好酒、请客送礼来腐蚀拉拢稽查员，以减少被罚款项。有的人员经不起诱惑，心安理得从中受贿，坑了公家肥了自己。为了在管理制度上严格把关，高登榜建议，局务会规定，收税罚金必须由局长、副局长审定，稽查员无权决定罚金，这样便堵塞了漏洞。

税局一些汉族、维吾尔族青年工作主动性强，遵守制度，同农牧民之间关系比较融洽，下到乡村工作时收效比较大。但也有一些积极性差、态度生硬的工作人员，在收田赋粮时，不按章程办事，压斗收粮，变相多收农民的粮食，甚至出言不逊，打骂农牧民。对此高登榜很担心，每到收田赋粮的时候，便到各县看看征税情况，听听老百姓的反映，遇到问题当场解决。有一次，他到伽师县，遇到伽师分局一位过斗人员同农民争吵，并动手打了农民。弄清原因后，他当众向农民赔礼道歉，批评了这位收税人员。那位农民见状，气消了，回家拿了些粮食，补交了田赋粮。伽师税局对此很重视，加强了对税收人员的教育。

1939 年底，正值回收旧币、推行新元的货币兑换时期。为了保证兑换工作顺利进行，喀什银行、工商局、税务局等单位派人协助发新币，收旧币。高登榜作为税务局的代表，前去参加监督焚烧旧币。一捆捆旧币被拉到疏附县北门外河滩上，当众销毁了。高登榜看到毛泽民制定的财政计划一项项付诸实施，并且得到各族同胞的衷心拥护，心里无比喜悦。

1940 年，认购公债的任务下达了。喀什区成立了推销公债建设委员会，当时的行政长陈方白任主任，高登榜是委员。他们披星戴月下到各县，召开大会，奔走游说，还深入工商和农牧民家中宣传，既重视巴依富人的大量认购，也不忽视众多平民的认购。宣传队还配有电影放映组。当然，在具体认购时，民众对发行公债免不了有各种误解。有的工作人员为超额完成推销任务，竟胡说没有公债票的人就不能进城。结果莎车的一些农民手持票证，要求换给面额小的公债票，以保证全家人手一张方便进城。听到这些反映，他们体谅了具体经办人员的动机，耐心地向民众作解释，消除了误会。经过几个月的努力，喀什地区认购建设公债额居全疆首位，比起富庶的伊犁地区来，认购额多出了许多。高登榜和陈方白看到《新疆日报》上公布的各区认购公债的统计结果之后，心中欢欣不已。财政厅毛泽民代厅长对他们提出了表扬。

1940 年 7 月，毛泽民给各区、县税局签发了验契查田的通知。通知指出："本年政府为满足人民要求，确定地数及整理各县田赋，故在本年田赋章程内规定有验契工作，此项工作由该局及分局从速商请各县长进行，勿畏困难与艰辛，努力完成。"

喀什区历年征收田赋一直是依照旧册上的地亩数目，而实际地亩数与旧册上的地亩数差距是很大的。不少巴依、富人的地亩数高出旧册上地亩数的几倍甚至几十倍，而缴纳田赋数却很少，更有甚者，一些土地富有者用讹诈手段来转嫁田赋粮。因此，出现了富户少纳粮、贫户纳重粮的不公平现象。验契查田，一是重新核实土地面积，凡与原有地契不相符合者，皆以核实的为准，发给新照；二是重新估定土地等级，上、中、下三级分等。广大贫户十分希望重新清丈土地，确定地权。

夏秋之交，高登榜到伽师县了解验契工作情况，实地参加土地丈量。开始时困难着实不少，因为农户的土地十分零散，一户农家的土地有好几块，每块之间相距很远。验契时先验地亩大小，再议地力等级，议了半天，往往争执不下，工作进展很慢。为了加快进度，高登榜请来伽师县的正副县长，找了当地几个老农民一起商议。经过实地试验可以看出，如果充分发挥原有土地登记册、地契、纳税票的参照作用，可使验契工作进度大大加快。据此，高登榜及时向行政长汇报了伽师查地验契工作的进展情况，提出了积极的建议。行政公署同意推广实施，提高了工作效率，加快了工作进度，农户也较快地拿到了新的地契。通过验契查田，土地亩数明显增多，当年秋收上缴的田赋粮也明显增加，全区的财政收入大大增加。

喀什有两项大的税收，即田赋、牧税。执行起来，收牧税远比收田赋困难得多。喀什地域广，牲畜分散。一年一度的税收开始时，税局工作人员要到牧民的牲口圈里查点牲口数目，工作量很大。有的牧民往往在税收前夜，偷偷转移部分羊只和牛马，以减少纳税。1940 年财政厅颁发《征收牧税奖惩条例》，其中几条很受欢迎，如规定了“对于储足冬草、搭盖圈棚保养羊只好的牧民，减免部分牧税”，“对于农民耕地使用的牛马减免牧税”，“对隐匿羊只偷税漏税的要予以惩罚”，等等。为了做好收缴牧税工作，由区税局出面，举办牧税人员训练班，选择过去曾参加牧税征收、有经验的人员以及本年度准备派去收税的人员编组进行培训。培训期满，便委派这批人员下到乡村开展工作。

关税是喀什区税收的重要内容，占的比重相当大。全疆关税最多的是伊犁，其次是喀什。当时苏联有较多的物资从喀什进来，喀什等地也有土特产品出口，如皮毛、棉花、牛马羊等。居住在喀什的印度商民由塔什库尔干进口的一些商品和出口土特产品，也征关税。

鸦片战争之后，英帝国主义曾一度从政治、经济上控制了南疆大部分地区。英国在喀什设有领事馆，一些县里设有代办处、教堂和学校。形形色色的英国人带着商帮纷至沓来，往返于国境线上，抗拒中国方面的检查，致使走私情况十分严重。在大批外国商品倾销喀什市场的同时，许多违禁品如军火、鸦片、大麻、鼻烟等被源源不断偷运入喀什。在频繁的走私活动中，英国商人获取高额利润，成箱的黄金、宝石和稀有矿藏源源不断地运出边境，落入虎口。

喀什税局配合边防哨卡，稽查来往商人，加强边卡防守和进出口货物的检查。出塔什库尔干县城有一条通往印度的小道，来往商人骑着马，赶着牦牛运送货物出入于这里，这也是走私集团来往的主要通道之一。对此，税局人员分别组成许多小组，配合边卡，在这条通道上加强了对行旅商货的盘查，取缔非法活动，每天都能查出几起贩毒、走私、贩运军火等案件，轻者照章罚款，重者全部没收，或者连人带物扣压起来进行审讯。蒲犁边卡的任务较重，那里是主要进出关口。蒲犁税局经常把大批查获的违禁物品和金银钱物运来喀什市，经喀什区税局查验处理。缉私工作抓了之后，有力地遏制了不法奸商的走私活动，稳定了市场贸易和社会秩序。

当时，喀什城内有十几家商店囤积居奇、偷漏税十分严重。为了牟取暴利，他们暗地里也参与走私活动。高登榜和新任局长张同智商量，着手调查摸底，跟踪追寻。他们在老百姓的协助下，弄清了这些大奸商进出货的途径和走私的情况。然后，派出稽查员到市区商店出示证据，对这批胆大妄为的奸商给以沉重打击，查封了一批秘密仓库，缴获了大量违禁品。在人证物证面前，这些老板们低头认罚，再也抖不起威风了。

喀什税务总局原局长李英才调职后，检查团成员张同智受命留下接任局长，张上任不久请假回迪化接家眷。说来也巧，就在高登榜代理局长期间，竟出了一桩意料不到的事情。按照历年的老规矩，喀什区每月向省财政厅送报表时，都是把各分局前一个月的报表数字加上总局本月的报表数，作为本月的税收上报省厅。这是因喀什地域辽阔，乌恰、塔什库尔干等地距离喀什十分遥远，当月的报表数字不能在月底报来，总局往往要在下个月才能把各分局的报表全部收齐。对这一客观情况，省财政厅的老工作人员是了解的。就在高登榜代理局长的第一个月里，报表送到省厅。省厅科室几位参加工作不久的人员不了解喀什区的这一具体情况，见报表与税收现款差距甚大，便通知停发喀什税局的奖金。当时的奖金多于薪俸，对家庭生活影响比较大。奖金扣除后，税局人员收入大减，人心惶惶，上上下下都在议论。负责核算的一位青年工作人员为这事成天郁郁寡欢，没过几天竟寻了短见。区公安局为这事专门派公安人员和法医来局里调查死因。谁也没有想到税务上例行的出入账，竟闹出这么个乱子来。

局长不在家，高登榜肩上担子很重，还受到一些责难，心里很难过，连续给省厅税务科写了几份报告，皆如石沉大海。高登榜想起毛泽民代厅长，猜想他未必知道喀什税局历来的报表惯例和眼下出的问题。他把自己关在房子里，埋头给毛泽民写信。信很长，有 20 多页，除了反映问题外，在信的末尾还写道："若要了解详细情况，请来电通知，我将随时赴厅述职。"信写好后，请局里的一位老誊写员帮助誊抄清，然后挂号寄往迪化。毛泽民看到信后，立即召开厅里科室人员开会，就这件事批评了有关人员不做调查研究，工作不细致，认为责任在厅税务科，不在喀什税局，奖金应该立即补发。郑亦胜代表财政厅来南疆视察，到喀什税局告诉高登榜，高反映的问题厅里研究过了，情况已经弄清，不用去省厅述职了。郑还悄悄告诉高，这封信轰动了财政厅，尽管信中对厅里工作大加批评，但毛泽民并没有说批评得不对。郑来喀什不久，省厅的通知和奖金也发到了喀什税局，紧张空气立刻缓和下来。那段时间，张同智局长也因为没有收到局里的信函而纳闷，从迪化返回喀什后，高登榜才把详情告诉了他，并请他看了那封信的底稿。张同智恍然大悟，对高登榜这样处理问题感到非常高兴。当天晚上，张同智请他去家里做客，拿出当地老酒，把他慰劳了一番。

高登榜刚到喀什时，对当地民众的生活习惯、民情、习俗、语言等很生疏。平时在机关上班，有翻译协助处理公务，十分方便；一旦离开翻译，出门买东西，下班串门聊天，在民族同胞中就得借助手势，语言障碍很大。为了使工作和生活更加方便自如，他努力学习维吾尔族语言，渐渐地能说一些常用语，一些比较难的话虽然说不出来，但能心领神会。群众对内地来的干部是信赖的，把他们看做自己的亲人，逢年过节，经常请他们去家里做客，吃一顿有民族风味的饭，表达相互间的信任和友谊。税务局里有一位同事结婚，新郎比高登榜的年纪还要大一些，请他去当主婚人。盛情难却，他认真地按照当地风俗习惯主持婚礼。乐声悦耳，礼仪彬彬，他祝愿新郎新娘美满幸福，白头到老。

盛世才为人阴暗，疑心很重，一旦对某个人不放心，就随便扣上“英帝国主义走狗”、“托派反动分子”等高帽，在光天化日之下公开逮捕入狱。他还经常使用秘密逮捕、囚禁以至暗中处决来清除所谓的“异己分子”。喀什警备司令兼行政长蒋有芬，后来也被盛世才以莫须有的罪名逮捕入狱，割去舌头，活活整死。盛世才执政期间，逢年过节，多少百姓泪流满面，思念着被关押在狱中的亲人。

喀什税局有一位维吾尔族副局长，一家妻小住在城外一个花园。一个晚上，突然人声嘈杂，传来恶狠狠的敲门声。高登榜以为是公安局的人来搜查，开了门。进来几名凶神恶煞的便衣，一看他是汉族，连连说弄错了，扭头就走。第二天他刚上班，就看到维吾尔族副局长的家属站在院子里哭泣，这才知道这位副局长昨天晚上被不明不白地抓走了。这件事使全局上下人心惶惶，深感人身安全没有保障。高登榜也受到很大触动，立即给党代表写信，汇报了南疆的情况和自己的一些想法。信是托人带去的，信中流露出这里有人人自危、“白色恐怖”之感。后来，盛世才把高登榜逮捕后，审讯时就追问他有没有说过“白色恐怖”的话。

其实，那些不过是冰山一角，不愉快的事情相继发生。不久，便风传盛世才收到一封信，内称从延安来的共产党员中，担任蒲犁县县长的许亮和蒲犁边卡大队长胡鉴有矛盾，信中“揭发”了所谓问题。有意思的是，盛世才将这封怀有不可告人目的的匿名信奉为至宝，指令要彻底追查。他亲自电令喀什警备司令兼行政长蒋有芬负责查清这件事，并特地点名要高玉成参加调查组。高玉成是高登榜的化名。蒋有芬奉命组成四人调查组，蒋的一位副官具体负责，区公安局一人、行政公署一位科长，加上高登榜共四人。这是一个圈套，是盛世才的公安系统的某些人一手操纵的。他们的如意算盘是先诬告延安来的人自相不和，然后又让延安来的人自己审问自己，按照他们设下的圈套往下走，从而一箭双雕。调查组见到所谓的“证人”，是县公安局的人员。他一开口便信口雌黄地说了一通胡编乱造的“事实”，这些谎言都是公安系统事先安排的。调查组揪住其中自相矛盾的破绽，层层批驳，问得证人哑口无言。其余的证人，有不少是在公安局的刑罚和引诱下昧着良心说的，在事实面前无言以对。各种诽谤和捏造破绽百出，由县公安局长一手导演的闹剧只得狼狈收场。

1942 年 2 月，高登榜接到了赴沙雅县任税务局长的调令后，便只身匆匆赶往沙雅。沙雅县属阿克苏区，税收上弊端频生，问题不少。早在 1932 年，该县除了关税以外的各项税收，一律实行包税制度。包税人从中作弊，公开贪污，已成了普遍现象。盛世才上台后，取消了包税制，设立了税收提成办法，但仍然未能真正取消包税制。另一方面，由于实行税收提成，各地税收名目繁多，增设名堂五花八门。人民负担倍增，生活拮据。

高登榜做了一番调查研究，整顿了税务机构，取消了不合理的税收，减免了额粮，千方百计地帮助老百姓摆脱贫困，以做到上不亏公、下不累民。

一次收田赋的时候，有位农民交来五斗粮。税收人员用斗一量，硬说不够五斗，农民叫苦不迭。这事被高登榜遇上了，要求重量。原来这个工作人员收粮不用平斗，非要斛满冒尖不可。五斗谷子经过这么一量，分量就不够了。情况弄清之后，他狠狠批评了这个收税人，并以此为戒，重申收税纪律，任何人员在收粮谷时不许大斗进、小斗出，大秤入、小秤出，巧立名目、坑害百姓。这事在局里引起了震动。平时，他还要求每个工作人员自己首先要弄懂税收条文，办事讲求效率，遇事不疲沓、不推诿。在短短的几个月内，他们的工作逐步开展起来了。粮食收来后，原有的仓库已经不够使用了，报请财政厅批准，又新建了仓库，同时对旧仓库进行了维修。为了防止偷税漏税，他们还在商人频繁出入的地区新增设了几处关卡，另外还设立了粮食市场和屠宰场，方便了群众。

高登榜到沙雅后，正赶上征收牧税。当时，盛世才同苏联的关系已开始破裂，苏联多次逼盛世才限期还债，而债务必须以实物偿还。盛世才不顾百姓死活，对这要求竟表同意。因此，与往年不同的是，这一年缴纳牧税不收纸币，必须以牛皮、羊皮、马皮等实物代之。这对广大农牧民来说不能不是一个灾难。

六七月份，天气酷热，日日高温，奇热难当。高登榜和税务局几位干部顶着烈日，分别到乡下查看牧民纳税情况。炙热的骄阳下，老百姓正流着眼泪，宰杀牛羊。不少妇女痛哭失声，在苍蝇嗡嗡嘤嘤的包围之中剥着羊皮。高登榜问有什么困难无法解决，一位老人哭诉："老天爷啊，大热天宰杀这么多羊，吃不完就要烂掉。这样下去老百姓怎么活啊！"高登榜看着横躺在地的羊眼中闪烁着的令人难受的垂死目光，心里顿时沉下，觉得问题严重。他看到老百姓呼天叫地的惨状，心急如焚，马上通知各科室负责人和在各乡村收税的工作人员立即回局，研究如何改变目前状况。按照原来的规定，如果一户养羊在20头以上的须缴纳羊皮若干张，养得越多缴纳越多，对于养羊在数百只以上的牧民来说，则是个沉重打击。作为主管税收的干部，怎能看着老百姓哀啼遍野、泪水长流？怎能看着群众利益受到严重损害而束手无策呢？每户按养羊多少确定缴纳皮数，这一条是个死杠杠，没有灵活的余地，但如果采取"化整为零"的办法，是可以解决不少问题的。他想，既然有关税收的各项规定不得更改，那就在一些方式和方法上变通一下吧！这个办法在税务会上通过了，但在执行中出现户头多而税票不够等问题。高登榜当机立断，决定自刻自印税票，然后报请财政厅备案。他心想：事到如今，只能先斩后奏了，你同意最好，不同意也只能这么办了。票一印出，立即按数下发。这样，牧民只杀了很少量的牛、马、羊。好多牧民欣喜若狂，在赤日炎炎之下大喊"胡大！胡大！"同事们都惊奇他的胆量大，因为邻近的新和、库车、拜城、轮台等地也出现类似情况，但并未采取这种办法。

毛泽民调任民政厅代厅长，高登榜心里一直有疑问。1942 年 5 月 9 日林基路调到省里“另有任用”，6 月以后其他同志也一个一个接连不断调回省里“另有任用”，在阿克苏区税务局工作的陈九柯、在阿克苏报社工作的陈清源也在这时回省“另有任用”了。秋风渐凉的 11 月，高登榜接到盛世才命令，要他交卸清楚，去职回省“另有任用”。接到电报后，他把事情移交清楚，同时登门向各位同事辞行。大清早，县长、副县长、公安局长、商会会长、邮政局长等县政机关负责人和部分县政务委员以及街道居民、农牧民等一二百人骑着马、乘着马车前来送行。大家依依不舍，握手话别，一直把他送至“送宾亭”才回去。

车到库车，高登榜发现有人暗中跟踪监视。车到迪化八户梁，有个便衣模样的人拦住车喊，有没有沙雅县税务局长高玉成？便衣说是奉督办的命令在这里给他找了住处。他下了车，在南门外一个客栈里登记住下，第二天清早便到督办公署报到。承启官接待后进去向盛世才报告，过了片刻，一溜小跑出来说：“督办身体不好，不见，指示我送你去一个地方休息。”他上了一辆新疆称为“皮卡夫”的小车，车后已坐着一个军人。司机拉上窗帘，便看不清外面的景物了。车驶到三角地，黑大门一开，全副武装的士兵和锃亮的机关枪蓦然出现在他的眼前。

## “反正我不干这种伤天害理的缺德事！”

程九柯任阿、温、瓦、柯地方税局副局长。税局设在温宿县，管理阿克苏、温宿、阿瓦提、柯枰等分局的税务。程九柯原名程日汇，九柯是其化名。程九柯毕业于山东济南师范，七七卢沟桥事变，毅然投笔从戎，奔赴抗日前线。1937 年底经地下党组织介绍，长途跋涉，于 1938 年 1 月到达延安，3 月加入中国共产党，11 月与高登榜、郑亦胜等第二批共产党员到迪化。

程九柯的热情和执著成为当地最动人的风景。当时的温宿差不多是一片文化沙漠。程九柯精明强干，博学文雅，多才多艺，他会演戏，会唱歌，会画画，会写美术字，还会拉二胡。他组织税局的青年唱《义勇军进行曲》、《流亡三部曲》，亲自编导反映日寇侵略暴行的小话剧，和同事合排双簧为大会演出。有一幕剧是由他扮演老大娘，控诉日寇惨杀中国人民的暴行，演出真切感人。为了使群众明了剧情，他在每个节目演出之前，均通过翻译进行讲解。群众看了激愤，情不自禁地振臂高呼“打倒日本帝国主义”。程九柯还应维吾尔族文化促进会会长谢应夫的邀请，帮助该会文工队排演抗战节目和教唱革命歌曲，从而带动了一些学校和机关。昆马力克河发大水时，黄火青组织民众修堤固坝，防洪抢险。维文会文工队组织了演出，慰问修堤民工。

程九柯对税局业务抓得很紧。他遵照省财政厅的要求，领导税局会计人员建立新式会计账簿和制定施行办法，严格要求各县税局遵照执行。他把税务科沿用的不能全面反映经济活动的旧式竖写表格改为新式横写报表，还教会艾力毛拉等正确填写报表和票证，使会计制度得以贯彻执行。

税局局长韩崇德思想守旧，吸食大烟，是一个旧官吏，对下属疾苦漠不关心。程九柯却和蔼可亲，平等待人。回族炊事员唐达吾，因家庭负担重，生活有困难，一度闹过情绪。局长韩崇德要解雇他，程九柯为其说情，并让唐的家属做临时工，使其免遭失业之苦。税务科长陈自明同程九柯非常亲近，引起了韩崇德的猜忌，以酗酒滋事将陈革职。程九柯得知此事，便让维吾尔族商人沙的克阿吉从银行贷款，扶持陈自明摆小摊赚钱谋生。新中国成立后，陈自明谈及此事，全家还念念不忘九柯的搭救之恩。程九柯非常尊重少数民族的风俗习惯，凡是与他接触过的少数民族群众，都说没有见过像他这样的好局长。

程九柯调离阿克苏到莎车地方税局任职以后，钱萍由莎车调来，接任阿、温、瓦、柯地方税局副局长。

1940 年夏季，全疆开展了验契查田清理田赋的工作。阿克苏行署责成温宿县成立验契委员会，县长和税局局长担任正副主任，银行、公安局、维文会的负责人担任委员。钱萍代表税局负责具体领导工作，既管组织又当秘书。

夏季的南疆一片火热，钱萍把全部热情在这个火热的季节里尽情释放。他除县府通知非参加不可的会议外，很少回机关，经常和大家一起早出晚归，走乡串户，往返于田间地头。他不善骑马，开始骑马不自如，将屁股都磨破了。大家怕他不习惯，将身体拖垮，一再劝他回机关，均被他婉言谢绝。他每到一地都反复强调公务员应为老百姓做有益的事，否则对不起他们。特别是生长在当地，熟悉情况的人员，更应为群众着想，吃苦耐劳，努力工作。在他的言传身教下，原来想逃避艰苦工作，借口有病回机关的人，都打消了念头。验契查田工作1940年秋季开始，翌年春天结束，圆满完成，为实行田赋合理负担打下了基础。

征粮季节，农民从四面八方将粮食送到粮站，依次堆在院内，手拿通知单等候验收入仓。征粮人员白天按户验收入库，晚间还要分别逐一登记入账销号，工作量很大，每天十四五个小时。钱萍除抽人每晚来粮仓算账，他本人手持算盘也不例外。乔国玺算账打算盘在当地很有名气，群众称他是“铁算盘”，可是这次每晚统计征粮总数均以钱萍算盘上的得数为准。因为钱能双手打算盘，掐手指算出的得数也分毫不差，因此有人称赞钱萍是“神算盘”，一向不服人的乔国玺也甘拜下风，敬佩不已。

那时交粮的农民均用马车和牛车，有的用毛驴驮，路途远的要走三四天。因交粮的人多，需要排队，有时到第二天才能交完返回。钱萍见天气寒冷，农民在院内等候，便动员局内人员掌着灯，尽量收缴入库，让农民早点儿回家。他对交粮人中的老人、少年特别关心，让他们到办公室烤火喝水。他后来又建议政府，规定近郊的农民田赋交粮，远郊的交代金，这就免除了远郊农民运粮进城交税而受冻饿之苦。

过去每到牧税征收季节，即由税局召集各区村长开会布置，并请县长出席作个一般号召，再组织人员下乡，将税收回就算完成任务。对税赋的轻重和计税牲畜价格的合理评定等问题是无人过问的。钱萍除调阅历年有关牧税的档案并向税务人员了解以往的征收情况外，还认真学习财政厅颁发的一切文件，提出切合实际的一些具体措施。他还要求贸易公司派员随同各征收组至农牧区，收购农牧民为纳税出售的牲畜，并严格规定按照市价付钱，不准压级压价，以杜绝过去奸商趁牧民交税之机，贱价从中渔利。日子如行云流水，钱萍的足迹也如行云流水，几乎踏遍了所有的农村牧区，就是气候变化无常的温宿山区，包子冬、协合里，他都去过。

征田赋，收牧税，都有很多弊病。征田赋，掌斗的人手里有很大进出。农民来交粮，给他一糊弄，往往一斗只剩下几升。钱萍坚决不允许下面的人这么搞。收田赋时，他都在场，一块儿算账，一块儿签票，使一些行为不轨者不敢胡来。不久，财政厅规定改升量为过秤，得到了广大农民的拥护。牧税也是税收大项，那些牧主鬼名堂很多，想方设法少报牲畜。收税员不向牧主收税，只向替牧主放牧的牧民收税，这就很不合理。钱萍组织乡长、村长学习税收政策，实行奖金制，是多少牲畜就缴多少税，是谁的牲畜就由谁缴税。这样，牧民负担轻得多了，牧主也不能漏税，政府增加了收入。

钱萍1941年11月被调到和田区于田县，任县税务局局长兼金矿局局长。他尽管不公开自己的身份，但大家一看年纪轻轻担任这种职务，就知道他是共产党派来的。

钱萍收到一个商人的告发信，告局里的稽查长有贪污行为。钱萍查实了证据，向法院起诉，叛了这家伙三年刑。原来此人是个密探，就在把犯有贪污罪的密探送进牢房之后的一天清晨，钱萍还没有起床，局里的一个老头就来敲他家门，一进门就哭起来。

“有什么事你就说，不要哭。”钱萍对老头说。

老头把县公安局长昨晚威胁他的事讲了一遍。公安局长让他监视钱萍，一有情况马上报告，每月开奖金，老头不干。公安局长威胁说：“你不干也得干，干也得干！你要不干的话，就看后果么，看你有多大的本事吧！”老头对公安局长说：“这种伤天害理的缺德事我不干！”

“你不干，就说一说，不要讲伤天害理的缺德事。这样讲不就是骂公安局了？”钱萍听后如实道出了自己的肺腑之言。

“反正我不干这种伤天害理的缺德事！”

人性如一泓清水，往往容易随物赋形。然而延安来新疆工作的同志诚实正直、克己奉公，自始至终清正廉洁、清明可鉴。当时也有“合法”的贪污。收田赋时，上千上万斤粮食堆在仓库里，有个自然损耗，可以报销。实际没有那么多，报了那么多，其中的粮食就归县长、税务局长了。粮食多了出来，钱萍一点儿也不许动，你县长也不准动，多少都归国家。下面的公务人员就看当县长、当局长的贪污不贪污。钱萍做得正，县长拿他没办法，下面的人也不敢胡来。

局里收税最麻烦的事是每天结账，钱萍晚上都要和大家一起结账。他的算盘打得准、打得快，那一天他没去，第二天一大早就有人来说账弄了一夜。局里的工作抓得紧，每次奖金就发得早，发得多，下面的公务人员十分高兴。有时局里分奖金分不够，他就拿出自己的钱让大家分。过年过节，他都要到局里的公务人员家走走，问问情况。夏天，每逢星期天，民族公务人员喜欢到果园去玩儿。他就和他们一起去，自己掏钱买只羊，烤了大家吃。民族公务人员有什么事都愿意给他讲，谁有了什么困难，他都想方设法解决。大家送东西，他一样也不要，党的纪律不允许收老百姓的东西。

钱萍离开于田返回迪化，局里的公务人员、家属和小孩都出动，送了他一程又一程，再三劝说才依依返回。

## “立即回迪，另有任用”

郑亦胜到和田区叶城县税局任局长，已是1942年1月了。郑亦胜，化名郑正声，参加过中央红军的长征，到达陕北后任中华苏维埃中央财政部统收局长，兼任陕甘宁三边特区财政特派员。1938年10月，郑亦胜和高登榜由毛泽民点名来新疆工作，任财政厅秘书、财委会主任秘书，1941年被指派为新疆财政监察委员会视导员，负责哈密区及南疆各区、县财税视导工作。

郑亦胜到叶城县时，税局办公室东墙倒塌，影响办公。省财政厅拨来修建款不足，还差1/3。他同税局人员研究，能否将税收奖金，各人看家庭经济情况资助一点。有资助3个月的，有资助6个月的，他资助了在叶城的全部奖金10个月，弥补了修建费的不足。许多人赞扬说：“税务局工作人员看到公家有困难，大家出钱解决，精神可贵！”还有人说：“局长是个怪人，不要钱，奖金全部给公家修房用了！”县政府有一个副县长利用职权贪污，查实后不认错，他电报督办批准，撤销职务，追回款物。公安局养了一群羊，缴牧税时少报羊只1/3，进行瞒税，税局稽查核对后，叫他们补缴了税款和罚款。为了阻止外国商人进行走私活动，税务局在库克牙、麻扎设立税卡，坚决没收走私货物。人们说：“现在税务局认真负责，廉洁奉公，一发现有违犯税规税章，一律严办，不讲情面。”叶城县这一年的税收比上年增加10%左右，其中牧税增加更多一些。

凌厉的调令加个“急电”远行千里。盛世才先后用急电把中共在南疆各地工作的同志都调回迪化“另有任用”。一些在和田区、县工作的同志，奉调回迪化路经叶城，都在郑亦胜这里过夜。于田县税局副局长黄永清路过叶城，对郑说：

“老郑同志，现在我们的人留在和田工作的只剩下你一个人了，可要多加留神啊!”

“你到了迪化，见到徐先生，问有何指示？一定给我写封信来，把情况告诉我!”

他俩约定暗号：如果形势不妙，情况恶化，信上就写“偶感风寒，住进医院”。如果自己同志已经被捕，信上就写“这里多数人都患病，是危险的传染病”。

黄走了一个多月，如石沉大海，音信全无。时间已是跟郑亦胜心情一样阴郁的秋天。正当郑亦胜思索、忧虑、惆怅的时候，他接到盛世才的紧急电报“立即回迪，另有任用”。他匆匆看过，默然不动，心里反复盘算，去还是不去？去，凶多吉少，如果盛世才设下圈套，自己岂不是自投罗网，正中奸计；不去，违抗督办命令，盛怪罪下来，又该作何解释呢？过了没几天，盛接连发来两封急电催促返迪。他经过反复考虑，认为还是应从统一战线着想，回去找党组织，于是匆匆交代完工作，动身返回迪化。

大漠绿洲，霜结千草。车行似风，到达迪化。郑亦胜下车时来了两个警察，不怀好意地上下打量了他一番，声言要检查行李。他们当场打开了郑亦胜带的两个行李箱，把里面的东西翻了个遍。箱子里除了他的衣服，就是几本书。他没有料到一到迪化，盛世才已派人盯上自己了。为了预防万一，他没有直接到八路军办事处，也没有去财政厅，而是雇了一辆马车，把自己和行李拉到离车站不远的“骡马大店”，要了个单人房间，住了下来。他草草吃过晚饭，顾不得旅途疲劳，独自来到南梁八路军办事处驻地，急于找到党的组织，找到自己的同志，把情况摸清楚。

南梁是一个偏僻的小山坡。他来到办事处房子的前面，黑黝黝的大门上挂着铁锁。几幢房子里都黑咕隆咚，没有灯光，没有声音，周围也没有一个人影。他又疾步来到羊毛湖徐先生住的地方，这里也和南梁一样冷清。他不由得倒吸了一口冷气，心里一下子凉了半截。他们都到哪儿去了？

从羊毛湖出来，他找到原来在财政厅工作时要好的一位同事家里，打听厅长周彬的情况。这位同事说："7 月份报纸上说周厅长去养病，也不知到什么地方去了？盛世才怕是没安着好心肠，你可要当心啊！"

郑亦胜陷在陌生的黑暗里，悻悻地回到骡马大店，心绪焦急，怎么也无法平静下来。店老板敲门进来说："外面有两位先生要见你，说是盛督办派来的。"

店老板领进两个人来，他一眼认出其中一个是盛世才的副官。副官见了他，满脸堆下笑来，说："这不是郑局长哟，你在财政委员会当秘书时，咱们不是常见面嘛，老相识了，哈哈……"副官假惺惺跟他寒暄了一阵后，收敛了笑容，装作一本正经的样子说："郑局长，你回来了，怎么也不跟督办报个到。一个局长，住在这肮脏的骡马大店里，就不嫌寒酸，害得我们到处找你。走吧，盛督办要亲自接见你，让我派车来接你来了。"

郑亦胜理了一下东西，副官旁边的那位随从给他提着箱子，走了出来。门口，停着一辆黑色轿车。他们乘车来到公署，副官把他领到副官处，说："你先坐一下，我找督办报告你来了。"过了不一会儿，他回来装出十分抱歉的样子说："哎呀，实在对不起，督办刚刚在召集一个会议，脱不了身。他说你刚回来，一路乘车辛苦，先安排下来，休息两天。工作嘛，先不忙着谈。"副官又说刚才已打电话安排好了，让他住到三角地的一个招待所。

郑亦胜在这位副官和随从的"护送"下，乘汽车来到了三角地招待所。这是一栋旧式的四合院，两层的楼房，周围 5 米多的高墙，门口安着大铁门，有岗楼，有武装警察日夜站岗。他进到院子里，一眼看到有 20 多位同志在这里。大家见到他，顿时围上前问这问那。那一番亲热劲儿使他一下子感到无限温暖，几天来的忧虑、疲劳、孤独全都不翼而飞了。

1942 年 1 月 10 日，蒋连穆由库、沙、拜、轮、托地方税局副局长调任焉耆财政局副局长。焉耆是行政公署所在地，地处南北疆交通咽喉，迪化至阿克苏、喀什、和田公路由其境内贯穿。这时省财政厅代厅长毛泽民已调离财政厅，税收项目又逐渐增多，人民负担又重新加重，工作也更为难做，无法攥拳使劲儿。新疆的政治形势一天一天恶化，理想与现实相龃龉，统战工作压得他极难应付。他在焉耆只能谨言慎行，低调行事，除了完成税收基本任务，做好局内经常性工作外，难有更多建树。

冬去春来，乍暖还寒，蒋连穆听到盛世骐旅长被刺的消息。他和时任焉耆教育局局长的曹建培交谈过，但弄不清楚情况。此后不久，共产党人开始由南疆回调。最初路过焉耆的是林基路、陈茵素夫妇，李云扬、伍乃茵夫妇，接着路过的是郝升、刘志韫夫妇。蒋连穆对林基路说："如果你们是回延安的话，请向徐先生说说，把我也调回去。"8 月底，曹建培调离焉耆时，公安局检查了他的行李。9 月间，王谟路过焉耆。焉耆各机关的人员也在变动，最早调换的是教育局长，接着财政局长张绍德由魏建勋替代，尔后公安局长换成了高炜，行政长换上蒋啸洲。自蒋啸洲、高炜到焉耆后，焉耆已是风声鹤唳，被一团浓重的浊气取代。

财政局长张绍德办理交接时，请邮政局李局长帮助会计科科长侯意远结算账目。李局长常在财政局里吃饭，有天对蒋连穆说："今晚请到我那里吃鱼去。"下班后，蒋连穆到李那里时，汽车站冯站长也到了。

三人坐下吃饭。李局长、冯站长让蒋连穆喝酒，蒋说："你们喝，我吃鱼。"

"老蒋，你太小心了！"冯站长说。

"喝了不好受，何必勉强。"

"老蒋，你对政府不忠实吧！"两人喝了一会儿，冯站长说。

"我们为政府工作，不忠实政府忠实谁？你这话有问题吧！"

李局长一听话僵了，就说："不说啦！吃鱼，吃鱼。"

"您——得——了——吧！您——得——了——吧！"冯站长装作半醉的样子。李局长让着饭，调解过去。蒋连穆想，这是有意试探，请吃饭是有预谋的。

这期间，李局长和侯科长两人清理的账目，越理越乱，一个多月未能理清。最后，张绍德以交代不清的罪名被公安局关押起来。

公安局长高炜的警卫员来请蒋连穆。

"老蒋，你是老焉耆啦！可得多帮忙阿！"高炜让蒋到会客桌旁坐下，嬉皮笑脸地说。

"互相帮助，能帮上的，我当尽量帮。"

“最近有反对政府的言论和行动，你听到后，希望能及时告诉我们。”

蒋连穆一听这话，心里想你高炜今天找到我头上来啦，难道我还怕你吗？“检举反对政府的言论和行动，公务人员人人有责。我听到后，一定马上告诉你们。不过我是做税务工作的，不大受人欢迎，怕听不到多少消息，不一定能对你们有多少帮助。相反，我们税局是向人家要钱的，人家对我们的意见很多，希望局长听到后能不客气地告诉我们。过去金局长对我们有很多帮助，希望高局长能给我们更多的帮助。”

“那没问题，一定帮助。”

“还有事没有？没事我回去啦！”蒋连穆问高。

高炜马上站起来说：“麻烦你啦！多帮助啊！”他嘻嘻哈哈地把蒋连穆送出来。

此后，蒋连穆没告诉过高炜什么，高也没再找他。只是蒋的门口坐了一个人，蒋一出去，那人就跟在身后。蒋到别的机关，人家也很冷淡。蒋还发现，高炜的警卫员常到魏建勋的房子里去。去后一会儿，魏建勋就出去。去干什么，可想而知。

魏建勋这个人，蒋连穆在库车就认识。他到差后蒋对他有些帮助，所以他以劝说的方式向蒋进行过试探：“现在情况变了，大错误犯不得啊！张绍德人家真行，还说为中苏友好而干杯哩！周彬犯错误了吧！薛汉鼎回口里了吧？”等等。周彬是毛泽民的化名，薛汉鼎和蒋连穆一批由延安到新疆，先任叶（城）皮（山）地方税局副局长，又任省财政厅视察员，最后任焉耆区轮台县税局局长。蒋连穆都以与已无关或无所表示的态度应付过去。

九十月间，《新疆日报》上公布了盛世骐被刺的公告，说是赤色帝国主义、汉奸托匪、野心家之类的反革命分子想推翻新疆政府，首先要掌握军队，所以要刺死盛旅长。这个公告发表后不几天，行政长蒋啸洲找蒋连穆谈话。

“公布盛旅长被刺的公告看了没有？”

“看了。”

“现在政府有个密令，今后接见苏联人，必须两人接见，见后要将谈话记录上报。到苏新贸易公司去，事先要报告公安局，得到同意才能去，事后也要报告。无事一个人不许与苏联人来往。你对这个密令有什么意见，如何执行?”

蒋连穆本想说苏联不是帝国主义国家，不对外实行侵略，又想如果蒋啸洲反问一句，你不相信政府？不好回答，于是只答复“命令我执行”。

1943 年春，苏新贸易公司经理到财政局谈税务问题。蒋连穆和魏建勋两人接见，谈的上税问题。事后，魏建勋整理了一份谈话记录，由他们两人签名盖章报告了行政长公署。

1943 年 1 月，国民党新疆省党部成立，盛世才任主任委员。“六大政策”的提法变了，不是以马列主义新哲学为基础，而是三民主义的初步实行，三民主义是六大政策的最后实现。六大政策和三民主义挂上钩了，这表明盛世才公开投靠了国民党。蒋连穆看工作不能再干了，怎么办？跑吧，语言不通，在特务网的监视下也跑不出去。如果跑到半路被抓回去，反而给盛世才以口实。你没有问题为什么跑，还给组织上惹麻烦。这时，他是何等渴望组织上的指示啊！他精神很紧张，前思后虑地想，怎么办？最后下决心，死也得和同志们死在一块儿。他给盛世才写亲启信，要求回迪化治病，信去后三四个月不见答复。在这期间，陈广竹回调路过焉耆，陈广竹化名陈解虚，任和田区墨玉县县长。蒋把情况都告诉了陈，说：“我们一块儿来的人都回去了。我让回去的同志到迪化后写封回信，但一封也没收到。情况肯定有变。”他请陈到迪化后设法给封回信。

新疆省国民党党部成立不久，有个通知说，为了加强图书馆工作，私人所存的马列主义书籍都要上交，由图书馆保管供人研究。蒋连穆想，自己所存马列主义书刊和《新华日报》等，如交出去可能引起他人询问来路，干脆一焚了之。

5 月间，财政厅来电准他回迪治病。临行前，魏建勋的酒友、县政府的周秘书说有私事，请顺便搭车同行。蒋想这是有任务的，如不答应，怕走不成，只好应允。

蒋连穆一到迪化，就去督办公署报到。副官进去一会儿出来说：“你有事可在电话里给督办讲话。”蒋说，没有事。副官领他见副官长，分配他到招待所去往。招待所看门的老头，给他端饭招待他。每天都有人到老头的房子里嘁嘁喳喳谈一阵就走了，看来老头也是有任务的。蒋连穆借看病的机会到处闲逛，看能不能见到对他们好的人或听到同志们的情况。他遇到张绍德的哥哥，便到其家中，向张的爱人问了刘志辐的情况。她说："一直没有见到她，对她的情况一直也不知道。"他想通过她了解刘志辐和郝升的希望落空了。

7月的一天晚饭后，夕阳一片血红。盛世才派人把蒋连穆和陈广竹、王淑贞夫妇拉到西河坝，同他们的残疾人、病号、妇女和小孩一起软禁起来。蒋连穆这时才听说盛世才打死自己四弟盛世骐，又制造了阴谋暴动案。

# 第十一章

# 调离迪化任县长

## 人生是一支火炬

如果有人问："什么样的人是具有革命道德的典范？"

同学们会回答："林教务长！"

如果有人问："什么样的人才称得上真正的共产党人？"

同学们会回答："林教务长！"

这是抗日战争时期，新疆学院的学生对林基路的评价。林基路虽然被新疆督办盛世才杀害，躯体早已融入泥土，但他的人生像一泓山泉，像一缕春风，像一支燃得十分光明灿烂的火炬，润泽人，抚慰人，照亮人。

1938 年 9 月 19 日，赵明由兰州乘中苏运输委员会运送苏联援助中国抗战物资回程的汽车，到达迪化。这时，迪化九一八事变七周年纪念大会刚刚开过，正在开全疆运动大会，接着就要开第三次全疆代表大会。满街都是鲜红的大布标，上面用白粉写着"坚持全面抗战！""坚持持久战！""坚持抗日民族统一战线！"等标语。街头竖立着一座座碧绿的松枝牌楼，上面扎着大金字："庆祝第三次全疆代表大会的召开！""争取抗战最后胜利！"抗战和建设新疆的热烈气氛，使人精神振奋。这与赵明刚刚走过来的河西走廊国统区那种冷冷清清、破破烂烂的凄凉景象，形成了强烈的对比。

当晚，一位在北京读书时的老同学来看赵明。老同学是新疆学院上届政治经济系毕业生，在迪化师范学校工作。老同学知道赵明来新疆是为了去苏联学习，告诉他说："现在第三期留苏学生已经回国，原打算派送的第四期留苏学生，政府决定不派遣了。已由延安请来一批干部，按照延安抗大的样子办新疆学院，就地造就人才。你进新疆学院，比去苏联学习还好！"老同学以崇敬的心情向他讲述实际主持新疆学院工作的林教务长。话虽不多，但在赵明心中树立起一个青年革命家、新型教育家的形象。

当时新疆学院在迪化北梁，在省立第一中学的隔壁。林教务长的办公室在三间正房的东间。赵明一走进去，就看到办公桌旁坐着一位神采盎然眉清目秀的青年人，正低头写着什么。青年人一见他们进来，便站起身来。他个子不怎么高，但身材非常匀称，长得很结实。赵明的同学给赵明作了介绍。赵明叫了声"林教务长"，上前握了握手。林教务长打量了他一下，顺手拉过两把木椅让他俩坐下，便问起赵明的经历来。

赵明有点儿拘谨，断断续续、结结巴巴地讲了九一八事变后自己的遭遇，作为一个东北流亡学生到过的地方，读过的书，思想变化的过程。林教务长听后，微露笑容说："你明天上午来，给你出个题目，做篇文章。"林教务长给赵明的第一个印象是既严肃又亲切，既冷静又热情。

第二天一早，赵明一个人来到新疆学院。林教务长让他坐到三屉桌旁，拿过来几张由苏联进口的蓝线白道林纸，说："写吧！题目是《我为什么要入新疆学院》。"

赵明想了一下，根据自己读过的艾思奇著的《大众哲学》，列翁节夫著的《政治经济学》，李达著的《社会学大纲》，倍倍尔著的《妇女与社会主义》等书，按照自己所能理解的劳苦大众受剥削、受压迫、要革命的道理，写了他之所以要进新疆学院，是为了学习解放劳苦大众的革命本事。

林教务长接过去仔细读了一遍，微微点了点头，热情地对他说："开课时，你就来吧！"赵明激动地紧紧握了握林教务长的手，几乎是跳着走了出来。"我被收录做林教务长的学生了！"

新疆学院开课延迟到 9 月底"第三次全疆代表大会"之后，因为大部分同学被组织到大会工作中去了。林教务长负责大会宣传工作，同学们在林教务长领导下，印刷抗战歌曲集和其他宣传品，排练为代表们演出的话剧、歌咏等文艺节目。林教务长亲自写剧本，亲自任导演。赵明到迪化不久，就看到林教务长发表在《新疆日报》上的一篇关于编剧演剧的文章，阐述了现实主义表演艺术的基本理论和方法。这对喜欢文学的赵明来说，深为敬佩。林教务长可说是新疆话剧运动的奠基人。1939 年春，赵丹等来新疆，成立专业实验话剧团，演出抗战话剧，在林教务长奠定的基础上把新疆话剧运动又向前推进了一步，提高了一步。

林基路教务长是延安来的共产党员。他原名林为梁，广东台山县人，1916 年4 月17 日生。他在家乡任远中学读书时，担任校刊《骆驼》的主编，经常在《骆驼》上发表追求真理、揭露黑暗的诗歌、散文、小说和评论文章。林基路不但文章写得好，而且口才出众。1929 年 12 月，他参加全校演讲比赛获得第一名，接着代表任远参加全县中学生演讲比赛又荣获第二名。1930 年 7 月，林基路写了独幕话剧《自由神》，满怀激情地歌颂了为辛亥革命而壮烈牺牲的黄花岗七十二烈士。这年暑假，他参加了何干之、朱伯濂先生在台山中学举办的“台山青年暑期学术研究班”。何、朱两位老师是新近从日本留学回国的，主讲现代世界观和新文学，即马列主义和革命文艺理论。这次学习，使他获益匪浅。他在任远中学串联了一些同学，争取到老师的支持，办起了一所民众夜校，吸收附近贫苦工人、店员及其子女共 40 多人上夜校读书。

林基路

九一八事变爆发，震惊全国。正在广州中山大学附中读高中的林基路写出了政论《只有一战》，寄回母校发表。他一针见血地指出蒋介石提出的

“和平解决”是卖国把戏，“欺骗不过热血在奔腾的青年”。他大声疾呼“只有一战！战则生！不战则死！”1933年初，林基路在上海南方中学加入了共产主义青年团。在一次学生革命活动中，因叛徒告密而被捕，多次遭到毒打，但他坚强不屈，组织被捕同学进行两天绝食斗争。他被营救出狱后，又积极参加了中国左翼作家联盟和中国左翼社会科学工作者联盟的活动。1933年秋季，林基路进入大夏大学文学系学习，仍四处奔波于各校之间，进行联络，召集会议。团组织考虑到他在上海已是反动派注意的目标，同意他东渡日本。

1934年一个春光明媚的早晨，林基路和几个同乡同学，东渡扶桑，蹈海求学。他到东京，入明治大学攻读政治经济学。来到东京不久，就和志同道合者发起创办了《东流》杂志，第二年5月创办了《杂文》杂志，7月创办了《诗歌》杂志。他还发起组织了“中华留日剧人协会”，排演了《娜拉》、《视察专员》、《复活》、《雷雨》等新戏，风靡一时。他还和别人合作，把茅盾的《子夜》改编成四幕七场话剧。在林基路的倡议下，出版了《文艺科学》杂志，他亲自为创刊号写了社论《文艺理论的重工业运动》。

在上海文委宣传部工作的何干之老师，因遭到国民党反动派的通缉，也来到了东京。林基路向何干之表明了加入中国共产党的要求。何干之写信介绍他回国内与组织联系。这样，林基路立即回到上海，几经周折加入了中国共产党。他重返东京，任1935年9月成立的中共东京支部书记。党团组织建立后，东京中国留学生的群众组织得到了切实的领导，工作开展得更加活跃，到抗日战争爆发为止，东京支部已发展了党员50余人。

1935年春，陈茵素来到日本东京，进入日本大学攻读日语。林基路和陈茵素曾在家乡同台演出进步新戏，在东京又一起参加进步活动，风雨同舟，患难与共，仿佛有一种与生俱来的默契。1935年底，两人在东京结婚。

1937年夏天，日本帝国主义的全面侵华战争已到了一触即发的地步，林基路回到祖国上海，立即投入了抗日救亡运动。这时，延安要上海党组织派一批人到延安搞抗日文化工作。林基路和李云扬、周立波、苏灵扬等十来人，跟随周扬、何干之、艾思奇等同赴延安。他们到延安不久，毛泽东主席亲自到窑洞看望了从上海来的同志。周扬任陕甘宁地区教育厅长，艾思奇、何干之分别到抗日军政大学、陕北公学任教。林基路坚决要求当学生，被组织上分配到中央党校学习，并担任第十二班班长和党支部委员。1938 年 2 月受中共中央委派，他和李云扬、李宗林等到新疆工作。

1938 年 4 月 28 日，新疆学院的师生济济一堂，热烈欢迎林教务长。在一阵雷鸣般的掌声中，林基路矫健地走上讲台。“现在，日本帝国主义者正在我国的土地上烧杀抢掠。我们在后方的青年应当振奋起来，用先进的思想和真才实学武装自己，成为对祖国对抗日有用的人……”莘莘学子抬起双双慧眼，听着他那富有鼓动性的讲话，都庆幸有这样一位异乎寻常的学院领导者。

“第三次全疆代表大会”之后，新疆学院由北梁搬到南梁，林基路也开始了更加辛勤的工作。组织搬迁很不容易，主要是人手不足。当时新疆学院院长由教育厅厅长兼任，不到学院办公，一切院务都由教务长林基路主持。专职教职员有政治经济系主任祁天民，延安来的共产党员；军事教官杨梅生，延安来的红军干部；俄文讲师图奇春，事务主任常亮，教务员田毓桂。其他讲师有共产党员陈培生、许亮、李云扬等，但都是兼职。林基路以非凡的组织能力，把全校师生都动员起来，大家同甘共苦，有条不紊地把学校搬了过去。

新校址是军队营房旧址，周围有一圈土城墙，上有通道和垛口。马仲英围城时，是守迪化南面的一个据点。紧靠南面城墙是一排教室，紧靠北面城墙是一排宿舍。前廊和门窗的油漆都已脱落，房顶上长着小草，风一吹不停地摇动。房屋顶棚破破烂烂，墙壁被烟熏得黑黝黝的，有的已经裂缝。林教务长又发动大家整饰校舍，院内道路铺上沙石，篮球场地翻修平整。礼堂刷得粉白，墙上钉着“团结、紧张、质朴、活泼”八个大字，作为校训。林基路还为学院编写了校歌，亲自给师生教唱。师生很喜欢热情奔放、寄寓着革命理想的校歌。

学院为了补足课时，这年寒假没放。林基路给学生开了两门课，一是政治学，二是社会构造论。他讲课充满激情，有鼓动力。学生们听他讲课，不论在理性上还是感情上都不能不被打动。

为了贯彻抗大理论联系实际的教学方针，使同学们在学习理论的同时，正确了解世界大事、国家大事，林基路倡导每周用一个下午作为“抗战建国日”，聘请知识界知名人士讲时事政治。首先由他自己开始，用对比方法，讲述了国民党的《抗战建国纲领》《和共产党的》《抗日救国纲领》。他指出

《抗战建国纲领》的不彻底性，不给人民以抗日救国的民主权利。他引经据典，纵横捭阖，晓明只有按照《抗日救国纲领》去做，才能战胜日寇，建设起民主自由独立的新中国。

林基路有着不灭的理想和追求，蕴蓄生命般凝重的信念。他抓住每一个积极因素来唤醒溶解在青年学生血脉中的爱国热情。在纪念“一二·九”学生运动时，林基路知道赵明在北平参加过这一运动，便把赵明找去，要他在纪念大会上发言。林基路一再鼓励他：“不要怕，按自己亲身经历过的情景讲就行了！”赵明鼓起勇气在大会上结结巴巴地讲述了自己参加“一二·九”示威游行的前后经过情形；讲述了如何冲出有军警把守的学校大门，并沿路把其他学校的学生接引出来；讲述了游行队伍如何冲过路边架着机关枪的西长安街，跑步冲出将要关闭的前门；讲述了军队在五牌楼开枪等情景。林基路接着以激动的声音，讲述了在共产党领导下，“一二·九”学生运动在唤起民众，准备抗日中所起的作用，鼓舞大家要发扬“一二·九”学生运动的革命精神，坚持抗战到底。这是思想的感召和精神的凝聚，学生们深深沉浸其间。他是青年学生精神舞蹈的领舞者和共舞者。

新疆学院的“抗战救国日”除组织讲演、报告外，还组织歌咏晚会和话剧演出。“抗战救国日”晚会上，经常演唱抗战歌曲《义勇军进行曲》、《大刀进行曲》、《我们在太行山上》、《流亡三部曲》和《五月的鲜花》等等。他们曾演出话剧《哨声》、《呼号》、《小朋友，你错了》、《放下你的鞭子》、《扬子江暴风雨》和《黄飞龙》等等。新疆虽是歌舞之乡，但是像这些洋溢着时代气息，从内容到形式都是崭新的戏剧演出，还是第一次。1938 年 10 月，新疆学联举办了一次话剧演出比赛。新疆学院演出了由林基路编导的《呼号》，荣获第一名；省一中演出了由李云扬编导的《我们打冲锋》，获得第二名。新疆学院的歌曲演唱与话剧演出，不仅教育了本院师生，鼓舞了师生的抗战热情，而且“满园春色关不住”，还带动了其他学校以至社会。一时，迪化唱新歌、演新戏，蔚成风气。

新年到了，反帝总会组织各学校举行话剧比赛。政经二系排演了《太平年》。赵明是班干部，要组织演出，所以常去找林教务长，请他指教。林教务长住室陈设非常简单，临窗放着一张桌子、两把木椅，靠墙摆着一张木床。他把一只木凳横放在地上，在木凳中间斜插一块长木板，上面铺上一块毯子，就成了简易“沙发”。他经常仰靠在上面看书、休息。

赵明进去找他，他因工作过分劳累，仰在简易“沙发”上睡着了。赵明悄悄地把跌落在地上的书拾起，放到桌上。他惊醒过来，打了个呵欠，坐起身以询问的目光看着赵明。

“林教务长，我们班的话剧开始彩排，请林教务长给指导一下。”

他听后，立起身来，什么话没有说，跟着赵明出来，走进礼堂，登上舞台，指导同学们排练起来。他按照剧中人物性格和特点，指出每个角色表演时应该注意的地方，有时做个示范动作，有时讲讲舞台调度。为了求得更好的演出效果，林基路还特地将延安来的擅长戏剧艺术的于村和白大方请来，给大家具体指导帮助。

《太平年》这个剧本是写抗战后方一家农民在新年到来时，祈求过个太平年，但这个年过得一点儿不太平。师生们忙着排戏演戏，过年也难得休息。林教务长风趣地说：“只要咱们的戏能起到教育观众的作用，那咱们就欢度了新年。”

新疆学院的演员虽非专业，但演剧的水平却可圈可点。比如党固，个子高，长瓜脸，梳着蓬松的短背头，演革命青年非常得劲儿。因为他深深敬爱林教务长，而且不掩饰这种真挚的感情，以后在盛世才挥舞屠刀时，便在同学中成了第一批牺牲者。

新疆学院有两个群众组织：一个是学生会，负责组织学生学习、文体，管理伙食、卫生等院内工作；一个是新疆民众反帝联合会学生一分会，负责学生思想和纪律，组织学生从事抗日宣传、抗日募捐、抗日话剧、歌咏以及工人夜校等社会活动。林基路对这两个组织的工作非常重视，善于抓两个组织的积极分子，通过他们来推动工作，也善于教育培养积极分子，不断提高他们的水平。他召开全院积极分子大会，在会上作了长篇报告《论新工作作风》。这篇报告讲的是马列主义的科学工作方法，一共讲了三个下午。《新疆日报》特意约请林基路把报告写成文章，以两整版篇幅发表了。一时，各军政机关干部、学校教职员和各校师生争相议论。《论新工作作风》在全疆各地引起很大反响。

林基路还非常注意对同学的个别指导和帮助。

他到宿舍查自习，见赵明正在用中文本对照读英文本的《列宁主义问题》，便接过书翻了翻。

“你用英文能够阅读吗？”

“一般文学书还可以勉强看，社会科学书读起来有点儿费劲。”

“多学会一种外文，就多掌握一种求知的工具。你在学俄文的同时，不要把英文丢了。”林教务长指着莫斯科外文出版局出的精装《列宁主义问题》中文本说，“这是一本现代政治学，百读不厌，好好学吧！”

在林教务长授意下，系主任祁天民老师不久送给赵明一本苏联出版的英文本《莎士比亚选集》，祁老师也嘱咐赵明：“不要把英文丢了，应该继续学。”

赵明遵照林教务长和祁主任的教导，在学习俄文的同时，一直坚持学英文。他在国际书店买了英文本《列宁选集》12 卷，订阅了英文版的《莫斯科新闻》周刊、《国际文学》、《苏维埃大地》三种刊物。苏德战争时，赵明从中选择翻译了一些通讯特写，刊载在《新疆日报》上，作为支援苏联人民反抗法西斯侵略的一点儿表示。关于《列宁主义问题》，他遵照林教务长的教导，一直没有放开手，甚至在 1942 年被捕坐牢，也和同号的崔先生一起用英、俄、中三种文本对照着学习。这本书使赵明在最艰难的环境中没有迷失方向，没有发生过动摇；这本书教会了他用严格的逻辑方法来进行思维。

林基路既关心学生的学业进步和思想成长，又关心学生的日常生活和身体健康。为了增强学生的体质，他一方面协助军事教官杨梅生抓紧学生的军体锻炼，另一方面还抓学生伙食的改善。盛世才统治下的新疆，政府官吏和公务员贪污成风，新疆学院管理学生伙食的庶务人员也不例外，因而学生的伙食每况愈下。为了解决这个问题，林基路做了一番细致的调查工作。当他掌握了庶务人员贪污浪费，多吃多占的确凿证据后，便找他们谈话，直到他们承认错误并表示悔改，然后让他们在全院师生大会上公开检查。从此以后，学生的伙食得到改善。

新疆学院当时有教育一系、教育二系、政经二系、语文系，还有两个附属高中班，一个汉生班、一个维生班，共有 200 多名学生。此外，第三期留苏学生回国后，也在新疆学院继续学习了三个月。他们之中各民族学生都有，因之当时的新疆学院，可说是各民族的学府。林基路坚持马列主义关于民族问题的原则立场和“六大政策”中关于民族平等的精神，非常重视民族团结，提倡各民族学生互相交朋友。在古尔邦节和肉孜节时，他鼓励汉族同学到各信仰伊斯兰教的同学家中去拜节。他自己更是以身作则，对各民族学生一视同仁，甚至衣着也仿照少数民族的习俗。他头戴青色鸭嘴呢帽，身穿蓝条绒套头、紧腰、抽袖口的上衣，蓝条绒马裤，足蹬皮靴。

优秀的品格通过优秀的人的影响四处扩散。由林基路培养起来的民族友爱精神，在以后的新疆政治生活中发生了深远的影响。三区革命时，不少新疆学院的各族学生并肩参加了战斗。三区革命领导人之一阿巴索夫就是林基路的学生。阿巴索夫在维护维汉民族团结，纠正革命初期窃夺了领导权的宗教上层人士煽动起的狭隘民族主义情绪，摆正革命方向方面起了巨大的作用。

林基路的生命散发出尖锐的穿透力，与他交往让人的心灵感到温暖并且得到升华。同学们都非常尊敬他、爱戴他，连喊“林教务长”这四个字都感到亲切。他那朴实的作风，诚挚的态度，和蔼的语言，赤诚革命的心，给同学们留下了不可磨灭的印象。一切是那么的热烈却又紧凑，然而天并不总是蓝的。

一天下午，林教务长临时召集同学们在院内集合。他站在队伍前面，由口袋里掏出一张公文纸，以低沉的语调读道：“查新疆学院教务长林基路未经审批，私自印发抗战歌本，违背六大政策，犯有严重政治性错误。本应驱逐出境，姑念该员工作尚有微劳，特从轻议处，记大过一次。此令！督办盛世才。”

这是怎么回事呢？原来，在“三全大会”上，林基路负责宣传工作，在印发给代表的抗战歌曲集前，扉页上印有马克思、斯大林、毛泽东、朱德、盛世才的像，盛的像排在最后。盛世才看到后极为不满，认为这是对他这位“伟大领袖”的亵渎，于是给林基路扣上“严重政治性错误”的帽子，记了一过。同学们一时摸不着头脑，私下纷纷议论“这是为什么”？不久，终于弄清了“严重政治性错误”的原委。

盛世才对中国共产党在新疆人民特别是在各族青年中日益增长的威望始终心存芥蒂，想方设法消除中共党员在人民中的影响，于是下令将一些在迪化工作的中共党员调到南疆工作。林基路被调到阿克苏当教育局长。

大雪纷纷扬扬，下午天还没晴。全院师生在礼堂集合，林基路站在场地中央，把每个师生都深情地看了一下，然后以沉重的语调说："同学们！接到政府命令，调我到阿克苏教育局去工作，不久就要和同学们告别了！"话音未落，全场一片哭泣声。他眼角微微颤动，也同样在痛苦。他告慰同学们说："我们虽然暂时分别了，但是在新新疆建设战线上还会相会！"礼堂外面，白雪飘拂得起劲儿，已经染白了时间和空间，甚至连同他的情感。

林基路离校的时候，赵明用苏联造的玻璃版照相机给林基路、祁天民、杨梅生、许亮四位老师在院中合拍了一张全身照片。这张照片，赵明一直保存到新中国成立。他坐牢，搞地下斗争，转移到东北搞敌区情报工作，回解放区，生活几经变迁都没有把照片丢掉。新中国成立后，新疆维吾尔自治区成立八路军办事处纪念馆和库车林基路烈士纪念馆，征集文物时，他将照片翻拍出来，将底片郑重地交给了纪念馆。

林基路动身去南疆，汽车停在新疆学院巷口。同学们一窝蜂似的冲出校门，围了上去，纷纷争着与林教务长握手话别。汽车开动了，同学们紧紧跟在车后依依惜别。一双双流着热泪的眼，望着车轮卷起的久久不散的尘土。

高希林和赵明同班，中共党员，九一八事变前后，曾在东满特委书记罗登贤领导下在哈尔滨市任区委书记，秘密到苏联东方劳动大学学习过。白色恐怖时，他失去组织关系，只身到北平，后又到新疆，曾几次恳请林教务长为他恢复组织关系。当林基路向党代表邓发提出这个问题时，受到了严厉批评。因为党与盛世才有约，共产党在新疆不建立组织，也不发展党员。因此，在赵明和其他同学向林基路表示要求加入共产党时，林基路虽然有心，也只好婉言拒绝。高希林念念不忘林教务长，在林教务长去阿克苏后，他得知赵明回阿克苏交卸工作，托赵明给林教务长捎去一本《列宁主义问题》，上面写了他的名字和留念的话。高希林知道林教务长关于这本书对赵明说过的话。赵明在阿克苏警备司令部当参谋长的哥哥，也深深敬佩林基路，他在军校军事政治深造班学习完后，被盛世才留在军校当教官了。1939 年冬盛世才制造了"杜重远阴谋暴动案"，将高希林秘密逮捕，1942 年 5 月与赵明的哥哥一起被杀害于狱中。

1939 年初，林基路就任阿克苏教育局局长。他到任后，为了尽快熟悉情况，经常走家串户，主动接近群众，因此从教育界到其他行业的人，多说林局长好，说他和旧官僚根本不同。他这个教育局长不单管学校，还积极参与对广大群众的宣传工作，常写文章在《阿克苏报》发表。他与阿克苏行政长黄火青、阿克苏报社社长陈清源、税局副局长程九柯等共产党人密切配合，开展工作。但是，林基路任教育局局长还不到半年，盛世才又来调令，把他调到库车县任县长。

田毓桂是新疆学院政经一系毕业生，留校做教务员，是林教务长的助手，最崇敬教务长。林基路调阿克苏时，他死活要求跟随一起去。不晓得盛世才当时出于什么样的考虑，批准了他的请求。林基路由阿克苏调到库车当县长，田毓桂又要随同一起去。这次盛世才不但没有批准，而且不久就将他秘密逮捕，于 1942 年 5 月杀害。

库车原是龟兹古国的都城。公元前 2 世纪，汉朝在这里设置西域都护府。

6 月的库车已是暑气逼人。林基路乘汽车来到库车车站，肩背行李，手提皮箱，见附近有位老汉，便走上前去。“老伯，去县政府往哪走?”

老汉姓石，见面前站位年轻人，说话又带南方口音，猛然想起人们传说要来个县长，姓林，是南方人，莫非是他？但县官上任，从来前呼后拥，威风凛凛，哪会大热天自己背着铺盖来呢？石老汉带着疑问的眼光打量了林基路一下。

“你是林县长吗?”

“是的，我就是。”

石老汉一听，可惶恐起来了，说明去县府还要走 3 里路，就要把林县长的背包抢过来背。两人争持不下，只好雇了一辆马车拉行李。林县长和石老汉相跟着，边走边聊。

林基路一上任，就有不少人来申冤，说他们的亲人被诬陷，关入监牢。当时是行政兼司法，县长即是当地最高审判官。林基路耐心听了申诉，立即翻阅案卷，亲自到班房查问了 70 多个被关押的犯人，又找群众了解实情。他把一批无辜被押的人释放了，还为三个罪行不重的人去掉了脚镣。这使孤苦无助的小民感动不已，感到奇怪，从来“被风吹入狱，用马拖不出”，为什么没花一个钱，却能申冤得释呢？

县里养着 200 多个政务警察，身穿警服，横行乡里，为虎作伥，群众恨之入骨。林基路亲自审问了一个民愤极大的警察，判了重刑。为了消弭邪恶，他把这些政务警察大部分裁掉了，只留下 20 多个比较好的来维持地方治安。县田赋处的职员收赋，重重盘剥。为了惩治“粮仓老鼠”，他和田赋委员会主任到粮仓调查，当着来纳粮农民的面，革掉一些贪污的职员。为了改革县政，他坚决贯彻了由财政厅长调任民政厅长的毛泽民的规定，坚决把民主选举区乡长的制度付诸实施，并把管理水利的“米拉甫”也进行了选举。

本来，自毛泽民担任财政厅长之后，新疆的财政工作有了很大改进。但是，库车县财政局长纳莫因不愿改革财政，税收项目达 20 多种，使人民如牛负重。林基路了解情况之后，对延安来的财政局副局长蒋连穆说：“税收名目越多，百姓的负担就越重。我们要尽量减轻农民和贫苦人民的负担。”他和财政局具体研究，把税收项目减到 7 种。为了鼓励生产，繁荣商业，对农民开荒、屠宰牲畜、赶巴札卖点儿东西和商人新开业，一律免税。以前因为税收重，牧民拿皮毛到城里去卖，所得的钱一半交税，剩下一半还不够来回花销，索性让皮毛烂了也不拿去卖。税目减少了，农牧民纷纷到城里出售东西，市场兴旺了。

林县长清理了冤狱，惩办了污吏，削减了税目，使群众万分高兴，都说：“胡大开眼了，库车来了个圣人!”

1940 年春节前夕，林基路的爱人陈茵素到了库车。她 1937 年 8 月从日本回国，先回台山老家分娩，产下一女，取名令婉。女儿出生后，陈茵素惦念着林基路，记挂着革命事业，毅然把幼女留给姑姑代为抚养，与四位台山知识青年于 1938 年 5 月启程赴延安。他们到武汉后，得知日军占领许昌，北上受阻，四人折回，独她一人继续前进，辗转到达延安。她在 6 月进入延安鲁迅艺术学院学习，7 月 1 日参加了共产党，9 月从延安出发到达迪化，然后来到库车。林基路见陈茵素能历经艰险来库车重聚，不胜欣喜。陈茵素从此化名陈文瑛，在县府附近的黑敦汉回小学当教员，同时负责库车县的妇女工作。

林基路体会到，要建设库车必须认识库车。他以马做交通工具，带上翻译，走遍了库车的山山水水，并根据调查所得绘制了一幅《库车县详图》；他组织了库车土壤调查组，调查了库车 1 万多平方公里的广阔土地，知道这里可农可牧是个好地方。但是，当时的土地大都被巴依占着，谁开垦，谁就要给巴依交钱。群众反映库车西乡有个大巴依强占了大片官荒，农民开垦一亩地，要交一两银子。林基路亲自来到这个乡，严肃地对巴依说：“荒地是国家的，要让农民随便开。以前农民开荒给了你银子，你现在就要到财税局补交田税！”巴依见县长口气这么硬，乖乖地补交了税，以后再也不敢霸占荒地了。

林基路去哈拉玉子满村，遇到一位名叫阿由甫的人。这个可怜的朴拙的贫农拿着一捆将抽穗而被旱干了的麦苗来诉苦：“林县长，放来的水都被巴依们占了，轮到我用水的时候不给水浇，你看麦子旱成了这个样了。我家有几个小孩呐，往后的日子怎么过呢？”林基路站在他身边，看到浑浊的泪滑过他黝黑的、遍布皱纹的脸。

林基路跟阿由甫到地头一看，情况实在。渐渐干枯的麦子，被风吹得飒飒摇摆，仿佛在幽怨着。他把米拉甫找来，叫立即把水引到干旱的地里，并明确指示，放水浇地要先浇下水再浇上水，先浇贫苦人的麦子。阿由甫看着水哗哗地流进地里，感到周身的温暖也在流。

库车县城东边赤塔河上有座清朝光绪年间建筑的木桥，年久失修，摇摇欲坠。为了方便交通，林基路领导人民建设新木桥。他亲自设计，并且改革旧的打桩方法，采用吊锤打桩，使新桥建得既美观又牢固。库车县城各界代表讨论为桥命名，有人提出：“新桥之能建成，有赖林县长的领导，就以林县长的大名为桥名吧！”林基路听了不同意，说：“这座桥的建成，是汉维各族人民共同努力的结果。旧桥的横匾上不是题有‘龟兹古都，龙口之流’吗？我提议在原来题字上稍为修改，写上‘龟兹古渡，团结新桥’。”大家见林县长谦虚，且说得有理，一致赞同。大桥剪彩那天，皮鼓和唢呐奏出热烈而响亮的节奏，歌声和着器乐声响彻桥头两岸。各族群众扶老携幼涌向桥头，被喜庆之声裹卷，热烈庆祝团结新桥建成。

赤塔河水，每到汛期，洪峰汹涌，淹没田园，冲毁房屋，给库车群众带来了深重的灾难。林基路决心领导群众治水，化害为利。他组织人力勘探，召集各界人士开会研究，并亲自绘制了施工设计图，决定在上游的北山龙口修筑大坝以滞洪蓄水。征得各界群众赞同，龙口大坝工程于1941年4月动工。各个村庄，按受益情况共派出民工2000多人前来施工。工地上，人声鼎沸，车水马龙，呈现出库车县有史以来未见的施工场面。为了加快工程进度，他将民工分成四个中队，组织劳动竞赛。哪个中队先完成任务，奖励一餐。群众揭发区长西日甫整天只顾吃喝，不理工程任务完成不完成。林基路到工地检查，西日甫正拿着一条大羊腿在吃。林基路当众撤销了他的区长职务，改派农会会长司马依担任。群众亲眼看见这件事，劳动热情更加高涨。1200 米长、4 米高、8 米底宽的龙口大坝建成了。大坝拦截了汹涌的洪水，发挥着防洪灌溉的作用，使下游的可耕地面积扩大三成。这座大坝至今屹立在北山龙口，发挥着水利效益。库车人民不忘林县长的功绩，命名大坝为“林基路坝”。

库车县仅有两所学校，连县城的学校也没有固定的校舍。林基路安排了在阿克苏时培养的青年干部马聚奎当文教科长，发动群众，兴办学校。在林基路的重视下，全县的学校由原来两所发展到了 35 所，其中县立学校 11 所，维文会立学校 24 所，大部分适龄儿童都上了学。第二区的山克尔克扎提，是个远离县城的偏僻山区，居住着 18 户柯尔克孜族群众。林基路到山村了解情况后，即拨款帮助柯族群众办学，吸收 20 多个适龄儿童入学，还附设了扫盲班。但是，县的教育经费有限，怎么办？他动员巴依和商人捐钱支持办学。林基路亲自和工商会长瓦合甫谈话，动员他为地方做点儿好事，出点儿钱办学校。瓦合甫口头答应，心里却舍不得。林基路看透了瓦合甫的心，便叫库车小学校长组织学校师生敲锣打鼓到工商会门口，对瓦合甫捐资办学表示感谢。这样一来，瓦合甫捐钱办学的事情公开了，钱也不得不掏出来了。瓦合甫一带头，其他的巴依、商人也跟着捐钱办学了。

在大办教育的同时，林基路还领导建立了养老院和孤儿院。孤儿院是利用原接官所改建的，收容了 120 多个孤儿。林基路指示除了给孤儿院派去教员外，还要派木工、裁缝等工人去做教员，使这些孤儿不单学得文化知识，还学得生产技能，将来生活有所依靠。

随着文教事业的发展，古老的库车县充满朝气。学校排演进步戏剧，教唱抗日歌曲，举行歌咏比赛以及球类和田径比赛。林基路还倡议办报刊，修县志。县城还集资购买了电影放映机，使龟兹古都的人民第一次看上了电影。

林基路的儿子出生了，生日正好是维吾尔族的库尔班节。一向尊重民族习惯的林基路，欢喜地把儿子命名为“库尔班阿洪”。林基路在库车还曾收养了个无家可归的维吾尔族小女孩尼沙汗，对她像亲生女儿一样。林基路回迪化后对尼沙汗的去留问题请示党代表陈潭秋，陈潭秋亲笔批示说，应将尼沙汗留在我们身边，携回延安，使她在党的培养下成为一名维吾尔族干部。林基路被捕以后，尼沙汗被盛世才的人强行拉走，至今下落不明。

林基路常以“忠诚坚定，克己厚人”勉励学生，也用这八个字鞭策自己。有一次，通信员马木提巴吐拿了公家一盆包谷马料喂林基路家养的鸡。他发觉后，对马木提巴吐说：“公私要分清，不能取公家的饲料喂私人的鸡啊！”他掏钱要马木提巴吐买回包谷还给公家。林基路除了每月薪金，还有从农业、商业税收提成中的加俸2000多元。他收入不少，但清廉简朴，家里的卧椅和一些家具是自己动手制作的。每年的加俸，他拿去交党费，盖舞台，还买了两匹马和一辆马车供下乡使用。他爱人来了以后，原来住的小房不敷使用，就自己出钱，在房间后面续了一截。他见附近的妇女闲在家中无收入，就从薪俸中拿出钱买了两台缝纫机，叫陈茵素组织妇女缝补衣服，做些针线活挣钱。

盛世才害怕林基路在库车工作太久，“赤化”了群众，1941年6月又下令把林基路调回迪化。林基路在库车两年，政绩卓著，群众拥戴。至今，库车人民还津津乐道林县长当年的政绩。在林基路身上，人们感到仿佛享受到日光浴，呼吸了山野的新鲜空气，精神为之一振，有使不尽的力量。他在库车人民心目中，正似他手植在县府庭院的榆树一样根深蒂固。

林基路回迪化后，盛世才本打算拉拢他，做私人秘书。陈潭秋同他谈了，他不同意。他在《新疆日报》上发表《论三国关羽》一文，以关羽损害联吴抗曹的故事，讽刺盛世才破坏统一战线。寄哀痛于史实，寓深情于通脱。一颗心似火，三寸笔如枪。他用犀利的笔锋戳了盛世才一下，盛怀恨在心，决定把他调到边远的乌什县当县长。

林基路不仅愿意背负美好，也有勇气背负痛苦走向未来。1942年1月15日，林基路一家冒着风雪严寒到了乌什县。苍茫之月升起在遥空，以冷色之光抚触大地。他上任后，制定了《乌什县人民生计调查表》，做调查研究工作；他拟定了第二季度县政计划，对民政、教育和生产建设等方面作了具体安排；他主持县平价委员会，议决对乌什工商会长买买提囤藏羊毛的不法行为进行处罚；他组织平抑合作社，从入口本县之商贾货物中提取二成，交给合作社零售，解决群众购买生活用品的困难。他很快又得到群众的热烈拥护，可是就任不到4个月，盛世才又把他调回迪化。

林基路的智慧和才华敲击着自己的心灵，也敲击着别人的心灵。他不仅用思想或言语，而且用行动，使自己也使别人变得更优秀、更伟大。

## 来也匆匆，去也匆匆

李云扬从迪化乘汽车，经托克逊，过铁门关，走焉耆，越库车，穿阿克苏，七天之后到达喀什。喀什带着南疆特有的温暖与生动、质朴与新鲜，向人们传递着生命热烈的气息，牢牢地抓住了他的心。李云扬，化名李志梁，和黄火青、林基路同时被调离迪化。他先被任命为喀什区教育局局长，过了一天又被改任为副局长，理由是现任局长是少数民族，不便撤了再任命他。对这一点，李云扬是很同意的。

李云扬是广东省台山县人，1935年赴东瀛，在日本大学求学，从事对留日学生的革命宣传活动，由林基路介绍加入中国共产党。1937年5月，因日本帝国主义侵华加剧，加之国内供给他们生活费的来源断绝，经组织同意他和新婚不久的妻子伍乃茵从日本回到上海。八一三事件后，他们历经奔波，到达延安，在桥见沟中央党校学习。李云扬和林基路同时到新疆迪化，在新兵营进行了学习和休整，不久分配到迪化一中任校长。

当时担任省教育厅长的是留过苏联的老红军孟一鸣，李云扬对孟很尊重。孟把毛泽东的《实践论》给了他，要他教学时参考。他认真读了这篇论著，在教学中运用毛泽东的观点方法，向学生们讲述抗日民族统一战线政策中的对立和统一的辩证法。在省一中，他既当校长，又亲自授课，兼教高年级的国语和历史，还应林基路的邀请兼任新疆学院哲学教授。学生们喜欢他，他更亲近学生，常抽时间到学生宿舍里去，和学生一起聊天、玩耍、打逗。这样做不仅密切了和学生的关系，而且了解了许多校内外的情况，特别是下层老百姓的情况。

李云扬在学校了解到两个情况。一是有两个学生目无师长、欺压同学，一个是公安管理处处长李英奇的儿子，一个是参谋长汪鸿藻的儿子，后者最跋扈横蛮。师生们非常痛恨他们，但又畏于他们父亲的势力，敢怒而不敢言。李云扬就要捅这个马蜂窝，通过调查落实，列举他们的错误，在全校大张旗鼓地进行了处理。他向全体教职员工指出："在我们的学校里，不管怎样出身的学生，没有尊贵与卑贱之分。大家都要遵守校规，执行风纪，绝不允许任何仗势欺人的现象存在。"这一行动在全校引起了轰动，许多人拍手称快，使学校出现了新的风气。另一情况是少数民族和汉族学生之间关系不够融洽，似有较深的隔阂。这种情况有它的历史和社会根源，但校方也有责任。比如学校食堂做饭就不尊重少数民族的风俗习惯，经常把少数民族的饭放在烧过猪油、猪肉的锅里烧。李云扬就从食堂抓起，督促食堂不准做违反民族风俗习惯的饭食。这自然受到了少数民族学生的欢迎，缓和了少数民族学生与汉族学生间的矛盾。

当时迪化的社会风气很不好，文化糟粕充斥，到处是淫秽的戏剧、歌舞，遍布着妓院、烟馆。针对这种状况，林基路和李云扬就从新疆学院和省一中抓起。一中，由李云扬带头每日清早教唱抗日歌曲，开展了大唱抗日救亡歌曲的活动。他们在校内认真排练，然后走上街头演唱《大刀进行曲》、《松花江上》、《游击队之歌》、《在太行山上》等等。雄壮的歌曲，陶冶了学生的情操，同时也深深打动了广大群众的心，在全市掀起了一个唱抗日救亡歌曲的热潮。唱新歌，演新戏，给当时文化闭塞的状态开了一个"天窗"，透进了清凉的空气，有力地冲击着不良的社会风气，给人民群众特别是青年带来了进步文化的启迪。

盛世才害怕和嫉恨共产党员在群众中威望不断提高，因此千方百计设障碍、找岔子，免职、降薪、记大过，频繁调动更是拿手好戏，把原有的群众基础拆掉。为了离间他们和青年学生的关系，盛世才一伙儿还散布流言，说黄火青、林基路、李云扬三人犯的是托派错误，但群众的心里自有"天平"。当李云扬离开一中赴喀什之前，全校师生员工开晚会为他送行，会上送他一块真金制作的金牌，一面刻着光芒四射的灯塔，另一面刻着"省立第一中学全体师生敬送"。

喀什教育局局长名叫沙必提，有一定的文化宗教知识，但并不倾向进步。还有一个副局长是山东人，从苏联回来任职，他的老婆是俄罗斯人。这个人很左，见了李云扬就大发牢骚，说这里不好开展工作。他的桌上放着他的座右铭："斗争、斗争、斗争。"李云扬对这个人的印象不大好，怎么能光讲斗争而不讲团结呢？教育局还有几个干事，也都属于平庸之辈。真正能干工作的还是他从迪化带来的两个学生，一个姓唐，懂维吾尔语，一个姓肖，会教军体。后来又有刘文典、刘文敏两兄弟，是汉族人，都懂维吾尔语，协助他做了一些工作。

教育局不仅抓教育，还要抓宣传，抓文化艺术。李云扬的热情在心灵深处燃烧，从三个方面入手抓了喀什的文教工作：第一是通过指导喀什维吾尔文化协会，一方面把各族各界以及宗教人士都组织起来，办讲习班，讲团结进步，讲爱国抗战；另一方面组织了一个以青年学生为主体的文工团，唱革命歌曲，演进步戏剧。教育局和报社两家相邻，常来常往。报社的王谟很有才干，利用报纸在舆论上紧密地配合，使进步文化工作更加别开生面。第二是组织教员培训班，把教育局的所有人和各校的教师召集在一起定期学习。在教育局办培训班的影响下，喀什行政长公署也办了培训班。李云扬、高登榜和王谟等共产党员利用这个讲台宣传抗日民族统一战线是一以贯之的，起到很好的作用。第三是认真抓了汉族男女小学的建设，并通过这两个学校，带动全喀什。这项工作李云扬主要是通过爱人伍乃茵做的。伍乃茵来喀什就被分配到疏勒女校当教员，并兼民校的校长。

高登榜到喀什任税务局副局长时，带来邓发的指示，在喀什的党员成立一个党小组。党小组由李云扬任组长，组员有高登榜、伍乃茵、王谟（喀什日报社编辑长）、许亮（蒲犁县县长）、罗乃堂（巴楚税务局副局长）、钱萍（莎车税务局副局长）。因为人员分散，县上同志只有来喀什开会或出差时才能在一起聚一聚，谈谈学习和工作。

喀什区举办全区教育系统运动会，运动会对学生和农牧民是很有吸引力的。当时喀什区的体育设备贫乏，运动场地简陋，群众性体育运动很少开展。李云扬是操办运动会的主持人之一，因为高登榜负责财税，他提名要高当运动会奖品部副部长，负责运动会的筹备和分发奖品工作。运动会的第一天，喀什警备司令兼行政长蒋有芬主持开幕式并讲了话，随后是赛马和田径项目的预赛，搞得生动活泼，热火朝天。师生一道在运动场上奔逐夺标，不同民族的兄弟姐妹在场外欢声笑语。

当时的政界，口头上讲清廉，但实际上贪官污吏比比皆是。以王宝乾为团长的南疆调查团前来巡查，一路上告状的人实在不少。调查团在巴楚县查出县长一个人就犯了72个案子，把这个县长革了职，抓进了监狱。王宝乾回去之后，省府来了命令，任命李云扬任巴楚县县长，时间是1940年7月。

巴楚县位于喀什东部，由几块绿洲组成。这里紧靠沙漠，降雨稀少，条件比喀什艰苦多了。李云扬和伍乃茵乘卡车到巴楚，一路所见荒凉，但他们的心却无荒凉之感，而想着要在这里发挥共产党员的作用，为人民办些事情。巴楚县城很破旧，全镇不足2000人。县府算是全城最好的房子，李云扬住的房子还有一个洗澡间。洗澡间有一个通外面的门，他很奇怪，便问差役。差役先是闭口不答，后来才告诉他："前任县长每晚都要搞女人，找的女人天黑从这个小门进来，黎明则从这个小门送走。"李云扬听后愕然，顿觉小门之肮脏。巴楚的县长如此，县府也比较腐败。司法科长姓秦，过去抽鸦片，时常饮酒作乐；财政科长姓张，脾气古怪，经常打骂老婆；建设科长姓龚，有一身的疾病；民政科长马木提是维吾尔族，懂得一点儿汉语，很老实也很能干。这就是当时李云扬手下的主要班底。

此时此刻，李云扬承受了万里晨光的感染，承受了大自然清新空气的洗礼，兴致勃勃，心气盎然。他的思绪就像无边大漠浩浩长天一样，心胸廓大旷远，纤尘不染。正当李云扬考虑怎样打开工作局面的时候，县商会的会长来找他了。会长是巴楚最大的商贩，把羊毛皮张运到苏联，又从苏联把日用品运回来，贩运贩销，大牟其利。会长见到他非常关切地问："县长需要什么东西呀？苏式西装、长筒皮靴都有，您要是需要，我马上送来！"为官清正，不受贿赂，这是共产党人的起码准则，他拒绝了会长。一个月上柳梢头的傍晚，会长又约他去参加一个舞会。他一打听，原来是黄色舞会。几个有钱人在一起吃喝，酒足饭饱之后，找几个女人跳脱衣舞，全身裸跳，看上哪个就可和哪个睡觉。这种所谓舞会，他当然断然拒绝。会长的"财诱"和"色诱"都失败了，他们一伙儿便开始疏远他，但老百姓都认为他好。

为了改变县府的面貌，李云扬又采取了办培训班的方法，把县府的人和县上知名人士都组织起来进行学习。学习的主要内容是"六大政策"，特别强调廉洁奉公、反对腐败。在全新疆，由于毛泽民整顿财政取得了很大成绩，许多贪官污吏、不法商人对此不满，进行公开的暗地的反抗，囤积居奇，造成了市场的紧张。突然有一天，巴楚的街上连一根火柴也买不到了。李云扬就利用县府的培训班宣讲打击囤积居奇、投机倒把的法令，指出有货不卖，制造市场紧张，就是破坏抗战后方的安定，也就是破坏抗战。他要求大家讨论，并报出自己拿出多少货来出售。不少商贩都报了自己的数目，唯独商会会长沉默不语。经动员后，会长表示拿出一点儿存货，数量之少使在座的人都哄堂大笑。李云扬当时没有说什么，事后责成公安局长去侦察，得知会长的东西不少，都藏在地窖里。他把会长找来，讲明政策，指出应该拿出货来，到市场上去卖，否则查出囤积，一律没收。会长仍然顽固地坚持说无货可卖。这天晚上采取行动，从会长家搜出了大量的货物。这些货物很快投放市场，使全县货物大降价，广大群众拍手称快。这次打击不法商人的胜利，使李云扬在巴楚县站稳了脚跟。

在巴楚担任县长期间，李云扬仍不忘本行，认真抓了文化教育。县府办的学习班，也吸收了一些青年学生参加，并欢迎大家星期天到他家来玩。他给这些学生讲抗日救亡的道理，指导他们演唱抗日救亡歌曲，编演进步文艺节目，使他们开阔了视野，接受了革命道理。其中很多人后来成为党的干部，如木沙沙依提、阿不都热依木等，后来成为自治区有关部门的领导人。

那时的县长还要审理案件。李云扬巡查县监狱，见到牢房昏暗，卫生很差。犯人都是少数民族，个个蓬头垢面，大喊冤枉。他经过详查，发现很多是冤案，就坚持亲自问案，并规定有冤情的人都可直接找他，任何人不得阻拦。伽师县的一个雇农在巴楚四区一个寡妇地主家干活，地主婆见这个长工身强力壮，想长期剥削他，就和长工勾搭成奸。两年后长工的妻儿要来这里找自己的丈夫，地主婆闻讯顿起杀意，趁长工不备，用剪刀刺伤了他，血流满地。李云扬问明情况，当即让人把地主婆找来，向她指出："你犯的是杀人罪，按法律应叛重刑。"地主婆一听就慌了，哭着请求从宽。李云扬说："从宽可以，但你必须答应两条。一是要负责治好长工的伤，二是要拿出一部分地给他，叫他一家在这里过活。"她千恩万谢地答应了。

整顿了县府，严格了法制，端正了风气，李云扬下决心到农村看一看。他看到有的地方种田没有犁，正像林则徐巡视南疆时所写的："不解耕锄不粪田，一经撒播便由天。"这样的耕作产量很低，辛苦一年，一亩地好了收个百十来斤，不好了连种子都收不回来。

灿烂阳光映照下的原野，空阔悠远，天籁无垠，清新宁谧。一种使命感油然而生，他从省府发的农业经费中拿出一部分买铁，在县上加工成犁铧，亲自带上分送到各个区乡，帮助工具困难的老百姓解决耕地的问题。后来他又发现单单解决生产工具，是治标不治本。制约巴楚生产发展的有两大矛盾，一是水利，二是交通。巴楚地处叶尔羌、喀什噶尔两河流域的下游，由于对河系的控制能力低，造成年来水的枯洪不均。冬春水缺，不仅不能进行农田灌溉，而且人畜饮水也很困难；夏天山洪暴发，洪水倾泻，又成水害。交通方面，由于道路坎坷，交通不便，打不开流通领域，先进技术和设施运不进来，本地的土特产品运不出去。

矛盾抓住了，怎样解决？李云扬四处留心。1941 年他到色力布亚去检查工作，发现一条淤平了的旧渠，是昔人引叶尔羌河水的渠道。他在县城的西南又发现了一个很大的积水潭，夏季洪水都积在里面。他给财政厅长毛泽民写了一个报告，请省府派专家来勘测，并请拨款批准兴建关系巴楚生产命运的水库。在毛泽民的支持下，苏联专家很快就来了，款也批下来了。他们从巴楚、麦盖提和伽师调集了 7000 民工，开始筑坝。坝长 20 公里，主坝高 6 米，底宽 8 米，用土堆砌。苏联专家想了个办法，先在坝心修一个用石头和黏土夯实的夹墙，然后再堆土筑坝，多大的水也冲不垮。冬去春来，1942 年上半年，水库堤坝基本落成。蓄水可解决城镇居民饮水困难，并可灌溉 10 多万亩地。在修水库之前，李云扬还申请修一条从巴楚经伽师到喀什的公路，全长 170 公里，共调集 4000 民工，于 1942 年初落成。

水库和公路修建期间，无论是寒风凛冽的严冬，还是烈日炎炎的酷暑，李云扬都坚持每星期去一次工地。每次去都带上大米、牛羊肉，还带上县文工队，表示慰问。他还参加工地的劳动，在水库工地打过夯，在公路工地抬过土。县长这样做法，在以往巴楚的历史上没有过，不用说给群众留下了很好的印象，就连那位苏联专家也表示惊讶。

李云扬踌躇满志，准备参加水库落成典礼。巴楚的明天让人心潮澎湃，它意味着努力和勤劳会结出丰满甘甜的果实，意味着希望的实现。可是，他突然接到通知，调回迪化。他很奇怪，为什么在打好了基础正要大干一番的时候又把他调走，但联想到连日来在南疆任职的共产党员纷纷回调，就不觉得奇怪了。真是来也匆匆，去也匆匆。当汽车驶离巴楚县的时候，他不时回过头去张望。尘埃遮住了他的视线，但遮不住他热爱兄弟民族的心，遮不住他对他们的思念，遮不住他建设巴楚使之富强的向往。

## 博尔塔拉县县长

段士谋，陕北公学结业，是第一批由延安派出的干部。他化名段进启，先在反帝总会任组织科长，1939 年 5 月调任伊犁行政区管的博尔塔拉县，任副县长、代县长、县长。马肇嵩，第二批由延安到新疆，化名马锐。他先到和田任和田区教育督学，后任区教育局长，1940 年初调到博尔塔拉。他俩是共产党员。他俩年轻，正如早晨。早晨，拥有一天中最清澈、最鲜泽、最让人激动的光线，最富有生命力。

马肇嵩是回族，在和田时没有公开说明不信宗教，因此常去礼拜寺，有了比较多的接触当地群众的机会。他利用去礼拜寺的机会做宣传鼓动工作，宣传抗日救国，宣传“六大政策”。他在和少数民族群众接触的过程中学会了维吾尔语，这就和当地群众的关系更密切了。但这引起了盛世才特务的注意，向盛打小报告，说马锐在和田与政府争夺群众等等。就这样，他被调到博尔塔拉。调来时对他没有正式委任，与段士谋商量后就先当教育科科长，并上报了，但始终未得到委任。他到博尔塔拉后，同样受到严密监视，他的来往信件都由邮电所交给公安局检查后才交给他本人。

博尔塔拉简称博乐，博尔塔拉河自西向东流贯全境。博乐，河映日出，山衔夕阳，景色壮阔、宜人，但却是个偏僻的游牧区，文化教育十分落后。段士谋开始任副县长，主管文化教育。他刚到博乐时，仅有大营盘、小营盘及红盐池有学校，学生数量也不多。经他和马肇嵩几年努力，扩大了学校教育，无论是蒙古族的、维吾尔族的还是汉族的学校，校舍扩建了，学生增多了，学校数量也增加了。维文会还在粮台开办了个学校，以后改为公立学校。霍依塔什也办了学校，这里是游牧区，学生比较分散，教师就骑马跟着牧场迁移。当时，博乐的人口有 1 万多，学生发展到 1000 多人。教育发展了，教员就缺了，怎么解决呢？一个是从伊犁调，一个是自己培养，从伊犁只调来了几个塔塔尔族、锡伯族教员，他们就从当地毕业的学生中培训提拔，现学现卖，解决师资不足的问题。这是正规教育，还有业余教育。教员晚上抽时间为业余民校上课，学员晚上带柴火来，围着炉子学习。民校主要是汉族妇女民校，段士谋的妻子等都到民校学习，她们还参加演戏，宣传抗战。妇女民校先从汉族开始，以后扩大到维吾尔族。开展冬学运动，冬学主要是维文会办。

当时，无论是办学校，还是搞文化活动，光靠上面的经费是不行的，主要利用各民族文化会。博乐有维文会、蒙文会、汉文会、哈文会，都有经费收入。这些经费来自群众在宗教活动中的课捐和寺院的土地地租、草场租金等。

段县长、马科长还教唱歌，编墙报。新中国成立后的1956年，马肇嵩碰见一个博乐的学生，对他说："你记得我吗？我是你的学生。"

"你怎么是我的学生？"

"你不信，我唱个《开荒歌》，就是你过去教的。"

马肇嵩一听就是他当年教的。在和田也遇到这种情况，因唱歌才知是他的学生。教抗战歌曲在当年是很普遍的。再就是办墙报，四一二纪念活动及其他活动都办墙报，平时各个学校各个班均出墙报，各个单位也都有自己的墙报。

1939年九一八纪念日，段副县长主持召开了博乐历史上的第一次体育运动会。

县政府这边有个空场，利用犯人清理出来。开幕这天，附近农村、牧区的农牧民赶着大车、骑着马，穿着花花绿绿的新衣服，赶来参观。有的来是为本村、本部落的运动员呐喊、助威、壮声势的，有的来是看自己的子女能否夺魁，更多的人是来看热闹，一下子聚集了数千人。开幕时，各学校各民族的小学生浩浩荡荡打着旗，排着队，穿着节日盛装，喊着响亮口号，唱着抗战歌曲，雄赳赳气昂昂地走进会场。大会热闹非凡，盛况空前。

运动会设有赛跑、跳高、跳远等项目，并设立了当地青壮年喜爱的体育项目——摔跤。尽管比赛条件差，没有发令枪，就打鼓发令，但大家兴味盎然。最精彩的莫过于摔跤。摔跤是博乐各族人民喜爱的活动，它不需要什么讲究的设施，只要有一小片软地或草地就可以了。因此，在农牧区，劳动之余、茶余饭后，一些小伙子、大力士聚在一起说笑间就摔打滚爬在一起。参加这次摔跤比赛的都是村庄、牧区的好手，到底谁能取得比赛的胜利，大家都非常关心。

各民族的摔跤手先在自己部落中选拔，最后选出各族的第一名再进行决赛。蒙古族摔跤好手包尔加争得本族第一名，维吾尔族选出了大力士司马义。这样，两位第一名的决赛也就成了这次运动会的高潮。

在紧张而热烈的气氛下，围观的各族群众人人激动、个个兴奋，都希望自己的大力士获胜。拉拉队高喊着“包尔加，加油!”“司马义，加油!”喊声、口号声震天动地、此伏彼起。随着比赛的进行，蒙古、维吾尔两族拉拉队和群众也随着摔跤大力士的激烈角逐而情绪激动起来。当蒙古族的包尔加摔倒了维吾尔族的司马义而取得比赛的胜利后，两族的拉拉队和群众之间出现了骚动。获胜的狂喜异常，手舞足蹈，失利的认为不公平，极不服气，于是就争吵起来，直至发展到挥舞拳头、怒目相向。在这紧急关头，段副县长挺身而出，召集各族头目到县政府开会。他向大家讲民族团结，讲体育比赛的目的是锻炼身体、增强体质。他讲，我们新疆 14 个民族都是自己人，自己人打自己人是不对的，我们的敌人是日本帝国主义。大家情绪平静下来，心中服气了，运动会顺利进行，直到圆满结束。

这次运动会以后，博乐每年都如火如荼地召开一次运动会。

博乐虽偏僻但是个富裕的游牧区。牛羊在草场上徜徉，微风吹动，牧草摇摆，波浪起伏，绵绵延延。蒙古族的行政组织是一个区，八个部落是草地所有权占有者。蒙古族一般从事牧业，不善于务农和做买卖。经济上的优势属于维吾尔族，维吾尔族巴依最多，也相当有钱。这些巴依既能经商，又能牧畜，既做买卖也种地。博乐牧羊人有 10 群羊就升为巴依。一群羊 500 只，10 群羊就是 5000 只。汉族在博乐是少数，有几家做小生意的。对待巴依，他们的政策是通过宣传教育，把这些有钱人团结起来，争取他们积极支持抗战。

为了提高群众的文化娱乐生活，计划建一个民众俱乐部。钱从哪里来？召集大小巴依，共同商量，公议捐钱，钱捐得不少。有了俱乐部，开个晚会，举行文艺会演、唱歌、宣传，就有了场所。博乐第一次演出了歌剧、话剧。他们还编了些抗日的快板、双簧、对口词等。在当时偏僻的封建圈圈里能组织演出，确实很不容易，群众很喜欢。剧本都是他们自编，参考些内地抗战的书籍，结合新疆的情况写出来的。利用节日如九一八、七七、四一二组织大型游艺晚会。

从迪化到伊犁的公路线，山里没有公路通往博乐。伊犁司令兼行政长姚雄视察工作时，找不到路，不知路在哪儿。他们就搞了一段公路，段士谋用望远镜测绘，拿望远镜栽杆，靠眼力看，不太弯就行了。修路也没有叫政府出钱，动员有钱的人支援。姚雄第二次视察博乐，回去作报告，表扬了一番，报纸上也登了。

积谷备荒，成绩也不错。积谷备荒搞了个组织，是群众性组织，叫积谷备荒公社，每年从粮食税里拨一部分来积谷，也发动富人捐粮。当时规定凡自愿捐助100大石麦子的，就报送上级颁发一个匾。当时，一大石相当于现在的400斤。得匾的有西日毛拉、买买塔吉、乃吉满巴依三人。沈子彬是汉族巴依、农会会长，在农业方面很有经验，清明前种什么，清明后种什么他都在行，大家把他看成农业专家。他的土地多，也搞手工业，经营酒坊。他这人，家中使用的牛老了舍不得杀掉，埋起来，对雇工也很好。在段士谋、马肇嵩的倡导下，沈捐钱修了桥。桥修在博尔塔拉河上，通车后，马车行程可缩短两小时。段士谋报请省政府嘉奖。

1941年5月，青苗已经长出来了，发现了蝗虫。段因联系、交涉苏联飞机及药品等事去了伊犁，马肇嵩在家指挥。他们发动群众挖长壕，分段包干，宽5公尺，深4至5公尺，阻止蝗虫，并予埋死。大家使足力气，挖得人仰马翻，十几公里长壕又深又宽，就像大战壕一样。那时街头找不见人了，学生都出去了。在苏联飞机未来之前，他们用捕、打、赶、埋和网兜捕的办法，灭了很多蝗虫。蝗虫因还未长翅，一跳老高，两个人拿网来回跑几次，网兜里就装满了，回来称，谁交多少记下来，多的就表扬。苏联派出飞机组，并且由陆地运来大批灭蝗的药物，药物整桶整桶用七八吨的车子运来。这是历史上第一次用飞机消灭蝗虫，轰动了博乐各族人民。盛夏烈日，大家顶着晒得人皮烧肉烫的太阳苦战，两个多月白天很少回家。可是，公安局却打小报告说什么县长擅离职守。上面通知叫不要离开，虽然语气缓和，但也气人。

苏德战争进入紧张阶段，苏联人到博乐挑选买军马。他们挑中多少，博乐各族人民就卖给多少，而且踊跃募捐为前线战士买皮衣，支援苏联人民的反法西斯斗争。这是执行亲苏政策的结果。

段士谋来的时候，县政府不像个政府，土大门，里面没有几间办公用房，冷冷清清，可怜得很。他年纪轻，胆子大，就想利用监狱犯人搞些公务劳动。监狱里关的多半是刑事犯和偷牛盗马者，他派犯人到山上伐木，用灭蝗剩余的空桶做屋顶，请了个俄罗斯技术员设计图纸，花了点儿钱，没向上面要钱，自己动手盖起了县政府衙门。

共产党人不管到哪里，一不贪污，二不勒索，三不欺压百姓，彻底清廉，彻底为当地人民群众服务，建立了新风尚。过去县长兼司法发了财，他们不贪污，连监狱的狱卒对他们都有意见。因为以前犯人有时半夜放出去，第二天早上再回来，看守就捞上了。他们不贪污，狱卒就不敢了。支援前线抗日募捐，马肇嵩捐了一个月工资。财政科长白联祺就说：“该拿的钱怎么不拿啊？历任县长我见过不少，还没见过你们这样的县长和科长。”段士谋在博乐结的婚，买了一只羊，做了一锅抓饭请大家来吃。他不收礼，连被子都没有做，可到结婚时发现床上有两床红缎面被子。他以为是娘家陪送，老婆说不是陪送的，是电报局的局长穆满堂怕他丢脸，把自己结婚的被子悄悄拿来装门面。他听后感到可笑，赶快给还回去了。克里木江翻译给他送了四个茶杯，一个茶壶，他叫办事员送回去，说不收礼。这事后来还横生出枝节。

县长处理的最大事情，就是群众打官司，争草场。过去打起官司，双方为争得胜诉，就行贿，送元宝、送钱，当县长的很难秉公办案。段士谋当县长，一律不受贿。他年轻，一有讼案就带上几个人骑马巡视，到处了解真实情况。一次他去三台子视察，发现翻译克里木江不把他的话如实翻译，搞名堂，做小动作，说什么县长这次来，你们要如何如何接待，如果不这样就不行等等，结果他从中得到些好处。段带着克里木江从小营子到三台海子转了一圈，回来又暗中打发县政府翻译范金山去了解。果然克里木江说的话许多不是他说的，有些是挑拨民族关系的，再就是讹诈，叫送茶送羊。很多人告他的状，段查清了他的问题，就把他抓起来送到省上去了，在省公安管理处关了几年，实际上是培养了几年，成为暗探。后来，段离开博乐时克里木江来闹堂，说：“你走了，你结婚时，我还送你茶杯、茶壶呢！”段大发脾气，说，过去当县长的把印交出去就没有权了，今天我的印是交了，你敢无理取闹，我还有权把你押起来。

1940年秋，依不拉音老人拿着别人帮他写的控告状，一路大声喊冤，要县长为他做主。老人对段县长讲，五年前，当地的富人毛拉牙生巴依，用每年十只羊的租金租下了他的十亩地，租期五年。当时，毛拉牙生巴依把老人领到自己家里，拿出写好的条子，说是租地的契约，叫老人按下手印。五年期满，老人要把地收回，可毛拉牙生巴依说什么："地是我买下的，不是租下的，不能给你。"老人与他据理争辩，但他拒不认账，硬说十亩地是从老人手里买的，还拿出了老人当年按过手印的契约。老人苦于不识字，悲愤异常，只好找县长告状。

段县长找来毛拉牙生巴依，问："是租的地还是买的地?"

"是买的。"

"什么时间，多少钱买的?"

"五年前，以每年十只羊的价钱买的。"

段县长找人了解了买地和租地的价钱，证明老人讲的租地的价钱是可信的。于是，他叫巴依拿出买地的证据来，巴依拿出了五年前老人按过手印的那张条子。县长让人翻译出来，看到条子上有叫吐地衣和麻木塔吉两人按的手印，作为买卖的证明人。条子上明明白白写着"依不拉音自愿把十亩地卖给毛拉牙生巴依"字样。

段县长看了心中疑惑，就问："这个条子是谁写的?"

毛说："是一个去喀什做生意的人写的，现在不在这里。"

段县长命人传来吐地衣和麻木塔吉两个作证明的乡下人，问："依不拉音老人卖地时你们在不在场?"

两人回答："不在。"

"既然你们不在场，却为什么要在这张契约上按手印作证明呢?"

两人回答："毛拉牙生是巴依，有钱有势，找我们说他买地时的两个证明人去喀什了，叫我们在条子上面打个手印，我们就打了手印。"

他质问毛拉牙生："你找的买地的两个证明人都不能证明你买了地，你还有什么话说?"毛拉牙生支吾着说证明人去喀什了。

段县长对毛拉牙生说："限你十天之内把写条子的人找回来，如果十天之内找不回来，你买地的事情就是假的。"

毛拉牙生急了："那个人我不知道哪里去了，他做完买卖就走了。"

段县长叫毛拉牙生把自己说的情况写下来，另外找了几个熟悉维吾尔文的人把毛刚写下的条子与五年前那张按过几个手印的条子对照看看。大家一致指出：五年前的条子与毛拉牙生刚才写的条子笔迹是完全一样的。显然，条子是毛拉牙生自己写的。

段县长拿着两个条子，当着大家和毛拉牙生的面戳穿他的谎言。毛拉牙生顿时语塞词穷，无言以对。段县长就坡下驴，命人搬来一个凳子，说："你这骗人乱写的手，不砍掉以后还要害人！"叫人拿刀示意要砍下毛的右手。毛拉牙生吓得面色如土，连连磕头求饶。在旁人的说情下，毛拉牙生当场向依不拉音老人赔礼道歉，把土地还给老人，拿出3000元的罚款归公，才了结了这桩案子。

大家都说段县长干得好，是个清官。

这真是：贫民被骗，土地差点儿归巴依；县长明断，巴依偷鸡不成反蚀米。

# 第十二章

# 文化教育的拓荒者

## 她有一个沸沸扬扬的生命热源

伍乃茵坐上教育局唯一的一辆马拉皮包车前往疏勒女校。初夏早晨的清风从远处飘忽吹来，摇动远近胡杨树的枝叶。大漠胡杨以独一无二的情态，占据了她心房的一角，永远扎下根来。

伍乃茵1931年参加进步组织，1936年加入中国共产党，第二批由延安来新疆。党组织因其是李云扬家属，派她来喀什工作。喀什分回、汉两城，回城就在今天的喀什市，维吾尔族是主要居民，汉城在今疏勒县城，则是以汉人为主的小城镇。疏勒女校的校长是王定国，教员有6位，还有两位兼职教员。那年秋后，王定国校长和王慧贤、李如榕老师调离学校，几位新添的教员也相继离开，到迪化女中求学去了。这时连伍乃茵在内，全校就只剩下5个教员了。当时女校学生名义上有近100个人，分为6个班，但学生不是天天来上学，其中已婚的所占比例不少，这些同学家务重，常以“拾掇屋子”或“赶巴扎”为由而请假。女校还附设一所民校，校长原由王慧贤老师担任，王老师走后伍接任校长。

当时疏勒的男、女两所小学还特殊担负着校外的抗日宣传和募集捐款等社会活动。由于在迪化的反帝总会有黄火青、于村、段士谋、白大方等共产党员为领导并做具体工作，以后又有赵丹、王为一、叶露茜等人参加领导工作，对各地区、县、市的抗日宣传工作以及宣传“六大政策”起了积极的推动作用。在疏勒，还成立了抗日后援会，进行抗日救亡活动。伍乃茵来校之前，全校师生在王慧贤、鄂光祖、崔正奎等老师带动下，把校外的宣传工作搞得很活跃，上演抗日话剧，搞抗日募捐。伍乃茵第一天进入校门，就见到师生们正在排练周末演出的节目。

由于教员奇缺，学校虽未为伍乃茵开欢迎会，但从老师和同学们的喜悦目光、亲切态度中可以看出，大家对她是寄予希望和欢迎的。有的人有时又以怀疑的眼光观察她这个“从口里来”的陌生人。她在同事和群众中严密地隐蔽着自己是中共党员的政治身份，因为盛世才害怕他们接近群众，更怕共产党员以公开面目在群众中出现。但如花岗岩的诱人光泽给人以坚强的感觉一样，也有人猜到她是“八路军”了。她从没有以过去一点儿得意的阅历，如曾经留学日本，在延安“抗大”当过女生队的政治指导员等，来炫耀自己或者盛气凌人，而是虚心诚意地团结全校教职员工和家长。那时她的思想是那么单纯，又有一个沸沸扬扬的生命热源，一心一意只顾把学校办好，无论对待所教的任何课程，或担任何种高低职务，都从不计较。校长分配她教什么便教什么，课外工作能做的多做，不会做的也想办法克服困难去做。她从不小看日常的每一件琐事，琐事构成学校生活中最细致、最亲切的一环；她从不忽略眼前的每一个细节，正如树枝上的一个小芽，明天就是一片翠绿。

王定国校长和王慧贤老师离校后，教育局沙局长曾有任命她接任校长的意思，各方面的舆论也很赞成。但她和爱人李云扬考虑到她刚来新疆，对风土人情不熟悉，搞学校工作也才开始，便向上级建议由别人来担任，她则尽力协助。后来任命王化民为校长，可是王因品德不正被撤销了校长职务，让她当校长的呼声更高了。她鉴于工作需要，义不容辞，便当了校长，但教学工作仍照常进行。

实际生活是最好的老师，有效地教会人们各种各样的方法。她想办法提高教学质量，在校务会议上把讨论教学问题列为制度；她以身作则，努力学习政府政策和马列主义，又订出学习制度，以推动同事们学习；她提出整顿学校纪律，规定同学不能随便请假；她爱心滋润、真心昭然，起早贪黑认真批改同学的作业，在日记本上发现谁有问题，就找谁谈心；她常常深入家访，有时同学为参加演出占去了一些休息和做家务的时间，她便向家长耐心解释，争取家长协助学校做教育同学的工作；她有时也与同学们一起去游园，以增加师生感情。小同学黄冬梅陪伴她同床住宿，她耐心指导黄冬梅写作文，给她讲解革命道理。

女校担负的演出任务相当繁重，形势逼人。那时在喀什找不到剧本，又缺少演员，怎么办呢？伍乃茵只有大胆创作，积极培养歌咏、舞蹈、戏剧的演出人才以应急需。本来她对戏剧、舞蹈、连环画这几门艺术可以说是外行，但她凭过去上学时学过的几个基本动作加以创造就编成节目教同学们演出。她凭记忆将在延安看过的歌剧《农村三部曲》加工编写出来。她第一次上台担任主角，其他角色也安排得当，还请李云扬副局长在后台拉小提琴给他们伴奏。那次演出的节目，是为欢迎以“反帝会”秘书长王宝乾为团长的南疆视察团而准备的。女校在这次演出比赛中，想不到竟得了头名奖励。

伍乃茵在民校上课，根据学生都是年龄较大的家庭妇女这个特点，上课前先给她们教唱一支简易的抗战小调。第一次教的是陕北小调《缝衣裳》：

小小的灯儿暗幽幽，
丈夫出征我家留；
一针一线赶快缝啊！
缝好把它送到丈夫手。

她们很有感情地唱着，回家也边做活边唱歌，家庭也变得有政治气氛而活跃起来了。有个做买卖人家的妇女，对她教的歌曲很感兴趣，后来还参加了歌剧《农村三部曲》演出呢！这位妇女开创了家庭妇女踏上舞台的先例。

伍乃茵除了学校的教学工作外，还搞妇女工作。她参考边区妇联的经验，觉得在喀什搞妇女工作头一件事，就是要动员各族妇女组织起来，为抗战胜利、建设新新疆、妇女自身解放而努力。于是，她积极筹备成立“喀什妇女协会”。喀什妇女由于受封建思想束缚和传统习惯影响，除了少数人能在学校或医院任职外，其他机关部门都没有她们的位置。那时喀什的少数民族妇女，平时出门还戴上面纱。为了动员她们参加“妇协”，伍乃茵以疏附、疏勒两城女校教员学生为骨干，亲自到各机关找那里的领导，通过他们说服、鼓励自己的妻子、女儿出来参加“妇协”。经过多次跑腿和耗费唇舌，终于把喀什警备司令蒋有芬的夫人傅玉文、喀什教育局局长沙必提的维吾尔族太太、各校的女校长、女教员以及机关领导的太太，动员出来参加了“妇协”。当时只有对盛世才的老婆和各大专区司令的老婆称为“夫人”，其他公务人员的老婆都称为“太太”。她们分别担任了顾问、主席、副主席，实际工作都是由她先出主意然后和大家商量决定。

苍天不负苦心人。1940 年 3 月 8 日，喀什成立了有史以来第一个妇女组织——“喀什区妇女协会”。“喀什区妇女协会”成立后上报新疆“妇协”总会，经批准改为分会，“妇协”主席改称主任。“妇协”成立时，真是盛况空前。主席台上坐着各族妇女的头面人物、妇女群众代表、“妇协”的干部等等。她们神采奕奕地发表演讲，全场坐了数百位妇女群众，其中多数是女学生。各机关的领导也出席了。喀什报社记者也到会采访，并写了报道，以头条消息并用大幅版面发表了。

喀什“妇协”分会成立以后，显示了组织的力量，充满了生动的活力。各族妇女之间的关系密切起来了，坐在一块儿开会，以特有的民族舞姿赋予抗日救国及“六大政策”以新内容。晚会上的翩翩起舞吸引着观众，起到了宣传教育的效果。有些要求上学的妇女也来请“妇协”帮助。“妇协”的干部和积极分子也常常出面，深入到群众中解决家庭纠纷问题。有的妇女感慨地说：“过去我们有了委屈痛苦，只能到香妃娘娘庙去叩头哭诉。现在‘妇协’来帮助我们解决问题，就不用到娘娘庙去空求安慰了。妇协就是我们妇女自己的娘家。”

忙碌的日子是跳跃的，伍乃茵的工作业绩也是跳跃的。可惜，当她们的工作正在迈开脚步向前走的时候，1940 年暑假她因爱人李云扬调任巴楚县县长，随他离开了喀什。

伍乃茵和李云扬坐上敞篷货车前往巴楚，要经过干热荒芜的戈壁滩。夏日流火，太阳直射，把她晒得全身灼痛，头晕作呕。

巴楚县城机关里的汉人很少，没有妇女在那里工作，只有一所维吾尔族女校。没有工作的清闲的“县长太太”生活，像一杆长鞭抽打着她。时光以前是她的朋友，现在却成了她的敌人。她不时在爱人面前吐露怨言：“难道我这个共产党员，就这样无声无息地被埋没在这块夏吃盐碱水，冬饱风霜雪，偏僻闭塞、文化落后的土地上了吗？”迭起波澜，沮丧烦恼，靠智慧也靠勇气自我化解。她终于冷静下来，决心将烦恼和痛苦化解为工作的营养和动力。

当时有几个已到学龄或已读过几年书的汉族子女，随父调来巴楚，因没有汉族学校可进，便停学在家。她请求县政府拨出一间小屋做教室，开办了一个识字班，义务教学。全班学生12人，而常来上学的却只不过五六个。她采用复式教学方法，除了上课，还动员她们参加一些社会活动，带她们游园，学习维吾尔族歌舞。

工作赋予她一对翅膀，在开阔的世界里飞翔。她协助县政府义务做些工作，替李云扬起草工作报告，写新闻报道，抄写公函及招待来往的专家客人等等，好像成了县长的私人秘书。她写的报道和通讯稿，在《新疆日报》或喀什报纸上发表了。县府的办公室窄小破旧、光线不足，各区、乡需要在城里修建一间驻城的办事处，县城也没有供开大会的礼堂和演戏的舞台。为了赶紧施工，她承担起画建筑图纸的任务。很快，办公室、新礼堂就修建好了。她设计的图纸打破这里的习惯，有许多宽敞的窗户。从此以后，县府各科人员在光线充足的办公室里办公，周末群众看戏或遇节日大会，也不用在露天受风吹日晒了。

1941年，新疆发行计划为500万元的建设公债。她主动协助县府动员各族妇女群众踊跃认购。她以身作则，将帮助县府抄写田亩赋税册子的酬金共20多元全部购买了公债，其他妇女也仿效购买。为了扩大推销宣传效果，她找了一辆牛拉的大车，带上几个“妇协”会员，到图木休克、恰瓦克、齐杆桥和马札胡加等地去推销公债。

当时巴楚全县还没有医疗卫生机构，群众也没有种牛痘预防天花的习惯。她从喀什买来一些牛痘疫苗、注射针筒和消毒药品，给县城附近的小孩们接种牛痘。她看见亲手种的牛痘疫苗在孩子们手臂上发得很好，就放心了。以后有些妇女、小孩感冒发烧也来找她，甚至有脱肛的小孩也来找。她没有学过医，有时只好拿些阿斯匹林或告诉病人一些卫生常识来应付，但这样既不能救急又带有冒险性。她深感巴楚人民迫切需要医疗和药物，建议设置医疗卫生机构。

经县府决定在其所属的院子里设立了一个门诊所，还申请喀什派来医生和护士，但这个门诊所还未开业，她和李云扬又先后被调离巴楚。

那时新疆是个封建色彩十分浓厚，经济、文化相当落后的地方。巴楚妇女在生活车轮的挤压下，经济不能独立，时常挨打受骂，很少有机会进学校读书识字，更不容易出门参加社会活动。她到巴楚后即以维吾尔族女校校长、教员为骨干，团结机关的家庭妇女，于1940年七七抗战纪念日成立“妇女协会”巴楚分会。大家推选她担任分会主任，维吾尔族女校校长土尼沙依明当选为副主任，各区都选了“妇协”小组组长。在“妇协”领导下，搞了一个妇女生产小组，动员县府家属和其他机关的妇女参加生产小组纺纱织布。她请县府会计乌斯满在县府腾出一间空房安上两架织布机，又从县府监狱里找来一个会织布的犯人作指导。她照顾当地风俗习惯，对她们更加注意工作方式、方法。乌斯满的妻子卡姆巴汗，长得年轻漂亮，才结婚不久，丈夫不放心妻子出来，她就送棉花给卡姆巴汗在家里纺纱，按量付钱。过去在巴扎上出售的土布多是原色而且十分粗糙，她设计把布织成有颜色条纹的，用生产小组纺的细纱来织，拿到巴扎上大受欢迎，很快就卖光了。维吾尔族妇女阿西汗用纺纱得来的工钱买了一件合身的洋衫子，见了人就笑眯眯地说：“这是我头一次用自己赚得的钱买来的!”县府警士穷阿洪的妻子阿依木汗学会了织布以后，帮补了家庭收入，家庭也和睦起来了。生产小组除了生产棉纱、土布外，还手工织纱巾，做维吾尔族绣花帽；汉族妇女还缝中式衣服，做布鞋。生产小组的妇女们还抽时间学习文化，一起唱歌跳舞，每逢节日开纪念会都积极参加。伍乃茵将共产党员的人生演绎得充满了浓郁的人情味，张扬着生活的向上力。用慧心之犁播种，青春的田野总会长出惊心的葱绿。

1942年，隆冬过后，万物更新，到处散发着干草的清香。4月，迪化召开全疆第一次妇女代表大会，伍乃茵任喀什区妇女代表团的团长。她向大会报告了喀什的妇女工作，并将巴楚妇女生产小组的情况写了报道投在《新疆日报》上发表。巴楚妇女生产的布匹、鞋子、帽子、纱巾，以及她模仿鲁少飞的报头漫画而画成的大幅连环画《六十年来日本帝国主义侵略中国史》，在大会上出售、展览，博得了代表们的好评。代表们认为巴楚“妇协”分会组织妇女纺纱、织布、搞生产，是全疆妇女工作的创举，值得各地妇女学习。

只有把使命与生命合二为一的人，才会把生命对使命的渴求转化得如此得色彩动人，如此血肉丰满，尽管所实施的事情既具体又质朴。

## 他把自己彻底融进了当地的文教事业

马肇嵩终于登上奔赴和田的专车，车在颠簸地行驶着，他的思绪早已飞到那遥远的和田了。马肇嵩是第二批由延安来的干部，化名马锐，被派到和田区教育局任督学。他曾在上海同济大学物理系、武汉大学物理系学习，参加了上海抗日救国团，任《皖钟周刊》主编，1937年12月在延安加入中国共产党。

和田区所在地和阗，即古于阗。从中亚进入我国新疆，丝绸古道分为南北两路：北线从喀什噶尔开始，经库车、吐鲁番到达敦煌；南线经和田，通向米兰和楼兰，进入鄯善王国，到达敦煌。和田曾是南线商路上的文化中心。汉代早期以来的历史著作，都记载了这个地处遥远西方的小国。清代承修西域图志与文志的褚廷璋《和阗》诗：

毗沙府号古于田，
葱岭千盘积翠连。
大乘西来留法显，
重源东下问张骞。
渔人秋采河边玉，
战马春耕陇上田。
今日六城歌舞地，
唐家风雨汉家烟。

和田全区人口维吾尔族占90%以上，还有汉族、回族、柯尔克孜族及一少部分乌孜别克族商人。民间通用的语言是维吾尔语，但政府上下行文均用汉文，公文通过维吾尔语翻译传往民间。

马肇嵩刚抵和田时，和田区教育局办有两所小学：区一小、区二小，共8个班300余学生，各族混班，均用汉语汉文教学；另外，办了一个教员速成班，60余人，是由各县选送的高小毕业生，用维吾尔语维吾尔文教学。

开展文教事业遇到了许多困难，经费匮乏，师资奇缺，语言不通，基础课程教材的范本没有。各县虽有教育科的编制，但无教育科长。因为政府上行下达公文均沿用汉文且为旧式公文程式，不懂汉语汉文的维吾尔族人无法担任政府公务员，不懂公文程式的汉族人也不能在政府从事，所以各县教育科长很难配备起来，使区教育局在各县没有直接受命的经办人。困难还在于广大维吾尔族群众对上公立学校有抵触情绪。因为公立学校读的是汉文，教学用的是汉语。很多学龄儿童被送进宗教寺院读阿拉伯文的《古兰经》，根本学不到新文化新知识。

马肇嵩年轻，整20岁。盛世才让把岁数改一改，多报了几岁。青春是热烈、多彩多姿的；青春又是人生蕴蓄信念，敢于追求理想的最佳时期。

夜幕降临，夜风正紧。他抬头看看，群星安详恬静，在夜空划出光明的轨迹。他静下心来，凝神细想，困难重重，创业维艰，然而裹足不前是不行的。

马肇嵩到基层摸底后发现，受区教育局指导的区维吾尔族文化促进会、回族文化促进会、汉族文化促进会，均有潜力可挖。历史上由宗教寺院掌管的“乌守尔”、“宰卡提”等宗教税以及瓦甫地租，自“六大政策”政权成立后，均转让给新建的各族文化会，是一笔很大的收入。特别是维文会，所属寺院财产很是雄厚；回文会也有类似财产，虽为数较少；汉文会则有庙宇、会馆等财产。所有这些，如用于发展各族文教事业，无疑将起很大的推动作用。

各文化会的领导人常来区教育局汇报、请示工作，接受区教育局的指示和领导。因马肇嵩是回族，并常到礼拜寺参加活动，维文会的乌守尔尼牙孜会长、牙合甫江副会长、瓦甫提部长、买买提阿吉等，回文会的马文龙会长、席阿吉副会长等，对他很是热情，汉文会的杨春江会长对他也很接近。他与崔昭泰局长洽商，依靠各文化会推动各族文教事业的发展。

为了加强文化与教育的组织联系，建立起每月一次的文化教育联席会议，与会者为区教育局科长以上、各文化会部长以上干部，区教员速成班教导主任、区立小学及会立小学校长、教务主任等。第一次联席会议，和田报社编辑长马殊作为记者列席了会议。马殊是化名，本名邝宗球，大学文化程度，是第二批由延安来的干部。会议间隙时，马肇嵩和马殊合唱《兄妹开荒》，他唱女音，马殊唱男音，似“双璧”相映生辉，与会者掌声不绝。

和田警备司令兼行政长潘柏南来自新兵营，对教育工作给予了很大支持，还解囊相助，将行政长的兼薪捐赠办学。为了加强文化会的工作，在潘柏南的授意下，经骑兵三十八团团长蔡志达倡议，回文会在一次全会上通过聘请马肇嵩为指导员，汉文会于一次全会上选举马殊为副会长。回文会办起了回民乡老成人识字班，汉文会办起了妇女识字班，附设了女子小学班。延安来的干部陈解虚的夫人王淑贞便是识字班学员，毕业后留任附小教学。

有了各族文化会的合作，基本上解决了和田教育经费的来源问题。他们还发动和田的巨商们捐资修学校。1939 年五六月间，和田十大私营实业公司之一的和田统一公司，经营皮毛加工，以经理艾沙东干为首，捐资兴建了一所有四间土木结构教室的学校。为了表彰这一捐资兴学的壮举，区教育局特报请行政长公署复报省府批准通令，给予艾沙等人以褒扬。

在区教育局的指导下，维文会办学校的积极性空前高涨，使学校不仅在数量上，而且在质量上也有了根本的变化。过去会办学校只学经文，现时增加了维吾尔语语文、数学、自然常识、体育等课，有的还添授政府政策与形势教育课。为适应发展的需要，逐步派去一些学过新文化知识的维吾尔族教员，使得宗教界一家独占的经文学校变成了新旧合璧的正规小学。

火热的夏季悄悄来临，马肇嵩的工作也干得有声有色，愈加火热。为了进一步发展文教事业，需要造就一批新型教员。在困难条件下，他们以两个直属区立小学为基础，用“小先生”的办法，训练高小学生，边学边用，派赴汉文会、回文会办的识字班任教员，派赴外县任县立学校教员。区一小、二小，在课程上除汉语文、数学、自然常识、体育外，也增加了政府政策、抗战形势等政治课和抗日歌咏。马肇嵩去教政治课，新兵营来的警备司令部军需处处长谷志远被聘为歌咏教员。

区一小、二小只能提供汉语教员，而改造会立学校则需要大量的维吾尔语教员。形势迫切要求举办教员速成班，为此，马肇嵩兼任第一期教员速成班教导主任。他全身心地投入教员速成班，除教育局本身工作外，腾出一半时间到该班驻点，与学员同吃、同住、同晚间自习，并专门从学员中遴选一名优秀维吾尔族学生伊力亚斯当随身翻译。

马肇嵩到和田时，教员速成班已办了四个月，只剩下两个月就要结业。经考核，该班所学数量少、质量差。由省教育厅批准，又延长了两个月，并且增加了政府政策、社会发展史、抗战形势以及抗日歌咏等课。每月不定期地请区及各部门领导人来作报告，如行政长潘柏南、边务处主任周文阁、司令部军需处处长谷志远、报社编辑长马殊、和田税局局长陈解虚等，都曾轮流讲过政府政策与形势课。政治课与政策形势课均用大报告方式，讲一句翻一句，由学生做笔记，晚间讨论。自然常识与其他基础课，苦无现成的标准课本，临时决定采用苏联中亚编辑的课本。乌孜别克语或哈萨克语与维吾尔语相近，这些课本都是拉丁文字。授课时由教员边按课本内容讲解，边由学生用维吾尔文做记录。大部分学生通过自习与每周两小时补习后都学会了拉丁字母，可以阅读厚本课本。这班学生毕了业，都被分配到各县中心小学任专职教员，有几名成绩特优者分别被分配到皮山、策勒、叶城等县维文会任副会长。

第一期男教员速成班学员毕业后，又招收了第二期60名。他们又与维文会商定举办了女教员速成班，有50余名优秀高小毕业女生。这班为期不到4个月就毕业的学生，被分配到区、县维文会会立女校任教师。1939年7月，举办暑期教员讲习会，集合了7个县一部分小学教师，约500多人，在和田受两个月的培训。

短期培训速成师资无论在质量上或是数量上，均不适应日益发展的文教事业的需要，上报省教育厅筹办简易师范一所，未得批准。马肇嵩被眼前的困难羁绊，但形势紧，不容坐待。他们与区维文会乌守尔会长、牙合甫江副会长商定，由维文会出资修建简易师范一所。恰巧，皮山县维文会副会长某大阿訇侵吞会产案退赔的款项，这时正请示用途。区维文会遂决定将这笔款用于简师基建。基建委员会由马肇嵩任主任，玉龙喀什大桥工程师土地阿洪帮助设计与监督施工。这是充满阳光、富有希望的日子。

他们得以顺利进行发展和田区文教事业，其每一进展都与区维文会的大力支持分不开。区维文会乌守尔会长、牙合甫江副会长坚信该会要办好维吾尔族人民的文化教育，必须有区教育局的指导与配合，因此，他们对于区文化教育联席会议每一决定，都不遗余力地加以推行。正当顺利之时，行政长公署派来一名副会长伍乃木阿吉。此人是前墨玉王的三太子，在墨玉宗教界，特别是在什叶派的依禅教内，有一股势力。他来后竭力反对在经文学校添授现代自然知识与社会科学知识，对于联席会议的决定常阳奉阴违，甚至公开唱反调。伍乃木阿吉并非经人民选举，不但乌、牙两位会长深感不是，且广大维吾尔族群众也有意见。马肇嵩为此特晋见潘行政长洽谈并请示此事，力主将伍调离。潘就此特别告诉他说："将伍由墨玉调来和田，是因为伍在墨玉企图阴谋组织3000人闹事，把他固定在区维文会不让他再回墨玉，是为了就近考察。如属实，短期内就会将其调离维文会并酌情加以处理。"果然，不久伍被警察局传唤，以后再无下文。伍走后，区维文会与区教育局配合得更好了。

由于崔昭泰局长患病急需医治，马肇嵩代理局长。

和田绿洲各种树木绽出绿芽，青草开始抖擞；和田教育也焕发出勃勃生机，给社会浇注了青春与活力。截至1940年初马肇嵩离开，和田七个县都成立了公立小学；会立学校在经文学校的基础上得以改造、发展。全区20余万学龄儿童中，入学儿童有2.3万余人。

文化教育发展了，社会教育和社会福利也受到重视，成立了社会教育推进委员会。汉文会、回文会分别按汉俗、回俗各自开办澡堂，创办汉族妇女识字班及女子小学班、回族乡老成人识字班；维文会创办孤儿院，收容孤儿100余人。玉龙喀什大桥修建时期，在午间休息时，区教育局抽派维吾尔族音乐教员为修桥民工教唱抗日歌曲。当时和田警备司令部骑兵三十八团，以及和田区公安局，都请派人给其官兵、干警教唱抗战歌曲并编排新戏。

潘行政长与马肇嵩商议成立了一个核心学习小组，有司令部军需处长谷志远、税局陈解虚、报社马殊等人参加。墨玉骑兵连连长谭庆荣、于阗策勒税局副局长黄永清、叶城皮山税局副局长薛汉鼎三人来和田汇报工作，也就便参加学习。实际上，这个学习组的成员囊括了中共在和田的全部党员。在潘柏南倡导下，在和田行政长公署内举办了公务员学习班，潘行政长亲兼班长。马肇嵩任副班长，管课程安排、会务通知、教师预约等教务。

潘行政长考虑到，偌大的和田连个大点儿的俱乐部都没有，便倡议用逆产资金修建了一所大型土木结构但式样十分新颖的俱乐部，可容纳1000余人。从此，和田破天荒地看上了苏联电影、维吾尔语歌舞以及话剧、京剧等等。和田警备司令部修建了中型俱乐部，各县维文会也陆续在各县修起了小型俱乐部。真是都塔尔琴余音未了，京胡又咿呀响起，维吾尔歌舞舞姿犹在，生旦净末丑又粉墨登场。弦管讴哑，乐音幽幽，让人们在其中享受欣慰和乐趣。

1939 年 2 月至 12 月，马肇嵩先后任督学兼速成班教导主任，督学兼代局长。当时是兼职兼薪，但他从未领过兼薪。他为暑期讲习会讲课可以领取钟点费，当维文会将他的一份钟点费送来时，他全部捐给了孤儿院，由维文会代为购买笔、墨、练习本等文具，分赠孤儿供学习用。他靠着不寻常的努力，把自己彻底融进了当地的文教事业。

中国共产党在和田的工作人员，对外是绝对隐蔽党员身份的，但是广大民众从切身体会中，深感他们迥然与一般公务人员不同。潘行政长常轻骑简从到各方面底层视察工作、了解民情，并学习维吾尔语。群众认为这样的司令兼行政长是不曾见过的，历来“道台”出巡，总是乘肥衣轻，宾从如云，前呼后拥，威风逼人。共产党人所表现出的优良作风深得民众好评，也影响了其他公务人员。

当然，共产党员在和田的工作也总是伴着迷雾漫漫、沙尘滚滚，他们经常受到特工人员的监视。1939 年 4 月，潘行政长就曾告诉过马肇嵩，区公安局局长马像乾接到省公安管理处处长李英奇密令，“遴派妥探侦察马锐的言行上报”。马局长与潘关系很好，故都告诉了潘，潘让他注意。1939 年冬，潘柏南把他们召集到报社马殊处，出示了党代表陈潭秋的一封指示信。这封信一反历来都经盛世才之手转送的惯例，而由苏联顾问到和田视察军队时秘密带来。信中详尽分析了当时新疆的形势，并对盛世才伪装进步搞政治投机的伎俩多有阐述。信中特别提醒说：“你们如果大刀阔斧地干，将会动弹不得。”指示他们要任劳任怨继续坚持统一战线，同时充分估计到环境的复杂性，务多注意方式方法。

秋去春来，寒暑擦身。正当马肇嵩被工作的热情所笼罩，紧张地筹办冬学之时，1940 年 2 月，他奉命调往迪化。区维文会乌守尔会长、牙合甫江副会长、买买提阿吉等一批长老闻讯后，真诚表示要会同其他各文化会暨文教界，向潘行政长请求挽留他继续在和田工作。他只能违心说服他们，说明命令来自省上，潘行政长料也不便另作主张，他们才作罢。回忆这一年来，酸、甜、苦、辣都曾经过，但马肇嵩的心一直是激动的，因为他把自己的一份青春和才智变成文化教育的希望留在了和田。他深切体会到父老乡亲的深情，不知不觉中已开始深爱这片土地了。

在此之前，先后被调走的有，区公安局局长马像乾，边务处主任周文阁，骑兵三十八团团长蔡志达等。崔昭泰局长以后奉命调省即无音讯，事后获悉，他被盛世才杀害于狱中。在此之后，各文化会会长及进步人士也被调离，一些人去向不明。

这时，区公安局来了个局长刘清堂，区教育局来了个副局长张庆舜。他们一到，就把和田弄得乌烟瘴气，原来他们都是与盛世才有直接联系的特工人员。张庆舜来了才几天，便向盛写了密信，诬告马肇嵩在和田“夺取群众、拉拢群众”。这封信也抄至省教育厅，落到孟一鸣厅长手里。他回迪化，孟厅长都告诉了他并让他写了一份报告呈盛世才亲阅以澄清真相，报告送出前他请党代表陈潭秋审阅了。这之后，马肇嵩被调到博尔塔拉县，没有任何任命，他配合延安来的共产党员县长段士谋做了许多工作。

盛世才还伙同张庆舜捏造了一个所谓“和田案”。张庆舜是卑庸邪恶之徒，按盛意旨掘泥扬沙，虚构所谓“中共人员成立了中共和田支部”，并吸收他入党担任宣传干事，捏造骇人听闻的所谓“中共人员企图密谋刺杀盛督办”的弥天大谎，又以犯人身份出庭与潘柏南对质。盛世才为了掩盖其虚构的本质，还用刑讯逼供的办法迫使韩俊杰、奚枢庚来呼应张庆舜的狂吠与乱咬，韩、奚曾为和田的公务人员。对质后，张庆舜即恢复了自由与工作，而中共在和田工作过的人员则长期陷身于缧绁之中。

太阳受伤的时候总是在傍晚，红色的血流满了整个大漠黄沙。

## 文教荒漠变绿洲

1939 年 10 月间，哈密地区教育局局长祁天民患了伤寒病，与他同时患病的还有哈密县县长陈方伯，也是伤寒。当时，群众患此病的人数较多。人们把伤寒病流行原因，归咎于烧毁旧币，都说旧纸币带有伤寒病菌。省财政厅代厅长毛泽民主持改革币制，废“两”改“圆”。哈密银行为了焚毁旧纸币，组织了“销毁旧纸币监销委员会”。祁局长和陈县长都被聘为“监销”委员会委员。烧毁旧纸币的那天，所有监销委员都亲临现场，监督烧毁。销毁现场设在城东开阔地上，周围布置警察严密警戒，除几名银行工作人员外，其他任何人不得进入场内。因而，烧毁工作全部由监销委员承担，卸钞、点火、往火堆上扔票子等，从早到晚干了一天，中午饭也是在现场吃的。这可能是祁局长和陈县长得病的原因。

陈县长患的是斑疹伤寒，连发高烧，请来苏联红八团军医处处长尤林科夫和一位军医检查，确认是伤寒病，立即住院治疗。在陈住院的同时，祁局长也住进医院。苏红八团专派一名医生，每日来医院为陈县长和祁局长检查病情，亲自送药。苏红八团军医处长尤林科夫和军需处长谢力久科对陈县长和祁局长关心备至，隔几天总要亲自来医院看望。病人需要吃水果，最好是桃子罐头，他们就用飞机从苏联带来。有一天，尤林科夫处长又来看陈县长，用低沉的声调向他说："非常可惜，祁先生开始便血了，看来他的肠子断了，因为他患的是肠胃伤寒。祁先生身体非常虚弱，不敢给他剖腹接肠子。"陈县长说："还是请你设法抢救！"尤林科夫只是频频摇头，默默无言，发出叹惜的声音。此刻，生命的活力正从祁局长体内一点点流走。他溘然病逝，与世长辞了。

祁天民是第一批由延安来的干部，毕业于清华大学地质系。他是地质学者，曾陪斯文赫定到西康考察。祁天民到新疆后，先任新疆学院政经系主任，林基路调离新疆学院时，他也被调任哈密区教育局局长。祁天民在哈密工作时间虽短，但他的谦虚谨慎、积极肯干，在公务人员和学校师生中留下了深刻印象。他逝世时，学校师生手持挽联走在大街上，许多学生和教员、公务员、市民、农民，情不自禁地流下了眼泪。维吾尔族老人按民族风俗，为他举行了庄严的丧葬仪式。他墓地上的碑记是同批由延安来的在哈密任职的张东月、李涛拟的。因不能公开共产党员身份，碑记只能含蓄地写上：浩气长存。祁天民真真切切地活过，为了这片热土的各族人民，把自己的肉体连同灵魂永远地留在了这里。落日血红，那是他永不熄灭的灵魂。

1939年3月25日，曹建培、郝升被派往焉耆工作。曹建培，安徽怀宁人，1937年10月赴延安，1938年3月加入中国共产党，同年11月随第二批中共党员来新疆。他化名曹克屈，任焉耆行政公署教育科科长。郝升，山东新泰人，高中毕业后，考上北京大学历史系，因家庭经济拮据，中途辍学。他在学校时就参加反帝反封建的学潮运动，1937 年 11 月辗转至延安，1938 年 2 月加入中国共产党。他和曹建培一批到达新疆，化名郝冰清，任焉耆区财政局副局长。

焉耆是南北疆交通咽喉，曾是西域古国。开都河穿城而过，流入我国最大内陆淡水湖博斯腾湖。清人易寿崧《渡开都河》，描述了焉耆城与开都河：

高城绿柳接清波，
破晓停车唤渡河。
牧野帐分平野阔，
沙痕岸剩隔年多。
此生东去乘槎近，
稳坐中流击楫歌。
西域兵看银汉洗，
海门戍鼓又鸣鼍。

曹建培、郝升两位共产党员在焉耆的活动，使开都河有了一段永难忘怀的记忆。

据有关资料记载，焉耆直到清光绪末年，才在县城有了一所官办的学堂。曹建培、郝升到焉耆时，这里仍像文化教育的荒漠，封建思想浓厚，特别是回族群众不让自己的孩子念书，只将孩子送到阿訇那里念经。市面上只有区立小学，有学生 100 余人，行政长于德一兼任校长；有一所女子小学，学生只有 20 余人，行政长夫人任校长；开都河南岸有一所抚惠庄小学，学生 40 余人。这三所小学都是用行政摊派方式（每家有两个孩子送一个上学）办起来的。此外，开都河北岸有一所私塾，学生 20 余人，教书的老先生是前清秀才，河南岸也有一所私塾，有学生 10 余人。省立焉耆行政区师范学校刚刚建立，1938 年 9 月 1 日举行了开学典礼，学生是挨家挨户登记、劝学来的，有 120 余人。

曹建培初来焉耆，人地两生，每天下班后，便同郝升前往街市，到各学校、文化会走访，文化教育落寞的景象时而袭来。他上任后，就整顿健全区立小学。这个小学还是个初小，只有 6 个班，老师文化水平参差不齐，12 位老师只有4位是省城师范毕业生，派来不久，其余只有初小程度，还有前清秀才。整顿的措施是：改区立小学为区立第一小学，改抚惠庄小学为区立第二小学，成立区立第三小学。三个小学不合格的教师全部调转工作，所缺教师，在省城未派教师来焉耆前，由焉耆师范学校学生实习上课。原女子小学改名为区立女子小学，在两个初小班学生中挑选成绩比较好、年龄较大已不适合上初小的，归并到区一校高小班。改变过去男女不同校的封建习俗，动员全体老师挨家挨户劝学登记，让女孩子上学，增加女生人数。

焉耆在发展教育事业的过程中，为了解决学生来源问题，花了很大气力，专门抽人组成宣传队，挨门挨户劝学。曹建培又召开学生家长会，让家长明白送孩子上学念书，是学知识、学做人的道理。同时，政府还明确规定，每家有两个子女的，要送一个上学念书。因此，各学校天天有新生入学，在校学生人数增加很快。区一小扩建为12个班，有男女学生820余名；区二小扩建为12个班，有学生600余名；区三小在校学生超过500名，抚惠庄也扩建了班次，男女学生接近600名。再加上师范的120名，在校学生达2600名，比整顿前增加了6~7倍。

当时，师范学校校舍是租赁赛力乡的房院做校舍，房少人多，不敷使用，这当然牵动曹建培这位教育科科长的心。他找师范总务主任陆万海商量，两人意见统一后，便每天下午约郝升一起在周围看地方。他们看中一块地皮，虽是臭水坑、岌岌堆，却成为焉耆教育发展的基地。他们定好地方，立即修建师范学校。当时的区一校院落窄小，曹建培、郝升又约同陆万海在东滩区选了一处地方，修建区一校校舍。

焉耆区师范学校第一期三个班的120名学生1941年3月份毕业时，教育科根据行署所辖八个县的需要，把维文班的学生大部分派往且末、若羌、尉犁、轮台、库尔勒等县，把蒙文班学生分往和靖、和硕、焉耆县，把汉、回族班学生分配到各县教育科任科长或各校校长。这批师范学校的毕业生，对焉耆区八个县的教育事业起到了奠基作用。

曹建培视察各县教育发展情况后，于1941年夏季又创办了教师培训班，以提高各县在职教师的业务素质。培训班两年期，学生有各县调来的教师，有在焉耆招收的有培养前途的高小毕业生，包括汉、回、维吾尔、蒙古四个民族，共计102人。曹建培任主任，并讲授教育行政课。

教育科还推行教育家陶行知先生的“小先生运动”，狠抓了群众性的国民普及教育。规定每年在校学生，利用星期天和节日，完成120小时的扫盲任务。经过全体学生的努力，仅半年的时间，就扫除文盲2000多人。他们又和阿訇商量，在各寺坊的经文学校里，对7～12岁的孩子每天保证上一节语文课，对12～20岁的满拉（学习经文者），除每天上一节语文课外，还加一节抗日救国时事课。授课老师由汉、回、维、蒙文会共同派人，按时间讲课。各文化会还办起了男女民校及识字班，强调40岁以下的男女居民，必须按时在民校学习。

他们在发展教育事业的同时，还促进体育事业的发展。开展了赛跑、竞走、低栏、跳高、跳远、接力赛、投掷标枪、手榴弹及球类等多种体育活动。

焉耆没有澡堂，因为焉耆靠近开都河，夏天人们都在河里洗澡，但这对老、弱及儿童很不方便，而且也不太卫生。曹建培以汉文会副会长的名义同陆万海研究，因陆是汉文会的文化部长。他俩说服会长、副会长，由文化会拿出钱来，在老桥上游的河沿修建了个澡堂，每人洗澡收费1角钱，解决了各单位工作人员和群众的一大困难。

曹建培由迪化调来前，在反帝总会工作。他来焉耆任行署教育科长后，就到焉耆反帝九分会报到，并在会员训练班工作。这个训练班举办三期，每期一个月，学员人数有50人，都是各单位、各文化协会抽调来的，每天下午学习两小时，曹是主要讲课人。他除了讲抗日形势和六大政策，还讲毛泽东著的《论持久战》等，还将艾思奇的《大众哲学》、列昂节夫的《政治经济学》有关章节讲给学员。许多聆听过他讲课的人说：“曹老师讲课，像新疆人吃手抓羊肉一样，清香可口。”

那时的焉耆行署各机关有名无实，许多人一天不是在麻将桌上搓牌，就是在大烟灯前过瘾。人们在街上相遇，第一句话往往是“三缺一，走！”要不就是“走，喝两盅！”再不就是“我买了些敦煌烟土，走，吸两口！”为了消除这些消极的消遣活动，反帝九分会由曹建培、郝升主持召开了一次机关工作人员参加的“除歪风振作风”动员会。他们还在河沿开辟了一所开都河公园，里面由汉文会、回文会设立茶社卖茶，摆设了沙发、靠椅、书报。汉文会还组织了一个说书场，由一位河南老汉说梁山好汉的故事。每天下班后，曹建培还带领反帝会、妇女会会员，到公园里教唱抗日歌曲，排演抗日活报剧，教师训练班维吾尔族女教师演练舞蹈。他们开拓出精神与文化的泉水，把个开都河公园搞得热火朝天。艺术家赵丹领导的“实验话剧团”，还来焉耆演出了《满天星》。人们不再像以前那样，闲了就打麻将、喝闷酒、吸大烟了。

文化荒漠变绿洲。大家提起曹科长，没有不竖大拇指的。

师范学校学生、各机关反帝会员以及妇女联合会会员，分别组织了话剧团。话剧团经常排演曹建培编写的剧本《八路军子弟兵与群众是一家》、《父母送儿女去当兵》及外国名剧《茶花女》等。每周演一次，卖票的收入作为抗日捐款，由财政局张绍德局长、郝升副局长保存，然后报请迪化反帝会送往前线。第三次募集寒衣捐献会召开的晚上，师范学校剧团演出了曹建培编的话剧《送寒衣上前线》。第二、第三天晚，是维文会剧团演出苏联舞剧，主演是维文会会长洽帕尔，他是苏联塔什干歌剧院毕业生，他与妻子热比汗是同学，当时在焉耆算得上是舞蹈家。他俩演出时，门票贵一倍，就这样场内座无虚席。前后三年时间里，反帝九分会共募捐、筹集寒衣三次。群众情绪很高，上自年迈老人，下至男女青年，有钱的捐钱，有物的捐物，争先恐后上台献金。有拿新疆纸币的，有拿黄金首饰的，有拿元宝的，机关干部献一个月工资。

1939 年 8 月开展的支援抗日献金活动，行政长于德一任献金运动委员会委员长，教育科长曹建培、县长戴有仁为副委员长，两位副委员长领导筹划一整套工作。财政局长张绍德、副局长郝升负责捐献。献金大会上，各族群众争先恐后踊跃献金。维吾尔族牧主木沙巴依，双手举着 11 个元宝走向献金台说：“我希望大家多多捐献金银财宝，买一架战斗机支援抗日前线，狠狠消灭日本鬼子，保卫祖国。”维吾尔族老人吾甫尔商总，举着 100 多块“老人头”银圆送上献金台。一般民众也不落后，争先恐后地把东西送上献金台。女校教师魏秀文上台说：“我是一个教师，凭工资维持生活，见到会场上踊跃捐献的热情，十分感动，我把手上戴的两个戒指，耳上戴的耳环捐献出来，支援八路军抗日。”一位 60 多岁的维吾尔族老大娘，名叫则地汉，上台说：“我听说给打日本的八路军送寒衣，高兴得直淌眼泪，东看西瞅，家中没有值钱的东西，才拿这只下蛋的母鸡来捐献，表示我疼爱抗日战士的心意。”大家不收，老大娘哭着硬让收下。由于九分会宣传抗日深入人心，家喻户晓，合计捐献了 1 万多套御寒棉衣和一架苏式战斗机。《新疆日报》登出一则消息：《新疆各族人民捐献的十架新疆号战斗机由迪化起飞，奔赴保卫武汉前线》，小标题是《焉耆反帝九分会捐献一架战斗机》。

1941 年初，国民党顽固派制造了震惊中外的“皖南事变”。曹建培、郝升两人在反帝九分会院内召开群众大会，并拟稿向迪化反帝会发了一封电报，电报名称是《塞电七项救国纲领》，声讨反动派的倒行逆施，会后又组织群众示威游行。“打倒国民党反动派”、“积极支援新四军全体指战员”等口号震撼全城，教育了各族群众，增强了抗日信心。

曹、郝两人每天除本职工作外，其余时间都投进了九分会的工作，深入社会各阶层、各群众组织，从事抗日宣传或文化教育活动。他俩深入群众，有很强的亲和力。有一年库尔邦节，曹建培、郝升、陆万海和张绍德几个人，去维文会洽帕尔和热比汗夫妇家拜年。大家吃了手抓羊肉后，曹建培一时高兴，要求洽帕尔夫妇跳舞，热比汗非要同曹建培跳舞，在她的一再催促下，曹就同她跳起来。曹本不会跳舞，为了欢度佳节，在热比汗的带动下跳了起来。他手足不合拍，身形胡乱扭，洋相百出，惹得哄堂大笑。郝升更不用说，他同一位叫孜来汗的舞蹈演员合跳，也是同样出丑。这天主人请来很多跳舞的朋友，共同欢度佳节，整整玩了一天。

郝升除干好财政局的分内工作，全身心参加九分会工作，他虽不爱说话，但平易近人的态度使人都愿意同他接近。他擅长写作，九分会有关宣传稿件都由他写出来向外界发表。他以九分会委员的身份，经常在报纸杂志上发表文章，或者到各寺坊去宣传。郝的妻子是在焉耆娶的，名叫刘芝荣，是迪化女中毕业生，领导妇女联合会，也参加反帝分会的工作。后来，郝升被盛世才逮捕，她也被捕坐牢。

曹建培、郝升离开焉耆后，行到芨芨槽子时被捕。陆万海也被焉耆公安局逮捕，当时才 25 岁。同他一车押送的有八个阿訇，这些阿訇都是九分会组织起来的学习小组成员，曹、郝、陆三人领导他们学习。因此，曹，郝二人被捕，他们也未能幸免。曹、郝他们走了，开都河流水依旧，一如既往，朴实地祝愿他们平安，并讲述他们的故事。

# 第十三章

# 新兵营撤回延安
# 航空队留在迪化

## 新兵营撤回延安

1939 年 11 月初，朱德总司令向盛世才发出撤回新兵营的电报，由盛世才负责同国民党交涉。

11 月 8 日，盛世才致电国民政府军事委员会军令部："徐向前部退入新疆一部，官兵约 300 余人，经职省收容。顷朱总司令以前方需要甚急，拟即派员将该部悉数护送归队。再职省收容该部后，曾发旧式枪械，准其携带。并请饬朱主席准予通过，并予以便利。"

11 月 10 日，甘肃省主席朱绍良接盛世才电后也致电军令部，请示徐向前部官兵携械过境或徒手过境。

11 月 22 日，军令部长徐永昌将此情况呈报军事委员会委员长蒋介石、参谋总长何应钦，并提出两条处理办法：1．该部既由新省收容施行训练将及两年，且人数仅有 300 余，增加前方抗战力量有限，似可令盛世才将该部编为新省部队中，不必远道跋涉遣送归队；2．拟准其将该部护送归还十八集团军，但为免除沿途误会起见，准予徒手过境，所有枪械仍归还新省，并令朱长官检查护送。

蒋介石批准了第一个方案，并令盛世才执行。

11月30日，盛世才致电蒋介石，请求将徐向前部官兵遣送归队，盛还让他驻重庆代表张元夫向蒋介石面陈徐向前部回延理由。

抗日战争时期，新疆是最重要的国际交通线，苏联大批援华物资经新疆源源不断地运往抗战前线，蒋介石担心如不同意盛世才的请求会引起盛的反感，于国民党不利，遂电令朱绍良：徐向前留新官兵，业经准予派员带车护送至延安，似不可再阻留，以免晋庸（盛世才字晋庸）误会，请准其通过。

中共中央指示陈潭秋，新兵营总支队总队长级干部乘飞机，其余同志乘汽车返回延安。因国共两党军队摩擦得很厉害，怕路上遇到麻烦，要有得力干部带队。

陈潭秋根据党中央指示，决定除航空队、兽医班留下继续学习外，新兵营官兵329名，由曾玉良、喻新华等人带队，于1940年1月11日乘汽车离开迪化回延安，盛世才派督署参议丁宝珍护送。蒋介石本不准带武器，经盛世才的交涉，新兵营官兵带步枪30支，子弹1．5万发，手枪2支，子弹200发；丁宝珍和卫士车队司机带手枪3支，步枪14支，连珠枪3支，七九马枪2支；另外带迭克铁里瓦式机枪4挺，子弹4万发，作为送给朱德、彭德怀的礼物。

饶子健、姚运良、宋承志等总支队领导人及警卫人员和病员共31人，于

新兵营回到延安

1940年2月2日乘飞机离开迪化回延安。当时还留下会开汽车的陈福海、赵内琐等6人，准备继续学坦克。1940年7月陈福海等21人，由盛世才派龚副官送回延安。

肖显清——

1939年12月，天气格外的寒冷，我们平静的生活发生了变化。过去每个月只放二至四场电影，而一进12月则几乎每两三天就放一场，饭也吃得非常好。说是过年，未免太早，问首长是怎么回事，首长也不讲，好像有什么秘密，从表情上看很沉重。12月10日，又让我们把9月刚发的棉衣换成"推呢坎"（音）的新棉衣，又发新棉被、皮鞋、毡靴。到了20日左右，大家的疑问解开了。

这天，召开了回延安的动员大会。陈潭秋同志动员说：因为国际国内的形势发生了新的变化，党中央决定你们回延安。由于前线需要战斗骨干，你们大部分同志要到抗日前线去！（大家鼓掌）你们来迪化两年零八个月，在中共中央的指示下，在陈云、邓发同志的领导下，完成了学习任务，成绩优良。苏联顾问对你们的学习很满意，我已向党中央作了报告。我来得晚一些，对同志们帮助不够，请多多批评。

我们听了他的讲话，很是感动。接着，他又讲了几条规定：1. 为了保密，你们在学习中的笔记一律不准个人带走，大家包好，由我们负责转送延安；2. 你们的行李每人不能超过30公斤，多的东西交到我们办事处；3. 关于你们的安全问题，延安、莫斯科方面，迪化、重庆方面都有了协定，这是有保证的，请大家放心。苏联要运一批抗日的物资到重庆，如有人问你们，就说是护送物资的。这个车队有50余辆汽车，开车的司机都是红军战士，100人左右，每辆车上都有一挺机枪。路上出了问题，你们不要出面，有盛世才派的丁参议带着几个人办外交。我们内部派朱光同志出面，他是东北抗联的，从苏联学习归来的党员。陈潭秋同志再三讲，最不放心的是河西走廊这段路，各兵站的勤杂人员中，有西路军的伤员，很可能认出自己的战友。为了这次行动的胜利，你们千万不能去认。你们不是学了日语吗，在生活上讲日语。我想，战友们以后会理解的。4. 我们再三研究，请示了中共中央，还要留下一部分同志在迪化工作，希望被留下的同志要服从组织决定，服从全局的需要。

陈代表接着抒发了自己的感情。他说，要不是工作需要，我也和大家一起回延安。我们朝夕相处虽时间不长，可同志们的学习、训练和高贵品德给我留下了深刻的印象。我记得今年 9 月间，支队首长向我汇报学习情况时，说还有十个同志没有入党，主要原因是学习上差一点，其他方面都是好的。我就讲，他们经过长征，三次过草地，特别是在河西走廊苦战半年，能走到新疆，就是很了不起了，是很好的同志了。一席话讲得我们心里热乎乎的。我们回想起在迪化的日日夜夜，为与陈代表分离而难过，为学习而依恋，为能重返前线而无比高兴。

1940 年 1 月 11 日，天气晴朗，万里无云，冉冉升起的太阳显得格外亲昵和温暖，然而我们每个人的心情却无比沉重。忽然，人群中传来了上车的命令。我们乘坐的卡车都用毡子搭了篷子，还安了电池照明的小灯泡。为了防备路上有土匪袭击，由我们学装甲车的 40 多名同志组成武装护卫排，给我们四挺机枪，名叫“铁克辽瓦”，子弹 4000 余发，日式三八步枪 30 多支。陈潭秋同志逐项询问准备情况，再三叮咛我们：“一定要把这些武器带到延安，送到毛主席和朱总司令的警卫队里去。”陈代表转达了盛世才的送别话和赏给我们每人 50 元钱。盛世才的弟弟作为代表也前来送行。丁参议也和我们见了面。

马达开动，一辆辆篷车穿过迪化。陈代表和盛世才的弟弟把我们送出 30 公里，停车和每辆车的同志握手告别，并祝愿大家一路平安。我们激动得潸然泪下，我们望着陈代表，呼喊着“陈代表，延安再见！”

到达延安后，党中央举行了欢迎、欢送大会。欢迎红四方面军的同志归来，欢迎新疆的同志归来，欢迎丁参议到达延安；欢送同志们上前线，欢送丁参议回新疆。尔后，毛主席又给我们作了一次抗日形势报告，讲述了联系群众，开展游击战、运动战等问题。对于盛世才赏给我们每人的 50 元钱，毛主席说：“你们个人别要了，因为延安女大的同志连卫生费都没有。你们这些钱我们也不要，我看作为你们上前线去的伙食吧！”我们鼓掌同意。

1942 年 10 月的一天，师政委谭震林同志忽然把我叫了去，问：“肖连长，你是新疆来的，把盛世才的情况谈谈吧！”我谈了不少好的方面。谭政委说：“盛世才投降蒋介石了，把陈潭秋同志、毛泽民同志都逮捕了。”我这才知道新疆出了问题。

不久，传来中央指示：凡红四方面军到过新疆新兵营受训的同志，不要放在连队，尽量放在机关。我由连长改做参谋工作了。党中央对于我们这些学过机械化装备的同志是何等重视啊！后来，我们缴获了敌人的许多大炮，上级又叫我任炮兵连长，使我在新兵营学到的技术有了新用场。

新兵营的日日夜夜，时常浮现在我的眼前，鞭策我和同志们一起去狠狠打击敌人。

饶子健——

新兵营内部编为一个总队。我担任总队长，姚运良同志为政委，喻新华同志为政治处主任兼总支书记。

同志们听到回延安的消息非常高兴，开始换新被装、精简行李，做紧张的准备工作。陈潭秋同志向部队作了动员，和我们研究了具体问题，确定我和宋承志等四人坐飞机到兰州八路军办事处，然后回延安。部队乘坐汽车，由曾玉良、喻新华同志负责，沿途由朱光同志以联络参谋名义出面办交涉，并商洽盛世才派一高级参议护送。

1940 年 1 月 11 日早晨。寒风凛冽，大雪纷飞。新兵营乘坐的 30 多辆汽车在城外集结，动身回延安。

陈潭秋同志冒风雪乘车送出 30 公里。陈潭秋同志和同志们依依告别，嘱咐一路上提高警惕，注意安全，到前方好好工作。他每辆汽车跟前都走到了，体现了深厚的阶级感情和细致的工作作风。第二天我和宋承志同志乘飞机走时，他也亲自到机场送行。陈潭秋同志是我党的创始人之一，有理论、有才干、平易近人、和蔼可亲。虽然他领导新兵营时间不长，但在我们记忆中留下深刻的印象。他在新疆坚持到最后，直到盛世才叛变时被捕。他在狱中顽强不屈，坚持斗争，最后惨遭杀害。

新兵营沿途克服了国民党反动派的阻挠和刁难，终于在 1940 年春节前胜利回到延安，受到中央领导机关和人民群众夹道欢迎。第三天晚上总政治部在中央大礼堂举行了欢迎大会。毛主席和在延安的中央领导同志都出席了大会。

几天以后，毛主席又专门为新疆回来的同志作了报告。

喻新华——

1940 年 1 月 11 日，我们 300 余人分乘 30 多辆卡车从迪化市出发回延安。

同行的还有30多辆苏联的汽车，他们是运送武器到兰州援助国民党抗日的。每辆汽车上的篷布盖得严严实实，不让任何人接近。一路上60多辆汽车同行，很有些气派。

令人难以忘怀的是陈潭秋代表，他随车队送了一程又一程，一直送了几十里路，才停下来向全体同志话别。他边讲边流泪："同志们，我们要离别了，以后多久才能见面也不知道。你们回延安后，要好好地听毛主席的话，按中央指示办事……"他高度赞扬我们在新疆的学习精神，说着说着，喉咙哽咽了。同志们见此情景，想起了和陈代表相处的日子，都掉泪了，不少同志痛哭失声。谁知道此次分离竟是永别。

我们来到甘肃永昌县城。车队刚一进城，驻防的马家部队一个骑兵营列队欢迎。他们不知道我们是西路军余部人马，还以为是归国华侨。我们没下车时，他们高呼口号："欢迎华侨回国抗战！"我们一下车，他们马上如临大敌，部分部队撤到城外布防，同时关闭城门，还在我们休息的地方站上岗哨，个个荷枪实弹。见此情景，我上街转了一圈，只见马家部队全在擦枪，见我走过，有的拉着枪栓，扬言要打死我。我还看到他们兵营里有不少红四方面军的被俘女兵，双方认识，但不敢吱声。

为了解围，我找到了苏联车队的领队，说明了情况。他对我说："一有情况，只要你们坚持5分钟，我们就把他们赶出去。"苏联车队也见苗头不对，驾驶员提挺机枪全上了城墙。

苏联车队的领队找到马家部队的头头，骂了他一顿："你们为什么这样搞？他们的营地要你们放哨干什么？"马家部队头头理屈词穷，只得连声说："是，是，我们是为了保护他们的，保护他们的。"我气愤地说："谢谢你们的'好意'，不要你们保护，请把岗哨撤掉！"就这样，我们在那里吃了一顿饭。马家部队把城门打开，我们才离开了永昌县城。

苏联车队到兰州和我们分手了。

我们到了陕西中部地区某县城，太阳还有丈把高。我们30多辆车停在一块平地上，周围是山，前面一条大河。马禄的部队抢占了有利地形，在周围山上架起了机枪，不让我们走动。这时，随同我们的丁参议前去和对方交涉，到半夜丁参议也没回来。后来，我们又派了一个自己人去交涉，同时也做好了战斗准备。我们只有30多条枪、4挺轻机枪，要交起火来也是相当危险的，但也绝不能束手就擒。后半夜，参议才回来，对我说："政委，危险哪！他们准备把我们打掉。"我说："我们知道，我们准备好了。我们不先开枪，他们开枪，我们就要打一下子，不会让他们占便宜的。"

马禄为什么要打我们呢？据参议说：附近的富县国民党部队和八路军闹摩擦，结果被八路军缴了枪。马禄派了两个专员在这个县工作，被我八路军同时扣留。因此，马禄想借此为理由，在我们身上报复。最后，一直交涉到后半夜，直到丁参议答应负责和八路军协商，把马禄的两个专员放出来，才让我们离开这个地区。

回延安的一路上，每过一地，总要受到马家部队的无理刁难，真是层层拦阻，处处险关，其中四次是相当危险的。有的问我们带枪、带子弹干什么？我们回答是防土匪，他们才没话讲。有的以搜查为名义，侮辱我们的女同志，引起我们的愤怒，才不敢下手。

1940年2月初的一天傍晚，我们终于回到了日夜向往的延安。我们一进入延安，道路两旁兴高采烈的军民夹道欢迎，又是呼口号，又是放鞭炮，热烈的气氛真是难以形容。无形中，一股暖流涌遍全身。

接着，在一个竹子搭起的简易礼堂里开了个欢迎会，台上台下灯火通明，红绿标语贴满四周。毛主席、陈云、滕代远、邓发等首长全坐在主席台上。我记得，首先由我代表300多名西路军指战员讲话。我说："同志们，我们现在到了延安了，回到了党中央怀抱来了，回到了毛主席身边来了，多么幸福啊！我们今后要听毛主席的话，执行中央的指示，服从领导。我们以前错干了十年，失败了。今后要跟毛主席好好地干革命……"

毛主席给我们讲话。他首先给予我们高度评价："你们没有错干，你们干得对。你们是革命的宝贵财富，是千两黄金买不到的。"对于我们这些深受张国焘之害的战士来说，还有什么能比这更鼓舞人心呢！听到这里，我们的双眼含满泪花，会场里掌声经久不息。毛主席又说："过去的事不要你们负责，应该由张国焘负责，是他错了，你们没有错干。你们今后要接受经验教训，好好干。最后胜利是属于我们的……"

毛主席、朱总司令分别代表党中央、中央领导同志、中央直属机关设宴招待了我们。为了让我们生活得好，在延安个把月时间里，我们天天吃白面，没吃过杂面，而中央领导和直属机关都吃杂面、小米。

每天上午，由一名中央首长给我们上课，讲统一战线，讲政治、军事形势，下午组织我们参观延安，还安排我们看了话剧《红日》等。

同年3月初，组织上分配我和饶子健同志带100多人到新四军五师工作，由我当指导员，饶子健当队长。由于途中情况变化，到不了五师，我们就留在彭雪枫四师工作了。

## 不让飞，我们到前线打日本鬼子去！

新兵营返回延安不久，新疆泛起了一股疏远苏联、冷淡中共的逆流。中共人员的活动不断受阻挠，航空队的飞行也越来越少。1940年夏天，盛世才借口镇压塔城、喀什的所谓叛乱，把三中队的几架好飞机都调往外地，迫使中共学员停止了飞行训练。

夏天过去了，秋天也过去了。航空队第一、二中队飞机频繁出动训练，唯独第三中队的复飞如石沉大海，杳无音信。中共学员整天埋头学理论，心情一天比一天焦急。

每逢星期天，大家见到陈潭秋的第一句话就是："有复飞消息吗？我们坐不住了！"

陈潭秋总回答说："还没有商量通，再等一等。"

报纸上不断传来日本帝国主义的飞机疯狂轰炸我大后方的消息，盛世才疏远中共的活动，也与日俱增。大家终于按捺不住了，纷纷找党支部要求："不让飞，我们就回延安去，到前线打日本鬼子去！"党支部向陈潭秋反映了大家强烈的求战情绪。陈潭秋表示同情，同意发电报向党中央反映航空队要回延安参战的请求。

电报发出了，久久没有回音。大家又以航空队全体党员的名义，起草了一封长长的请战书，请陈潭秋转送中共中央。请战书首先汇报航空队受党的委托，经过两年多的学习，已基本掌握两种机型的驾驶和维护技术；接着，向中共中央反映盛世才对中共学员的冷淡情况，再等下去也难于学到更多的技术。

大家向中共中央请求：

一、有可能，让我们全体回延安，力争苏联援助我党飞机，组建我八路军航空队，从空中打击日本侵略者；

二、暂时无条件组建我军航空队，请求批准我们回延安参加地面部队，到抗日前线去作战；

三、党中央认为现在不适宜回延安，最好与苏联联系，让我们到苏联空军去参加反法西斯战斗，或者商请苏联再给新疆提供一部分航空器材，以便使我们恢复飞行。

请战书送往延安后，约莫过了一个多月，陈潭秋在一个星期天对大家说，党中央给航空队的同志回电了。电文只有八个字："严守纪律，安心学习。"

党支部立即组织传达、讨论。大家认为，虽然思想上没有完全想通，但中共中央的指示应无条件地坚决执行。从此以后，大家的头脑比较冷静了，克服了急于求战的情绪，又开始埋头钻研航空理论。

这段时间，盛世才航空队的军官也不管他们，所有时间都可自行安排。陈潭秋指示大家：可以利用这个时间，认真组织自学，为将来革命斗争的需要，积累各方面的知识。

他们三天两头跑书店，用积攒的津贴，集体购买了各种新书，开设了马列主义理论、政治、军事、历史、地理、语文、代数、几何、物理、化学、俄语等十多门自修课程。各人按兴趣选学几门。大家起早贪黑，沉浸在知识的海洋里，暂时忘却了外界带来的烦恼。

1941 年初，苏联援助了盛世才 6 架依－15 战斗机和两架依－16 战斗机，以及其他一批军事装备。盛世才对苏联及中共的态度有所缓和。在陈潭秋的积极交涉和苏联顾问的大力协助下，他们终于在停飞八个月后，又重新恢复了飞行训练。

依－15 是双翼战斗机，单人驾驶，不能收起落架，装 1 台 750 马力的发动机，最大时速 370 公里，可爬高到 5000 米；火力较强，装 2～4 挺七六二毫米的机枪，可挂 4 枚 50 公斤炸弹或 6 枚火箭。

依－16 是当时苏制第一代比较先进的单翼能收起落架的战斗机。飞机最大时速 525 公里，航程 800 公里，升限约 5500 米，装 2 挺七六二毫米的机枪和2门20毫米机关炮，还能挂6枚火箭。在抗日战争期间，苏联援助中国的这种飞机，对日本的零式战斗机作战，获得了出色的战绩。

对航空一窍不通的盛世才，不明白这两种飞机的战斗性能，听凭苏联顾问主持改装训练。陈潭秋和苏联领事馆商量后，苏联顾问名义上按统一条件，实际上按内定人员“挑选了”十人首批改装。其中有吕黎平、方子翼、方槐、陈熙、方华、袁彬、刘中惠、夏伯勋、杨光瑶九名共产党员和姚维滔。他们开始在欧亚机场和地窝堡机场改装，后来移到了迪化西北约60公里的高家户野外机场改装。

驾驶这种崭新的战斗机，大家太激动太高兴了。在苏联顾问带教下，顺利放了单飞。接着，连续组织大强度、大场次飞行，在较短时间内，九名共产党员完成了高级特技，单、双机对抗空战，打地靶和低空轰炸等重要战斗课目训练。尤其是轰炸、射击训练取得了好成绩。九名同志在400米、1000米高度的轰炸中，弹着点在靶圈中心点的10米内外，最远也没超过30米。方华在地靶射击时，所有子弹、炮弹几乎全部命中靶心。苏联顾问检查靶标时，看到靶心密密麻麻的弹孔，跷起大拇指一个劲儿地说：“ХОРОШО！ХОРОШО！”

高家户是新建的草地机场，附近住着十几户湖南籍人，叫做“湖南营”。相传清朝陕甘总督左宗棠督办新疆，收复被沙俄和英帝侵占的新疆失地后，留下部分湖南兵在这里开荒种水稻，后来湖南兵就在这里成家立业居留下来。

大家住在帐篷里，起居很不方便。夏天的蚊子非常多，一挥手能抓好几只。机场周围人烟少，伙食很难办好，加上飞行繁忙，大家渐渐消瘦了。

陈潭秋了解后，就从苏联领事馆借来了几支小口径步枪，让他们自己打猎改善伙食。这可给大家解决了大问题。因为机场附近有一大片芦苇荡，里面水泡子星罗棋布，成群的野鸭飞进飞出，戏水觅食，还有狍子、野猪等许多野生动物。小口径步枪50米以内打得很准，他们就经常利用业余时间去打猎。方华、张毅最积极了，枪法也好，每次出去都能如愿以偿，肩扛手拎地带回来一大堆猎物，可供大家连续几天饱餐，保证了改装训练顺利进行。

他们在航空队学习的四年中，发生了三起严重飞行事故。第一起是1941年夏天，在妖魅山上空双机相撞，其中长机机毁人亡，僚机迫降成功；第二起是1941年冬天，盛世才的中队长王应其少校，驾机到迪化以东的巴里坤执行任务时，机毁人亡；第三起是 1942 年夏天，中共飞行员汪德祥在高家户机场飞特技时，进入螺旋，没有改出来，失控坠地，不幸殉职。

妖魅山事故那天，二、三中队混合飞行。中共飞行员胡子昆与盛世才的飞行员张实中各带一名领航员，在机场上空飞双机编队盘旋课目。起飞不久，大家发现离机场不远的妖魅山上，突然升起了滚滚浓烟，空中两架飞机不见了。

苏联总教官利佐古布马上将在场的飞行员集合起来，指着冒烟的方向问："那边飞机坠地燃烧了，谁敢驾机去低空观察事故情况?"

有天职在，就有听从召唤的；有死神在，就有敢去赴约的。在场的中共飞行员立即举起手，高喊："我去，我去!"盛世才的飞行员望着燃烧的烟柱，脸色煞白，腿打哆嗦，你看我，我看他，无一人敢报名前往。

总教官对盛世才的飞行员投去不屑的目光，指定吕黎平去。

吕黎平驾依－15 起飞，几分钟就飞到了妖魅山上空。他在低空盘旋中，见半山腰有一架飞机残骸在燃烧，再次降低高度沿西河坝寻找，终于发现另一架飞机趴在河滩上，机体还完整，有两个黑影在飞机旁边蠕动。他马上飞回机场，向总教官报告了现场情况。

汽车出动去现场抢救，拉着受轻伤的胡子昆和同机的领航员回来了。原来，胡子昆是僚机，在缩小编队间隔时，长机往僚机靠近，而僚机比长机高，由于操作不当将长机撞了下去，自己也歪歪扭扭地迫降到河滩上。总教官和航空队大队长问清事故原因后，将胡子昆训了一顿。

"还敢不敢飞?"总教官又问胡子昆。

"敢!"胡子昆响亮地回答。

第二天又安排胡子昆飞行了。

## "我是盛督办，决定你们离开航空队"

航空队在苏联顾问主持下，有着比较严格的训练作风。盛世才的有些军官，如第三中队中队长黎焕章上尉等比较进步，但其中大多数军官终究摆脱不了旧军队的恶习，沉醉于花天酒地的糜烂私生活中。这种恶习，以潜移默化的方式，腐蚀着周围人的心灵。

龚廷寿学飞行后，总是赞叹盛世才的飞行教官穿笔挺的军服，有漂亮的女人和宽敞的住房。他慢慢地嫌发的学员服粗糙，贪婪地积攒钱，自己到缝纫铺做衣服，还与那个缝纫匠的老婆眉来眼去。党支部及时发现了他的问题，几次个别谈话教育，直至小组会帮助他改正错误，但他越陷越深，终于不能自拔。党支部鉴于龚廷寿屡教不改，为了严肃党纪，经陈潭秋批准，决定给予他党内严重警告处分，调离航空队，送回延安。龚廷寿拒绝改正错误，在党代表驻地招待所等待回延安期间，开小差逃跑了。

飞行班的邓明，从羡慕旧军官嫖娼宿妓，发展到道德败坏，屡经教育，坚持不改。经党支部决定、陈潭秋批准，给予留党察看处分，也调离航空队。1942 年，大家被盛世才逮捕，邓明成了逃兵。

航空队的飞行学员和飞行军官待遇差别很大。学员是上士军阶，每月十来元津贴，吃学员灶，过集体生活，外出请销假；每当挨飞行教官训斥时，还要立正站着，目不斜视。每次机械日，飞行学员要帮助擦飞机，清洗机件，干最脏最累的活，被机械员指挥得团团转；而飞行教官在旁边指手画脚，悠然自得。

飞行学员一毕业，苦日子就算“熬”到头了，马上授中尉军阶，每月工资 100 多元，加上各种补助，实际工资相当于陆军的中校。这些钱可供四五口之家过上富裕生活。一当上了飞行军官，还分给一所住房，马上可以结婚，飞完当天课目就能回家。

1941 年秋天，他们按原定教学大纲完成了所有课目的训练，成绩优良。按当初与盛世才商定的“协议”，可以毕业授中尉军阶，任航空队飞行军官。可是，毕业之后面临一个新情况。当学员，在苏联教官的直接领导下，使用飞机，安排计划都优先保证，飞行时间比飞行军官多得多。当飞行军官，在盛世才的航空大队长、中队长领导下，平时飞得很少，安排计划也肯定得不到优先。

他们询问苏联顾问有什么办法可以多学一点儿技术？顾问回答说，只有寻找借口推迟毕业日期。

怎么办？党支部开会征求大家的意见。经过大家讨论，有两种选择摆在面前：毕业授军阶，待遇高，可以结婚成家。多数同学都二十四五岁了，参军近十年，是早就够结婚条件的营、团干部。跟他们同年龄，在抗战后方参加革命，现在新疆地方工作的同志，大都结了婚。如果继续当学员，有利于多飞行，进一步巩固和提高技术。“为了党的航空事业，我们要技术，不要官衔。请党代表陈潭秋同志批准我们推迟毕业。”

陈潭秋马上同意并赞扬了他们的请求。经苏联顾问协助，盛世才同意第三期飞行班除姚维滔按时毕业外，其他学员推迟毕业时间。

航空队的军官，听说他们要求推迟毕业，百思不得其解。“新兵营这批年轻人，实在傻得不开窍，有钱不要，有姑娘不找，真是怪人！”

新疆只有40多名飞行员，再加上薪金高、待遇好、身体棒。每当年轻飞行员上街、逛公园时，总有不少姑娘投来的目光闪动着激情的光辉，赤裸裸地泼洒着爱慕。

迪化市唯一的女子中学有四五百名学生，其中不乏达官显贵的千金小姐，也有从东北和内地来的进步青年。航空队前两期的飞行员，几乎都娶了女中的学生。当时在女中流传着这样的歌谣：“学院、军校我不爱，师范更在外，只爱航空小皮带！”这时，女中学生的注意力，开始转向第三期飞行员了。靠着前两期的飞行员的家眷是她们的同学、校友，不断托人穿针引线。个别胆大心切的姑娘，竟指名道姓的递情书，透显出人性深处的潜在的渴望。

党支部研究这些情况后认为：大家虽然早已到了该结婚成家的年龄，但个人的暂时利益应当无条件地服从党的长远利益，“情”要服从“理”。现在，党需要大家集中精力，学好飞行，就要专心致志，不能因姑娘的求爱而分散精力，即使她们找上门来，有品貌出众的进步女青年，也要暂时撂下。党支部鉴于龚廷寿、邓明犯错误的教训，决定在学员中展开正确处理恋爱问题的讨论。大家表示：“不学好飞行，党组织不说话，决不谈恋爱。”指名道姓提亲的，被婉言谢绝了；主动上门交朋友的，找借口回避了；偷偷捎来的情书，如石沉大海了。

航空队的军官们、家眷们，女中的姑娘们，起初都不相信他们的举动，说年轻轻的小伙子，哪有美女追求不动情的？继而在事实面前惊奇失望，说他们这期学员都是“木头人”，“泥塑木雕不懂情！”

1942年4月，第三期飞行班正式毕业。中共21名毕业学员，都留在航空队，继续巩固、提高飞行技术。盛世才找借口未给第三期飞行班毕业生授衔，也不按飞行军官发薪饷。

7月10日上午，他们正在高家户机场飞行。忽然，航空队的教官任兆祥驾飞机来到高家户，说："盛督办叫你们下午就回去。"

他们把帐篷一收，分乘两辆汽车，下午两点，回到航空队宿舍门口。航空队大队长张炳光立即来找吕黎平，说："盛督办请你接电话。"

吕黎平来到队部，拿起电话，听筒里传来盛世才嘶哑的问话："你叫李维先吗?"李维先是吕黎平的化名。"我是盛督办，我决定你们所有同学，今天下午离开航空队，搬到南梁招待所。"

"为什么?"吕黎平实在费解，便追问了一句。

"此事，徐杰先生知道，你问他就清楚了。"

事情来得突然，吕黎平当即和党支委紧急商议，决定派金生去请示陈潭秋如何处置。党代表驻地离航空队约有5里路，金生去后很快赶回来了，说陈潭秋证实有这回事，并指示说："现在情况复杂，你们先搬出来。"吕黎平立即把盛世才的电话内容和陈潭秋的指示，向全体作了传达。当天下午，他们整好行装，搬出了航空队。

他们在航空队殚精竭虑、苦苦求索，长达4年5个月的学习生活结束了。1938年初他们进入航空队时共43人，此时，他们离开航空队时还有37人，其中21名飞行员。吴茂林患肺结核退学，后来病故；彭仁发在维护飞机时，由于盛世才的一名机械员违反操作规章开电门，不幸被突然启动的螺旋桨打死；汪德祥因飞行失事牺牲；龚廷寿、邓明犯错误先后停飞；严振刚因工作调动离开。

搬到南梁的"红房子"招待所后，陈潭秋马上来看大家。他沉重地介绍了盛世才与蒋介石秘密勾结，开始反苏反共的一些情况，并告诉他们："你们37名同志，是党千辛万苦培养出来的第一支航空队，是我们党的宝贵财富。目前，从陆路送你们返延安已不可能。我已向中共中央发电报，请中央尽快与苏联联系，争取把你们送到苏联去。待国内条件成熟后，再接你们回来建设我们自己的空军。"

# 第十四章

# 杜重远“阴谋暴动案”

杜重远“阴谋暴动案”，是盛世才制造的许多“阴谋暴动案”中的一个，是其进一步制造共产党“阴谋暴动案”的前奏。它牵连到茅盾、张仲实、赵丹等人，还有数十人被血淋淋地杀害，因株连而受牢狱之灾的人数就更多了。杜重远是著名爱国民主人士，从青少年时代起，就把面向社会、关注现实作为人生的出发点。他磊落坦荡，正道直行；他忧国忧民，为国尽忠。此刻，就让我们翻开历史的篇章，追寻这位民主志士饮恨新疆、亡灵难眠的悲壮之行。

## 不当厅长，愿意办新疆学院

萨空了原在上海办报，因为被帝国主义的工部局封闭，只好来到香港。萨空了是救国会成员，救国会同志敦促他把报纸恢复起来。这是个小型报，叫《立报》。报纸得到当时在香港的廖承志、潘汉年的帮助，还用中共的名义投资3000元。报馆是股份有限公司，有董事长。那时汪精卫跟蒋介石两人搞德意路线，德国大使陶德迈在他们中间奔走，想要蒋介石向日本人投降。萨空了写了一篇社论，批判德意路线。他夜里两点写完，发稿以后就回家了。第二天早晨拿到报纸一看，董事长在后边加了两句话，是批判八路军的，因此，萨空了和董事长闹翻了。

正在这时，杜重远到了香港。他是三渡天山，三次到新疆之后来香港的。其时，斯大林要援助中国抗战，要建立一条从新疆、甘肃到陕西的运输线。杜重远四处奔波，就是为了沟通这件事情。萨空了跟杜重远从香港来到武汉，他俩在胡愈之家里见到周恩来和叶剑英，倍觉欣喜。周恩来听了杜重远三到新疆的情况说，在新疆要很好地和几个党内的同志合作，周恩来谈到邓发和毛泽民。杜重远和萨空了直接和国民党当局接触，蒋介石也有从莫斯科得到援助的要求，于是就派飞机把杜重远和萨空了还有几个欧亚航空公司预备在迪化设站的人送到迪化。

此时是1938年9月，迪化正在召开第三次全疆代表大会。两人下飞机后，同盛世才简单地谈了谈，盛叫他俩先参加会议。大会开了40多天，最后几天盛世才找他俩谈话，要留二人在新疆做事。盛说新疆是大后方，背后是苏联，想取得抗战胜利，没有大后方不行。他俩相信盛的话，因为盛有很多假象迷惑人们。他俩一下飞机就看见红布白字大标语，“列宁主义万岁”、“六大政策万岁”、“坚持全面抗战”等等。他们从蒋介石下面出来的人看到“反帝、亲苏、和平、民平、清廉、建设”这个口号，心里当然是很高兴的，认为盛世才这个人还是能够做事情的。

但是，对盛世才这个人，萨空了和杜重远有不同看法。杜重远三渡天山时，写了一本《三渡天山》，后经改写又叫《盛世才与新新疆》，把盛世才写得很好，吸引了很多青年到新疆。当时萨空了就对杜重远说，这本书里有很多问题值得怀疑。萨举了一个例子，书里的一节“盛督办办案迅速”，说有一天晚上，杜重远被盛世才请去吃饭，陪同吃饭的是各厅厅长，包括一个维吾尔族的省副主席禾加尼牙孜。饭后，杜重远回西花厅睡觉。第二天早晨看报纸，陪同他一起吃

杜重远

饭的人全都被捕，以后这些人又被杀了。“这叫办案迅速吗？这叫阴谋诡计嘛！”萨空了说。萨空了一语中的，盛世才具有当时各地军阀以及暴发户必备的野心勃勃、势利、诡诈、机变、老辣、无赖、无耻、狠毒乃至丧尽天良等性格素质。

杜重远一生纯白，了无机心，没有阴谋诡计这些想法。他说：“我跟盛世才是同乡，小学的同学，中学的同学，直到日本还是同学。我们俩是一辈子的交情，他能对我用什么阴谋诡计呢？”杜重远忽视了盛世才集权政治的封闭性与文化理想开放性的矛盾。盛世才要的是政治附庸人格，而他有的只是进步知识分子的独立人格。“政治上的事要很好的考虑！”萨空了所以能够从新疆脱身走开，也跟这个有关系。

盛世才晚上把杜重远叫到后边住宅深谈，一连三四次。杜重远回来劝萨空了留下，萨迟迟难下决心。

“为什么要我留下？”

“你原来就是办报的，留在这里可以办报；你一直想办报纸，一定可以办好！”杜重远说，“这里有你一个熟人，叫周彬，很了解你。你可以和他合作得很好！”

“我没有一个叫周彬的朋友，这个人我不认识！”萨空了后来才知道，周彬就是毛泽民。

杜重远介绍萨空了跟盛世才见面。盛叫萨做新疆日报社社长。

“你这里有社长，社长是王宝乾，为什么还要另外找个社长？”萨对盛说，“我完全不了解你，我们两个没有关系。作为一个宣传负责人对领导的心情不了解，思想不了解，怎么能够做宣传负责人？我完成不了这个任务！”

“现在是我们知识分子的天下，大家的嘛！你是知识分子，我也是知识分子，是我们共同的天下嘛！为什么不可以哩？”盛世才似乎礼贤下士，情真意切，还是一再说服萨当社长。

“还是王宝乾当社长，我顶多能够当个副社长，可以从技术方面给你做点儿贡献，在政治上还是听你的！”

“你跟杜重远一样！杜重远我叫他当建设厅长，他不愿干，自己愿意办新疆学院，当院长。”

他俩最后和盛世才谈妥，盛同意杜重远做新疆学院院长，同意萨空了做新疆日报社副社长。杜重远提出，要长期在新疆工作，就要接家属来。他俩是日寇占上海后临时逃到香港的，杜的家属在上海，萨的家属也在上海。盛世才要他俩就职以后再去内地搬家，不就职不让走。

"报社是个什么样子没有看见过，我想先看看报社到底如何建设！"

萨空了去看了报社，在他眼里，新疆日报社实在不像个样子。报纸出版日期不定，三天两天出一期，一行字排下来，里边有2号字也有5号字。最不像样的是新闻条件，只有一个新闻来源，即塔斯社的一个简讯。苏联驻迪化领事馆给盛世才一份，盛当天还看不成，必须交给翻译处，最快第二天才能交出翻译稿，盛看了以后才交给报社。这样，盛不但不了解国际国内情况，连蒋介石要干什么也不知道，耳目完全闭塞。

"这样的景况我没办法把报社办好！"萨空了对盛世才说。

"应该怎么办，须花多少钱？"

"必须加强印刷厂的技术设备，还得建立电台；不但要花钱，还得招聘技术人员。"

盛世才接受了这些意见。

全疆民众代表大会开完以后，是1938年11月。杜重远、萨空了从迪化飞往重庆，因为武汉失陷，只好到重庆再转飞香港。他俩让家属从上海到香港，大家再从香港到新疆。

萨空了要给新疆日报社买设备，聘请技术人员。这两件事是短期内不能做到的，有些东西还要转手委托别人到上海买，买好后运到香港，再买几辆卡车，从陆路运往新疆，所以，家属到了以后，萨空了还走不成。杜重远和萨空了商量好，重远先回迪化，他俩还商定，请茅盾、张仲实也来新疆。当时茅盾正在香港编《文艺阵地》，张仲实是新华书店的总编辑，与杜重远很熟悉，这时在重庆。

## 邀请茅盾等赴新疆学院任教

香港。就在杜重远和萨空了去武汉转赴迪化的前些日子，茅盾在一次集会上遇见杜重远。他俩在上海见过面，但没有交往。茅盾听人说，杜重远正在把自己的一个工厂迁往昆明以支援抗战。

这次见面，杜重远主动和茅盾交谈起来，而且出乎茅盾意料，谈的全是新疆见闻。杜重远说近年内去了三次新疆，感触很深。新疆现在的督办盛世才是个想干一番事业的人，思想也很进步，他提出的“六大政策”中就有反帝、亲苏、民平等进步的政策，他与延安方面的关系也不错。杜重远说盛世才是东北人，是他的同乡、同学，所以一见如故，十分热情。盛知道他是办实业的，想请他任建设厅长。

“不过我没有同意。我以为要把新疆建设起来，首先要办教育，要普遍提高文化水平，要从培养干部着手，所以我向盛世才建议让我去办新疆学院。”言语铿锵，志者心情，“你看我能办教育么?”杜重远哈哈笑着问。他又告诉茅盾，正在物色教员，张仲实已经答应了，问茅盾有没有合适的人介绍给他。

“教书应从大学教授里去挑，不过新疆自古是流放之地，我认识的那些教授未必愿意去领略那塞外风光!”

“能请到你这样的名作家去新疆，号召力就大了！可惜你正在编《文艺阵地》，不然盛世才一定会设宴欢迎的。”

两人分手时，杜重远送茅盾一本《三渡天山》。《三渡天山》把盛世才统治下的新疆描绘得十分光明，读了这本书的人都会产生一个美好的印象。

茅盾编的《文艺阵地》博得广大读者的赞扬，但是销路却不畅通。由于战时交通堵塞，杂志印出来送不到读者手里。能按期看到《文艺阵地》的，除了香港、广州外，只有南洋、昆明以及华南某些中等城市。武汉靠寄航空版翻印，四川、西北等地需隔三四个月才能看到，或者根本看不到。10 月 21 日广州失陷，武汉危急，情形就更加困难了。

香港生活费之高，也是茅盾决心离开的一个原因。《文艺阵地》的编辑费是法币 70 元，折合港币 40 多元。《文艺阵地》在广州排印时，一月两次赴广州的车马费、旅馆费就花 100 多元，移到上海排版后花费又有增加，因此，茅盾编《文艺阵地》所得付了公寓的房租就剩下不多了。幸而《言林》的编辑费和稿费还丰厚，但要应付香港高水平的开支，仍使茅盾夫人孔德沚叫苦。他们只好从积蓄中倒贴，10 个月下来，几乎贴了 1000 元。显然，这样过日子是不能长久的。

这时，杜重远和萨空了去新疆后又回到香港。萨空了知道茅盾有离开香港的念头，就来动员一同去新疆。

“广州、武汉已经沦陷，香港不能长住，迟早要去内地，不如趁这个机会去新疆看看，住惯就住它两年，住不惯就出来。”萨空了说，“这也是重远的意思。”

“让我再考虑考虑!”茅盾回答。

杜重远写的《三渡天山》小册子，的确使茅盾动了去新疆做点儿事的念头。因为新疆虽地处西北边陲，却背靠苏联，是当时唯一的国际军援通道。苏联援华的物资装备，就通过新疆浩瀚的戈壁运往内地。如果新疆当局果真如杜重远说的那样进步，那么把新疆建设成一个进步的革命基地，无疑有重大的战略意义，而自己能为此事业稍尽绵薄，也是应有的责任。然而杜重远三次进新疆看到的究竟有没有假象呢？这件事必须慎重。

茅盾去找廖承志。茅盾想，既然盛世才与延安有联系，中共方面一定对新疆有个基本看法。然而廖承志说，他不太清楚新疆的情形：“杜重远可能说得太好了一点，不过我们有人在那里工作，其中就有你认识的。”新疆有认识的共产党人，可见是可以去的，于是茅盾就下了去新疆的最后决心，并告诉了杜重远。

隔了几天，杜重远送来盛世才的一份电报，表示热烈欢迎茅盾和张仲实赴新疆建设新新疆。

杜重远的太太怀孕已快足月，他们想尽早赶往迪化，免得孩子生在半路上，因而希望茅盾能和他们同行。可偏巧茅盾的女儿亚男得了一场严重的大叶性肺炎，刚过危险期，需要将养，不能走动。于是杜重远夫妇带了他们的两个孩子乘飞机先去昆明，从昆明飞抵兰州，从兰州乘汽车到了迪化。茅盾一家则等到亚男基本康复之后，才与重远的内弟侯立达以及杜重远公司里的一位职员，一起乘轮船绕道越南北上重庆。

张仲实 1938 年 10 月初与生活书店总管理处一起撤到了重庆。在重庆，由于国民党反动派的严密控制和无理刁难，书店到了无法再办下去的困难境地。这时，杜重远来到重庆，几次找张仲实，一心邀张前去，并积极向书店及邹韬奋建议。书店考虑到新疆距苏联近，从苏联进口俄文书籍、纸张等方便，想在迪化为书店建立一个编辑出版基地，也有意叫张仲实去。张仲实还在踌躇，觉得新疆地处边远少数民族地区，建立编辑出版社的前景不大。张仲实在去还是不去的矛盾心情下，到八路军驻重庆办事处找了当时办事处的负责人、他留苏时的同学博古征求意见。博古以开朗而坚决的口气说："可以去，毛泽民、徐梦秋都在那里，你有事可找他们！"张仲实知道有共产党员在新疆，最后下定去的决心。

1938 年 12 月下旬，张仲实和茅盾一家，萨空了的妻子金秉英及两个女儿，从重庆动身，几经周折历时三月余才抵达迪化。

1939 年 3 月 12 日，新疆学院院长杜重远亲自率领全体师生到 5 里路以外迎接茅盾、张仲实等。盛世才也带着卫队驱车到郊外迎接。

第二天黄昏，茅盾夫妇和张仲实等一行坐着督办公署派来的汽车，直驶督办公署。

盛世才在门口恭候茅盾等的到来，并把他们迎进书房，参观自己的藏书。在书房里，茅盾惊讶地发现盛世才藏书十分丰实，而且还有不少在上海、香港看不到的马列著作。

省政府各厅厅长都来了，其中有毛泽民、徐梦秋。毛泽民化名周彬，任财政厅代厅长，徐梦秋化名孟一鸣，任教育厅代厅长。这一天，杜重远特别兴奋，脸上的微笑使他显得容光焕发，和盛世才等谈兴甚浓。

茅盾与张仲实到迪化的第一周，就先后上了课。茅盾讲第一课时，其他系不少教师、学生都来听，教室里挤得满满的。茅盾和张仲实分别担任中文系和政经系主任，茅盾主要讲授文学、教育学、心理学等课程，张仲实教哲学、经济学、社会发展史等课程。学生们对新开各门功课兴趣非常浓厚。张仲实是经济学家，在讲授社会发展史时，翻译了恩格斯的著名论著《家庭、私有制和国家的起源》；在讲授哲学课程时，翻译了苏联著名哲学家罗森达尔的《辩证认识论》等；他的教学内容里流灌着马列主义基本理论和思想观点。

茅盾和张仲实在新疆的一项重要工作是主持新疆文化协会。在他们去新疆之前，新疆各地已成立了各民族文化促进会，如维吾尔族文化促进会、汉族文化促进会等，但是没有总的领导机构。1939 年 4 月 8 日，新疆文化协会在迪化市成立，到会者有各机关及各文化促进会的负责人约100余人，盛世才也到会讲了话。大会公推茅盾为委员长，张仲实为副委员长。文化协会设艺术部、编辑部及总务部，茅盾兼艺术部部长，张仲实兼编辑部部长。艺术部要审看剧本和演出，当时，几乎所有要演出的剧目都请他们过目。编辑部与教育厅相配合，结合抗日救亡的教育和新疆多民族的特点，从实际出发，用汉、维吾尔、哈萨克、蒙古四种文字编印了高、初级国语、美术、自然、政府政策等教科书多种。新疆文化协会还举办了文化干部训练班，茅盾和张仲实分别担任正副班长，为新疆各地各民族培养文化工作干部。除了新疆学院和新疆文化协会的工作外，茅盾还兼任新疆中苏文化协会副会长，张仲实兼理事。他俩都被聘为新疆民众反帝联合会主办刊物《反帝战线》的编委，经常为其写稿或译稿。

茅盾在庆祝四一二大会上，作了抗战形势与新疆建设的讲演，并在《新疆日报》发表《新疆文化发展的展望》一文。茅盾在女子中学讲《中国新文学运动》，在新疆学院讲《五四运动检讨》，在新疆日报社讲《子夜》是怎样写成的。他的演讲稿也纷纷被刊登出来。茅盾又是演讲，又是写文章，忙得不亦乐乎。不料，这引起了新疆一些人的不快。当徐梦秋把这消息告诉茅盾时，茅盾惊愕得说不出话来。

茅盾和张仲实到迪化不久，就发觉盛世才表面上伪装进步，内心里却对革命恨之入骨，是个心毒手狠的两面派，是个中世纪式的封建皇帝。中国封建史上开国皇帝基本上属于流氓和豪强，究其原因，就在于流氓只求成功，不问手段，而豪强既有流氓的特点，且有先天的势力。因此，他们高度地警惕起来，说话谨慎，不与当地干部单独来往，无事不出门。他们与当地党的负责人邓发、陈潭秋、毛泽民、徐梦秋等更进一步加强了联系，尤其是和后两人经常保持来往。他俩有事去找他们，无事也每周去坐坐，把有关情况谈给他们。他们也告诉他俩有关情况，在一起谈论国内外大事及具体工作，关系非常融洽。

这一年，毛泽民和朱旦华举行结婚典礼，茅盾和张仲实到场祝贺。那天去的人很多，十分热闹。

## 应邀上任又被迫辞职

新疆学院经原教务长林基路等共产党员的努力，一所旧式学校被改造成为具有新血液、新精神、新面貌的新型学府，但是办学条件仍十分落后。杜重远在任新疆学院院长后写给邹韬奋的信中说："新疆学院，除一座旧营房外，别无长物，不要说物理化学、生物卫生种种设备，连教课的书籍也不完全，真是一座沙漠荒地……"但他想的是，"纯朴天真的青年，他们文化虽然落后，他们的求知欲望非常强烈。抢购书籍，掉鞋掉帽。"

杜重远激情满盈、精力过人，决心办好新疆学院。他刚走马上任，便因要务需赴重庆。虽然路途辛苦，来去匆匆，仍于风尘仆仆中为学院购置图书，也为同学们个人代购书籍。他把生活书店、新知书店、新华日报馆、读书生活出版社等有关政治、经济、哲学、史学、文学、自然科学各门类的书买回了三卡车，号为"文化列车"。这次的购书量很大，既充实了学校图书馆，也充实了每个同学。

杜重远认为，新疆目前最需要懂得少数民族语文，懂得维吾尔语文、哈萨克语文、蒙古语文、柯尔克孜语文，直接能为少数民族服务的人才，于是他创立了语文系，专门培养这方面人才。

杜重远决心要将新疆学院扩建为新疆大学，以发展教育事业，泽被边疆。他向教育厅申报新建校舍，还不辞劳苦各处奔走。盛世才对出钱建校舍并不十分感兴趣，虽然表面答应，却迟迟不予拨款。当时，毛泽民任财政厅代厅长，十分支持办学，设法拨给款项。新校址破土动工，杜先生取出蓝图挂在工地席棚上，兴致勃勃地对学生讲解未来新疆大学的远景规划，说要设立政法、理工、农学三个学院，开办 12 个系，招收各族学生 500 名。他手拿教鞭指着蓝图，哪里是教室、化验室、图书馆，哪里是俱乐部、运动场，还有农业试验场。

杜重远除申报新建校舍外，还发动师生自己动手，修建了秋千、浪桥，修建了篮球场、排球场，还修建了冰场。篮球破了，补好再用；实在买不上篮球时，就自己动手创制了"木截球"。"木截球"简便易造，是用 5 截 30 公分长的木头截子和5根60公分长的木棒子组成。“木截球”对锻炼臂力有特别的好处，很受同学们的欢迎。由于爱打木截球的同学多，还举行过木截球比赛。

院办公室屋檐下挂着个“意见箱”，风吹日晒，布满灰尘。这件不显眼的小事，杜院长却看成大事。他规定“意见箱”由学生自制会负责，每三日开锁一次，将意见分类交各部门认真处理。这对改进院方工作有极大好处，人们钦佩院长“一分精神，一分事业”。

杜重远院长住在离院不远的羊毛湖巷。他每天清晨提前到院，与学生一起参加早操，从不间断，偶尔不来也要向学生说明。他说“有纪同遵，有则共守”，才能形成好院风。同学们在大食堂吃饭，八人一桌，饭食比较粗劣。他也在大食堂搭伙吃饭，大家吃啥他吃啥。

课外或休息时，杜院长常出现在学生中间，哪里人多他就在哪里。星期日，十多名学生坐在树荫下交谈。院长来了，就地而坐，与学生攀谈起来，有说有笑。他问起学生家庭情况时，一位语文系的学生说：“家父在城里开设陶器店。”

“咱们是同行，我也做过陶器生意。”院长说当年在东北经营陶器，为提倡国货，抵制日本在东北倾销瓷器，甚至不惜赔本也要与日商争高低。他说，“要做一个有骨气的中国人！”

“你是东北工商界知名人物，一定很有钱，为什么不继续做生意呢？”有位同学问。

“日寇入侵，国破家亡，堂堂男儿，岂能容忍！我要做生意，早就发大财了！”

杜院长莅院视事后，即规定同学们每天都要写日记，他亲自逐日逐本批阅，借以锻炼大家的写作能力和处事持之以恒的毅力。当时全院有6个班，一个民族学生班，5个汉生班。汉生班共约200余人，每天都有200来本日记。他通过看日记了解同学们的思想和问题，对日记上反映的问题用各种方式予以具体解决。杜院长用红色铅笔批阅日记，对于复杂的问题，不厌其烦仔细批阅，有时批阅的文字长达好几页。一个叫吴任武的同学，把杜院长长达5页的日记批阅，视为珍宝，长期保存。

杜院长在学院主讲“抗日民族统一战线”课，每周星期一上午集中全院学生讲一次，向学生进行爱国主义教育，当时叫“精神讲话”。他讲课如同发表演说，侃侃而谈，声音洪亮，条理清楚，语言简洁。他讲课的内容，切合实际，针对时弊，实实在在是一种精神的滋养和行为的导向。

杜重远洞悉国民党内部的情况。他说：“国民党内部对抗战的态度分为主战派、主和派和动摇派。”他用当时社会上流行的一句话：“见冯（玉祥）主战，见汪（精卫）主和，见蒋（介石）和战皆主！”来揭示国民党内部对抗战的态度。对“和战皆主”动摇不定的蒋介石，他认为应该用逼的办法，逼蒋抗日。“西安事变”就是逼蒋抗日的具体表现。当讲到“西安事变”时，有同学递上一个纸条。

“杜院长，你在‘西安事变’中起过何种作用?”

“1936 年 4 月，当我在上海虹桥疗养院软禁时，张学良将军曾利用去南京开会的机会，去虹桥疗养院看我。我和张学良将军曾在一片树林里密谈过。杨虎城将军也借治牙病住进虹桥疗养院，我和杨虎城将军也密谈过。1936 年 9 月 8 日我获释出狱，10 月间就奔赴西安，又与张学良、杨虎城将军晤谈，并在东北军和西北军中进行了广泛的联络工作。”

杜重远以自己的声誉和社会地位访友招贤，为新疆学院聘请教师。除前述文学家茅盾、政治经济学家张仲实外，还请来留美农学博士、西北农学院教授涂治等，筹建新大农学院，以及政治学家史枚、经济学家沈志远、理工学家史杰，学者周世贤、江浩、革命历史小说《新生代》的作者齐同等。还有不少知名学者等待新校址建成后，即来新疆工作。当时，新疆学院真是人心所向，人才荟萃。许多内地青年向往新疆，写信要求来新疆读书。一个早晨，杜重远拿着一叠信件，当众宣读了一封重庆五青年联名来信。他们都是高中毕业生，要求来新疆学院上学，如果入学考试不及格，请求留院当一名杂工，为国效劳。

新疆学院充满学术研究空气。为使师生们的研究成果能有地方发表，杜重远和茅盾、张仲实等创办了院刊《新芒》。《新芒》、《反帝战线》、《新疆青年》、《新疆妇女》是当时新疆主要的期刊。

1939 年暑假，新疆学院组成了暑期工作团，由院长杜重远任团长，张仲实和延安来的教务长郭慎先任副团长，赴伊犁沿途各县宣传，动员群众抗日救亡。本来茅盾也一起去伊犁考察，临行时盛世才把茅盾留下，要他和王宝乾一起陪英国驻中国的总领事去游玩，因此茅盾陪总领事游玩了庙儿沟和位于博格达山峰的天池。

“新疆学院暑期工作团”每到一地，杜院长都要组织同学们做社会调查，了解当地群众生活情况、生产情况、思想情况；每到一处，杜院长都以自己的亲身经历，向各族人民发表豪情激昂的演说，宣传前线军民英勇杀敌和后方人民支援前线的可歌可泣的事迹。他沿途各地发表演说，从不重复，各有特色，生动具体，深受欢迎。每到一地，学生就走上街头宣传抗日，教唱抗战歌曲，张贴宣传画，用石灰水书写大标语，激发群众的爱国热情。特别是他们公演了集体创作并由茅盾润色的《新新疆万岁》大型话剧，深受群众欢迎。他们在乌苏县的演出引起强烈反响，第二天清晨，县长和许多群众赶到工作团驻地拦住汽车，要求再演一场。

工作团的活动表上，没有安排独山子油矿，但油矿工人派代表赶到乌苏县要求工作团去矿区。杜重远热情接待了工人代表，并慨然应允。当年，独山子油矿一片荒凉，无草无水，工人住在简陋的房子里。杜重远在矿区，作了热情洋溢的演说，高度赞扬工人为抗战多产石油所作的贡献。为了演出，工人们加班加点在露天搭起舞台。晚上正在演出，突然刮起大风，幕布招摇如幡，舞台也颤抖摇晃起来。杜重远和工人们一起，抬来木料，顶着舞台。许多同学拉着幕布，扶着道具，坚持演出。落幕之后，工人拉来几桶热水，让同学们洗脸洗脚，解解疲乏。杜重远匆匆赶来，制止同学们用水，说：“这里水源困难，我们不能增加工人困难！”

杜重远在与工人交谈时，知道独山子矿区从奎屯河运水，往返10公里多，大半天才能拉运一次。工人要节省出一半生活用水，供应今晚和明早工作团用水。杜重远当夜下达通知，明天拂晓出发，不要惊动工人。他们刚坐上汽车，矿区负责人和许多工人跑来，挽留他们吃早饭。杜重远一再感谢工人的盛情，决然离去。工人兄弟深为感动，一位维吾尔族工人跷着大拇指连声夸赞：“好！好！”

在呼图壁，街头失学儿童很多。杜重远了解到是由于一些父母对儿童学文化不重视，对儿童失学的害处认识不够。他召集戏剧组的乔国仁等五位同学编演《送子上学》一剧，亲自叙述了剧情。《送子上学》主题和情节来自生活，演出很受欢迎。

杜重远的生命乐章清晰而响亮，因此在新疆学院和社会上声望日隆，但同时也埋下了杀身之祸的种子。

1940 年入冬，凛冽的寒气紧紧地包围着校园。教务处宣布杜院长手条：“我因身体欠佳，不便来院，暂时不出早操，望同学谅解。”这件区区小事，院长那么认真。同学们称赞院长做事真是“一丝不苟”。

不久的一个下午，学院的集合钟声响起。全院教职员和学生列队站在俱乐部前。师生们以惊奇的目光盯着院长，见他手拄拐杖，步履蹒跚，面容憔悴，眼窝深陷，背也驼了。一位气宇轩昂、体格魁梧，走路迈步英气勃勃的人，怎么一下变了呢？院长慢步登上讲台，微笑的眼睛环视全体。杜重远嗓音有点沙哑，只说已辞去院长职务，最后勉励学生努力学习。他留下三句赠言：不忘抗日救国；不忘苦难人民；不忘民族尊严。

师生们依依不舍，跟随相送。许多人眼圈都红了。

寒风卷起，漫天尘土。杜先生望着灰蒙蒙的天，望着这举世浑浊的一片，缓缓离开了这个他付出真诚与汗水的地方。

杜先生辞职后，筹建中的新疆大学成为泡影；已经建成的部分建筑，被盛世才作为军用，其余被迫停工。

## 赵丹的新疆之行

1938 年秋，武汉失陷。王为一来到陪都重庆，同相别大半年的赵丹聚首了。当时赵丹精心导演的话剧《阿 Q 正传》正在演出，王为一为中国电影制片厂编导的《为自由和平而战》也上演了。

在重庆，赵丹和王为一同台演出了《上海屋檐下》、《一年间》、《全民总动员》等舞台剧。演出这些戏，都是社会团体组织的，以在重庆的名演员同台演出为号召。他俩发现，一台戏，演员们的表演方法很不统一，很不协调。大演员们各有一套吸引观众的表演手法，真有点儿“八仙过海，各显神通”。赵丹和王为一感触很深，认为演戏除了达到某种思想意义外，还应当在艺术上力求完整统一，但如何做到这点却茫然无所措。正在这时，苏联的斯坦尼斯拉夫斯基的表演体系渐渐通过翻译书籍传播到山城来了。这使他们产生了强烈的向往，希望中国也建立一家像莫斯科艺术剧院似的剧场，从而建立起有中国传统的戏剧表演体系。为此，最好先有机会到莫斯科艺术剧院去观摩学习，当时这只是空想。这种思想也感染了十多年来在舞台艺术上志同道合的舞台设计家朱今明。有个晚上演戏散场后，三人在静寂的马路上漫步，一路上谈论着美好的理想。虽然没有什么结论，但一个朦胧的信念开始萌生在他们心中。

偶然的机会，他们在重庆一个全国报纸展览会上，看到一份印刷很差的《新疆日报》，其中有条消息说，迪化女子中学举行班际话剧比赛。学校举行话剧比赛，这是全国其他大城市未曾有过的盛举。他们不久又读到一本杜重远著的《盛世才与新新疆》，其中着重写了盛世才在新疆执行“六大政策”。更为吸引人的是，新疆有许多苏联专家在帮助建设，每年新疆要派遣许多留学生去苏联学习等。杜重远是办过抗日刊物的著名爱国实业家，杜的书他们深信不疑。他们像发现新大陆似的高兴，幻想着先到新疆，再请新疆方面派往莫斯科艺术剧院学习，待抗战胜利后回上海，就可以筹建中国艺术剧院，建立中国的戏剧表演体系了。

可是怎么去新疆呀？从哪儿找门路呢？偏巧，报上登载了新疆学院委托重庆生活书店招生的广告，而生活书店一位编辑史枚又在这时为出版王为一的剧本找王联系。王为一趁机便问史枚生活书店和新疆的关系，得知茅盾、张仲实和杜重远已在新疆工作，生活书店正计划在新疆成立分店。这些消息更增强了他们去新疆的决心，他们即问生活书店的负责人邹韬奋先生能否介绍他们去新疆？

两天之后，史枚来说，邹韬奋同意介绍并约他们面谈。与邹韬奋见面时，韬奋鼓励他们去，答应就打电报给茅盾、张仲实和杜重远。数日后，茅盾等回电，此事已告盛公，表示欢迎，但“新疆条件很苦，要三思而行”。他们三人认为去新疆并非为了享乐，请邹韬奋再去电表示他们的决心。茅盾再回电时，就说欢迎他们去，并希望多邀些人和置办些用具去，经济和交通问题可与新疆驻渝办事处接洽。

这样，去新疆便成了定局，但又不能宣扬，因为盛世才是“反蒋”的。

蒋介石对新疆虽然鞭长莫及，但在兰州一带驻有嫡系军队严加防范。因此他们只能悄悄告诉知己朋友，朋友们多有表示愿意同往的。他们表示此去前途未知，若有作为，再邀大家去也不迟，否则他们很快就会回来。

他们三人私下商量，作为建立一个剧院的体制来说，赵丹和王为一可以抓导演和表演部分，朱今明抓舞台工作，但缺少一个剧院的组织者。他们想到了徐韬，他是这方面的理想人才，又是十多年的老伙伴。徐韬此时在广东曲江，是演剧一队的队长。他们立刻去信告诉徐，如同意即来重庆。另外，想到应该有个专搞舞台音乐和音响效果的人，赵丹介绍了上海音乐学院出来的青年演员易烈。

就这样，四对夫妇，赵丹和叶露茜、王为一和俞佩珊、朱今明和陈瑛、徐韬和程畹芬，加上易烈，外带赵丹的1岁大的儿子，抱着梦一般的幻想，搭上长途汽车向兰州进发。在兰州，妇女孩子搭乘运输机去迪化。男人转乘卡车带着行李和一些舞台用具过星星峡入新疆到迪化。

他们一行被安排住在南梁招待所。先行到达的妻子们一见面就向他们透露："茅盾夫妇看望过我们，要我们注意说话和行动！"大家还不明白什么意思。

茅盾来看望他们，悄悄说："新疆的政治情况比较复杂。韬奋来电报时，我们三人商量还是不让你们来为好，但是不能直说。我们就对盛世才说，赵丹他们都是大明星大演员，生活优裕，来新疆怕吃不了苦。盛同意按这个意思复电。我们回电是想暗示你们不要来，谁知你们没有理解，只好让你们来了。来了就不能随便走了，想法定个两年计划，替新疆做些工作，等你们计划完成，再提出回去！"

听了茅盾的一席话，他们热情受挫，全身都凉了，来新疆前的美好理想恍如隔世。陌生的迪化对他们面孔冷漠，这两年将怎样度过，他们完全茫然了。后来他们听说周恩来得到他们离开重庆的消息时，曾派冯乃超阻止他们来新疆。可惜晚了，那时他们已经到了星星峡。

盛世才请他们几个男的吃了一顿饭，茅盾、张仲实、杜重远三位作陪。盛世才身材不高，但很壮实，面色铁青，眼有杀气，一对浓眉三角眼，两片嘴唇厚而黑。事前茅盾已提醒他们，所以席间他们都没有说什么话。盛只是随便问了一下他们的情况，并嘱咐茅盾解决他们的工作问题。

他们计划成立一个实验剧团，吸收一批学员。两年后这批学生培养出来，他们也算完成在新疆的计划了。杜重远从伊犁回来，就去看望赵丹等，得知他们要演出没有演员时，拍着胸脯说："我支持你们，新疆学院的学生，要多少有多少！"他们和新疆学院的学生合作，排演了抗日剧目《战斗》，作为送给迪化观众的见面礼。演出成功了，也引来非议，认为杜重远在拉势力。冷风吹到杜重远那里，耿直的杜重远咽不下这口气。他在中秋晚会上发牢骚，消息立刻传到盛世才那里。

有一次，盛世才与茅盾他们讲完工作后，找茅盾查询，说："听说杜院长在茶会上讲了一些很不妥当的话，说什么在新疆不能太出风头，太出风头会有人嫉妒的，是不是有这样的话？"茅盾一听，便把这件事的前因后果说了一遍。"尽管如此，客观影响不好。大家来热心工作，怎么能说太出风头不好这种话呢！"一向谨慎的茅盾觉得不对头，回家后立刻与张仲实商量，并劝重远谨慎些。后来，盛世才又在茅盾面前讲起杜重远讲话中的问题。

赵丹他们在演出过程中，也发生了一件令人啼笑皆非的事。赵丹等排演了一部抗日题材的话剧《故乡》，原作的背景在东北，演出时把背景改在无锡一代。据说，盛世才很不高兴。

## 周恩来说："这个朋友还是应该帮助的，应该救他！"

萨空了买齐必要的机器设备，招聘了30多人，已经是1939年3月了。

机器很重不能用飞机运。他们先将机器陆运到越南，经海防、河内，穿过越北，进入广西境内，通过贵州运到重庆。这条运输线是为了运输抗战物资，宋子文搞的一个东南运输公司。他们在河内受到了法帝国主义在业务上的阻挠，在越南呆了将近两个月。在河内，他们帮助王炳南的德籍夫人王安娜，找到了放在仓库里准备运送给延安的药品，并把王安娜和药品送走。

机器运到重庆，陈立夫的CC系截住车子，说他们事实上是去延安。盛世才住重庆的代表张元夫也是CC系，站在陈立夫的立场上，交涉时不使劲儿。他们在重庆差不多等了三个月。

机器运到兰州，国民党西北行政长官朱绍良支持军统，又把他们的车子扣下，全部锁进山洞里。萨空了找军统的人问："这是新疆的东西，放行不放行？"军统的人说要打电报问蒋介石。那时，蒋介石有求于新疆，回答说应该放行。

此时，周恩来在兰州，住在中运会兰州招待所。中运会，即中央运输委员会，从事接待苏联运送援华物资车队及人员的工作。周是坠马摔坏胳膊去苏联治病的，邓大姐和孙维世陪同。萨空了知道周副主席在兰州后想去见见，因为自己困难太多了，看看周副主席有什么帮助。萨空了见到周副主席、邓大姐和孙维世，还在一起吃了饭。周副主席说："今天晚上，兰州领导请我看戏，你跟我一起去。"

看完戏后，萨空了问周副主席："你这次经过新疆，告诉没告诉盛世才，是否打算告诉盛世才。"

"没有。"周副主席接着说，"用你个人的名义给盛世才打个电报，说我要路过迪化。"

后来，萨空了从毛泽民那里知道，盛世才亲自到机场迎接，大开盛宴，恭恭敬敬地送走了周副主席。

1939年9月间，萨空了的车子回到迪化。报社可以像个样来办了。萨空了离开迪化到回来，这中间有八九个月时间。他到迪化后，马上碰到问题，盛世才已经不让杜重远见人了。

"我要去见杜重远，可以吧？"萨空了问盛世才。

"你去吧，没问题。"

事实上，杜重远已经被拘留起来。萨空了问杜重远是怎么回事？

"我已经向政府辞职，不再做新疆学院院长了。我这地方门庭冷落，没人敢到这来了！"

"到底是怎么回事？"

"我后悔，没等你回来，写了一封6000字的信，批评盛世才。本想等你回来商量后再送给他，因你老是没消息，也不知什么时候回来，所以就直接送给他了。"

"你虽和他是同乡、同学，但他这个人是翻脸不认人的。你自己写的《盛世才与新新疆》中说，他这个人吃一顿饭就可以把所有的人关起来。你怎么不考虑这个问题?”

“我已经等不及了，我看他实在不像话!”

杜重远最主要的问题是，这年暑假率新疆学院暑期工作团去伊犁。这虽经盛世才批准，但杜重远沿途宣传群众，宣传抗日，盛认为杜是宣扬自己，别有用心。伊犁行政长姚雄对工作团郊迎10里，对杜重远十分热情，盛认为他们乘机串联，相互勾结，是杜在网罗党羽，图谋不轨。杜重远作为新疆学院院长，叫学生下乡，深入农村，深入社会，做社会调查，了解下边群众受压迫受迫害的情况。有人兴风作浪，告密起哄，说杜的目的是当督办，取盛世才而代之。盛世才能容忍吗?杜重远峻峭挺拔，但无法在现实中展示高远的情志。他给盛世才写了长信，表白自己是一心想帮助盛建设新疆，却遭人嫉妒和暗算。信中还揭露盛手下那帮人的问题，最后提出辞职。

萨空了对盛世才说：“我是第三者，完全跟你们这个没关系。你们是同乡、同学，你把他接到新疆来，是请他来的，海内外都知道。杜重远在到你这里之前，辞掉了国民党参政员和于右任给他的监察院委员，他在国内是无官一身轻了，在你这里也没有官了。他到底到哪里去?”

“你问杜重远吧，看他的意见怎么样?”盛世才面孔硬板地说。

萨空了又到杜重远那里，说：“这个事情弄得这么僵，怎么办?”

“我现在有三条路，上策是去苏联。”

“盛世才怎么能叫你去苏联，绝不可能!”

“中策是留在这里，不走，看他把我怎么样！下策是回重庆，反正下策我是绝对不走的！回去干什么呢，反正死在戈壁滩上也是死!”

萨空了在两人中间奔走。他又给盛说：“杜重远愿意去苏联!”

盛世才没有一点儿表情，一句话不说。

萨问盛：“你打算怎样?”

“愿意回重庆可以!”

两人的关系越来越紧张了，简直是冰炭水火。处于这种形势，萨空了这个新疆日报社的副社长是做还是不做。他想，既然是带着机器和人来了，不做好像不合适，所以还是去新疆日报社参加了工作，并告诉他带来的人：“赶快把机器安装好，找到新疆人快把技术教给他们，我们的事情就算完了。”

萨空了不能再在新疆住下去了，他要走了，可是用什么办法叫杜重远离开新疆，挽救杜重远。他想到了毛泽民。

萨空了一到新疆就和毛泽民联系上了，但不敢相互往来，得用特殊的方法见面。盛世才有个宴会，他故意坐到毛泽民身边。

“盛世才同意我到重庆了，我们要谈一谈。”

“我明早打个电话给你，问你报社明年要向苏联订多少纸？我来跟你商量。”

第二天早晨，毛泽民打完电话就来到萨空了在西大桥办公的房子里。

“你要能走，就赶紧走，不走不得了！”

“杜重远的事怎么办？怎样能叫他离开新疆？”这时萨空了想到了周副主席，他从莫斯科回来路过迪化时，盛世才还会列队欢迎，请他吃饭。这个时候，是不是可以替杜重远说几句话。他把这个想法告诉了毛泽民。

“我想周副主席不会办这个事情。这是干涉盛世才的内政啊，他怎么能管哪？”

“就看着杜重远这样完了！”

“这样吧，你留封信给周副主席吧，就说希望他想想办法！”

萨空了把写好的信交给毛泽民，说：“就请你把这封信交给周副主席，看他怎么想，他怎么决定就怎么决定吧！”

萨空了回到重庆。1940 年春天，周副主席也回到了重庆，住在曾家岩 50 号。他把萨空了叫去说：“你留下的那封信，毛泽民交给我了。对杜重远的事情，我想了很久。我认为这个朋友还是应该帮助的，应该救他。我在盛世才的宴会上向盛说，能不能叫杜重远坐我的飞机回重庆？盛世才想了一下说，这样吧，下一班飞机就叫他走。”

萨空了听后表示：“你真是救了杜重远，给了杜重远最大的帮助！”

周副主席当时批评萨空了说：“你这个人现在还是这样幼稚！盛世才要放杜重远的话，当时马上会同意杜跟我走的。不让杜重远跟我坐飞机走，叫他坐下一班飞机走，那就是永远回不来了！”

萨空了真是服了周副主席。杜重远的结果，就是周副主席那个话。

## 午夜的三次电话

这个冬天，寒冷而残酷的迪化的冬天。杜重远被扣，茅盾、张仲实还不知道事情原委，但已感到形势严重。他俩成天提心吊胆，常常商议如何早日脱离虎口。

一天，张仲实正在茅盾家里，盛世才突然派副官来找他，说要让他单独去一趟。大家在充满疑惑的气氛中，一下子都紧张起来了，以为这次去凶多吉少。因为过去每次都是叫茅盾和张仲实两人同去，为什么这次只叫一人去？茅盾的老伴急得哭了，茅盾也有点儿紧张。然而事已至此，不照办又如何呢？张仲实内心紧张，但表面仍镇静自若。

太阳有气无力，闪射出撩人思绪的悲凉。张仲实坐在督办公署的后院里静静地等着，时间一分一秒过去。大约三个小时，盛世才出来，交给他一篇稿子，让他看，把他打发走了。

周恩来去莫斯科医治摔伤的右臂路过迪化时，茅盾和张仲实都被邀去参加了盛世才给周恩来举行的宴会。第二天，毛泽民找张仲实谈话，告诉他说，周副主席托他转告茅盾和张仲实，他们可以去延安。听到这个消息，张仲实感到极大的安慰和振奋。他立即把消息告诉了茅盾，茅盾全家也都十分高兴和快慰。从这一天起，茅盾和张仲实筹划着如何早日奔赴日夜盼望的延安。

1940 年二三月间，张仲实收到老家一封来信，说他的伯母去世了，要他回去安葬。张仲实两岁时母亲去世，由伯母养大，所以信中提出他不回去就不下葬。于是，张仲实趁此机会给盛世才写了一封请假信，要求准许回去安葬伯母。不久，茅盾也接到上海的电报，说他母亲逝世，他也借此向盛世才请假。这时，他们不仅不能透露半点儿要去延安的想法，也不能流露丝毫一去不返的念头。盛世才表面上答应了，还设宴为他们送行，但实际上总借口买不到飞机票，不让他们走。

《新疆日报》以很大版面为茅盾家发了讣告，并声明全家即将回乡奔丧。过了几天，又在汉族文化促进会布置了灵堂，全市各机关都组织了许多人前去吊唁，来宾和茅盾一家还在灵堂前摄影留念。

日子一天天过去。5 月初的一天，张仲实散步经过欧亚航空公司门口，顺便进去了解一下情况，在售票处意外地买到了从迪化到兰州的飞机票。他和茅盾联名给盛世才写了一封信，说他们买到飞机票了。盛无可奈何，只好答应了他们走。他俩向毛泽民、徐梦秋等告别并在他们的安排下，于 5 月 5 日离开迪化。茅盾临走时，又专门去看望了软禁中的杜重远，向他表示回去后，尽快把盛的真相、杜的遭遇告诉重庆的朋友。

飞机从迪化起飞，12 点在哈密降落，说是要在哈密过夜。他们忐忑的心又提了起来，惴惴地走下飞机。

哈密行政长刘西屏匆匆赶到飞机场，把他们送到他们来新疆时住过的中运会招待所。晚上，刘西屏在招待所正厅设宴接待他们，气氛很融洽，大家喝了不少香槟酒。茅盾在迪化时已从徐梦秋那里知道刘西屏是从延安来的。

第二天清早，刘西屏就来催促他们赶快起程。他们匆匆吃了早点，赶到飞机场，却又等了一个多小时。刘西屏耐心地陪着他们，直到他们登上飞机，挥手告别。

就在茅盾和夫人辗转不能入眠的夜晚，刘西屏先后接到盛世才的三次电话。午夜盛打来第一次电话，命令刘西屏把茅盾、张仲实扣起来；半小时后来了第二次电话，说先不要行动，让他再考虑考虑；凌晨 3 点左右，又打来第三次电话，说："算了，让他们走吧！"刘西屏怕盛再反悔，一清早就匆匆把他们送到了飞机场。刘想，当着苏联人的面，自然再不便扣留他们了。

他们到达兰州后，立即去八路军办事处找到了谢觉哉和伍修权。在办事处的安排下，他们经西安，于 5 月底随朱德总司令一行顺利到达延安。

## 五个人的名字都在册上

赵丹等人在筹建剧团的过程中，已从茅盾处得知杜重远被软禁了，不久又听说被捕了。杜重远究竟犯了什么罪遭到逮捕呢？他们同杜虽素不相识，但杜是他们来新疆的介绍人之一。他们才来不久，就发生了介绍人被捕的事情，这不能不使他们对新疆产生一种莫名的恐惧感。

不久，茅盾告诉他们，他一家为了奔母丧要回内地去了，还说张仲实也已经请假去参加伯母的丧礼。这消息使他们感到六神无主，在新疆已完全陷于孤立无援的境地。茅盾走前答应赵丹他们，等到了延安，一定设法让他们离开新疆。

他们压力越来越大，连赵丹扮演一个丑角，因角色的形象和盛世才岳父的形象酷似，引起盛世才的不满。严酷的现实使他们的理想和热情化作一盆冷水。

忘不了那一个深夜。夜很黑，透出深沉的忧伤。茅盾走后两个月，几个便衣悄悄闯进赵丹和徐韬住屋搜查，说公安管理处李处长请他们去谈话，就把两人带走了。

王为一、朱今明和易烈三人无处求援，只得联名写信给盛世才，申诉大家来新疆的目的，纯粹是为了开拓戏剧事业，没有犯罪行为，恳求释放赵丹和徐韬。盛复信说，赵、徐犯罪证据确凿，正在审讯中，望你们安心工作。他们再去信说，赵、徐来新目的和我们三人是一致的，如赵、徐有罪，则我们也有罪；如我们无罪，则赵、徐也应无罪。我们愿以几家人的生命担保……盛再没有理他们。

他们不敢向内地联系，因为新疆的邮电检查特别严，一旦查出恐对赵丹、徐韬更为不利。他们整个人困在烦恼之中，除等待别无他法。

1941 年 3 月，一个黄昏。三人正在排练于伶的剧本《夜光杯》，突然接到公安管理处的电话，说李处长要三人去谈话。他们知道事情更糟了，也要进监狱了。三人默默地向新疆人民视为虎口的公安管理处徒步走去，在传达室报了到。一个矮小的中年人，伪笑地和他们打招呼，让他们上停在门口的汽车。这是一辆漂亮的小轿车，在新疆极为稀有。他们来新疆一年半还是第一次得到这样的享受，也就是这辆车把他们送进了监狱。这是一个春寒刺骨的日子，这是一个月色朦胧的夜晚。

有人问，他们既然不想呆在新疆，为什么不设法跑呢？要知道，新疆特殊的地理和政治环境使人只能束手就擒。由内地进了星星峡便是一望无际的戈壁滩，遍地是沙石，城镇就像汪洋大海中的孤岛。所有的交通工具又完全掌握在政府手中，不经批准是寸步难行的。再说迪化特务密布，自他们成立了剧团，上面就派了“爱好戏剧”的坐探来监视他们。茅盾住宅的巷口，有个摆摊卖衣帽的中年汉子，据后来知道就是个特务。盛世才要抓你，你是躲了今天躲不了明天。

他们三人被分别关在三个牢号里。这里条件恶劣，对“犯人”苛刻，连放风都是单独进行。王为一进监狱两年都不知道同狱是些什么人，更不知道赵丹和徐韬在什么地方。

赵丹被关押在重政治犯的第二监狱。进狱后的第一个怪事，就是狱警在给犯人开饭时，只准赵丹伸出左手接馍馍，而且只准吃三个。有次监狱官查号时，把赵丹家属送来的书全部没收，只留一本高尔基的《三人》，说只准他看这部《三人》。赵丹莫名其妙，直到审讯时一再追问他来新疆搞阴谋活动是听谁的指使时，他才醒悟，原来是在诱导他说出是杜重远、茅盾和张仲实三人。赵丹矢口否认。特务使用细皮条将他一只手的手指绑在长凳上，用木板抽打，打断一根再换一根，直打到皮开肉绽，再在血肉模糊处撒上辣椒末，使赵丹痛厥过去。赵丹经过多次莫名其妙、故弄玄虚的审讯，最终被定为“托派”罪名。其他几个人的遭遇也大体如此。易烈在五人中最年轻，却已离大家而去。他在狱中生病时，被打毒针后通知汉族文化促进会保释出去便死了。

盛世才被迫离开新疆以后，国民党当局开始清理积案，许多犯人陆续被释放。他们仍然在押，但陆续被调整到一个狱室，狱规也放松了。他们都被派在狱中做工，行动比较自由一些。一个曾经和赵丹同过牢房现在狱中管理档案的老犯人，悄悄地把一份杜重远案的在押犯人花名册给他们看，他们五人的名字都在册上。此案共49人，每人名下填着年龄籍贯、入狱年月等，最下面一方格是注明犯人生死的。凡已死的就填“死”字，49个空格中除了他们四名和史枚外，均已填上了“死”。史枚是自己单独联系，带了一家人到新疆来的，与他们同期被捕。

他们几个之所以能够活下来，据分析，可能得力于周恩来的营救。当他们被捕的消息传到重庆后，周恩来就组织文艺界知名人士联名写信给盛世才，要求释放他们，报刊也发表文章声援。延安的文艺界也联名写信给盛世才营救他们。这些声援和营救活动对盛世才肯定不无影响。盛世才离新后，他们终于在1945年2月走出了监狱大门。

他们四人获得自由时，他们的家属已经离开了新疆。原来，在他们被捕后，妻子们都成了叛逆家属被放到女子中学当教员。盛世才投靠国民党后不久，她们被送回内地。她们临走时要求见丈夫一面，公安管理处声称，到了哈密就能见面了。她们以为丈夫也被释放，安排在哈密和她们团聚，然后一起回内地。谁知她们到了哈密，直到上飞机还不见丈夫，忍不住问机场的人，回答说："你们走吧，他们不来了。"妻子们悲痛地以为丈夫被处死了，泪水夺眶，含恨离去。她们历经艰辛、备尝困顿，踏上了归途。

国民党当局当然想利用他们，特别是赵丹这样的名演员，来开展新疆的文化活动。省党部宣传部长兼中央文化运动会新疆分会主任孙浮生，把他们安排住在文化运动会宿舍，动员他们留在新疆工作。他们坚决谢绝了。孙浮生又提出要他们演一个戏，跟新疆的观众见见面。这一点他们只好同意，但拒绝排演替国民党宣传的剧本。他们组织一些学校的教员排演阳翰生的《前夜》。演出后，孙浮生仍不放他们走。看样子，他们是被变相扣留了。

他们决定把情况告诉重庆，要求营救。但与重庆联系很不容易，一旦被特务发现，处境将更为不利。最好的办法是能在长途台总机直接和重庆的亲友通话。赵丹想起他在监狱里曾经和电讯局局长同过号，可惜他已经死在狱中了。他们想可以到电讯局长家里找他夫人摸摸长途台的情况。赵丹和王为一去局长家找他夫人，发现局长家的隔壁就是长途台的机房，仅一个人值班。局长夫人同情他们，两天后，他们终于和重庆的亲戚通上话。

王为一有个妹夫在重庆电讯局当会计，王为一要妹夫把他们的处境和要求告诉史东山。史当即找了阳翰笙，阳再要求当时的中央文化运动会的主任张道藩帮忙，张曾在国外学戏剧，1939 年在重庆演出《全国总动员》一戏时和他们有同台之缘。他用总会的调令向新疆分会调他们回重庆。

回到重庆以后，中共党组织为了表示对他们四个人政治上的爱护，组织了进步的"中国戏剧艺术社"，演出茅盾的新作《清明前后》，揭露了国民党官僚买办资本对国家和人民的毒害。他们四人被放在演出的重要位置上，使国民党和广大群众知道：赵丹等四人回来了，还是属于进步阵营的。

抗战胜利后，他们四人都在周恩来指示组织的昆仑影片公司工作。解放战争时期，赵丹不顾白色恐怖对他的威胁，主演了《关不住的春光》、《丽人行》和《乌鸦与麻雀》等片。

史无前例的“文化大革命”中，他们四人又都为新疆这段遭遇，受到重点审查，吃尽苦头，徐韬含冤死去。赵丹遭到江青、张春桥的迫害，禁闭达5年之久，身心受到严重摧残。

赵丹去世之后，夏衍在他的追悼会上说了一句沉痛的话：“我们这一代在坎坷的路上走得太久了！”

赵丹等人的新疆之行，每一步都滴血滴泪。

## 我受盛世才欺骗，只求速死！

杜重远被软禁，抱负和理想尽皆付诸东流，心灵忍受着撕裂磨啮的巨大痛苦，日夜孤独苦闷，愤不释怀。他不断写信要求去苏联、去陕北，要求加入中国共产党。这些信件落入盛世才之手，日后又成为杀害杜重远的借口。

杜重远平时爱念岳飞词，喜唱京昆曲。这时，更常听见他反复吟唱“靖康耻，犹未雪，臣子恨，何时灭……”和“我好比笼中鸟，插翅难飞；我好比虎落平阳，被犬欺……”

杜重远平时不动烟酒，此时晚饭后，常将酒杯顶在头上，又将酒杯摔碎于地下，表明宁为玉碎的决心。酒气四散，飞扬着他无可消解的弥漫于天地之间的悲愤。那淡蓝色的天空，那血红的夕阳。

杜重远的夫人侯御之想劝他几句，没想到他倒有闲情，与她话起家常。他面对忠贞不贰、相濡以沫的妻子，深情地表扬她是“贤内助”，不但照顾好一切不要他分心，在上海他办《新生周刊》期间，还帮助他修改稿件至深夜；他说像她这样一个留洋回国的大学生，过惯了大城市的生活，居然会同他一起来到了大西北；他说他很感激侯御之，但引以为内疚的是，他给她落下了终身痛苦，要她看在他一心为国的分上，看孩子的面上，日后能够原谅他。侯御之听着杜重远近乎诀别的话，想到当时的处境，不禁潸然泪下。杜重远见此悲戚情景，倒又乐观地笑了，给她打气说：“男儿有泪不轻弹，巾帼女将也要有泪不轻弹啊，特别是处在逆境和敌人面前！”

杜重远和妻子话过家常之后，又变得活跃起来。白天，他加紧教女儿看图识字，并以女儿的语气写了四本富有寓意的《孩子日记》。黄昏，他用透明玻璃做银幕，画制很多硬纸壳人物，自做导演，演出一幕幕岳飞抗金、杨令公撞碑的爱国古剧，也演司马光砸缸、孙悟空大闹天宫等趣剧，引得孩子们笑个不停。

夜深了，他无法成眠，望着窗外无边的黑夜，往事汹涌而至，细密而又缠绵。

杜重远与侯御之在日本学习时相识，他们的家乡同遭日寇蹂躏。在杜重远的影响下，侯御之也走上了抗日救亡的道路。两人回国后，婚期定于1933年2月2日。正当此时，热河吃紧，杜重远被邀去作战地宣传。他知道此去不仅婚期延误，也可能成为他俩的永别。然而以国为重、公而忘私的杜重远，还是应邀率领救国会成员和学生，组织起战地宣传队，奔赴前线。由于国民党实行不抵抗主义，热河失守。杜重远回到上海始与侯御之完婚。

1933年后，日寇侵华更加疯狂，而国民党对外拱手让出大好河山，对内则实行法西斯统治，邹韬奋主编的《生活周刊》被封。杜重远认为"抗日宣传不可中断，出版权力不容剥夺"，遂利用自己实业家身份和与上层人物的关系，接办了《新生周刊》。在发刊词上，他庄严宣布"本刊的一贯反帝立场"。《新生周刊》继《生活周刊》之后，为广大读者热烈欢迎，同时再度遭到日本和国民党反动派的忌恨。当局借口《新生周刊》发表了一篇"侮辱天皇"的《闲话皇帝》，封闭了刊物，并宣布逮捕杜重远。上海法院发出传票时，杜重远正在江西为筹集抗日救亡经费创建光大瓷厂。侯御之曾劝重远暂避，免遭毒手，但杜重远不愿连累《新生周刊》同仁，于是赶回上海，挺身出庭。国民党反动派指使上海法院悍然判决杜重远一年零两个月的徒刑。杜重远在法庭上愤怒质问："爱国何罪?""中国法律何在?"旁听席上群情愤慨。这就是当时震惊中外的"新生事件"。

在杜重远的鼓励下，侯御之提出上诉。1935年7月20日，上诉被驳回。侯御之又向高等法院提出万言控告书，舆论哗然。在那国破家亡、暗无天日的年代，侯御之奔走未能救出杜重远。为了照顾杜重远，她住在关押重远监狱附近的一个破庙里。当胡子婴、沈兹九、邹韬奋等来慰问她时，她不禁戚然。然而，杜重远依然坚定乐观。他既把囚室当成课室，夜以继日地读书学习，又把狱所当做抗日救亡活动的场所，借各界人士络绎不绝来探望的机会，积极宣传抗日。

1936年春，国民党政府慑于舆论压力，将杜重远移至虹桥疗养院软禁。同年4月，张学良来上海，特约杜重远密谈。之后，杨虎城借治牙病也住进虹桥疗养院，与杜重远朝夕相处，商讨抗日救国大策。9月8日，杜重远刑满出狱，10月即去西安与张、杨晤谈。

西安事变爆发的第三天，杜重远刚回到江西，就被陈立夫软禁。陈立夫认为杜重远是张学良思想转变的幕后策划者，因而质问他："西安问题，究竟如何解决？""我完全同意共产党的抗日主张，拥护'八一'宣言！"杜重远被押送南京并逮捕了杜手下十余人，直到蒋介石生还南京才被释放。

张学良被囚禁后，杜重远第一个去看他，问他有何话说，张默无一语。杜重远回到上海后，积极投入营救张学良的活动。他致函黄炎培、杜月笙，主张各界团结抗日，并在东北军中进行宣传解释工作。西安事变和平解决，各方商讨成立联合政府，周恩来代表中共方面，推荐宋庆龄、杜重远、沈钧儒等五人作为联合政府负责人。

抗日战争爆发后，杜重远冒着枪林弹雨，奔走于武汉和西北，利用各种集会，宣传党的抗日民族统一战线，宣传八路军英勇抗日的辉煌战果。他说，有八路军"这种艰苦卓绝的精神，用来抗日，还有什么可怕的呢？"此时，杜重远的实业救国幻想已完全破灭，对腐败透顶的国民党政权也不再抱有希望。

新疆督办盛世才声称"亲苏联共"，邀请杜重远去新疆工作。为此，杜重远拒绝了国民党为拉拢他而许诺的种种高官厚禄，谢绝了美国友人劝他去美兴办实业的邀请，抛弃了东北、江西、云南等地的瓷厂。杜重远还动员夫人侯御之同去新疆，并写信劝说侯御之正在武汉报考大学的胞弟侯立达也去新疆。侯立达是位爱国青年，欣然接受杜的建议。

1941年5月，正是万象更新、姹紫嫣红的时节，但明媚春光丝毫也不能照亮盛世才的阴暗心理。18日，当迪化城隐没在大雨倾盆的夜色里的时候，公安管理处的黑色汽车停在重远家门前。一伙人闯进家中抄家，对杜重远说："盛督办请你去谈话。"

侯御之不明了"谈话"就是盛世才惯用的捕人方法，但已情知不妙，趁杜重远换衣服时小声问："怎么是公安处来人请？"

“他们保护我，”杜重远微笑说。走出家门，重远又回过头来安慰妻子：“我去去就回来!”

侯御之站在如注大雨中，呆望囚车远去，轰然有泪冲进眼眶。这一夜，她听着窗外淅沥的雨声和远近的狗叫声，彻夜未眠。

杜重远被捕，一夜之间厨师佣人全部撤走，家中席卷一空，粒米无存。一天又一天，侯御之天天都有数不尽的磨难和艰辛，软弱无助几乎淹没了她的心。侯御之想烧壶热水，还要到远处打井水。入冬以后的塞外出奇的寒冷，北风逼人，井边冰滑。她这位学生出身的文弱女子几次滑倒，险些做了井下之鬼。提水回来的路上，盛的特务暗放路障，使她跌倒在地，扭伤腰，椎间盘脱出，痛彻肺腑。孩子幼小，邻里又不敢同情“叛逆家属”。侯御之的情绪像波涛一样澎湃泛漫，阻止不了自己的眼泪。她喊叫一夜，叫天不应，叫地不灵。侯御之连续去特务机关要人，最后都被侦缉队强行拖回，几至气断身亡。

盛世才捏造罪名，诬陷杜重远是“汉奸”、“托派”，并别有用心地要毛泽民主审。在审讯室内，杜重远慷慨陈词，揭露盛的阴谋。审讯结束，毛泽民据理说明，所谓“杜重远阴谋暴动案”纯属捏造。

1943 年 3 月的一个星期六，漫天黑漆漆的冷。深夜 12 时许，一辆小轿车开进督办公署楼后，停在盛世才的住舍围墙外。车内下来两个人，一个是盛的内勤卫队长，另一个身着军装，体形高胖，是军医处处长侯汝弼。侯汝弼手提小匣，由卫队长引领，迅速走进会客室。会客室的长条桌上，摆着四个大玻璃盘，盘内放着新鲜水果，另外四个玻璃碟内放着小竹签及茶杯、烟灰缸等。盛世才及时到场，示意卫队长回避。在他亲自监视授意下，这位军医处长立即动手，戴上口罩和胶皮手套，打开小提匣取出注射器，从小纸盒内取出一管“高效慢毒水剂注射液”，小心地吸入药液，注入一个大而好的柠檬苹果内，然后把外皮擦净消毒。盛将这个苹果做了暗记，即放回大玻璃盘内。

第二天午后 2 时许，两名武装卫士引领着杜重远，来到盛的会客室。盛世才对杜先生寒暄了几句，表情非常悠然自得。他说，今天是星期日，我的心情很愉快，特请重远兄聊聊天，随便吃点儿水果。谈到被拘禁情况时，盛虚伪地说，老朋友受委屈了，关于涉及重庆的来往信件，已查清没啥问题，过几天待手续具结后，准备欢送你们全家回重庆。盛世才亲自动手由盘内拿起一个大而好的柠檬苹果，用小刀削净皮切成四瓣，放在碟内插上竹签，双手递给杜重远。杜重远以感谢的心情起立接过，很自然地吃了两瓣。盛边说话边拿小刀走向墙边洗涤手和刀后，又从盘内取了一个柠檬苹果，用小刀削皮切开，放在果碟内插上竹签也照样吃着。谈话约一小时，盛说有事外出，恕不留客吃饭了，请原谅。杜重远辞别后，仍回拘留所。

两个星期过去了，杜重远突然患病，发高烧，昏迷，饮食难进，吐泻不止。延至3日，体不能支，5日，床不能起，头不能抬。盛世才伪装关心，派其心腹指定医生诊断。军医处长侯汝弼给杜重远再注射毒针两支。杜重远咽气时半个身子和一条腿在床沿下。血淋淋的现实让他心灵彻悟和哀痛，最后遗言是："我受盛世才欺骗，只求速死……"尸体用毡子裹着，拉到"东花园"高墙下，埋于一土堆中，后又将土堆挖走，毁尸灭迹。

盛世才在害死杜重远的同时，又将侯御之和孩子囚禁，断食断水。多年的苦难，使她身心交瘁，失去了挣扎下去的勇气。但她对丈夫的忠诚，惊天地、泣鬼神，柔弱的心灵决不向残忍的现实低头。她想起杜重远在狱中最后一次送出来的条子："我在这里一切都好，望你好好照顾孩子，务必抚养他们长大成人！"她又强自挣扎起来，找出一点儿从内地带来的早已过时的果酱，每日喂给孩子几匙，以延续生命。

周恩来电盛探询，为杜重远说话；宋庆龄、董必武、高崇明等也不断来电来信援救；还有沈钧儒、黄炎培，南通的实业家张謇。当时有声誉的第一流知名人士，都给盛世才打电报，让他放杜重远出来。盛世才感到将杜重远全家害死于狱中，难以交代，于是生一毒计，将侯御之和孩子移囚于新疆医院结核病房内。很快，侯御之和孩子都染上了肺结核。大女儿更因每夜目睹晚期结核病患者大口咯血而亡的惨状，惊吓过度，患了小儿精神紊乱症。至此，盛世才将侯御之和孩子放回家中，企图使她们一家病亡。

1944年秋，杀人如麻的盛世才被国民党调往重庆任农林部长。监狱打开，侯御之才获知杜重远遇害。但如何被害，埋于何处，均不知其详。侯御之日夜查询，跑遍了新疆七大监狱和无数小监狱，渺无结果。她夜晚归来，行人已断，独有冷月当空；她仰望苍穹，泪如泉涌，默祈杜重远冤魂保佑孩子；她又擦干眼泪，固执地不愿相信杜重远已死。

她在预备监房看到胞弟侯立达，一个朝气蓬勃的年轻人被折磨得浮肿难立，几无人形。可怜一个从小失去母亲，由姐姐和重远抚养成人的爱国青年，竟遭株连，无辜监禁五年。她迫切问弟弟关于杜重远情况时，胞弟默默无言，潸然泪下。杜重远遭受不幸了，她似被雷电击呆。她的眼泪已被深痛的哀伤和愤怒灼干，"有泪不轻弹"也在潜意识中起作用，竟没有留下一滴泪水。事后，胞弟逢人常说，姐姐当时的镇定，惊呆了在场的狱卒。她懵懵懂懂摸回家中，看到孩子，两个小的病在床上，大女儿拿着方字块模仿爸爸当年教她识字样，教弟妹看图识字。三个孩子永远不能再叫一声爸爸了；她两眼一黑，昏倒在自家门前。

抗战胜利前夕，侯御之满腔悲愤，拖着三个病孩回到重庆。杜重远一生抗日，倭寇终于投降。胜利之夜，她守着病重的大女儿，独坐斗室。她听着满街笑语喧哗，看到一片狂欢景象，分外怀念杜重远。她想到他壮志未酬，白骨无存，遗下三个幼儿于贫病交迫中，纵有千般酸楚，亦无处话凄凉。她想到从此生死两茫茫，感受到一颗心无处交托的悲伤。在爆竹声中，竟失声痛哭。

侯御之不顾盛世才在重庆对她的威胁利诱，于 1946 年向国民党政府控告盛世才"杀人枉法"，请求"明正典刑，以申冤抑"。但她的一纸呈文，怎抵盛世才万两黄金。岁月这把雕刀给侯御之的脸上和心灵，都刻上了深深的皱纹。

新中国成立后，侯御之和孩子们重返阔别已久的上海，受到周恩来总理和各级政府的关怀和照顾。她和子女都得到妥善的安置。

邓小平于 1983 年 9 月题词：杜重远烈士永垂不朽。

# 第十五章

# 阴谋中的更大阴谋

## 右转的公开信号

1939年9月，第二次世界大战爆发，国内正处在抗战相持阶段，国民党的反共摩擦活动也日益加剧。这时候的盛世才，对亲苏亲共已表现出动摇，并开始上下其手，酿造血腥，接连制造杜重远案、阿山案、回案、崔荣昌案、六星社案、陈培生案等等各种所谓“反政府”的“阴谋暴动案”。浓重的杀气压在四周，新疆民众尤其是公务人员人人自危，提心吊胆。

杜重远被软禁被逮捕入狱，继而被秘密杀害，受杜案牵连而被逮捕者达1200余人。盛世才在《四月革命的回顾与前瞻》中说：参与此次阴谋暴动案主要者汉族有，杜重远（新疆学院院长）、张宏与（财政厅长）、李佩柯（官药房经理）、王兆庆（城防营长）、姚雄（伊犁警备司令兼行政长）、陈培生（边务处长）、崔荣昌（团长）、杨德祥（阿山警备司令）、姜作周（中学校长）、刘贵斌、邢国文；维吾尔族有，阿不都大毛拉（建设厅长）、库尔班尼牙孜（公安管理处副处长）；哈萨克族有，沙里夫汗（阿山行政长）、艾林群王、布哈特贝子；回族有，蓝延寿（副厅长）；归化族有，别克迭也夫（公路局长）。这个阴谋组织，预备在九一八民众纪念大会上起暴动，如九一八准备未成熟，即在三十年四一二举行暴动。

盛世才的这一次“肃清”运动，虽未直接打击中共党员，但却把中共的群众几乎扫光了。同时又逼使被逮捕的“人犯”在口供中牵连到当时苏联驻迪化的代理总领事欧杰扬克，说欧杰扬克支持托派杜重远等夺取新疆破坏抗战的阴谋。

莫斯科即派葛内金、恰克雷金来迪化参加审讯工作。葛、恰二人提审了维吾尔族“人犯”24名。这些人把以前的供词完全推翻了，他们以所受酷刑之伤痕为证，证明他们的冤枉。而盛世才除了“人犯”的口供外，又拿不出其他任何证据来，于是葛内金等怀疑到盛世才所派的审判人员，如公安管理处处长李英奇、视察处处长刘秉德等人，别有企图，蒙蔽政府。葛等举出许多理由，证明这个阴谋案完全是子虚乌有，并写成意见书提交盛世才。盛当时非常震怒，立即亲提翻供的“人犯”，或者刑讯，或者抚慰。这些“人犯”在这种情势下，自然不敢再翻。库尔班色衣托夫等人且亲自撰悔过书，把以前的自供更扩大了，并声明他们的翻供完全出于葛内金等诱导。盛即据此，把各项审讯笔录译成俄文，共162册819页，包括53名“人犯”的口供与总结，寄交在莫斯科学习的盛世骐转呈斯大林。盛世才两次给斯大林上书，说明此事。斯大林并未理会此事，只是将陈培生调回，又分到中国其他地方做地下工作。

盛世才1937年制造了轰动全疆的“大阴谋暴动案”。抗战初起，全国人民同仇敌忾之际，盛将“大阴谋暴动案”冠以勾结日本帝国主义，推翻抗日新政府的动人名词，以遮人耳目、混淆视听。1940年搞的阴谋暴动案，也是在所谓“革命”的外衣下进行的“肃反”工作，打击的对象都是所谓托派分子和其他各种“反动”分子。炮制杜重远案时，盛世才曾经发布三个布告：第一个是1939年冬发出，内容是“为了防止敌探汉奸，由国内混入新省进行破坏工作，定出对国内来人的限制，和对国内来人冒名顶替和假造履历的处罚办法”；第二个是1940年春发出，“号召公务员及民众互相监视和检举敌探汉奸托匪”；第三个是1940年5月底发出，也是号召切实检举敌探汉奸托匪，并允直接向他告密。

盛世才的这些做法与苏联大清洗的影响不无联系。20世纪30年代苏联大清洗时期，在莫斯科举行了三次举世瞩目的大审判，可以说是这次大清洗的主要标志。第一次在1936年8月，被审的是所谓“托洛茨基——季诺维也夫联合总部”阴谋集团，季诺维也夫等16人被枪决；第二次在1937年1月，被审的是所谓的反革命组织“平行总部”，拉狄克、皮达可夫等17人被处死；第三次在1938年3月，被审的是所谓“右派托洛茨基集团”，布哈林、李可夫等21人被枪决。1937年6月还审判了一批著名红军将领，有图哈切夫斯基、亚基尔、乌博列维奇等8人，罪名是参加“反苏托洛茨基军事组织”。在此，仅以这次为例看一看大清洗情况。斯大林以逮捕图哈切夫斯基元帅为序幕，导演了一场惊心动魄的肃反运动。在这一过程中，5名元帅中有3人被处决，1人长期沦落异国；此外，15名集团军司令中有13人、85名军级干部中有57人、196名师级干部中有110人、406名旅级干部中有220人都被合情合理地“清洗”掉了。军队干部如此，地方干部，以及那些不显眼的技术人员不用多想，绝对好不了多少。对自己的同志都不肯刀下留情，至于阶级异类的地富，情况显然也就更糟了。可以看得很清楚，所有这些受害者的主要罪名均同托洛茨基有关；当然，另外还有一个罪名是外国间谍，这是为了加重罪行。审判完全凭口供定罪，酷刑之下，屈打成招。

盛世才加给杜重远的罪名也是托派，诬说杜重远等人受重庆托派首领陈原的派遣来新疆。杜重远在审讯笔录中说：“我决非托派，硬说我是托派，此系最痛苦者，比受刑还苦。真奇怪，听你们所说，就像比我自己还清楚，但问我自己有这样事没有，我自己总比你们详细。……我不了解，为什么一定说我是托派。汉奸、托匪都加到我的头上了，我究竟是什么东西，只有我自己知道。这些话都不说，一说就有问题，就说我翻供，我决不翻供。……哎呀，我那个供是怎样写出来的呀！”杜重远还有一条“罪状”，是以日本帝国主义为背景，受汪精卫活动费2万元来新疆活动。

当时中共在新疆的代表陈潭秋指出：这次案件的意义是新疆反动派用诬蔑陷害的手段，向进步分子的大举进攻。他们利用杜案罗织株连，企图将进步分子一网打尽，虽然在这一案件中被捕的确实有些坏分子，但左翼文化人与新疆本地的进步青年也捕了不少，他们在新疆活动据我所知也做出明显的成绩，并无任何反政府的言行，虽然他们中间有的人对政府设施曾表示不满。所谓“阴谋暴动案”在新疆是连续不断地发生。“每次逮捕都引起社会极大的不安，人人感觉自危，大家只好缄口埋头敷衍吃饭。”

杜重远案件是盛世才背叛六大政策、反苏反共表面化的一个严重步骤，是盛世才向右转的公开信号。虽然这时盛世才还举着亲苏亲共的旗帜，但是抛弃这个旗帜，只不过是时间问题了。

## “四一二阴谋暴动案”

迪化南花园。南花园原属吉祥涌洋行的大资本家胡赛因巴依，盛世才将其逮捕后没收一切财产，这里改称督署南花园。园分内外两院，内院由盛世才的父母居住，外院由盛世骐居住。

1942 年 3 月 19 日下午，盛世骐回家。他的妻子陈秀英一面询问，晚饭想吃什么，好叫大师傅去做，一面催促当差的快给旅长卸去武装带和马靴，让他舒散舒散。

盛世骐换上便服，坐在床沿前小矮凳上，逗坐在床上的女儿玩耍。陈秀英看见他把卸下的手枪给小孩玩，当时沉下脸，把枪夺去，顺手挂在墙上。

“手枪岂是孩子玩的东西？为啥给她摆弄?”

“那怕啥？枪是空的，并未实弹。”

“就是没装子弹，也不能让孩子摆弄枪!”

陈秀英一边说着，就又到厨房去。“砰”，一声枪响。她立刻跑回房中，见丈夫由小凳翻仰在地，孩子吓得躺在床上直哭。

盛家的亲戚立刻跑来看发生了什么事情。盛世骐已经一句话也说不出来了。子弹从右耳轮后面打进，从眉毛上面左前额部分打出。盛世骐送进医院，不多时便在那里死了。

盛世骐是盛世才的胞弟，排行老四，曾去日本学过军事。盛世才掌握新疆军政大权之初，即任命盛世骐为督办公署卫队团团长。当时他说什么这是为了巩固政权，意即他人不必提出异议。此后，他又派盛世骐去莫斯科学习。盛世骐 1939 年赴莫斯科留学，1941 年冬回新疆，任机械化旅旅长。他在莫斯科所受共产主义思想熏陶颇深，但归国时正是苏联卫国战争失利，列宁格勒危殆，莫斯科紧急的时期。盛世才已计划着利用这个机缘来排除苏联在新疆的势力。盛世骐不同意他的长兄乘人之危来反苏，但是又没有力量阻止。时令虽然已是 1942 年初春，但迪化弥漫的料峭春寒已将他回国时的热望降到了冰点。陈潭秋在给中央的电报中说：据说他从去年冬季以来即感苦闷，常想找进步的人们谈笑；我和他第一次见面，是去年底的事（同林彪一起）。他今年以来经过督办同意，到我处来过三次，每次均非常高兴。

盛世骐背着沉重的心理压力，永远地走进了寒冷。他被刺的第二天早7时，盛世才邀集汪鸿藻、李英奇、李溥霖、柳正欣、盛世骥、邱定坤、彭吉元开了一个会议。盛首先称盛旅长被枪杀，盛旅长决不会自杀，若谓手枪走火，观枪弹出入口情形更不对了，再外人无法进入他的住室，用他的手枪打死他。就此种种疑点，他的太太陈秀英涉有重大嫌疑。最近发觉她行为很不好，有与汽车夫朱洪山通奸的情事。朱在前几天因开车撞人押于法院，陈秀英看他几次，还送过东西。我告知过盛旅长，叫他注意，结果出此事件。此事有极大的政治背景，因盛旅长系苏联陆大毕业，并系联共党员。此事应在陈秀英身上进行，一定会水落石出。现已将其交天主堂由富葆廉、刘汉升审讯小组审讯。再派李英奇、李溥霖、盛世骥、彭吉元参加审讯，连夜进行，食宿亦在该处，可暂时不必到原机关工作。盛还说新疆的这个僵局在几天以后必须打开，不能叫它如此长久下去。

天主堂原为德国教堂，盛将德国传教士驱逐后，改为秘密审讯地。这些人等当天晚上2点多到天主堂，共同审问陈秀英一次，无结果。富葆廉电话请示盛世才，盛命交由富、刘二人连夜审讯，不说就打，别的人都回去，明天再来。第二天，他们到天主堂时，富葆廉、刘汉升说已问出来了，系苏联中将顾问拉托夫及萧作鑫二人所唆使，并供出她与二人均有奸情。拉托夫与萧作鑫二人指出她与朱洪山有奸，盛旅长已知道了，你如果不打死他，将来他一定打死你，用言语相恫吓，以至于如何骗枪行刺，历历如绘。

审讯陈秀英，用尽酷毒刑具，最后用猪鬃拧成的大粗绳，在陈的裤裆内拉锯，使其下身糜烂。陈秀英不堪酷刑，在噩梦中与世长辞。

盛世骐的死，本身就是一个阴谋；而在这个阴谋之中包含着另一个更大的阴谋。项庄舞剑，意在沛公。这就是盛世才借盛世骐之死，炮制了一个“四一二阴谋暴动案”。他在致斯大林等人的信中，把案情描绘得有声有色，诬称苏联驻迪化总领事巴库林、新疆督办公署军事顾问拉托夫，为了颠覆亲苏的盛政府，即由土产公司苏籍人员唆使该公司副经理萧作鑫，向盛世骐妻陈秀英进攻，与陈通奸，土产公司副经理、盛世才岳父邱宗浚的义子马郊与邱的小妾姚执中通奸，通过陈秀英、姚执中两人分别搜集政府机密情报。原决定于 1942 年 4 月 12 日在省暴动，唯政府已略知其底蕴，所以拉托夫又命陈秀英、姚执中刺杀盛世骐，并决定于此暗杀计划实现后，在盛世骐丧事中乘机刺杀盛世才，夺取政权。

盛世才致斯大林函中说："这个反革命组织具有破坏中国抗战和用阴谋手段推翻新疆政府的本身目的，它是由财政顾问帕霍莫夫、商务顾问克鲁戈洛夫、商务代办维叶谢洛夫、边务处总教官马兰切夫在苏联驻迪化总领事巴库林和军事顾问拉托夫的指示和领导下组成的。他们利用暗杀组织在新疆进行着阴谋活动，……不论是暗杀，不论是其他冒险的措施，他们都没有中断过。他们准备用谋杀事件来反对督办和其他新疆军政首脑，他们进行着和八团实行联系的工作，准备在 4 月革命节前暴动。盛世骐的被刺杀，这仅是实现了他们整个计划中的一个部分罢了。"盛世才呈国民党中央的报告，大体轮廓如上，唯将阴谋案的政治目的改为"推翻盛政府，建立共产主义政权"。

苏联军事顾问拉托夫等因此而被迫去职。不过，同年 7 月 3 日，莫洛托夫复函盛世才，"绝对否认迪化总领事巴库林、驻新军事总参事拉托夫有刺杀盛世骐之嫌疑"。

"四一二阴谋暴动案"的"人犯"，除财政厅长藏谷峰，以及萧作鑫、陈秀英、马郊、姚执中外，捕网逐渐扩大，包括教育厅长李一欧、民政厅代厅长周彬（中共党员）、编译委员会委员长孟一鸣（中共党员）、军官学校参谋长郭德祺、机械化旅参谋长彭焕书、该旅团长赵景棠、哈密行政长刘西屏（中共党员）、焉耆行政长于德一、喀什行政长陈方伯、喀什警备司令蒋有芬、阿克苏警备司令孙庆龄，以及八路军驻新代表徐杰等。捕网所及，凡各期留苏生以及与苏方教官关系密切的军校毕业生、反帝会科长以上、汉族文化促进会科长以上，以及各机关一些公务员、新疆学院一些师生等均在被捕之列。从 1942 年 3 月起至 1943 年 5 月止，各地公安机关每天都在捕人。

## 宋美龄飞迪化

1942年8月底，酒泉郊外机场。

蒋介石站在一架待发的美国运输机扶梯旁边。夏日上午的阳光是亮丽的，但他两道目光阴沉，异常严肃地注视着几个被引导登上飞机的年轻人。这架运输机的座舱里没有沙发，两旁是长条硬席座位，靠驾驶舱的地方，放一普通藤椅。先登机者坐定不久，宋美龄走上飞机，跟着四个人——两个女佣，一个警卫，一个随行医师。原来，蒋介石是送宋美龄的。蒋介石巡视西北各地，行抵酒泉即准备来新，但为其左右劝阻，认为情况复杂，元首身系国家安危，不可冒此危险。于是蒋介石以宋美龄为全权代表，飞往迪化，与盛世才谈判。蒋介石在酒泉送宋美龄去迪化后，曾到玉门油矿视察，等待宋美龄飞回酒泉，然后同行。

宋美龄坐在藤椅上，面对着大家，没有和任何人交谈，显得非常严肃。同机的还有国民党中央常务委员、军事委员会政治部副部长梁寒操，国民党外交部驻新特派员吴泽湘等。

1942年4月，蒋介石三次面见张元夫，要张自重庆回新疆，向盛世才提出谈判条件，和平解决新疆问题。张元夫是盛世才派驻国民党中央政府的代表，盛留学日本时曾得到他在金钱上的大力支持。5月，盛世才派盛世骥随张元夫去重庆，蒋介石夫妇予以热情接待。6月28日，盛世才致电蒋介石，报告苏联副外长迭卡奴作夫来新，专为办理独山子油矿及其他重要事宜，指名要求蒋介石派第八战区司令长官朱绍良与经济部部长翁文灏一同来新。朱绍良是盛旧日长官，又是旧友，交谊甚厚，便于谈判条件；翁文灏负责与苏联副外长谈判。7月3日，朱绍良、翁文灏、空军总指挥毛邦初飞抵迪化。朱绍良这次来新疆关系重大，他代表蒋介石首次正面与盛世才接触。7月16日，朱绍良飞渝，向蒋介石报告新省详情，并转呈盛世才第一次《上蒋委员长书》，叙述彼与俄国一切秘密交涉的经过，详尽无遗。蒋介石于7月11日召见苏联驻华大使潘友新，重申凡关系新疆与苏联之间的政治、经济事项应由中央交涉的方针，以免发生误会，并告以对新省政治调查与督察事项，已派朱绍良赴新负责主持，希一并转达苏联政府。7 月 21 日，朱绍良由重庆飞返迪化，当时蒋介石曾有手谕致盛，“朱氏告盛，关于其既往一切，委员长不但原宥，且均为之负责。”盛世才听后，“不禁铭感五内”。

8 月 30 日下午 1 点左右，宋美龄的座机飞抵迪化。机场上成千上万人围成大圆圈，摇旗欢呼，表示欢迎。那天盛况，据说在新疆是空前的。盛世才和宋美龄等握手寒暄之后，合照留念，然后分乘汽车，浩浩荡荡到了督办公署。

宋美龄被安置在督署西大楼盛世才的家里，梁寒操等则由盛世才的二弟、交通管理处处长盛世英陪同安顿在督署东花园。

东花园里，林木葱茏，花香四溢。前面是一座大客厅，后面是有套间的卧房，美轮美奂，豪华富丽。客厅、卧房都摆满苏联糖果、香烟，还有本地的无核葡萄、苹果、蜜饯、无花果等等。东花园是盛世才招待贵宾的地方，但在这里盛世才也杀过他认为有阴谋嫌疑的人。这里穿白色工作服的侍者，身上都佩带手枪。他们机警干练，喜欢和人攀谈，然后把客人的每一句话，都汇报到盛世才耳中，甚至在客人外出时，翻看客人的行李和日记。

当晚，盛世才在西大楼设宴为宋美龄洗尘。席间，宋美龄讲了几分钟话。大意是说：这次到新疆感到很高兴，承蒙盛情款待，十分感谢；新疆在盛督办治理之下，取得了很大成就，非常佩服，望今后“百尺竿头，更进一步”，以三民主义为依归，把新疆建设成一个三民主义的新新疆，云云。

宋美龄讲话虽短，但在盛世才治新历史上，却是个公开转变的征兆，即以伪装崇奉马列，变为赤裸裸依附蒋介石。在宋美龄之前，从未有人敢在盛世才面前谈论什么三民主义。听了宋美龄的话，有人感到有点儿突然，盛世才会接受她的那套宣传吗？在宋等下飞机不久，盛世才不还分送他那自诩用马克思列宁主义观点分析国际形势和中国抗战问题的著作吗？

其实，盛世才已不是刚刚登上督办宝座的盛世才了。他看到国际上，以苏联为首的反法西斯战争正处于困难阶段，国内蒋介石集团接二连三掀起反共高潮，日寇进行“大扫荡”，解放区和八路军处于艰难时期，便认为该撕下伪装了。宋美龄此行，更坚定了他公开反共的立场。宋美龄离开新疆不久，盛便撕毁、涂抹了所有亲苏标语，四处逮捕监禁亲苏的积极分子和共产党员。

宋美龄抵迪化的第二天，曾去新疆女子中学参观，当时女子中学教职员中，多为“叛逆家属”。盛世才之妻、女子中学校长邱毓芳为防备这些家属将其冤情密告宋美龄，乃对宋美龄严加防范，尾随左右，寸步不离。

这时，发生了一个小插曲。赵丹被捕后，他的妻子叶露茜想方设法营救，但是苦无门路。她听说宋美龄到了迪化，于是怀着一线希望，打算告一次“御状”；可是“御状”写好了，却无法送到宋美龄手里。宋美龄在女子中学参观完毕后登上汽车，叶露茜感到错过这个机会就再没有希望了，于是趁汽车开动的一刹那间，不顾生命安危猛力向汽车撞去。宋美龄看到汽车撞了人，礼貌地下车扶叶露茜。叶露茜趁着混乱，将“御状”偷偷塞在宋美龄的大衣口袋里。当然，宋美龄不会因为一个演员而去撕裂与盛世才的关系，于是“御状”也就石沉大海了。

第二天，宋的一大帮随行在迪化有限的几家商店里拼命抢购物资，如苏联战前输入的呢绒、哔叽、花布、食品、糖果、玩具、化妆品、白兰地、照相机、手表等等都是他们搜求的东西。原来，太平洋战争以后，重庆洋货绝迹，即使有也昂贵非常。在迪化发现这等东西，他们当然不会放过。从早晨出发抢购，然后一次次、一车车地运回，几乎把迪化市的日用品搜购一空，市民为之侧目。

宋美龄在迪化停留两日后，第三日晨乘原机飞离迪化。宋美龄在迪期间，在朱绍良的陪同下，和盛世才确定了四点：一、调派甘肃境内政府军由兰州进驻安西、玉门，牵制在哈密的俄军；二、委派新疆外交特派员，将外交权收归中央；三、肃清新疆共党；四、着俄军退出新疆；等项。

国民党新疆省党部成立，盛世才任主任委员，南京派来的黄如今任书记长。

1942 年 10 月 5 日，盛世才请苏联驻迪化总领事蒲希金转交一份备忘录给苏联政府。备忘录称：“除苏俄外交官员可给予在新疆居留之自由外，其他在新疆的一切苏俄人——包括军事顾问人员、军事教官、财政厅及建设厅之苏俄顾问、技术专家、工程师、医生、红军驻哈密的第八团整个部队、阿尔泰和伊犁的锡矿人员与探测人员等，都应在三个月内，一律撤离新疆省。”经过多次谈判，苏联决定撤出除外交官以外所有人员，苏盛关系破裂。

# 第十六章

# 前行者以人类的坎坷为道路

## 党代表陈潭秋

吉合——

陈潭秋同志接替邓发同志来到迪化新兵营时，中共中央决定由我给陈潭秋同志当助手。从此，我们两个人形影不离，经常在一起研究工作。

陈潭秋同志为人诚实、热情，帮助同志诚恳、耐心；他生活俭朴，从不特殊；他是个老兵形象，又蕴含着文思敏捷的文人气质，沉稳干练、思想锐敏、知识渊博。为了使新兵营的同志们掌握过硬的杀敌本领，他组织了紧张而有序的野营训练。他知道我在苏联步兵学校受过专门军事训练，特派我去做野营训练前的考察，行前交代和布置工作细致、周密。他同大家一块儿研究，制订训练计划，充分发挥别人的特长，大胆放手让你工作。野营训练结束，他广泛发扬民主，进行总结提高。

陈潭秋同志是我党中央派驻新疆的代表，领导着我党在新疆的各项工作。他一面保持与共产国际的联系，取得国际上的援助；一面与盛世才做统战工作，有时因工作紧张常常深夜不眠。接待赴苏的来往人员，为延安筹划布匹、军装、纸张、药品，把大量的物资运往抗日前线。为了减轻他的负担，我担任了办事处的党支部书记，办事处内部的工作，尽量不分散他的精力。尤其是与苏联总领事馆商谈什么事情时，我都跟随在他的身边，既给他当翻译，又给他当参谋。

1942 年以后，新疆的形势恶化。盛世才撕下伪装进步的假面具，投靠了蒋介石，直接把矛头对准了我们。6 月间，形势更加恶化，被盛世才免职的同志们全部回到迪化，集中在南梁一个大院里。在这种紧急情况下，陈潭秋发电请示党中央，批准在新疆的人员全部撤出迪化。当时，康生作梗、发难，陈潭秋同志发了脾气。无奈，在宋美龄和朱绍良还未到达新疆之前，他亲自草拟了一个三批撤离新疆的名单。第一批撤出的是负责同志和航空队员，由我带队，因为我懂俄语，打前站和苏联领事馆接头，做好安排；第二批撤出的是伤病人员和家属孩子们，由医生杨锡光同志负责，以便路上护理和照顾；他自己同办事处工作人员最后一批撤出。我不同意他的安排，我说："你是主要领导人，你走了，敌人就没有抓挠了，第二批是杨锡光，第三批是我。"

我最后走，不是想当英雄，而是任务在身不能推诿。不论哪一批走，都不能飞越天山、戈壁，回到延安，而是撤往苏联，每一批走都要与苏联总领事进行交涉。经过我和同志们再三坚持，陈潭秋同志终于同意了，于是由我陪同他去苏联领事馆找总领事巴库林。

陈潭秋同志向巴库林介绍了迪化形势的骤变，盛世才施展的阴谋手段，宋美龄来新疆的活动，我党在新疆工作的同志被黜，提出往苏联境内撤退的方案，请巴库林考虑、定夺。我们认为，动作要快，不能拖延，只要计划周密，不误时机，是完全可以顺利撤出迪化的。当时，苏军在哈密有个第八团，实际上是一个师的兵力，有坦克、飞机和大炮，盛世才是不敢轻举妄动的。我们也理解，苏联正处在苏德战争的艰苦阶段，但只要肯帮助撤离，是很容易的。然而，巴库林沉默了半天，两手一摊地说："我们也有难处啊！时间来不及了！"我有些着急了，插了一句："如果不及时撤退，会有很多同志被捕牺牲的！"巴库林说："这种情况，在其他国家是常见的。"我听了非常生气，但又不好发作。因为在来领事馆前，陈潭秋同志事先给我打了预防针：小弟弟怎么能跟"老大哥"发脾气呢？当我把巴库林的原话翻给陈潭秋同志听时，他神情坦荡、不动声色、胸怀大度，以沉默作了回答。此时此刻，只有沉默是最有力量的。他以沉稳如泰山、庄重如松柏的凛然正气，显示出一个无产阶级革命家的气度。这不可磨灭的伟大形象，永远深深印在我的心上。

陈潭秋同志被捕前，我们在新疆的大部分同志集中在八户梁的一个大院子里。盛世才派出很多特务暗地里监视我们。有一个暗探，化装成小贩，在我们住处附近。从1941年到1942年，他成了这里的固定哨，站在那里，同时能监视两个不同方向的门。鄢仪贞生新华时，我曾在这个特务的小摊上买过一双袜子，后来这个人被派到女监去了。

陈潭秋同志被捕的时间是1942年9月17日。这一天，盛世才的便衣特务首先包围了我们集中驻地八户梁，接着有两辆黑色小轿车开进院来。盛世才的卫队长汤执权跳下汽车，带着特务闯进陈潭秋的住室。我立刻意识到，这是敌人开始动手了，便想去看个究竟。这时，陈潭秋同志走出来装作上厕所，正巧和我相遇。他见附近无人，便悄声对我说："老吉！敌人把我盯上了，来者不善，善者不来，我很可能被捕了！"他说着，动作迅速地从衣兜里拿出一个小本子，交给我说："你把它交给刘平（张子意的化名）同志，并转告他，由他接替我的工作。另外，你要设法跟共产国际联系，把这里的情况报告给党中央。"说完，他跟我紧紧地握了握手。这时几个特务走过来，卫队长汤执权皮笑肉不笑地朝汽车一挥手，说："陈代表！盛督办请您谈话！"陈潭秋同志回头深情地望了我一眼，便登车走了。同时被"请"走的还有毛泽民、徐梦秋、潘同、刘西屏。

我立即把本子交给了刘平，并转达了陈潭秋的指示，随后我就溜出八户梁，去国际交通站反映了情况。他们要把我留下来，用飞机秘密带走。我想同志们还处在危险之中，怎么能独自离开呢？就坚持返回来。这时八户梁已被盛世才的武装军警包围了，大门不能通过，我是绕到后面从一处缺口进去的。晚上，陈潭秋、毛泽民他们五个人的家属也被"请"走了。

**王韵雪——**

1938年春节后，中央组织部派我和其他20余人，由彭加伦同志带领到了迪化，住在新兵营，主要任务是学习俄文，同时当文化教员。当时党中央代表邓发同志迎接我们。第二年，新兵营来了一个"新兵"，个儿不高，右耳有伤痕，两只大眼睛炯炯有神，圆脸总是带着微笑，说话十分和气。他就是党驻新疆的第三任党代表——化名"徐杰"的陈潭秋同志。当时，在新疆的大多数同志都不知道徐杰代表就是陈潭秋，我也是后来才知道的。

1940年1月，新兵营的同志大部分返回延安，以潭秋为领导组成的工作班子，从新兵营驻地移到盛世才设立的南梁招待所，或叫第三招待所，我们称它为“高楼”。办事处对外不公开，实际上群众都知道我们是八路军，是公开的秘密。当时工作人员有吉合、王韵雪、王顺志、徐明乐、冯家树、林超、杨锡光等。吉合是俄文机要秘书，负责与苏联领事馆联络工作，我也做机要工作，负责国内的，与中央联络。徐明乐给陈潭秋同志开小车，并做保卫工作。

陈潭秋同志给我党在盛世才航空队学习的同志和外地工作的同志传达中央文件，作指示，或听取他们的汇报，都在新房子接头。陈潭秋同志与盛世才商谈事情，得由盛世才派在办事处工作的副官事先联系。陈潭秋同志在办事处工作期间，是党代表兼办事处负责人。潭秋同志和中央联系工作，都是用我们自己的密码发电报的，这个密码只有我知道。可是我们没有电台，都得通过盛世才的电台收发电报。当时中央的电文，由我翻译交给潭秋同志。电报指示传达完，立即销毁，不保存文件。1940年后，国内外形势逆转，我们更不敢保存文件。

随着国内外形势的急剧变化，盛世才对我们的态度也日益恶化。“高楼”周围被伪装成修补皮鞋的、摆小摊贩的特务日夜监视着。“高楼”的同志既不能随意外出，也不能与外面的同志有横的个人联系。潭秋在形势逆转环境复杂的情况下工作，任务是非常艰巨的。他既要保证支援抗战的这条唯一的国际交通要道畅通，还要不失党的原则尽可能与盛世才保持统战局面，真是熬尽了心血。他为我们党员被排挤、打击、陷害之事多次找盛世才谈话，进行有理有礼有节的斗争，同时加强了对党员的政策和策略教育，要求党员“遇事谨慎，不给反动分子以挑拨的借口”，“忠于职守，对人民有利的事就多做”。在潭秋的领导和教育下，党员同志们认清了形势，掌握了策略，争取时间多做工作。当时的政治形势确实是非常险恶的。

我是江苏省金坛县人，从中学时期就参加抗日救亡活动。1937年秋天，我在一本杂志上看到陕北公学社会科学专业招生广告，激起了对革命圣地延安的无限向往。于是，我和妹妹一起找到八路军驻南京办事处报名要求去延安。办事处的同志担心我们路费少，路途又远。我和妹妹带着干粮，扒一段火车，走一段路，经过一个多月，终于到了延安，被分配在陕北公学第六队学习。1937 年 12 月，我加入了中国共产党。

潭秋同志原来的夫人叫徐全直，是一位很早参加革命的同志。1932 年，潭秋在上海担任江苏省委秘书长。年底，与他单线联系的一个党员被捕。党中央为防止意外便将他调离上海。他先到了中央苏区，后又赴莫斯科，在共产国际中国代表团工作。他的夫人徐全直因临产暂时留下，不久生了个男孩。全直为了工作，将刚刚满月的孩子叫她妹妹抱回老家，交托给她的六姨抚养。刚刚送走孩子，她就不幸被捕，被押往南京监狱。全直在狱中受尽严刑拷打，但坚贞不屈，同敌人进行顽强斗争，第二年 2 月就义于南京雨花台。潭秋一直十分挂念全直，但始终得不到确切消息，直到 1939 年底，才知道全直被蒋介石杀害了。听到这个消息，他十分悲痛。

1940 年，我到八路军办事处后，直接在潭秋的领导下工作。他对我在思想、工作各方面要求很严，帮助很大，我很崇敬他。全直的情况我也是这时才了解的。潭秋对爱情的坚贞、纯洁和高尚情操深深地感动了我。一次，他患重感冒躺倒了，我精心地照料他，使我们的感情进一步得到加深。他虽然比我大十几岁，但是共同的理想把我们紧紧地连在一起了。经过党中央的批准，我们结婚了。婚后，我们感情很好，可惜我们共同生活的时间太短了，万恶的敌人过早地夺去了他的生命。我们的儿子陈楚三现是总参炮兵技术装备研究所工程师，和当年在狱中出生的小伙伴、吉合同志的女儿吉新玉建立了幸福美满的家庭。潭秋若在天有灵，也会感到欣慰的。

1941 年，国内发生了皖南事变，国际上爆发了苏德战争。皖南事变发生，总理给《新华日报》写的社论，项英、袁国平同志遇难，叶挺同志被捕，中共中央向办事处发来通报情况的电报。延安整风，中共中央也发了电报。苏德战争爆发后，我们党在苏联的人员回来了一批，如韩福英、方浪、苏井观、蹇先任、陈慧清、王梅玉、马明芳、张子意、方志纯、李握如、刘护平、曾传芳、杨之华、杜伊、秦化龙、苏妈妈等。他们到迪化，因发生了皖南事变，回不了延安，住在八路军办事处或羊毛湖招待所。后来林彪从苏联回国，以十八集团军师长的名义，向盛世才交涉了一架飞机，把苏井观、蹇先任、陈慧清、王梅玉等人，以师长的医生、护士、随从等名义带回延安。

这时新疆的政治形势日益恶化，盛世才给我们的同志找岔子。1942 年 3 月，盛世骐被暗杀。盛世骐在苏联留过学，亲苏亲共，倾向进步。第二天盛世才不公布消息。当晚，苏联领事馆就告诉了我们。从这时开始，陈潭秋同志几乎一天一份电报，向中央汇报这里发生的情况。1942 年 7 月前后，陈潭秋同志反复对我们工作人员进行形势教育，对当时形势作了这样的分析估计："我们这批人是由盛世才从延安请来的，也可能像大革命时候吴佩孚在郑州一样把我们驱逐出境。"

1942 年 9 月 1 日，早饭后不久，鄢仪贞同志急急忙忙来报告："宋美龄前几天已到新疆来了，而且一下飞机就住在督办公署。"这时，陈潭秋同志看出问题，盛世才的反动本质要暴露。陈潭秋同志感到形势对我们不利，每天发急电甚至十万火急电报，要求中央对我们当时处境作出指示和对策。陈潭秋同志着急的是：航空队几十个同志都是红小鬼，又是党中央送来培养的我党的第一代空军人员；毛泽民、马明芳、张子意等同志，是我们党的高级干部。我们应该怎么办呢？中央没有具体指示，他不便决定。在这种情况下，他便对我们进行气节教育，他说："我们是共产党人，要像季米特洛夫一样，把法庭当讲坛，揭露敌人的阴谋。我们在敌人的监狱中，法庭上，要做到'富贵不能淫、贫贱不能移，威武不能屈'。"

这时，我们虽然学习整风文件，但是由于与盛世才的关系接近破裂，所以整风学习的内容，着重气节教育。同时，如何和盛世才进行斗争的问题，已经提到议事日程上来了。回延安，要经过国民党的层层封锁线，是回不去了，唯一的出路，只有向苏联撤。经请示中央，中央复电说，斯大林不同意。当时我们随时都有被捕的可能，陈潭秋每天甚至一天几次向中央打电报，请示对盛世才的对策和我党人员向何处撤的问题。1942 年 9 月，收到中央复电说："斯大林同志已同意了，在新中共党员撤往苏联，具体办法由陈潭秋同志自己拟定。"

潭秋同志决定分三批撤退。第一批航空队员和少数高干，如毛泽民、张子意、马明芳等以及伤残人员；第二批是中层干部，如李宗林、林基路等；第三批是家属、小孩和办事处工作人员。潭秋同志给我们做思想工作说："我们只能是也应该是最后撤，特别是我，党交给我的任务要等这些同志安全撤完后才算完成。我的任务完成了，那时盛世才要逮捕人的话，我去就是了。不入虎穴，焉得虎子。我去就能知道盛世才为什么要捕我们，他真正的目的就可以搞得一清二楚了。”

当时办事处、羊毛湖、新房子都住满了人，再回来的同志就没有地方住，在这种情况下，盛世才要我们搬到八户梁居住。

1942 年 9 月 17 日上午，潭秋同志和吉合同志一起到苏联领事馆，大概是送撤退人员名单，他俩是坐小车去的。回来后潭秋同志可能又想起了什么事，又叫吉合同志再去领事馆说一说，他是步行去的。

这时，盛世才就派大批武装军警包围了八户梁，陈潭秋同志打电话问盛世才是怎么回事？为什么派军警包围我们？盛世才说：“外面有人造谣说，你们要阴谋暴动，派军队是为了保护你们。”下午，盛世才派人来“请”陈潭秋、毛泽民同志和潘同、徐梦秋、刘西屏等人“谈话”。潭秋同志临走前，把我叫到屋里，告诉我：“我走以后，这里的工作由刘平（张子意）同志负责。”

潭秋走以后，我就到刘平那里转告潭秋同志的指示，并把中央拨给办事处的活动经费（周恩来从重庆汇来的 10 万元法币），连箱子交给刘平同志。刘平同志对我说：“赶快向中央发电报，告诉我们这里发生的一切情况。”我说：“不行了，我们自己没有电台，原来是通过盛世才电台发报的，现在电报发不出去了。”我接着说：“密码应马上烧毁”。张子意同志点头同意，我遂将密码烧毁。

吉合同志从苏联领事馆返回说：他从大路回来时，远远看见八户梁招待所被包围。当时，他完全可以跑回领事馆，何况他在苏联工作了十几年，但他想到自己是共产党员，不能当逃兵，应到八户梁与大家共患难。

这时，苏联领事馆可能派人来八户梁围墙外面观看。徐明乐同志看见了领事馆派来的人，一个站在墙外，一个站在墙内，只能用手比比画画，语言不通，只是搓手着急，无法交换情况。那个苏联同志只好回去了。

我遵照潭秋的指示，做完善后工作回到住房时已近黄昏。房子里空荡荡的，我不安地从这间房子走到那间房子，不知道干什么才好。

第二天，敌人将我和朱旦华等五人带到“邱公馆”。我下车进到屋里，看到潭秋、泽民同志都在，悬着的心才放下了。

我们被盛世才软禁了。潭秋一方面向盛世才写信抗议，另一方面向同志们进行革命气节教育。同年11月，盛世才又将我们转移到“刘公馆”。12月，我们的孩子楚三出世了。这时敌人对我们看管得更严了，我们都感到事态严重。潭秋对我说：“从目前情况看，男同志坐牢的可能性很大，一旦我们入狱，我估计盛世才为了分化瓦解，可能让你们出去工作，你们绝对不能去，要想办法回到延安，将这里的情况报告党中央和毛主席。如果被捕坐牢，要坚守立场，不能玷污共产党员的光荣称号。”

1943年2月7日，盛匪的军警气势汹汹地将潭秋逮捕了。之后，在新疆工作、学习及休养的干部、家属共150人全部被捕入狱了。

王顺志——

我是1937年5月随西路军左支队进疆的。先后担任红三十军军部、政治部警卫员，总支队二大队通信员。

1938年6月，王稼祥同志从苏联回国，组织派我当他的警卫员，护送回延安。我们到兰州附近时，遭到土匪袭击，我负了伤，返回哈密治疗，1939年初返回迪化。这年9月，我被派往苏联学习无线电通讯业务。在苏联学习期间，又得了病，住进苏联红军医院。

1940年4月间，我从莫斯科返回迪化。陈潭秋同志把我留在办事处，做管理和保卫工作。当时，我党同志住在八路军办事处、羊毛湖招待所、新房子等处。我为他们采购百货。

八路军驻新疆办事处有一个党支部，马明芳同志负责支部工作，经常组织大家学习文化。后来成立了总学委会，马明芳负责办事处的学习，谢良负责羊毛湖招待所的学习，方志纯负责新房子的学习。

新房子是党代表听汇报、作指示的联络点。从外县来的同志，事先与看大门的老头取得联系，约定时间与党代表接头。陈潭秋有时也到徐梦秋的家里会谈。党代表有时在野外与外地同志接头，听汇报，作指示，或传达中央文件。

1941年下半年，盛世才与我党代表发生了摩擦，对我党在新疆的干部频繁调动。毛泽民从财政厅调到民政厅，将南疆的党员同志陆续调回迪化集中。这时，八路军驻新疆办事处、羊毛湖招待所、新房子门前，出现了小摊贩、补鞋匠，他们都是伪装的便衣特务，监视我们的行动。

1942 年 3 月，盛世才四弟盛世骐被枪杀。党代表派我到西公园里听风声，据说是小孩玩枪走火打死的，实际上是盛世才杀害的。盛世骐比较进步，反对盛世才反共投蒋，被暗害身死。

七八月间，朱绍良、宋美龄相继来新，盛世才终于背叛了统一战线，反共反人民，投靠了蒋介石。陈潭秋为了维持与盛世才的统战关系，指示党员坚守工作岗位，同时，对党员进行气节教育，做应变的准备工作。

陈潭秋看到新疆形势逆转，连续向中共中央汇报新疆的情况。党中央复电同意撤退，但要等苏联答复。后来接到中共中央指示，先撤到苏联，再转回延安。陈潭秋做了撤退部署，但是来不及了，盛世才的军警包围了我们。

## 五次翻墙出去，都没有达到目的

迪化市南梁的“红房子”招待所内，航空干部正在做赴苏前的准备工作。就要动身了，大家的心早已飞向了十月革命的故乡，兴奋地谈论着苏德战争情况，想象着未来的战斗生活。

几个急性子的同学嚷嚷着：“到苏联后，一定要请求做一名国际主义的飞行员，参加苏联前线航空兵，到空中去打德国鬼子。要是留在后方航校当看守，做飞行教员，我可不干呐!”

9 月 17 日下午 2 点多钟，招待所门口忽然开来两辆苏制吉斯大卡车。盛世才航空队的教育股长王聪和飞行中队长高继忠走进屋里，威严地通知吕黎平：

“请你们全体同学，乘车到督办公署去。盛督办要对你们训话!”

吕黎平觉得此事蹊跷，一面招呼王、高两人坐下，找人沏茶，陪着唠叨离开航空队两个月来的生活情况；一面悄悄地嘱咐金生从侧门出去，以最快的速度去请示陈潭秋。陈潭秋住在八户梁，离他们约有两里多路。

金生不大一会儿就满头大汗地赶回来了，说：“中央代表住处围满了警察、特务，盯得很严，没法进去!”

他们被领到督办公署大楼会议室里，里面没有人影，讲台上也无摆设，根本就不像是听训话的样子。他们从 3 点多钟一直等到天黑，也没人出来打招呼，从窗口观察，大楼的门口和周围有虎视眈眈的哨兵在监视他们。在他们的一再催促下，佩戴中将军衔的汪鸿藻露面了。他是盛世才的参谋长兼军官学校的教育长，又是盛的连襟。他干咳两声，皮笑肉不笑地宣布："诸位久等了！因盛督办很忙，没时间见你们，要兄弟我代为转达。最近，迪化的社情动荡，环境复杂。为了大家的人身安全，请你们现在就转移到另一个地方住。"他说完这几句话，不等大家开口问个究竟，就一转身走了。

好一个"转移"，竟派了一排全副武装的卫队"护送"。他们被关进了督办公署后院的一个单独营院。晚上，一辆卡车把他们在南梁招待所的行李拉来了。每个包内都翻得乱七八糟，有些东西不翼而飞。

关他们的营院，原是盛世才培训技术兵的教导队营房。此时学员毕业了，没有人住。一位少校队长为首的管理人员，临时负责监禁他们。这所院子的围墙约有3米高，大门紧闭，门口站着上了刺刀的哨兵。院内房屋不少，但他们37人被塞进一个长方形的平房里。教导队的炊事班，每天给他们做三顿粗劣的饭菜。

这时还没有限制他们在院内活动的自由。他们立即召开了紧急支委会和支部大会，号召大家在突然事变面前坚定沉着，制定了从最坏处着想、往最好处努力的斗争策略。一方面，口头和书面向盛世才提出强烈抗议，要求恢复自由；另一方面，想方设法找到党中央代表，与党组织恢复联系，与在新疆的共产党人协调一致，统一行动。

落叶无声，在秋风夕照里始终怀着最后一次奋舞的悍勇。

天黑透了，他们几个跑到门口，将紧闭的大门拍得山响。

"找你们当官的来，为什么不明不白地把我们关起来？"

"我们为抗日救国学航空无罪！"

"我们要自由！"

哨兵慌慌张张地奔门口去了。在这同时，院子西北角厕所背后的围墙下，陈熙、方子翼和吕黎平搭起人梯，金生踩着战友的肩膀，翻过墙头，纵身跳下，消失在茫茫夜幕之中。

金生奔向八户梁，只见大院前后都布有岗哨，路上的行人稍靠近八户梁的院墙，就被晃着刺刀的哨兵吆喝着赶远了。遥望陈潭秋的住房，里面没有一点儿灯光，没有一点儿动静。金生尝试了几次，没法进入院内，就失望地回来了。

金生摸黑走回囚禁大家的教导队院，先在附近找个僻静处隐蔽，见哨兵沿着四合院转到另一侧墙外，马上蹑手蹑脚挨到翻墙出来的地方，轻轻敲两下墙壁。早在墙内等候的几位同志，“恻”地甩过来一条逐段结有绳结的绳子。金生抓住绳子翻上墙头，又踩着人梯下到地面。

“谁在那儿？干什么！”哨兵听到厕所附近有动静，马上拉动枪栓，从墙的那一侧急奔过来。

“你咋呼什么！”吕黎平大声回答道，“老让咱们吃不干不净的东西，害得我们拉肚子，正要找你们算账呢！”

回到宿舍，大家听金生汇报完情况，都沉默了。支委会决定：一定要克服困难，继续找党组织，而且要设法向党中央报告被押的情况。

过了几天，支委又派陈熙和吕黎平用同样的方法翻墙出去，到南梁找航空队的苏联顾问。在确信没人跟踪监视后，他们翻墙跳进苏联顾问住的院子，推门进屋。苏联总飞行顾问利作古布见到陈熙和吕黎平大吃一惊。他热情地拿来点心、水果招待他俩。他俩向苏联顾问讲了盛世才秘密关押他们37名航空干部的经过，说明他俩是翻墙出来找党代表和其他同志的。

利作古布证实了他们的猜测：盛世才在9月17日，将中共在新疆的150多名同志分几处软禁了，其中陈潭秋、毛泽民等几位主要负责人不知去向。

他们请求苏联顾问通过领事馆电台，发电报经共产国际转往延安，向中共中央报告盛世才公开反共、软禁我党同志的情况，请党中央设法营救，并给指示。又请苏联顾问继续打听陈潭秋的下落，利作古布都答应了。他俩起草电文，交给苏联顾问，就告辞走了。

就这样，从被囚禁到第二年的1月，党支部派金生、陈熙和吕黎平，冒着极大的危险，翻墙出去五次，多方设法沟通与其他软禁点党组织的联系，但都没有达到目的。吕黎平最后一次翻墙去苏联顾问家，利作古布顾问说：“没有打听到陈潭秋的下落。你们的情况已发电报转报中共中央，但没有收到回电。我们的处境也很困难，请你们今后不要再来了！”

果然，曲终人散。苏联顾问、专家撤回国内。

1943 年 2 月 24 日夜，突然来了一大帮武装军警和几辆马车，把他们转押到另一处监禁。这是个围着高墙的小四合院，后面挨着古城墙，只有一个正门出入，昼夜有岗哨看守。在这个小院里，他们的一举一动都在哨兵眼皮底下，翻墙外出已不可能。

为了保持好“革命本钱”，他们被关在教导队院里时就坚持早晨打球，关到这个小院后没场地了，就坚持练练武术，锻炼身体。

他们认真制订了学习计划，学习中国近代史、数学、物理、中文、俄文等。他们规定白天集中学习，早晚自行安排。基础好的同志当兼职教员，定期组织测验。大家争相传阅珍藏的《新民主主义论》等几本毛主席著作，多次组织讨论。大家努力复习航空理论，每个人都系统整理了四年来学习航空的笔记。

保存下来的书籍很快学完了。为了获得新的学习材料，大伙儿把当年在航空队买股票积下的钱凑了一些，瞒着哨兵，买通了做饭的一名老炊事员，代购数理化书籍和《新疆日报》。他们从老炊事员嘴里了解到不少情况。原来，关他们的这个院子叫“刘公馆”。他们来之前，陈潭秋、毛泽民等就关在这里。老炊事员说，每次盛世才的官员到“刘公馆”，徐杰先生总是将他们驳斥得哑口无言。徐先生看书好像比吃饭还重要，经常是饭凉了还放不下书本。他屋里的灯，总是亮到下半夜，两三天就得添一次灯油。

尽管“刘公馆”伙食恶劣，并且经常挨饿，但他们仍舍不得用昔日的积蓄买食品吃，宁愿以几倍、甚至十几倍的高价，成批地买书报。就在饥饿与读书的氛围中，一年多的软禁生活过去了。大家被折磨得脸色苍白，骨瘦如柴，但学政治、学文化没有放松。在孜孜不倦的学习中，他们感到了快乐的满足。

## 胃里好像有干稻草在摩擦

1943 年 2 月 7 日，夜幕沉沉地披垂下来。

软禁在“刘公馆”的陈潭秋、毛泽民、徐梦秋、刘西屏、潘同被投入第二监狱。同一时刻的夜幕之下，公安管理处的特务冲上三角地招待所的楼房。裹着黑衣的特务用狡黠的腔调说：“督办请你们各位到西大楼开会去，快请吧!”四辆黑色小轿车在万籁俱寂中穿梭，送走一趟，再拉一趟，把三角地的20多人全部拉走了。

郑亦胜和胡鉴上的是第二辆车。汽车不走市区大道，拐弯抹角从偏僻的土路把他俩拉到第四监狱。两名警察上来把他俩架进一间房子搜查，衣服口袋翻了个遍，两人的手表、钞票、钢笔、纸张、皮带、衣服、扣子等物品都被拿走了。

“我们要给盛世才打电话，为什么要把抗日有功、建设新疆有功的人关起来？我们坚决抗议这种非法行为!”

“二位先生别生气，兄弟奉命把你们接到这里来，不是要关你们，而是因为近日迪化国民党兵增多，怕你们不安全，把你们接到此处完全是为了保护!”一位警官模样的人连忙说。

他俩那一把无名怒火冲天而起，拍着桌子吼道：“好一个‘保护’，关进监狱保护起来了，亏你们说得出口！我们不需要你们‘保护’！我们是无罪的，赶快把我们释放!”

两人被强拉硬拽，分别关进牢房。

曹建培上了车，便衣特务掏出手枪抵住他的背，两旁一边一个挟着他。汽车驶得飞快，只几分钟，就进了第四监狱的大门。他刚下车，特务吆喝一声“把头蒙上”，就把他披在肩上的大衣盖在他的头上。他被牵着拐了几个弯，只听“当啷”一声响，被人一推，跌进牢房。“老曹，你来了吗?”从牢房里传来声音。他取下蒙着头的大衣，认出是高登榜蹲在那里。

李云扬、马肇嵩、王谟、于村四人关在1号牢房。他们整夜没有合眼，小声漫谈。当晨曦在寒冷中颤抖着爬上小铁窗时，他们高声向狱卒索要纸笔。狱卒拿来一支短铅笔和写有“案犯请示单”字样的窄纸条。李云扬撕去了“案犯请示单”的条头，在条上写了我们没有犯罪，为何要捕押囚牢的抗议书，让狱卒转交盛世才。

2月8日夜，狱卒送来铺盖。四人见未送来书籍，当即提出质问，并让转告狱方当局和盛世才，迅即发还一切书籍。

没有书读，没有笔写字，没有报纸看，四人就商定分别由各人系统地介绍在新疆工作的情况与经验。李云扬谈了在喀什、巴楚等地政权工作的情况，马肇嵩谈了在和田、博乐文化教育岗位上的情况，王谟谈了在喀什报社的情况，于村谈了在迪化担任反帝会文化科长、文化协会歌咏科长、戏剧运动委员会委员长时的工作情况。大家任意驰骋，思接宇宙，心系万民，详细介绍了所见所闻。

几天之后，狱方送还了他们的马列主义书籍，内有《毛泽东抗战救国言论集》和新疆当地翻印的《新民主主义论》、《中国现代革命运动史》等书和一些古文及俄文书。他们从此在阴暗的牢房里开始学习，

没表计时，便用狱卒发来供熏房内大小便臭气的土香计时，每日点六至八根，三分之二的时间学习马列理论，三分之一的时间学文化或俄文。没有纸，便用狱卒发来供大便用的麻纸代替；没有笔，便用牙膏铅皮翻过来卷成铅笔；没有报纸看，便在去厕所或放风的路上拾狱卒丢下的烟尾巴，狱卒多用报纸卷莫合烟，打开烟尾巴有时可以看到一点儿零星消息。

他们号子四个人各就本人读过的理论及古文所获心得，彼此作了汇报交

监　狱

流。李云扬就所读近代文学选篇作了关于自戊戌变法以来中国文化启蒙运动的心得体会发言，阐述了中国近代名人摸索救国救民真理的经过，直到马列主义与中国结合，中国革命开始面貌一新的情况。

2 月底开始，每月一次收到李云扬爱人伍乃茵送来吃的、穿的、用的。第一次送来的东西中有苹果，一个上刻着："咫尺天涯，欲言难语；望君珍重，后会有期。"

3 月上旬的一天凌晨，他们放风回号过胡鉴门前时，胡鉴攀在铁窗上，用手摸腮示意胡子，并向右侧挥手示意李宗林昨夜已被提走。李宗林满脸长胡子，大家称他为"胡子大哥"。他们两号便在厕所里建立了联系，还用斯大林著《列宁主义问题》一书建立了通讯密码，获悉李宗林于 3 月上旬被提走一直未归。

四人与胡鉴、白大方、陈清源交换了对时局的估计，都感到李宗林走后未归，一定是过堂去了。为了配合李宗林在法庭上的斗争，为了先发制人地不让盛世才有任何幻想，有必要采取绝食斗争和写抗议书以抗议大逮捕，但感到各号单独斗争力量单薄，必须联合各号一致行动。

3 月下旬，他们与 5 号也打通了联系。从信中获悉，林基路、马殊在三八节前后转走了，一直未归。该号除住高登榜、曹建培、段进启外，还加了不久前从八路军办事处临时驻地"八户梁"抓来的陈谷音。陈谷音带来了一些办事处的消息，说自他们于 1942 年 9 月 17 日被捕，办事处门外军警布岗，门外窗户全部钉死，为此也进行过面对面的斗争。5 号牢房给他们的第一次信中便转过来林基路在离号前写成的两首歌——《囚徒歌》与《思夫曲》。歌词感人至深，由陈谷音谱了曲，成为牢中每日起床时必唱的歌曲。激昂澎湃的旋律感人肺腑，并因愤怒的诠释而日益嘹亮。

为设法弄到最近的报纸新闻，四人预先计划利用放风机会趁狱卒停留在散步场时，由三人用拉话方式拖住狱卒，李云扬一人先回号，路过紧靠号房的狱卒住房时，闯进去拿放在桌上的报纸。他们从拿来的报纸上看到苏联红军已经打过第聂伯河，非常欣喜。

郑亦胜、许亮、谷先南、谭庆荣的号房不易联系，问房内几个人，仅画个团鱼伸出四只脚在厕所墙上。不得已，只好在由散步场回牢号时，趁狱卒不注意，强行从其窗口投进纸团，促他们赶快按指定秘密“信箱”来信。与该号正式打通联系，已是5 月了，得知谷先南因重病于3 月间去过养病室。谷在养病室曾听到“外面情况不好”。针对这种情况，他们更加强了联合绝食斗争的准备，以配合李、林、马在法庭上的斗争。并且盛世才可能接着提审大家，在提审以前先予以有力的抗议行动，以杜绝其可能有的幻想。

关于联合绝食斗争的目的与要求，复食的起码条件，以及抗议书的写法，费了多次往返通信商议，直到6 月底止。由于盛世才惯于搞秘密审讯，绝食斗争的口号应是严正要求盛世才立即宣布无罪释放，并送回延安；否则立即举行有人民群众代表参加、有新闻记者旁听的公开的法庭审讯。关于复食的起码条件是，盛世才本人亲自派人答复或立即宣布无罪释放或举行公审。各号抗议书按交换意见由各号自拟。

曹建培号子里四个人都和狱卒顶了嘴，狱卒把监狱长张思信请了来。张思信怒气冲冲地跑进号子里，指着曹建培和高登榜、段进启三人，吼道：“把他们都给我带走，叫这些共产党知道我张某人的厉害!”张思信话音刚落，就有十数只手拧着三人的胳膊往外拖。路上张思信在后面向狱卒嘀咕了几句，段进启被放了回去。曹建培和高登榜被带进一间刑房，给高登榜戴上一副铁镣，也放了回去。张思信手里握着三尺来长的皮鞭，走到曹建培面前狞笑一声，提起皮鞭向他身上猛烈地抽打。

“你爱捣乱，你爱砸门，想暴动，我有办法对付你!”

“我们是爱国志士，你们为什么无理囚禁我们？你们是汉奸、卖国贼!”

这更激怒了张思信，张走到刑具堆前，亲手拣了一副特制的脚镣，指示爪牙给曹建培戴上。高登榜戴的脚镣是用铁环组成的，曹建培戴的这副脚镣，是用两根方棱铁柱中间夹着一个公母活动结构组成，套在脚踝上的铁圈全是一寸多厚的菱形铁环。

“你要再闹，给你戴上一副铁套裤。”张思信又命令爪牙拿出一副铁套裤来。铁套裤是一副圆圆的铁环，套在膝盖上，强使小腿与大腿贴在一起，再在腿弯中横插一根铁棍，把铁环扣起来。戴上铁套裤之后，就只能跪着爬行，不能走路了。

“脚上那副镣子已够他受的了，如果他还要捣乱，再给他戴上铁套裤吧!”

张思信身旁的爪牙讨情地说。

曹建培拖着笨重的脚镣，从刑房回到牢房，双脚感到异常的困难和不自在。他走到牢房，脚背上的袜子全被铁镣的棱角磨穿了，连皮肉也磨破了，殷红的鲜血淌了出来。他弯下腰，用手提着脚镣，坐到炕头。夜深了，同志们都已呼呼入睡。他戴着脚镣进被窝，只能仰卧，不能侧身。他鞭伤脚伤阵阵疼痛，羞辱与愤恨交织的感情在胸中翻腾，一连三夜未能闭眼。

监狱长、狱卒经常对他们辱骂毒打，加之林基路、马殊、李宗林从号里提出后没有消息，人身安全成了问题。因此，已经联系上的四个号子决定，开始绝食斗争。

绝食在7月的一天开始。早晨开饭时，四个号子同时宣布，并发出抗议书。监狱长张思信赶忙跑来，声色俱厉地威胁他们不许绝食，追问四个号子是怎么联系上的，并嚷着要打他们的板子，给他们带脚镣。他们严正告诉张思信，必须立即把抗议书送达盛世才。抗议书所写的要求如得不到盛世才本人的正式答复，决不复食。张思信立即转身告诉狱卒去拿板子来，可他走后再没回来。

绝食头三天，他们照常出去放风，以后都躺下不能动了。四五天后，曹建培脚步挪不动，头脑昏沉沉，胃里好像有干稻草在摩擦，难过得作呕，呼吸也短促起来了，倒在炕上仿佛被悬在半空。这时，曹建培才真正体会到，绝食斗争是一种生死斗争，所需要的勇气一点儿也不比炮火连天杀声震天的战场上少。

往常，一日两餐，每人只有两个又酸又硬的馍馍，一小勺咸菜，一碗白开水。那几天，狱方天天送来包子、饺子、面条，纷纷劝他们复食。

第四天上午，于村被架了出去，不一会儿回来说，来了个公安管理处的人，说抗议书已转给盛世才，但还未批下，让大家复食等批，被于村严加拒绝。第五天上午，李云扬被架出去，仍然是公安管理处的人，话还是那一套，被李云扬严加拒绝。那人气急败坏地说："难道你们还要给政府下命令不成！"第六天没来人，他们同号四人互相鼓励，并风趣地说："闻名于世的印度甘地为期六天的绝食中还吃羊奶，我们不吃任何东西度过了六天，比甘地坚强得多……"第七天上午，李云扬又被架了出去。来了一个督办公署的人，说是盛世才已批复，同意公审，等大家复食后身体稍复原即可开始。李云扬问说话能否算数，来人说他是正式代表盛世才来答复的。李云扬回牢商议之后，同意暂时复食。复食后，王谟一直卧床不起，情况危急，被狱卒抬走。

新疆被囚的共产党人，进行过多次绝食斗争。人数最多的一次是国民党接管监狱以后，除老弱病残与家属小孩外，全体集中关押在第二监狱时。国民党狱方当局软硬兼施、威胁利诱，逼迫他们脱离共产党。许多人受刑，或被关入黑牢。乔国桢、吴茂林因病在狱中死去。他们以绝食抗议狱方当局法西斯式地逼迫脱离共产党的审讯。几番酷霜，几番死劫，艰难痛苦湮灭不了仁人志士的血气和肝胆，反而愈能砥砺志节、弘扬意志，但也有人被沮丧笼罩，忧伤消沉，当了逃兵。航空队有六人脱党出狱，其中一人因被安排在警察学校学习而自杀。段进启、黄永清忧郁彷徨，产生动摇；敌人又通过其老婆张玉兰、周玉梅诱降，终于双双脱党出狱。值得一提的是，段进启、黄永清等后来参加了新疆地下革命组织“先锋社”，为迎接新疆解放进行了不懈努力。

## 不喝茶不需要，我就粉碎它

1943 年 1 月，蒋介石接到盛世才的密电略称：新疆破获“徐杰等四一二阴谋暴动案”、“杜重远等阴谋暴动案”、“阿山阿不都地方军事叛变案”，请派具有经验并懂法律的审判人员二人到新疆参加审判。蒋介石立即批交中统局，嘱咐“保送人员候核”。中统局局长徐恩曾马上慎选季源溥、冯诗和郑大纶呈批，经蒋介石批选王德溥、季源溥二人为审判员，王德溥为负责人，随后陈果夫又增提朱树声为审判员。徐恩曾应郑大纶的请求，经陈立夫同意，派郑为随员，办理文书、记录和事务工作。最后确定王德溥等四人为赴新审判团。王德溥，CC 系高干，中央政治学校训育主任；季源溥，中统南京实验区长、第三处长；朱树声，历任江苏高等法院院长，行政法院评事；郑大纶，中统骨干，重庆地方法院检察官。

行前，蒋介石接见了王德溥、季源溥、朱树声。徐恩曾宴请王、季、朱和郑四人。徐席上对四人说，此去新疆要秉承总裁意旨，很好完成任务。徐还着重指示，办案要尊重盛世才的意见，搞好关系，在新疆不能进行调查。

3 月5 日，王德溥等四人乘专机离重庆经西安飞往新疆，次日抵达迪化。在机场迎候的是新疆公安管理处处长李英奇等。盛世才亲自主持隆重宴会，召集迪化所有大小头目参加，又举行盛大欢迎晚会，使王德溥等受宠若惊。四人的住处安排在督办公署东花园，设备齐全，招待周到，大宴小宴，几无虚日。

盛世才特别接见王德溥等四人，接见时对苏德之战苏军重大损失幸灾乐祸，对中共敌后抗战大肆污蔑。盛着重渲染、夸大他一手制造的所谓“徐杰等四一二阴谋暴动案”、“杜重远等阴谋暴动案”、“阿山阿不都地方军事叛变案”，讲述时声色俱厉，唾沫横飞。提及杜重远，盛说：“杜是我的同乡，是我请他来宣传抗日的，竟搞起暴动来了!”他随手拿起一个茶杯，奸笑了一下，“我对杜重远，就像对茶杯一样，今天喝茶需要，我就爱护它，明天不喝茶不需要，我就粉碎它。”切齿之声，霍霍震耳。最后，盛世才对四人说：“汽车司机、招待人员，都是受过训练的，你们说话要注意，不要随便向外人交谈。他们向我报告，不好处理。”这当然是警告审判团，必须按照他的意图办事。半小时的接见，王德溥等始终未插一言。王回住处后，悄声说：“盛世才多疑善变，居心叵测!”

国民党中委梁寒操结束伊犁宣传三民主义任务后回到迪化。盛世才请梁住到督署东花园，审判团迁往监狱旁的招待所。王德溥等在招待所花了一个星期时间看了三个暴动案的全部卷宗。在审判团没有到迪化前，盛世才已亲自指使李英奇等秘密审讯了全部案件。李等在审讯中按事先罗织的罪名定好框框，对被告进行酷刑逼供。这样，“三木之下，何求不得”。审判团所看到的，都是些自诬的“自白书”，这是李英奇等掌握的唯一罪证。“自白书”的纸张、格式、内容和语调，基本相同。

案卷内没有徐杰、周彬的“自白书”，只有周彬用“自白书”纸给盛世才写的一封信。信中声明中共党人对于“抗战建新”及执行六大政策“真实、尽职”，严正指出中共同志“全以原来之诺言”，“毫无离此原则之行动”，要求与盛“面谈”，“申诉一切”。

冯玉祥将军写给盛世才的一封信也在这里，冯将军劝盛以国家民族利益为重，团结抗日，速将逮捕的共产党人释放。

盛世才自己用“自白书”纸写的“斯大林元帅：”也在案卷中，不知他提笔只写称号，未写内容是何用意。

再就是李英奇写的“初审报告”，其主要内容完全根据李一欧、孟一鸣所写的“自白书”。李一欧、孟一鸣所写的“自白书”整齐、标准，简直像抄本。一个被折磨、审讯的囚犯，能这样的悠然和从容不迫吗？

在盛世才亲自主持下，新疆审判委员会正式组成，盛世才自兼主任委员，并指定刘效藜（省政府秘书长）、王德溥为副主任委员。委员会下分三个审判组：“徐杰案”组委员5人，“杜重远案”组委员3人，“阿山案”组委员3人。审讯记录，当日先送盛世才批阅。

新疆审判委员会组成后，复审开始，复审内容完全根据李英奇的“初审报告”。据监狱整理的《徐杰等危害民国案审人犯一览表》，徐杰一案先后审讯79人，其中中共党员15人。

审判委员会复审时，一面讯问，一面分别情况，进行个别谈话，就是特务常说的“攻心战”。他们和李一欧谈话，劝李彻底交代，可以宽大处理，如能立功，还将请报中央录用。李一欧又一次写了详细交代的“自白书”，成为审判徐杰的重要证据。具有讽刺意味的是，李一欧不是共产党员，也不是进步人士，李原是盛世才的政训处长，只是在个人利益问题上被下到狱里。盛借他之口编造假口供，既诬陷了当时在新疆的共产党人，又给了李一个“戴罪立功”的机会。李不过是盛手中翻云覆雨、制造假案的一粒棋子。

审判委员会的工作对象集中到徐杰、周彬身上。

3月下旬，一个晚上。徐杰、周彬站在特殊审讯室的正中，身穿棉袍，神情自若。特殊审讯室装有直接通盛世才的电话，审判人员可以随时向盛请示汇报。审讯室里，季源溥、李英奇等五人和记录员已经坐好，旁边站着几个看守。地上刑具还散发着未凝的血腥气。当季源溥开始讯问徐杰时，徐杰义正词严地驳斥：“我们共产党人，是盛世才请来新疆宣传、组织抗日的，你们无权审讯我们！”周彬愤怒地质问：“我们抗日无罪，你们审讯是非法的……”话未说完，季源溥、李英奇便狂怒大喊“用刑”。直到5月下旬，季源溥、李英奇等仍在艰难囚押着徐杰、周彬。

季源溥想出一个“对质审讯”的办法。郑大纶出谋献策，认为李一欧的“自白书”最为详尽，可充“对质审讯”的证人，又叫记录员去监狱找潘柏南，重述一遍“案情”，把记录给潘签字画押。

“对质审讯”在一个较大的审讯室进行，除季源溥、李英奇等五人审判组外，王德溥、朱树声等重要成员也都参加。讯问桌后面挂着一幅大布幕，徐杰、周彬坐在里面。季源溥先讯问李一欧，李照着自己的“自白书”，详尽地背诵所谓阴谋暴动经过后，看守将李带下，季即示意将徐杰、周彬从布幕后带出。

“你们刚才听到李一欧的证言有何话说?”季源溥问。

“李一欧是人类的败类!”徐杰愤怒地说。

“李一欧可耻，无足轻重。”周彬指斥说。

季源溥叫人将证人潘柏南的讯问记录，向徐杰、周彬宣读后说：“你们对于潘柏南的证言，有何话说?”

“这是你们伪造的证言。”徐杰怒视季源溥。季源溥即令将徐杰带回监房。

“潘柏南的胡言，是你们收买的伪证。”周彬愤怒严斥。季源溥、李英奇等恼羞成怒，拍桌狂吼“用刑”。看守们对周彬绳捆索绑，拳打脚踢，打倒在地。

看守们使用“踩杠子”的毒刑，周彬昏迷过去。季源溥等因周彬是毛泽东的胞弟，对周彬更加咬牙切齿，用刑残暴。

没有土壤，五岳不能成其大；没有细流，四海不能就其深。志士仁人实现理想的过程，是艰苦而残酷、漫长而曲折的。

一天夜里，徐杰被带走，一直到第三天，才由几个人抬着回到牢房。同牢房的勉存智赶快过去掀开衣服一看，身上被打得青一块紫一块，有些地方像牛皮色。他一边给徐杰擦洗伤迹，抚摸被打肿起来的疙瘩，一边问：“老兄，你是什么事情，他们这样打你。”“他们说我是政治案，让我写材料。”

徐杰就是不写材料。几天过去了，又带他去审讯。审讯中逼他说出“要推翻盛政府，成立新政府，同伙还有谁?”徐杰回到牢房的当天，狱里送来好吃的东西，还有“马牌”香烟。徐杰对勉存智说：“这是硬的不行来软的。”徐杰不吃不用，都扔到厕所里。

5 月一个温暖的早晨，徐杰再次被带向刑讯室。刑讯室里，阴霾沉重，杀气狰狞。徐杰被两手平伸绑在木杠上，站在方砖上。砖上放有三角铁刺，蒙着大布。他在方砖上站了三天，还受了“飞机”、“坦克”、打手板、夹杠子、沾水麻绳抽打等刑具，逼他在孟一鸣的材料上签字。他坚决不签，打昏过去，又用冷水泼醒。徐杰被拖回牢房时，浑身上下都是伤，脚底板全烂了。

季源溥、程东白审讯周彬，周要请沈钧儒、史良做辩护律师。季源溥即大骂，又叫专管刑具的富宝廉、林储才来，给周彬上刑。

这是一个晚上，血腥在黑暗中舞蹈。一开始先打 40 个手板，40 个手板，说起来好似很容易。李英奇为这 40 板在狱中用酒肉招募了一个野兽。这家伙被酒精燃烧起的力量，销蚀了残存的人性，每打一板，就用木板在掌上压揉一次，再打第二板。周彬曾对同牢的民政厅副厅长孟昭代说：“疼得把下唇咬烂，疼得把衣领咬断，肉虽疼而心在想，敌人对我究竟有多大仇恨?”打完 40 板子，周彬被押到一个刑室，在墙边吊了起来，两臂平伸，脚趾着地。两个特务手提鞭子，随便向腿上打一下，打两下。这刑罚叫背杠子，也叫坐飞机。一天一夜、一夜一天的熬煎，精神疲惫到无法忍受。偶一合眼，特务马上用阿姆尼亚冲鼻前一熏，刺脑气味，无法抵御。由于这种不断的烈性刺激，三天后，精神虽万分疲惫，眼睛反倒合不上了。周彬就在这种酷刑下，熬了七天七夜。施暴者还没解恨，最后又在所谓飞机上挂了炸弹。周彬对孟昭代说：“最初在每一胳膊上挂上一个土块时，心里还知道，后来又在左臂上加了一块，意识就不清楚了。我搞革命先后被捕过五次，敌人的刑罚也尝试了几回。当年在武汉，敌人曾以枪弹拨我胁骨，但是那刑罚一咬牙就挺过去。这次受刑，七天七夜不准睡，还时时遭受阿姆尼亚的烈性刺激，委实残暴至极。”

5 月底，季源溥用了一个星期的时间，炮制所谓“徐杰等四一二阴谋暴动案”的“判决书”。王德溥、朱树声也分别炮制“杜重远案”、“阿山案”的“判决书”。他们煞费苦心，研究引用法律条文，开始想到《危害民国紧急治罪法》，但因现时是国共第二次合作，这一反共法令业已废除。最后决定“徐杰案”、“杜重远案”引用《刑法》“内乱罪”的条文，“阿山案”引用“外患罪”的条文。判决书称：“在徐杰、周彬的指挥下，李一欧召集和主持秘密会议数次，决议于民国三十二年四月十二日在广场召开群众大会时，实行武装暴动。首先由自卫队上台将盛世才卫队缴下枪支。推定李一欧刺杀督办盛世才，孟一鸣刺杀参谋长汪鸿藻，潘柏南刺杀民政厅长李溥霖，刘西屏刺杀财政厅长彭吉元，李啸平刺杀教育厅长程东白。同时航空队派飞机在大会上空示威，散发传单。另派人率领武装分别占领督办公署、省政府及邮电、银行、仓库等各机关。暴动成功，即组织新疆新政府，推徐杰、周彬为负责人。”“核其所为，被告徐杰、周彬等20余人，触犯《刑法》第二章‘内乱罪’，应依法判决。判处徐杰、周彬、林基路死刑，李一欧、孟一鸣、潘柏南、刘西屏、李啸平无期徒刑，其余被告3年以上15年以下徒刑。”

杜重远、阿山两案，也同时判决。

判决书经各位审判员签名盖章，即以盛世才名义，电请蒋介石核准执行。

赴新疆审判团于6月初飞回重庆。

## 《囚徒歌》与《思夫曲》

林基路被押入第四监狱，关在5号牢房，同号的还有马殊、高登榜、曹建培、陈谷音和段进启。

一进5号牢房，林基路就对大家说：“我们进监狱了。我们都是共产党员，我们要有组织，也要有个头呀！组织起来才有力量。”他穿着靴子，背着手来回走着。

大家你一言我一语地讨论着，都说我们六个人就算一个小组吧。他们一致同意林基路为党小组长。

“我们随时准备过堂和被分开，所以还要有个副组长。”林基路提议由高登榜担任副组长，大家都同意。高登榜党龄长，年龄也大。“假使我过堂不能回来，就由高登榜负责。只要有两个人在一起，也要推选一人负责。”

如何向敌人斗争呢？林基路说：“第一，要盛世才公开审判，为什么关押我们，我们是盛世才邀请来的，在新疆有功无过。第二，在任何情况下，我们都要求盛世才集体送我们返回延安，个人单独出狱就是叛变行为。第三，我们要在监狱中表现出共产党人的革命气节，宁愿牺牲个人而不能有害于党的利益。”

大家说，我们在新疆的一切言论、行动都是符合统战原则的，是光明正大的，这一条必须坚持。要争取公审，如果采取密审坚决反对，如果能争取到公审，就要像季米特洛夫那样，揭露敌人的阴谋，控诉敌人的罪恶，不怕牺牲自己的生命与敌人斗争。大家也估计到敌人不会公审，如果真的密审，使用刑讯，就要用生命来维护党的利益，死不屈服。林基路提出的三条实际上成为六个人的公约。

一天吃早饭时，林基路搛菜的两根木筷断了。他笑了笑，说："我们广东人认为，吃饭断了筷子是最不吉利的！"大家听了都笑了起来，有的说："哎呀，迷信，迷信！"这虽是林基路看到狱中生活单调，讲出来逗笑的，但也从一个细节说明林基路意识到狱中斗争的艰苦与险恶。就在这一天，林基路吟成了著名的《囚徒歌》。他的笔被剥夺了，只好踱步沉思，在俯首或仰首间长啸或低吟，终于吟出了激昂慷慨的诗。大家听了都说好，要求写出来。他们找到一些废纸，但是没有笔，怎么写？先用烟囱里的烟黑，不行；当时牢房里有熏大小便臭气的土香，把它点燃了又用水熄灭，拿香骨炭来写，也不行；最后还是设法找到半截铅笔，才写成了。

……

囚徒，新的囚徒，

坚定信念，贞守立场；

砍头枪毙，告老还乡，

严刑拷打，便饭家常。

掷我们的头颅，

奠筑自由的金字塔；

洒我们的鲜血，

染成红旗，万载飘扬！

同号的陈谷音毕业于上海音乐学院，对声乐、器乐、作曲、指挥造诣都很深。他在学生时代就参加革命的文艺活动，是第二批由延安来的干部，在省立师范学校任音乐教师。他用悲壮的音符为这首诗谱了曲。一声长啸，千古回音。此后，出自 5 号牢房的歌声，除熟悉的《国际歌》外，增添了不平常的《囚徒歌》。这首歌是火，能点燃，能温暖，能照耀，通过多方设法，传遍了整个监狱。

每当夜深，林基路被狂吠的狗叫声惊醒时，往往想起也被囚禁了的爱人和孩子。一弯淡月，忧郁如梦，平和恬然，静静地悄悄地走来，无言地望着男牢和女牢。林基路又以爱人和其他被囚禁的女同志的心情写了《思夫曲》。这首《思夫曲》也由陈谷音谱曲，传到女牢，被女战友唱起来。

怀念那笼中的猛虎，
是我梦里的人儿；
苍天为我叫月儿缺圆，
夜色荒芜；
草木为我在窗外含愁，
长夜悲哭！
……

高挺着胸脯，
迈开结实的脚步；
跟我可爱的人儿，
踏上斗争征途！
黎明就在眼前，
黑暗已到尽头！
……

1943 年 3 月 10 日，即重庆的“新疆审判团”到达迪化的这一天，林基路被押往第二监狱。盛世才及其特务为了制造所谓“四一二共产党阴谋暴动案”，先逮捕了由新疆学院毕业后，在省民政厅任职的乔国仁，在乔国仁受刑昏迷的时候，把事前伪造好的“供词”拿来，强行按上乔国仁的指印，栽赃陷害毛泽民、林基路等，然后株连在新疆的所有共产党员以及进步人士。1943 年 1 月盛世才精心筹划的有各机关和学校头头参加的“公审大会”上，乔国仁掠开伤痕累累的胸膛，当众揭穿了盛世才刑讯逼供，诬陷中国共产党的真相，揭穿了这次“公审”的鬼把戏。盛世才在激怒之下，下令处死了乔国仁。乔国仁多才多艺，演戏、画画、木刻、打球样样在行，新疆学院校刊《新芒》的各期封面都是他设计的。他向往革命，对教务长林基路最倾心，他是林基路培养的一个突出代表。

林基路被带到候审室，突闻隔壁传来熟悉的声音，正在大声疾呼，抗议盛世才的暴行。知道是同乡战友马殊，便要求出去小便，路过刑讯室窗口时用台山话说了一声“好”。马殊听到乡音，知道是林基路在鼓舞他。

刑讯室正面横匾上挂着盛世才的手谕“刑死勿论”，两边摆着各种沾满血渍的刑具。在这里，不知有多少人惨死在刑具之下。特务要林基路供出“共产党阴谋暴动案”的经过。林基路不禁怒火中烧，霍然挺身，愤慨指出栽赃陷害只能进一步暴露盛世才的丑恶嘴脸，决不能玷污光明磊落的共产党。独权者多的是淫威，特务大施酷刑，先是针刺指尖，接着又把他按在“老虎凳”上。他双腿被铁杠压住，胸膛被平板扣紧，在惨烈的疼痛中一次次昏死过去，一次次被水浇醒。他清醒时，见到扣压在胸膛的平板上有一行用指甲划写的字：“一九四三年三月十一日小马受刑致死。”他知道“小马”就是马殊，也用指甲在这行字的后面划上了“小林”二字。林基路和他的同乡战友在生命的关键时刻，意志淬火，光华四溅。

林基路被拖回牢房，隔壁的马殊唱台山木鱼歌同他联系。林基路听见，自编木鱼回唱：

指尖刺烂心如铁，虎凳见诗添小林，
严刑当做家常饭，烈火焚烧见赤金。

台山木鱼歌，敌人听不懂。此后，马殊趁狱卒酒醉的机会，从其衫袋拿过一支铅笔。他在被窝里将铅笔咬开，取出铅芯分成两截，一截留下自己用，一截藏在厕所，唱台山木鱼歌通知林基路去取。他俩通过厕所交换字条，互相鼓励，并肩战斗。林基路 4 月 27 日给马殊的字条写着文天祥的诗句“留取丹心照汗青”。马殊回条写着《囚徒歌》的诗句：“洒我们的鲜血，染成红旗，万载飘扬！”

林基路和马殊被分隔得更远，林基路在西边 16 号大牢，马殊在北边 30 号的单人牢。他俩联系困难了，但林基路还是设法传递给马殊八个字“独立自主，自力更生”。这是他给马殊的最后一次字条。

新疆航空队飞行队和机械班同志在由新疆出狱返回延安后的合影

1943 年 9 月 27 日，月黑风高。公安处长李英奇，以及富宝廉和几名刽子手来到第二监狱，与监狱长张思信执行盛世才发自重庆的杀人电令。他们把陈潭秋、毛泽民、林基路分别带进刑讯室，用绳勒死，又趁夜把尸体用汽车拉到六道湾，埋在荒芜的山坡上。

四野一片深沉的黑色。黎明前黑茫茫的大地旷野，充满了出奇的寂静，但是黎明的到来毕竟不可抗拒。看，从那苍茫的遥远的地平线深处，从那东方的群山背后，已经闪现出一道微茫的白色曦光，那正是新的黎明即将喷薄。

新疆监狱的共产党员 1946 年获释返回延安。在中央党校追悼新疆死难烈士会上，王韵雪、朱旦华、陈茵素等女同志吟唱《思夫曲》。歌声透出浓浓的悲情，透出永无止息的遥想和怀念。这歌声和陈潭秋、毛泽民、林基路等的名字曾一起在新疆的天空中飞翔。《囚徒歌》和《思夫曲》穿透时间的烟云，直至今天仍像虹一样地亮在人们的心上，温暖而亮丽。

胡杨是新疆大漠中的奇迹。这种树“活上一千年不死，死了一千年不倒，倒下一千年不朽”。陈潭秋、毛泽民、林基路等所代表的正直、朴素、真诚和献身精神具有不灭的价值和意义，就像大漠中的胡杨，不死、不倒、不朽。他们具有远大理想而又积极行动，其正大弘毅的人格对我们这个民族来说有着永恒的意义。

# 第十七章
# 瞬息之间权落万丈

## “你也来了么?”

盛世才投靠国民党以后，打算借国民党的力量来巩固他的统治，因而对国民党大小官员都极尊重，殷勤款待，探询寒暖，无微不至。凡是国民党中央派来的人，他都分别接见，馈赠金钱和礼物，并且在西大楼举行宴会，席间还有督办公署的乐队奏乐，特别对朱绍良更是殷勤备至。他知道朱绍良喜欢喝酒，经常将库存的苏联白兰地整箱的托飞机送往兰州，至于送哈密瓜则更是微不足道了。可是 1943 年秋，他从重庆归来以后，态度就大为转变。

1943 年 9 月 5 日，盛世才和邱毓芳乘蒋介石派来的“昆仑”号专机，自迪化直飞重庆，出席国民党全会，行前秘密，很少人知。当时，因为已有杜重远、梁寒操、王德溥等作了广泛宣传，一般人士把盛世才视为雄居边疆创业而有奇才的英雄豪杰式传奇人物，都以一睹为快。国民党中央全会请他作报告，中央训练团请他作特别演讲，各报记者也纷纷访问他。但是，盛世才却深居简出，除与蒋介石长谈及赴中央重要的宴会以外，不多谈话。这一个多月中，盛世才对国民党各方面的情况作了冷静的观察，看到国民党政治腐败，工作效率低下，因而自信有办法来对付国民党。

10 月 13 日，盛世才从重庆返回迪化，国民党中央迪化分社主任陈万里曾访问盛世才，询问去重庆的观感。盛世才答称：“离中央已十余年，此次能藉赴会之机与中央各首长见面，深以为快。”寥寥数语，语焉不详，不着边际。

盛世才返回新疆以后，就很少出席“总理纪念周”和省党部及省机关的集会，深居简出，甚至不和省党部书记长黄如今见面，对国民党人员也不像以往尊敬热情，对“通令周知”命令的执行也不及以前彻底热烈，与省党部的意见也开始产生矛盾。

省党部委员张志智，是国民党中央政校二期毕业生，曾任福建中央日报社长，是省党部中的强硬派，是维护中央尊严贯彻中央政策的代表性人物。他首先对盛世才这种冷淡态度表示不满，某次在讨论编印《新新疆》杂志的编辑方针时，盛世才坚持其主张，而张志智即起立声称：“我没有见过这样办杂志的!”又一次讨论发展各县党部组织，张志智主张先派出县党部筹备员，直接大量吸收党员，盛世才则主张“慢慢来”，先由各县警察局提名，由省党部审查入党，至一定数量后再派人筹建县党部。张志智则驳斥这是“警察国家”的做法，“不是吸收党员而是吸收警察”。盛世才当即严肃批评说这是“政治性错误”。依靠警察提名党员，本来是可笑的，但是盛世才一贯以警察控制全疆，产生这样的想法，也合乎他的思想逻辑。从这一点也反映出，盛世才认为警察比党员更可靠。因为警察是他自己培植的实力，而党员是属于国民党的。至于所谓“政治性错误”，这是从苏联学来的政治术语，国民党人是不容易理解的。

盛世才与国民党之间距离日远，矛盾日深，必然引起国民党人普遍的不满，由对盛世才的倚重尊敬一变而为埋怨愤怒。黄如今曾是教授，温稳持重，素不与盛世才正面冲突，也不表示态度，因而被称“无能”与“软弱”。但是，国民党人慑于盛世才反复无常与手段毒辣，只能在口头上发牢骚，却不敢公开反抗。

尽管盛世才对国民党开始冷淡，但国民党并没有因此影响到本身的工作，他们仍然排除一切困难，继续开展各种活动。迪化全市直属区党分部的小组会经常召开，新生活晚会经常举行；宣传活动以各学校为主要对象，诸如举办“党义论文竞赛”、“各区党部代表演讲比赛”、“音乐演奏会”，有线广播电台每日广播宣传材料，以及组织各文化会剧团举行晚会等等。

自从省党部成立以后，一年多来盛世才再没有乱捕滥押。迪化人心稍事安定，都以为国民党入新以后，盛世才再不会像过去那样残酷。过去对盛世才虐政不满而又不敢吐露的人，这时也开始敢于揭露新疆政治的黑暗与所谓“阴谋暴动案”的真相。可是，盛世才从重庆归来以后，一变其常态；因为盛世才每着手一次小逮捕之前，必须有一段时间不公开露面，以作出防止“暗杀”的假象，掩人耳目。果然，在盛世才经过一段酝酿之后，就在1944年4月制造了“程东白案”。

盛世才逮捕了教育厅长程东白，新疆日报社社长宋念慈、副社长郎道衡、市政委员会主任委员王乃中，中运会委员长郭希良，中训团办公室主任何耿光等。在严刑逼供之下，强迫他们承认接受周恩来的指挥，向苏联驻迪化领事馆取得支持，和国民党派来新疆的工作人员组成反盛的团体，企图推翻盛世才政权，建立共产主义政府。盛世才并不以此为满足，又在这年6月26日采取断然手段，搞了一次集体大逮捕。这样，就为最后逮捕黄如今等和彻底赶走国民党制造了前提。

1944年的端阳节和往年一样，是在恐怖氛围中度过的。当时崔景富初出茅庐，在省立迪化师范学校任教，因为忙于备课，节日那天没有回家。第二天，6月26日，他刚准备回家尝几口节日晶糕，校当局紧急通知全校师生集合，到督办公署西大楼前集合，听督办训话。崔景富虽然有点儿毛骨悚然，但是并没有把问题估计得过于严重，因为根据过去多年的经验，盛世才逮捕人都是单个的秘密的，从来没有实行过集体逮捕。

当迪化师范学校师生到达“训话”现场时，新疆学院和第一中学的师生早已到场。会场上虽有一些警卫人员，但是气氛并不紧张。不一会儿，盛世才的卫队团跑步进场，个个端着冲锋枪，把会场团团围住，气氛骤然紧张、森严、恐怖。约莫5分钟后，盛世才在贴身卫士的保护下来到会场。这天，他一反常态，没穿那套黄色的上将军服，而是穿了一套灰白色的西服。这或许是他有意要“缓和”会场的紧张气氛。这次训话由盛世才的头号刽子手、警务处处长李英奇主持，警务处副处长刘秉德为维吾尔语翻译。国民党进入新疆之后，公安处改称警务处。

盛世才开始训话，由国际形势而中国形势而新疆形势；他突然提高嗓门，大声疾呼：“最近，政府又破获了一起新的阴谋暴动案!”尽管盛世才以十分严峻的口吻宣布，但是因为盛世才宣布所谓“阴谋暴动案”已经习以为常，而且经常是“案犯”全部逮捕后才宣布的，所以大家很坦然地听着。一些刚刚入校的一年级学生，更是像听故事一样的倾听，有的还交头接耳，遭到卫士的严厉训斥。盛世才把话头一转，触及问题实质。他说：“新疆学院上至教授下至学生，一师、一中上自教员下至学生，受人之骗，参加了程东白等人所组织的阴谋暴动案，企图颠覆三民主义政府。这次参加的人数之多，规模之大，手段之毒辣，都是空前的。今天在座的教员、学生，参加这个阴谋暴动案的大有人在……”顿时，大家的情绪紧张起来。盛世才却故作姿态，改用缓慢的语气说：“我不忍你们自跳火坑，所以召集你们来，给你们一个悔过自新的机会……”这时，会场上鸦雀无声，个个聚精会神地听着。盛世才拿起桌上准备好的铅笔和纸条，又比画又说：“凡是参加了阴谋暴动案的人，自动到这儿来，写上自己的名字！”师生们面面相觑，没有一人去“自首”。等了一阵，还不见行动，特务们便按照盛世才的授意，把铅笔和纸条发给每个人。结果，全体交了“白卷”。这时，会场上的岗哨比刚才增加了好几倍，个个持枪巡视，如临大敌。

中午的时候，盛世才带着卫士退场了。大家以为这场恐怖戏剧要闭幕了，哪知李英奇一伙坐镇不动。片刻，特务们把准备好的烤饼拿出来，每人发给一个，叫大家就地进食，不准移动。这时候，教师的亲属、学生的家长拥聚在督署门外的广场上，以焦虑的心情观察着里面的动静，但是等候了很长时间还不见一人出来。“究竟发生了什么事?”人们暗暗自问，谁也不敢互相交谈。1000多名禁闭在督署大院里的师生，个个心情沉重，低头不语；只有一些不懂事的小学生，大口大口地啃着烤饼。

下午两点多钟，盛世才第二次出场。他满面怒容，指着大家说：“政府已经做到仁至义尽，有自首的，再给你们5分钟的机会……”说罢，即有三人举手走出，口喊：“我自首！”盛世才说：“好！自首为好，你们三人的罪过概不追究，散会后可以各回各家。”带头“自首”的三人是盛世才的密探，他们的“自首”是事先安排好的。李英奇一伙乘机威风大作，连呼“快自首，快自首！”可仍不见一人行动。盛世才穷凶极恶地从衣袋里掏出一个小本子：“你们既然拒不自首，我就要点名了！点了名的往东边站！”在师范学校的教师中点到第11个人的名字时，崔景富还存着侥幸心理，他想："不会有我吧！"就在这一念之间，他的名字被点了。一声霹雳把他从梦幻中惊醒，只得走进东边的行列。

这天，被点名的师生共有150人，其中有年仅15岁的初中学生。傍晚时分，5辆卡车开到他们的队前。特务们端着枪逼他们依次上车。150名不幸者上车以后，在武装特务的押送下进了第二监狱，经一个个搜身以后，用布袋蒙了头，然后分别送入牢房。从此，崔景富等纯洁无瑕的青年，就被打上了"阴谋暴动"的烙印，开始经受铁窗生活的折磨。6月26日没有点到名的师生们，虽然侥幸回家了，可是在几天之内又有几百人被捕。

据说，新中国成立以前，兰州城隍庙山门对联中有一句曰："你也来了么"。集体大逮捕之日入狱的"案犯"，在狱中一见后来的"难友"，也不禁惊问一声："你也来了么？"

## "黄、林阴谋暴动案"

国民党在新疆的人员，分为两派，大部分反对盛世才，但也有个别人与盛世才等拉拢关系，想方设法跻身其中。省党部委员林伯雅，就认为盛世才在新疆可以长治久安。为了在新疆谋求长久的利禄，他首先通过"邱家"门路与邱毓熊过从甚密，沆瀣一气，并经常到"明园"探望邱宗浚，拜邱宗浚为"干爹"，与邱毓熊拜干兄弟。4月4日儿童节，林伯雅在《新疆日报》发表《告小朋友》一文，其中写道："你们要拥护盛督办建设新新疆，把盛督办当做你们的父亲，把邱院长当做你们的母亲。"末署"你们的大兄弟大朋友林伯雅"。

林伯雅与邱毓熊的来往也为邱毓熊所乐意接受，因为邱正好可以借与林伯雅的这一来往，使林受到国民党人普遍的讽刺挖苦，引为笑柄，尤其遭到张志智的攻击，使其内部矛盾日趋激烈。但这种攻击，反而更增加林伯雅与邱毓熊之间的往还。在林伯雅看来，只要得宠于盛世才，就可以在新疆扎下脚跟；别人叫嚣，在盛世才的严密控制之下，都将无济于事。可是，盛世才一切以维护个人统治权益为前提，勾结，拉拢，倚重，都不过是适用于某种形势下的权术而已。当他逮捕和严刑逼问国民党人时，林伯雅也没有免遭皮肉之苦。

“程东白案”发生后，黄如今等更感到新疆局势日益严重，忧心忡忡，但是，谁都没有想到，盛世才早已布置好圈套，要把他们一网打尽。

1944年夏，苏德战场上，苏军反攻胜利。斯大林格勒不但没有失陷，而且红军将德军驱至东欧。在中国战场上，日军跨过湘桂，直捣贵州，国民党军队不战而退。“由国际局势之发展而中国局势之发展而新疆局势之发展”，这是盛世才观察时局的三段连环逻辑；他认为苏联又将强大，国民党又将削弱，于是反复无常的本性又和盘暴露。

盛世才本想借国民党的势力维护其封建割据统治，但自国民党入新后，人数逐渐增多，势力日渐强大，与其部下的矛盾日益尖锐。他知道，国民党对他是表面笼络，暗中排斥，最后是取而代之；因而当国民党直接威胁到他的政权时，就又拿出制造阴谋暴动案以排斥异己的故伎，把国民党人拨入“阴谋暴动”的大排档而要施行手术。他首先制造“程东白案”，利用严刑逼供，迫使这些人承认与黄如今勾结，要推翻新疆政权，在口供齐备以后，接着制造了“黄、林阴谋暴动案”，开始了对国民党人的大逮捕。

1944年8月11日。盛世才指使警务处处长李英奇，出动黑色汽车至省党部委员宿舍，以“督办请你们召开紧急会议”为名，将黄如今、张志智、童世荃“请”到监狱，同时又逮捕了林继庸、林伯雅、周明。汽车到外交特派员公署“请”苏联科科长丁慰慈时，丁感到可能是逮捕他，于是对特务说：“我打电话问问督办，是不是真找我去开会！”盛世才这时正坐在新大楼里等待李英奇的汇报，当即答复说：“你来吧！”

8月12日，黑色汽车继续出动，忙前忙后，满城飞奔。迪化县党部书记长邱明诚，携带毛巾牙刷准备就捕，四处乱跑，旋亦入狱。

盛世才还准备逮捕预七师师长李禹祥，以打击国民党在新疆的武装。他打电话邀约李禹祥前去谈话，李禹祥早已有了准备，答复“有病”，避而不见，并且在老满城加强了戒备。

中训分团指导员余航，看到同伙纷纷被捕，一时气愤，直接打电话给盛世才，严词责问为什么将这些人逮捕，并说：“要抓也把我抓去。”盛世才不予答复，旋即驶来一辆小汽车，将余航逮捕。

国民党人共计被捕100余人，几乎被一网打尽。其他国民党人员，有的逃往老满城预七师师部，有的藏于监察使署。

督办公署参谋长汪鸿藻携带盛世才的亲笔信，前往监察使署，会见监察使罗家伦。罗以为是来逮捕他，吓得惊慌失色。汪鸿藻出示盛世才的信札，告以一批国民党人中的共产党分子企图阴谋暴动，推翻新疆政权，已予逮捕，并出示名单，称：此事有关监察部门，因此必须向监察使说明备案。

国民党人根据汽车出动的迹象，知道情势严重，纷纷以电话联络，问："某人在否？"对方回答："不在"，就知道已经被捕。国民党人自知盛世才控制严密，插翅难飞，人人自危，各自焚毁来往信件，整理行装，随身携带狱中用品，准备随时入狱。未被逮捕的国民党人和已被逮捕者的家属，群龙无首，惶恐终日，纷纷前往监察使署探听消息。罗家伦自己也毫无主张，徘徊左右，张皇失措，似乎大难临头，唯有坐以待毙。迪化全市，人心惶惶，风声鹤唳。一般人士看到盛世才连这些国民党中央派来的要员都敢逮捕，预示着盛世才将会与国民党决裂，新疆的前途未卜，也可能发生一场战争，传说纷纷，莫衷一是。

接着，盛世才又逮捕了属下一二八师师长柳正欣、暂三师师长汤执权、骑十一师师长吴熙志、骑一师师长崔颖春，以及省直机关负责人、各区专员和县长、警务处的特务等等，总计约有1500余人。

8月12日当天，盛世才通知迪化各机关负责人到西大楼开会。会议由汪鸿藻主持，伪称盛世才有病不能出席。汪向会议报告迪化发现"大阴谋暴动案"，已予破获逮捕，并宣读被捕人员名单，嘱咐各机关人员安心工作，提高警惕。

国民党人刚到新疆时，对盛世才制造的"阴谋暴动案"都深信不疑，到1944年6月在督办公署大院内逮捕大批学生时开始半信半疑，等到"黄、林案"发生时才恍然大悟，原来这些所谓阴谋暴动案就是这样制造出来的。

盛世才控制着全疆的电讯，中央通讯社迪化分社乃将事件的详细经过报告总社。重庆顿时盛传迪化发生政变，重庆派往新疆的工作人员悉数被捕，但对盛世才的意图，却茫然无所知。盛世才在一切布置停当以后，也电告蒋介石，称黄如今、林继庸等均系共产党，勾结苏联和地方不法分子，于1944年起即展开秘密活动，企图阴谋暴动，夺取新疆政权。暴动的主谋是黄如今、林继庸二人，张志智负责组织策划，童世荃负责宣传，印币厂厂长祁化成负责经济，与苏联领事馆的联络人是外交特派员公署苏联科科长丁慰慈，现已将人犯全部逮捕。蒋介石获电后，即召集智囊会商，但因对新疆情况无从了解，遂派第八战区司令长官朱绍良和中统局负责人徐恩曾（公开职务为交通部长）前往新疆处理。

盛世才制造假案的办法从来都是：先拟好全部案情，然后以严刑逼供，叫一些“胁从”角色按案情写出口供，再以这些口供为“人证”，按图索骥，用严刑叫“首要分子”按案情写出口供。这样就构成一个完整的假案，口供一致，“铁证如山”。

黄如今等入狱后，立即遭到刑讯。开始，他们当然不会承认是共产党，但在严刑之下，黄如今被伤了腿骨，林继庸被折断了指头，林伯雅被戴过铁头箍，丁慰慈的手掌被打烂后又遭到刀剪，最后都不得不“屈打成招”。张志智当然成为主要打击对象，因其是反对盛世才的强硬派；但是，张志智在狱中态度依然强硬，与审判官口辩舌战，虽屡受酷刑仍然拒绝写出口供，因而当时被称为是“有气节的硬骨头”。

8 月中旬，朱绍良自兰州飞抵迪化。行前，他已知道迪化对外电讯中断，所以携带电台一部，可随时与蒋介石直接通报。朱绍良、徐恩曾下榻于督办公署东花园。盛、朱、徐三人会审，除张志智一人外，其他人都不敢翻供。朱绍良经常徘徊到深夜，冥思苦索，可知与盛世才之间的分歧与谈判的棘手。

朱绍良返回重庆，带去盛世才给蒋介石长达 19 页的亲笔函件，及“黄、林案”的全部案情和口供。罗家伦害怕大难临头，借故和朱绍良同机飞往重庆。

盛世才在给蒋介石的长函中，历述其为“保障新疆永远为中国领土”的苦心，然而黄如今等共产党人竟勾结苏联进行阴谋暴动，将他们逮捕，实出于万不得已。黄如今等的阴谋，经过长期调查和审讯，证据确凿，无可讳言。

蒋介石看了盛世才的信，当然不会相信黄如今等是共产党。他知道这是空穴来风，是盛世才制造的借口，目的是将国民党势力挤出新疆，他也知道盛世才是一个反复无常的野心家，早有取而代之的打算，这也是他对所有军阀的一贯态度。如果让盛世才继续留在新疆，那么他只有将黄如今等这批人调回重庆，暗中释放。这样，以后就没人再敢到新疆去了，而新疆则仍然为盛世才所盘踞，再打进去就十分困难。唯一的办法是借此机会将盛世才调走，其他问题都可以迎刃而解。于是，蒋介石一面让朱绍良返回新疆与盛世才谈判，一面自河西抽调部队源源西进，以政治和军事的双重力量，内外夹攻，迫使盛世才离开新疆。

8 月底，朱绍良再抵迪化，携带蒋介石给盛世才的复信。信中对盛世才的一番“苦心”倍加慰勉，为顾念其在新疆的多年劳苦，准备将其调往内地，任农林部长，并嘱与朱绍良商谈。盛世才接到此信，大出意外。

盛世才制造“黄、林案”不是一时冲动，而是经过了长期酝酿与周密布置。过去，他感到联共威胁到他的专制统治，打算排除他们，就给他们栽上“托派”的罪名，报告斯大林，结果斯大林就把这批人撤回苏联。这次，他又利用这种手法，把黄如今等说成是共产党，以为蒋介石也会把他们押解重庆，那么就可以借机把国民党势力扫出新疆。可是，他没有想到，蒋介石来了个调虎离山之计，把他调往内地。

盛世才当然不会轻易放弃在新疆的地盘。他知道回到内地，不论担任什么职务，都是徒有虚名，而且他在新疆杀了那么多人，一旦手里无权，这些人的亲属必然要对他进行报复。因此，他又打算以排除国民党人为条件，再度依靠苏联，派汪鸿藻携带他的亲笔密函与苏联驻迪化总领事馆联系，希望能得到苏联政治和军事的援助，同时命令粮服处准备一年的粮米，必要时不惜与国民党兵戎相见。但是斯大林对盛世才的反复无常已深恶痛绝。苏联驻华大使潘友新曾对蒋介石秘密表示，苏联不会再支持盛世才。因此，蒋介石以第七预备师驻扎迪化老满城，以四十五师及十八混成旅驻扎在哈密、吐鲁番一带，又以胡宗南的部队驻扎河西走廊为之声援，决心以实力为后盾把盛世才调出新疆。盛世才的部队将领柳正欣等都已经入狱，其余左右又不敢和国民党较量，他陷于众叛亲离、进退失据、四面无援、手足无措的孤立境地。前有压力，后无退路，如果再顽抗下去，恐怕连个农林部长的下场也将会被断送。盛世才权衡轻重，只有走是唯一的出路，还可以落得一个比较圆满的下场，不至于狼狈不堪。

盛世才作出最后决定，接受蒋介石的命令。蒋介石撤销新疆边防督办公署，任命吴忠信为新疆省政府主席。

国民党中央社公布了中央任命盛世才为农林部长，由朱绍良暂代新疆省政府主席的消息。《新疆日报》电讯室抄到这份电讯，忽然接到盛世才亲自打来的电话，叫电讯室主任张汝明携带此项电报立即去督办公署。盛世才面示张汝明："未经我的许可，不得告诉任何人，否则你要负全部责任！"张汝明吓得一身冷汗，把电讯藏在身上，不敢给任何人看。9 月 1 日，盛世才再来电话，告张汝明，是项消息，务须明日见报，并嘱写一社论。9 月 2 日，《新疆日报》以大字标题刊载了这一重大新闻，还发表了一篇官样文章的迎新送旧社论，把盛世才在新疆的政绩吹捧了一番。

新疆人民听到盛世才下台的消息，噩梦初醒，惊喜若狂。盛世才在新疆的权势，瞬息之间，一落万丈。十余年来，新疆人民在盛世才残酷统治之下的敢怒不敢言如乌云散尽，现在都敢于讲话了。迪化全市都纷纷谈论盛世才的阴险狠毒，被害者的家属在街头公开怒骂哭诉，畏避逮捕的各族人民也出头露面。人们将多年淤积的愤怒宣泄出来，泼洒出来。盛的妹夫彭吉元就在街上被人狠狠地揍了一顿，盛的亲信以及潜伏在各机关的警务处特务纷纷遭到攻击。

盛世才在离开迪化之前，焚毁文件，杀人灭口，处决了狱中人犯 100 多人。盛命令李英奇以部队包围第二监狱，然后浇些汽油，将第二监狱全部焚毁，如有人犯逃跑，则以机枪扫射。其弟盛世骥说："这批人必须斩尽杀绝，否则他们出狱，都将是我们的死对头。"李英奇准备下手之时，被狱中的工犯苏上达发觉，设法以电话报告驻老满城的预七师师长李禹祥。李禹祥电话警告盛世才："如果火烧第二监狱，你盛世才也要遭到火烧。"盛世才慑于国民党的势力，而调任农林部长的消息业已公布，因而未敢火烧第二监狱。

盛世才在《新疆日报》发表《告新疆同胞书》，历述帝国主义的野心与新疆多次的阴谋暴动案，为了保护新疆永远为中国领土，十余年来，与帝国主义及其走狗斗争，费尽心机，今因多年劳苦，身心憔悴，不克胜任如此重任，乃辞卸各职，赴首都听命，唯愿新疆同胞，仍继续提高警惕，保卫神圣的领土，建设富强的国家。邱毓芳也发表《告新疆妇女同胞书》，内容略同。

## 十年督办，十万人头

盛世才一家1930年由南京赴新疆的时候，经济状况实在穷困至极，那时的盛世才简直是一身之外别无长物。但他浸淫新疆政权12年，于1944年9月11日乘飞机赴重庆时，亲自携带贵重物品80余箱，10月间他的眷属乘汽车离迪化时，装运行李的大卡车计70余辆。当时迪化街头有一童谣："盛贼世才讲清廉，八十汽车没拉完，三架飞机不算数，两千骆驼在后边。"盛世才及其三支至亲：岳父邱宗浚、连襟汪鸿藻、妹夫彭吉元到底贪污了多少，现在已无法作精确统计；据有关资料，盛世才贪污数字达数千万元。

盛世才囚禁和杀害了多少人，与他贪污的钱财一样，现在也无法作精确统计。有说"十年督办，十万人头"，有说被杀害者在12万，有说在20万以上。"天子跬步，皆关民命。"人头如韭菜似的，说割就被割了下来。刀光闪处，血肉横飞，死亡深渊中全是难以飘散的冤魂。

盛世才血债多而且大，造孽深重。他越整人越怕人报复，睡梦中害怕自己周边的人以同样的方法窃取他的权力，疑神疑鬼，彻夜难眠，终日惴惴，成了惊弓之鸟。督办公署是二层楼的平顶洋房，屋顶四周都是城堞，昼夜有人站岗，警卫森严。他会客时，常把请见者集合在他的承启处，由承启官安排好次序后，用电话会谈。他的卫士送批阅公文，走到楼梯口就得先喊报告。他听见后，先坐在办公桌旁，打开抽屉，拿出手枪，然后才说："进来!"卫士才敢进门。卫士把公文放好，不能转身，必须一步一退，退到门口，才能转身开门出去。这时盛世才才放下手枪，批阅公文。他的卫士不敢久用，经常频繁调动，以防不测。他的厕所只他一人专用，每次如厕，必是卫士多人持枪列队前行，由一个他最亲信的卫士作为领队。亲信卫士身带两把盒子枪，走在他的前边，到厕所门前，这个卫士让他过去，自己则面向前看。排列的队伍均持枪向四外注视，不管何人不能面向后顾。这时他取出厕所门钥匙，亲手把门打开，蹲下，也不关门。有一次，他刚蹲下，就大声呼唤："有刺客。"排列在两边的卫士闻声转脸一看，盛世才即指向那个最亲信的卫士说："还不对他开枪吗?"众卫士一齐举枪射击，那人立刻毙命。盛世才对众卫士说："快把死尸拉出去，要对此事严守秘密，如果走漏风声，小心你们的狗头!”遂悻悻而去。事后透出风声，那个被打死的卫士，就是盛世才密令潜伏在盛世骐床下，打死盛世骐的凶手。盛世才为了灭口，用这种方法把那名卫士杀死。

盛世才住在楼上，不时秘密调动床位，居无定所。每间房子都有特别的锁子，钥匙由他亲自掌管，不敢假手他人。他在任期间喝的牛奶必须由苏联专家检验。奶牛的健康状况，也要每周检查一次。他吃的水，专有一名副官骑马带枪押着两辆大车，装着用白丝布罩子罩住的大水桶，由水磨沟拉运。在取水的泉边，平时有持枪军队守护，不许别人临近水源。他大院内的男女佣人，绝对不许与外面接触。每日所需菜、肉、盐等生活必需品，也都是外面派人买来，交由院内专人检查，认定没有问题才交厨师使用。食物如汽水、酒类、罐头等，原则也是他亲自开启，用后如有剩余，立即弃去。他的小女儿到厨房抓菜吃，厨师骗她说有毒不能吃，她回去向盛报告说厨房有毒。盛乃大惊，要厨房交出毒物，自然厨房无毒物可交。盛问管厨房的叔父，其叔不知原委；盛一怒之下把他的叔父打了一顿板子，叔伯兄弟盛世华等也被押了起来。他快垮台时，因为怀疑，把身边的厨师、佣人、理发师、老妈子等都撵走了。在无可奈何的情况下，饭食由他的老婆亲手去做。某次邱毓芳把做好的饭端到他的面前，他不肯吃；邱连次催促，他仍不肯下箸。邱毓芳说你不快吃，怕饭菜凉了，难道把盐醋没调合适吗？邱边说边吃了一口，又说味道不错，你快吃吧。盛看到邱毓芳以试试口味先尝了一口，才端起碗来用了膳。

就这样，盛世才逐渐把自已监禁起来，只有借吸鸦片来振奋他错乱了的神经。盛世才的统治在经历了每况愈下的过程之后，终于气数已尽，落得个灰头土脸乃至派散人亡的结果。

盛世才担任农林部长不久，黄如今等也回到重庆，于是利用各种机会对盛展开猛烈的攻击，甚至向蒋介石提出杀盛世才以谢新疆同胞的强硬要求，使盛无法在农林部立足。这时，有些被盛世才关押多年劫后余生的东北官兵，多次谋刺盛世才而未得逞，又使盛终日提心吊胆，形成精神病态。后来，蒋介石告诫他的部属，盛世才虽然杀了许多人，但把新疆完整无缺地交给了中央，可以将功折罪。蒋把盛保了下来，让他担任有职无权的行辕高参，不久盛和汪鸿藻先后前往台湾。

邱宗浚和邱毓熊在兰州经商，1949 年全家被盛世才的旧部师长蒋德裕等暗杀。至于李英奇，一度任农林部行政司司长，后来化名李雨新在北平经商。李英奇、富宝廉、张思信、张光前、彭吉元等在新中国成立后被押解乌鲁木齐，1951 年镇压反革命时被镇压。

# 第十八章

# 张治中将军送共产党人回延安

## 名单交给了周恩来

他们十分年轻，小的才十八九岁，大的也只是二十五六岁；他们的“新疆共产主义者同盟”1944 年 11 月在迪化创立，并得到发展。为了寻找共产党的领导，“新盟”于 1945 年 10 月派张志远去重庆，找到了当时与国民党进行和平谈判的中共代表团，受到曾在新疆担任过党代表的邓发以及宋黎的接待。张志远汇报了“新盟”创建经过、组织与活动情况，并要求党派人到新疆来进行领导。

邓发和宋黎向中共代表团团长董必武汇报后，董老指示：当前我党与国民党斗争的焦点不在新疆，不在大西北，而在东北。东北拿下来了，关内解放就有了依靠和希望，内地解放了，整个大西北和新疆也就随之解放了。现在东北非常需要地方干部，你们“新盟”中东北人多，应尽量向东北转移，不能转移的，留在新疆，暂时不要打共产主义的旗号，应广泛开展民主运动。

张志远将董老的指示，用密语写信转告“新盟”，然后通过父辈的老关系，随着国民党的接收大员，到东北去了。

当时“新盟”由赵普琳即赵明负总责。他接到张志远的信后，把董老的指示向大家作了传达，征询大家的意见，愿去东北的去东北，愿去延安的去延安，愿留新疆的留新疆；表示愿去东北的占大半，愿去延安的有三人，其余同志愿留在新疆继续干。赵明把牺牲在盛世才监狱中的哥哥赵普源留下来的家当变卖了，又向在新疆银行工作的好友孙哲要了一笔钱，用做补贴大家的路费，开始进行向东北转移的准备工作。

“新盟”成员姚廷枢在张志远去重庆不久，也随后到了重庆，住在东北救亡总会负责人阎宝航家。阎宝航带姚去中共代表团，邓发提出，为营救新疆狱中的中共党员，需要一份名单，在中央组织部档案里查不到，能不能通过“新盟”搞出一份在押中共人员的名单来？姚廷枢以密语写信告诉了赵明。赵通过张玉珍等女同志将中共代表团要名单的事转达给了狱中的中共党员。

1946 年 4 月 7 日，赵明乘卡车离开迪化去兰州，因路上耽搁，5 月初才到。这时张玉珍乘飞机已先他到了兰州，在南门外纱厂巷 1 号，与早在 1945 年春天结婚后就到兰州的新盟成员韩世翼和姚向黎夫妇住一个院。赵明一找到她，她就把一份在新疆狱中在押中共党员的名单交给了赵，还附有一封给毛主席的信。赵明后来得知信和名单是两位老红军谢良和罗云章写的。

关在监狱中的共产党员，有赵明的老师，也有和他一起工作过的亲密同志。救亲人急如星火。可是，这时正值抗战胜利后的恢复时期，又是蒋介石发动内战的动员时期，没有特殊关系，车、船、飞机票都很难买；而由大西北去大西南又关口重重，路途遥远，怎样才能在最短的时间内把名单和信送到重庆交中共代表团呢？

赵明在兰州唯一的一个熟人是中学时的一个同学叫靳士耀，当时在兰州西北医院当主治大夫，赵求他想办法给买了张飞机票。赵明把狱中中共党员的名单和给毛主席的信缝在西服垫肩里，乘上飞机，直飞雾都重庆。

重庆躲藏在群山密布的西南。这天，雾都重庆没有雾，天气非常晴朗。重重山峦，铺满绿茵，长江、嘉陵江，历历在目。赵明提着小皮箱，随着乘客走下舷梯，登上台阶，走上街头，累得满头大汗。街上商店林立，车来人往，熙熙攘攘，市声嘈杂。

“哪里去找中共代表团呢？”赵明有两个打算：一是要找在新疆学院为他们授课的茅盾老师，他知道茅盾在重庆，而且与党有联系，但不知道详细住址，需要打听；二是找在国立东北中山中学教他们英文课的贾丽南老师，贾老师在北碚《时与潮》杂志社，常把中国进步小说译成英文在美国发表。贾老师离开学校时，把满满一柳条包书留给数学老师吴宗涵，吴老师又转给了赵明。书中有苏联第一次作家代表大会的文件、《高尔基选集》、中国进步青年作家的作品及一些社会科学书籍，这些书对赵明思想成长起了一定作用。

赵明买了一张重庆市交通图，按图由七星岗跳上公共汽车去北碚，打算先找到贾丽南老师，好有个住处。贾老师认识斯诺，也许能帮助找到中共代表团，并了解茅盾老师的住处。他到《时与潮》杂志社一打问，贾老师已离开那里了。他又坐公共汽车回到市内，找新华书店，想通过他们问清茅盾老师的确切住址。可是新华书店在校场口事件时已被国民党特务砸得稀巴烂，被迫关门了。

天快黑了，怎么办？先找个住处再说吧。赵明又回到中华路，碰到一家旅馆就走了进去。招待员给他开了一个房间，他正要进房，新疆学院的一位老同学韩灵锐由对面房间出来，也许听见了他的话音。韩是个不苟言笑、态度和蔼、待人诚恳的老学友。赵明在政经二系，韩在教育二系，不同班，但都在学生会工作，比较熟。韩也是东北人，他爱人和赵明嫂嫂是1935年冬由北京同车去新疆的，因之与赵明兄嫂也很熟。赵明哥哥牺牲在监狱后，嫂嫂去了兰州，小侄也是由韩灵锐夫妇带到兰州的。

他俩一同走进房间，赵明告诉韩灵锐："我是由兰州坐飞机来的，有点儿急事，想找茅盾老师。""他已不在这里，回上海啦！"这下子赵明可傻眼了，两个熟识的人都不在重庆了。重庆特务如麻，他不敢公开打听中共代表团的地址，怎么办呢？在谈话中，韩灵锐告诉他，在重庆还有两个熟人，一个是曾在新疆工作过的宋伯翔，一个是新疆学院的同学李玉祥。宋伯翔他久闻其名，是新疆所谓"十大博士"之一，但从未见过面，现在重庆国民党的一个机关里任职。李玉祥是"新疆共产主义者同盟"创建者之一，和他们一起活动了几个月之后，不辞而别，到关内另找出路，先到兰州，后又到重庆，现在是"新绥汽车公司"重庆分公司经理。赵明考虑，通过这两个人打问中共代表团不对路，想来想去，只剩下一线希望，找诗人臧克家！

臧克家，赵明并不认识，只是在北平读初中时，读过臧克家的诗集《烙印》和《罪恶的黑手》。为什么想起找臧克家来了呢？原来臧的爱人郑曼，是他们“新盟”的成员许青航和孙海澜的同学。他俩由新疆去东北途经兰州时，给赵明留下一封给郑曼和臧克家的介绍信，如赵明在重庆遇到困难，可以找他们。现在没有别的门路可走，只有把希望寄托在诗人身上了。

第二天，赵明就按介绍信上写的地址，到歌乐山大天池6号去找臧克家夫妇。很幸运，一下子就找到了。臧克家夫妇看了介绍信，知道他是哪一路人，非常热情地接待了他。臧克家夫妇的住房很狭小，陈设简单，生活朴素。臧克家个子瘦高，双目炯炯，性格爽直，不失山东人的特性。郑曼小产之后不久，头上扎着一条白带子，面容有点儿憔悴。

赵明讲了自己与许青航和孙海澜的亲密关系，新疆局势的变化，然后告诉他们：“我有急事，要找中共代表团，但不知道地址。”

臧克家说：“中共代表团的地址，我也不清楚；可是我知道《新华日报》秘密编辑部。你可以去找找他们，他们会告诉你中共代表团的地址。”

赵明把臧克家告诉他的《新华日报》秘密编辑部的地址标在重庆市交通图上。臧克家夫妇热情地要留他住下，可是他身负重任，只能推辞说：“等把事情办完了，再来打扰你们。”他把带给茅盾老师的吐鲁番葡萄干和哈密瓜干留下，起身就走。葡萄干和瓜干，那时在重庆是稀罕东西。新中国成立后赵明再去拜望臧克家夫妇时，他们一下认不出他来，但一提葡萄干和瓜干，马上就想起来了。

告别了臧克家和郑曼，赵明回到旅馆，邀上韩灵锐一起去找《新华日报》秘密编辑部。韩为人比较深沉，了解赵明的思想情况，什么也没有问，就按他说的地址，把他带到《新华日报》秘密编辑部所在的一条暗巷口。韩灵锐转身走了，赵明独自走了进去。

一个瘦削的中年人接待了赵明。赵明告诉他，自己由新疆来，是新疆学院毕业的，院长、教务长、系主任、军事教官、讲师都是中共党员，自己和他们一起坐过监狱，受他们的委托，有要事会见中共代表团。中年人打量了他一下，赵明急忙拿出新疆学院毕业证书。中年人接过去仔细地看了一下，交还给他，明确地告诉他中共代表团的地址——上清寺路曾家岩10号。赵明高兴地和他握了握手，告辞出来。他在热闹的地方转了几个圈，看看后面没有“尾巴”，径直去了曾家岩10号。

说明来意，门房把他领到一间会客室。不一会儿，一个穿着白衬衣的中年人由里屋走出来，打量了他一下。他急忙作了自我介绍，并掏出新疆学院的毕业证书给中年人看了。中年人亲切地让他在小沙发上坐下。赵明问了中年人的姓名，中年人说叫魏传统。

“魏传统！”赵明惊喜异常。他读过魏传统写的小册子，专题阐述革命转变问题。魏传统曾经是西路军的宣传科长，被俘后经营救回到延安。赵明告诉魏传统：我们“新疆共产主义者同盟”的张志远和姚廷枢来找过代表团，由邓发和宋黎接待，代表团要新疆狱中在押中共人员名单，我是专程来送名单的，还有一封给毛主席的信。赵明脱下西服上衣，当着魏传统的面拆开垫肩取出名单和信。魏传统接过去聚精会神地仔细读着。

名单和信都是用浅黄色毛边纸直行写的。张玉珍由新疆带出时，藏在高跟皮鞋后跟里，有的字迹已经磨损，不易看清。赵明站在一边帮魏传统辨认。名单一共写了162人，大人小孩一个不漏，其中包括已经牺牲了的陈潭秋、毛泽民、林基路烈士，和在狱中叛变了的徐梦秋、潘同、刘西屏、黄学谦、任远光等，但都是以“听说”这种不确定的口气写的。赵明以肯定的口气对魏传统说：“陈潭秋、毛泽民、林基路三位同志确实是牺牲了，是1943年9月27日被杀害的；徐梦秋、潘同、刘西屏、黄学谦、任远光等人确实是叛变了，已经离开了监狱。”

魏传统读完名单和信，赵明告诉他：“我们‘新疆共产主义者同盟’与被关在新疆狱中的中共党人有经常可靠的联系，党如果有什么指示要带给他们，我可以再专程返回新疆去。”

“我们考虑，考虑！”魏传统说。

赵明把住的旅馆名称、房间号留给了魏传统，又说：“我们‘新盟’许多同志根据董老指示，正在陆续向东北转移，也有的同志要直接去延安。去延安怎样走比较安全？”魏传统说：“可由甘肃庆阳或环县进解放区，那里我们的力量强，空隙大。”后来“新盟”成员杜芳、王怀品、刘一匡三同志由新疆奔赴延安，就是按魏传统指的路径去陕甘宁边区的。

魏传统拿过当日的《新华日报》指给赵明说：“现在国民党反动派在打长春，关内停战，东北要大打起来。东北很需要干部，特别是本地干部。你们转移到东北，非常必要。”

赵明告辞出来，双肩上像卸了一副重担，身轻似燕，健步如飞，在热闹的商业区转了一会儿，没有发现后面有“尾巴”，便怡然自得地回到旅馆。现在要做的是赶快回到兰州，迎候由新疆陆续出来的同志，一起去东北。迟了，内战打起来，交通被切断，就难走了。

赵明和韩灵锐商量一起回兰州的问题。来时，由靳士耀同学给想办法买的飞机票。回程，如果与达官贵人一样去预买飞机票，根本不敢去想，就是去川北的长途汽车票，没有熟人也休想买到。赵明和韩灵锐天天上街跑车行货栈，寻找去宝鸡的“黄鱼车”。他们花了一个多礼拜时间，才找到一辆去宝鸡运送汽油的美国JMC牌军用小轮卡车。赵明来不及去歌乐山向臧克家和郑曼告别，搭上这辆“黄鱼车”就同韩灵锐一同起身走了。

赵明来重庆时，乘飞机穿云过雾，天府锦绣什么也没看到。回程坐汽车，爬山越岭，横渡江河，饱赏了“蜀江水碧蜀山青”的绮丽风光，也经历到“蜀道之难，难于上青天”的艰险途程。

车到了宝鸡，他俩想由天水抄近路，北上兰州。但因铁路塌方，火车不通，只好折而向东去西安，然后再找“黄鱼车”西去兰州。当时火车没有准确的发车时间，只得守候在站台上寸步不离，以免错过时机。

一列火车进站了，人们像潮水一样拥上去，争先恐后，拥在各个车厢门口，谁也休想挤进去。人急智生，赵明看到一个车厢的窗子开着，便拉着韩灵锐跑上前去，叫韩灵锐把他抱起来，他顺着窗口爬了进去，占了一排座位，韩灵锐又把东西一件件递了进来。车厢内旅客挤得水泄不通。

赵明和韩灵锐到了西安后，在东大街找了个旅馆，住了下来；又花了近一个礼拜的时间，才找到一部去兰州的“黄鱼车”。这是一辆破旧的三吨道奇，寒酸得像一个叫花子，货物却装了十来吨。车是旧车，又超载了两三倍重量的货物，跑不了多远就停下来修理一次。当时有个顺口溜：“一去二三里，加水四五回，抛锚六七次，八九十人推。”一路上卡车又是加油，又是加水，又是修理，爬行了五六天，才到兰州。

赵明把重庆生活书店买到的中共七大文件和毛泽东《论联合政府》、朱德《论解放区战场》给韩世翼、张玉珍和几位已到兰州的同志传阅，他则住进了同学所在的西北医院，一方面检查身体，治一治小毛病，一方面迎候由新疆出来的同志。

6 月19 日，赵明和爱人进城，走到南门外十字路口，看到由城里开出来一列带篷大卡车，走到十字路口停了下来。车篷上满是尘土，一望即知是经过长途跋涉的，心想也许是由新疆过来的。他们停住脚步，站在路边观望。不一会儿，一部卡车上跳下几个人来，拍打身上的尘土，赵明仔细一看，发现了于村，高兴极了。

于村是 1938 年春第一批由延安派到新疆工作的共产党员，任新疆民众反帝联合会文化科长、歌咏科长，戏剧运动委员会委员长。赵明在新疆学院时，请他教过抗战歌曲，帮助排演过抗战话剧。1941 年在反帝总会，他俩还在一起工作将近一年，还同台演出过话剧。赵明从来没对于村隐瞒过自己的政治观点，后来赵明被调到师范学校工作，于村曾骑马跑到十几公里外的老满城专程去看他。这次，赵明冒着生命危险，给中共代表团送新疆狱中在押中共人员名单和给毛主席的信，除了一般的受革命责任感的驱使外，也是出于对同生死、共患难的老师、同志、朋友的深厚感情。

赵明指着卡车惊喜地对爱人说："那不是于村同志？他们出来了！"他心里想，"这次去重庆，总算没有白跑！"

据说，当晚于村他们被安顿在五泉山下的一个招待所里住。赵明邀集已到达兰州的"新盟"成员张玉珍、姚品兰、韩世翼、王琢成、桂声等，于晚饭后一同上五泉山，一边走，一边放声高唱新疆歌曲。他们想，于村等一定会听出是为他们而唱。可是第二天一看兰州小报，原来他们住的是东郊拱星墩，不是五泉山。赵明等满怀激情，起劲儿地唱时，还以为他们真能听到咧！

整整 20 年后，"文化大革命"中，赵明被扣上了"反革命"的帽子，送进了监狱，一关就是六年，每天四个窝窝头，一碗清汤水，几乎饿死在狱中。罪名之一，就是硬说他把新疆狱中在押中共党人名单送给了重庆国民党特务机关。与此同时，康生一伙也给由新疆狱中返回延安的 100 多名中共党员扣上了"叛徒"的帽子，残酷斗争，无情迫害，其中许多人就此撒手人寰，含冤死去。

1973 年 6 月末，林彪事件之后，赵明被放出监牢。一天，他到三〇一医院去看一炮副政委谢良，谢良也刚由狱中放出不久，颈部骨质增生、高血压，心脏也不好。谢良一见赵明就以江西老表的浓重口音激动地说："赵明同志呀，为了名单的事，我不知道挨过多少顿毒打呀！"谢良指给他看头上和身上的伤痕。他们问我"名单是怎样送到重庆去的？交给了谁？"我答不出，就狠狠打我。那次在袁子钦家见面时好好谈谈就好了！

袁子钦，解放初期是总政干部部长，后升任总政副主任，袁的爱人鲁毅和赵明在一个单位工作。闲谈中，鲁毅提到谢良常到她家去，并打问过赵明。赵明说："我知道他，没见过面，倒是很想见见。"她说："那好办，哪天他到我家来，我打电话告诉你。"果然，一天鲁毅打电话给赵明，"谢良同志今天中午到我家里来，你也来吧，一起在我家吃午饭！"

赵明到时，谢良已经先到。谢良一见赵明就紧紧握住他的手说："到重庆送名单的就是你！"赵明不好意思地点点头，望着谢良的眼睛说："开出名单，给主席写信的就是你！"赵明怕人家说他"夸功"，从来不提到重庆送名单的事，就是在自传中，也只简单提了一句。这时谢良没有往下问，赵明也就没有往下说。两人亲热地在院中肩并肩地照了个半身相片，然后就入席吃中午饭，再没提及送名单的事，因之，谢良不知道送名单的全部过程。

谢良曾是西路军五军十三师政委，在山丹战斗中左腿受伤，在祁连山中被俘，手术中脚板被砍去。谢良回到延安，1939 年 6 月由延安出发去苏联治病未成，留在了迪化，被关进监狱。他在狱中代表大家给党中央、毛泽东写了信。"文化大革命"中"造反派"追问名单的事，谢良说不清，道不明，白白挨了许多顿揍。这次赵明到三〇一医院看他，他才要赵明讲了送名单的整个过程。当赵明谈到把名单亲自交给了魏传统时，谢良说："魏传统？他就在这里养病，在我隔壁住。你想不想看看他？""我想去，知道知道他收到名单后怎么办了！""走，我领你去！"

谢良拄着拐杖领赵明到了隔壁病房。魏传统已不是他 27 年前见的那个样子了，那时清瘦，现在胖了，面色红润了。虽然年事已高，但一点儿不显老。谢良作了介绍，谈话坦然爽快。当说起送名单的事时，魏传统说："'文化大革命'中有人来调查过，我写了证明材料。我记得很清楚，一个二十五六岁的小青年，穿着一身浅灰色西服，当着我的面由西服垫肩里拆出名单来，还有一封给毛主席的信。我看后，作为特急件，第二天派专人乘飞机送到南京，交给了周总理。那时中共代表团已随国民党政府迁到南京，曾家岩 10 号留给了中共四川省委，我当时是四川省委秘书长。”

赵明于 1983 年 9 月应邀去新疆参加陈潭秋、毛泽民、林基路、杜重远烈士牺牲 40 周年纪念活动时，见到郑英。郑在新疆时叫李霞，廖志高爱人。郑英告诉赵明：中共代表团由南京撤回延安时，她正在中组部工作，那份名单由她经手归档。

名单已成为历史的一页。

## 我以三到延安保证

毛泽东 1945 年抵重庆谈判，来去都由张治中陪同。毛泽东得悉张马上要到新疆与伊犁、塔城、阿山三区代表和谈，就郑重地嘱咐一定要履行《双十

张治中到延安接毛泽东到重庆会谈

协定》，释放新疆关押的共产党人。张治中送毛泽东回延安后返抵重庆，即准备赴新疆与三区代表谈判。临行之时，周恩来偕夫人邓颖超专门到桂园张治中住处，嘱托到新疆后释放关押的共产党人。张治中对毛泽东、周恩来的当面托付，慨然应诺。

1945 年 9 月，屈武从西安到重庆，向国民党中央述职和请求拨款。那时，屈武在周恩来领导下做地下工作，他以国民党军委会高级参议兼顾问事务处处长、立法院立委、中苏文协秘书长、陆军大学教授的身份活动。蒋介石发现他不可靠，把他调出重庆，到陕西任建设厅厅长。他这次来重庆述职，实际上是向周恩来汇报工作。

张治中将军提议屈武去新疆工作，屈武立即向周恩来口头报告了此事。周恩来说："如果老蒋同意你去新疆，那是一件好事。张文白到新疆处理三区革命问题，一定很忙，顾不上释放我党在新疆被关押的一批同志。你去新疆，首先要帮助张文白办好这件事，要经常提醒他释放政治犯。"张治中，字文白。

1945 年 11 月下旬，国民党中央和谈代表团到达迪化，同以阿合买提江为团长、赛福鼎为副团长的三区代表团谈判。这次谈判非常复杂，张治中先生果然顾不上毛泽东、周恩来托他办好释放关押在新疆的共产党员的事。屈武提醒他说："释放在押的共产党员，恐怕要快办。要放便赶快放，以表示我们的诚意！"张治中说："别忙，别忙！"

"释放那批人的事，不能再拖了吧！"过了半个月，屈武第二次催张治中将军。

"你先去监狱了解情况，这批人里面有我师母杨之华和她的女儿独伊。你去监狱找她们，表示慰问，把准备释放他们的消息透露给她母女，并带一笔钱去改善他们的生活，也看看监狱里的情况。"

屈武去找监狱长，监狱长无权处理。实权掌握在新疆省政府警务处处长胡国振手里，他是军统特务。屈武把张治中的意见向胡国振传达了，胡说："他们都是共产党，有什么好了解的呀？他们的情况我都知道，要了解向我了解好啦！"胡不同意屈武去监狱。盛世才统治新疆时期，国民党没有派遣特务入新活动，也没有在新疆建立特务组织。朱绍良于 8 月底抵新时，即准备将盛世才调走，于是一批军统特务随机而来，一面接管警务处，一面着手建立军统组织。胡国振任警务处长，刘汉东任副处长兼迪化警察局长。

此时，张治中先生还不是西北行辕主任兼新疆省主席，屈武也不是迪化市市长。张治中只是中央和谈代表团团长，是个工作班子的首脑。胡国振拒绝屈武探监，屈武如实向张治中汇报。张治中火了，找胡国振来训斥："你斗胆哩，违抗我的命令！"胡国振以"无权批准探监，要报国民党军委会政治部"为由来搪塞，但又说："可以折中，你不去监狱，叫她俩到你这里来。"第一次杜伊来，不叫杜宁来，还是胡国振捣的鬼。杜宁是杨之华的化名，杜伊是其女儿独伊的谐音。屈武向杜伊谈了国共两党签订了《双十协定》，周恩来受中央的委托，敦促国民党释放他们，周恩来关心他们母女等等情况。杜伊开始不相信，屈武把一笔钱交她带回去改善生活。

屈武把同杜伊见面的情况向张治中汇报了，张治中又批评了胡国振："为什么叫孩子来，不让同杜宁见面？"胡国振第二次才让杜宁同屈武见面。这次谈话更深了一些，杜宁把狱中的情况向屈武谈了。

屈武把同杜宁见面的情况报告了张治中，张说："好！我心里有个底了。"

1945 年 11 月底到 12 月初，张治中继续忙于和谈，又把这事放下了。和谈中一些重大问题要请示蒋介石，张治中要屈武同他一起回重庆汇报。在重庆，张治中只谈处理三区"暴动"的事，有关释放新疆在押共产党员的问题，根本未向蒋介石谈过。当时，张治中这样做是正确的。因为蒋介石给张治中的任务是同三区代表和平谈判，以便稳定西北后方，放手打内战；如果两个问题一起谈，必然引起蒋介石的不快。

1946 年 2 月中旬，张治中回新疆继续和谈。3 月，蒋介石任命张治中为西北行辕主任兼新疆省主席，屈武为迪化市市长。张治中忙于和谈，又忘了这事。屈武第三次提醒他，他要屈武到监狱去，把这批共产党员集合起来，由屈武向大家讲一次话。

屈武讲话的内容是，当时国内形势，特别是国共两党签订了《双十协定》，中共中央毛主席、周副主席同张治中主任面谈，嘱咐张治中先生释放大家，请大家说说有什么要求、委屈、冤枉。大家一五一十地告诉屈武，牢房条件恶劣，伙食如同鸡狗食；大家要求看报，要求自由；女监同志要求男女合监，因为男女分监，互相不能见面。屈武把情况报告了张治中，张要新疆警备司令部副司令党必刚照办。狱中生活改善了，可以看报了。

屈武第四次提醒张治中快把这批人放了。张将军说："我哪有这么大权？把一批共产党放了，我还要请示委员长。"这时，张治中第一次正式报告蒋介石。电报说盛世才关押了一批共产党员，为了贯彻《双十协定》精神，取信于民，应当释放这批人。蒋介石根本不回电，张治中碰了钉子。

过了一段时间，屈武提醒再向蒋介石请示释放这批共产党员。张治中第二次电报请示后，蒋介石复电问有无重要的共产党头子？张回电说重要的共产党员都被盛世才杀了，如陈潭秋、毛泽民、林基路，剩下的只是无关紧要的共产党员和他们的家属。这次发报后，蒋又无回电。

1946 年 5 月，蒋介石公开发动内战的风声很紧，国共两党的战争不可避免了。屈武第六次提醒张治中："这批人该放，就赶快放了吧！"张治中第三次电告蒋介石："这批共产党员不放，新疆和谈不会成功。三区代表已经向我表示'你们不是要释放政治犯吗？为什么关着一批共产党不放？'伊犁代表进一步说：你们同我们签订的释放政治犯和其他协定，同国共两党签订的《双十协定》比较，当然是《双十协定》在国内的影响大。如果影响很大的《双十协定》都不能执行，你们同三区代表签订的协定，更是一纸空文。"

张治中拿新疆三区人民做压力，迫使蒋介石同意释放这批共产党员。1946 年 5 月中旬，蒋介石复电同意释放。

5 月下旬，监狱中的共产党人正式得到释放通知。回延安是狱中 100 多人梦寐以求、坚持不懈的奋斗目标，大家当然高兴。但一听说由国民党人护送，顿生疑虑。党组织以全体人员的名义写信给张治中将军，对释放表示感谢，同时提出：我们身陷囹圄多年，老残妇幼皆有，体质极为虚弱，立即动身恐怕体力不济，希望出狱后在迪化休养两个月，恢复体力后再走，并请在报上发表我们已被无罪释放，由张将军派人护送回延安的消息。

张治中显然看出共产党人要求在迪化休养一段时间是考察他是否有诚意释放，要求登报发表消息，是为了扩大影响，防止中途变故。于是他以请客名义尽量说服共产党人尽早回延安。

张治中请八名代表吃饭。他们研究后去了五个人，李云扬、高登榜、朱旦华、杨之华和吉合，随去的有杨之华的女儿瞿独伊。杨之华是瞿秋白的夫人，是张治中点名邀请的。

张治中将军一见到他们就说："人家都是留客，我是逐客，你们要回延安去。眼下时局不稳，但还可以。现在走已经有点儿晚了，要赶快走！"他说他的，大家无话可说，因为毕竟还没摸准底细。张治中见他们不惊不喜，无动于衷，很激动地说："我以三到延安保证，保证把你们安全送到延安。……延安有我许多老朋友，毛先生，周先生……"张治中点了几个名字，最后说到陈赓。"陈赓是个很漂亮的小伙子，长了一脸胡子，不像话！"他接着又说，"天下大势，分久必合，合久必分。我相信，国共两党还是要合的。"尽管张治中这么说，大家仍是半信半疑。

张治中同狱中派出的代表说，你们提的几条都不能同意。为什么呢？我老实告诉你们，新疆的局势我自己都不能控制，有另外一个特务系统控制局面。你们要先出狱，还要在报纸上发表释放你们的消息，你们的安全我不能担保。还是在监狱住着，从监狱直接上车回延安，我派得力的人护送，最为保险，迪化的特务不能加害于你们。你们不要在迪化休息了，车辆、护送人员准备好了就赶快走，住下去恐怕有变。

吃饭时，张治中将军十分热情，亲自给他们盛汤、搛菜，他的夫人作陪。席间，张治中将军跟杨之华谈得很亲热，他和杨之华在大革命时期就熟悉。他慨叹地说："大革命时，我也准备留苏，还学过俄文，秋白先生是我的老师。"说到这里，他看了看身边的独伊，说："独伊和妈妈是一样的风度嘛！"

杨之华说："张先生学习很艰苦，同时念两所大学。你念书，由夫人给你做饭吃。"

酒足饭饱，又扯了一些家常话。张治中夫人以私人感情，特为杨之华送了礼品。张治中夫妇亲自把他们送到门外，握手告别。

## 这是真感情

1946 年 5 月的一天，新疆警备总司令陶峙岳对刘亚哲说："张主任要释放关押在监狱的共产党，还要把他们送回延安，你拟一份护送计划吧！"

刘亚哲先到省政府警务处了解情况，有多少人，多少行李，需要准备些什么物资？警务处是军统特务机关，接待他的是副处长刘汉东和主任秘书胡步虬。他向这两个特务头子说明来意。

“搞什么计划，弄几辆车装走就算了！”刘汉东说。

刘亚哲当即明白一个问题：张主任释放共产党，特务机关不愿意。“交通处接受拟计划的任务，请你们告诉我有多少人，多少行李就行了！”刘亚哲有拟计划的任务，不管这些，对刘汉东说。

“大概有一百二三十人，行李不少，因为带家眷的很多。”胡步虬回答。

刘亚哲是新疆警备总司令部少将交通处长，是高金城和牟玉光的女婿，曾留学苏联。1938 年初春，他在兰州国民党空军部门任政治指导员，宣传的是共产主义不合中国国情，中国没有大地主、大资本家，只有大贪小贪，关于如何抗日救国则避而不谈。他看到这种假抗日真反共的腐败政局，心里很不舒畅。其时他和爱人高雪杰住在岳母牟玉光家里，谢觉哉与夫人王定国常到牟玉光处走动。有一次，刘亚哲在岳母家遇到谢老。他同谢老长时间谈话，谈抗日救国，谈要去延安。王定国曾代谢老转告他说：“抗日工作哪里都一样，不一定要去延安！”他去办事处听过谢觉哉、伍修权讲抗日救国的方针政策。王定国还给过他毛主席著作单行本《十大纲领》等书刊文件。刘亚哲和共产党过从甚密，引起军统特务的注意。特务在他岳母产院旁设了一个据点，专门监视他和高雪杰，他俩每次外出都被跟踪。8 月的一天，他接到武汉空军政治部调令。他同爱人到武汉，政治部主任简朴对他说：“你已经被撤职了，理由是学识平庸，工作不力！”他知道这是为了什么，便一声不吭接受了撤职处分。

刘亚哲拥护共产党的抗日主张，愿意同共产党合作，自然同情被盛世才关押的共产党人。他计划安排十部十轮大卡车，每车十来个人，躺躺坐坐都不成问题。他在计划中配备了军需人员，还配备了一个排的武装部队，另外要以张主任的名义通知沿途军政警宪妥为保护。他拟好计划，送交陶总司令转张主任批阅。

“张主任派你去送这批共产党！”陶总司令对他说，“运送计划是你拟定的，路途情况你也了解，出了事故能够就地解决！”

他感到突然，拟计划时虽曾想到可能由交通处派人执行，但从未想到由自己亲自担任这个任务。这是一份苦差事，叫自己去干未免太严重了。“我有阑尾炎，若在戈壁滩上犯了病，无法抢救，只有等死!”

“这哪行！张主任亲自指定叫你去的，不是我推荐的。计划上不是有军医吗？可以挑选一个技术高的跟你去!”

他接受任务后，又想这样也好，可以亲自执行运送计划，把同情直接落实到共产党人身上。他6月7日得到通知，定于10日出发，并要他9日上午8时去见张主任。

张治中和他边握手边说：“这个任务很重要，是一个政治任务，你要努把力！新疆境内很复杂，要注意安全！他们的生活要照顾好!”

6月10日拂晓，刘亚哲带着副官李英祥来到第二监狱。护送班子陆续到齐，他检查了人数，发现每辆车上配备的一名照料人员是军统特务机关派的，心里不禁嘀咕了一阵。他对姓侯的典狱长说：“叫大家集合起来，我说几句话。”他站在板凳上说：“从今天起，你们的生活归我负责。马上就要出发，一共十部汽车，你们自己分配安排。”

院内聚集着不少人，穿一色蓝中山装，看上去都很瘦弱但表情却很坚强乐观，其中有少部分妇女和儿童。他发现人们的体质不是想象的那样坏，事后知道，张主任刚到新疆，就改善了大家的伙食，改善了居住条件。

这批共产党人坐了四年监狱，一贫如洗。单身仅仅有一个铺盖卷，有家的也不过几个破包裹，很快收拾停当了。大家将老残妇幼搭配开，编成十个登车组。学航空的比较年轻，身体好些，分到各个车上担任兼职护理员。吉合、高登榜、杨之华三人被党组织指定为公开的负责人，担负沿途各方交涉。

云端的霞光洒遍满天红彩，圆圆的太阳奏响金色晨曲。全体被捕人员131人，其中小孩24人，在第二监狱院内登上大卡车，由张治中将军的代表、迪化市市长屈武送行，向着霞光万道的东方进发了。

第一天宿营达坂城，预定的旅舍饭菜早已安排妥当。饭后开始在吕医官住的单间客房看病，由于监狱的折磨摧残，差不多人人都患有不同的疾病，最普遍的是营养不良、胃病、风湿病、儿童佝偻病。医官吕介一以一个医生的良心，热心地为每个病人检查配药，从下午7点开始一直忙到夜里10点多钟。钱萍多次来劝阻病员说：“吕医官太累了，我们明天再看吧!”吕医官说：“白天我在车上睡觉了，不觉得累。”吕医官边看病边挽留病人，请大家稍等一下，但还是有些病人为了照顾医生而悄悄地走了。第二天下午宿营，饭后钱萍领来一位年近四十清瘦稳重的人介绍说："吕医官，这位就是我早上说的杨奋医生，请你给他安排工作。"吕医官说："药品全摆在桌上，你看病，需用什么药，尽管用，不用顾虑。"杨奋的到来，使吕医官的压力减轻了不少。杨奋即杨锡光，原西路军五军卫生部医务主任。

吐鲁番到七角井是新疆境内最艰险的一段路程，焦红不毛之地，连绵起伏山岭。若从山上蹦落一块石头，也会把人砸死。地形复杂，常有土匪出没拦截过客和汽车。最使刘亚哲担心的还是，特务机关不同意张治中将军释放共产党人，如果他们派出武装截击，这段路很容易被选中。他立即找当地驻军负责人。驻军负责人是他的熟人，答应派一个连的兵力连夜沿途布岗，第二天出发时又派出两部装甲车前后保护。

清晨，早霞弥红天边。车队上路，绵亘东西约 100 公里的火焰山即映入眼底。它那赭色的砂岩，恰像一团团熊熊燃烧的烈火。中午时分，太阳像喷着烈焰的大火球，紧悬在头顶上。人人感到空气烫脸，犹如跌入奇热难当的大烤箱。一阵狂风刮来，卷起一片热沙，迎着汽车扑面而来。人们更难熬了，接二连三有人晕倒。

航空队的谢奇光昏迷过去，吕医官和杨锡光手忙脚乱地抢救开了。赵建华刚满周岁的女儿，小嘴大张，急促喘气，小脸由白转青，由青转紫，灌人丹、十滴水，注射强心剂，做人工呼吸，抢救毫无效果。大家将小姑娘掩埋在火焰山中。

汽车也像被火焰山烤"熟"了，有台十轮卡车连续热爆六个轮胎。车队停了一个小时，换上备用轮胎。司机们走一段路就停车给滚烫的轮胎放点儿气，减减压。

刘亚哲担心出事，向四处张望。他见公路两侧山上确有哨兵守望，便放心了。

傍晚，太阳向西天滑下，地平线上铁色熔成银色，闪烁着数不清的亮点。车队终于到达七角井，人人像经过地狱之火煎熬，瘫倒在地上起不来。

车队起行的第二天就热死一个孩子，这使刘亚哲想到人们的健康问题。共产党人在监狱里关了四年之久，受尽酷刑虐待，与平常人相比体质是很差的，还有人是长征时或抗战时受伤残废，去苏联治疗路经迪化被捕的。罗云章两条腿都没有，谢良、胡子明、余良辉只有一条腿，谢江庭双目失明，上下车都需要人背着扶着。刘松林、绍华、绍林，每天都要打针吃药。刘松林是毛泽东的大儿媳妇，绍华是二儿媳妇。

刘亚哲召开了一个会议，在会议上宣布了伙食标准，每餐四菜一汤，两荤两素，六人一桌，每早每人发两个鸡蛋。军需人员不同意这个标准，因为规定这批人旅费每人每日七角钱，只能吃窝窝头喝开水。刘亚哲说："特殊情况，特殊处理，一切开支，由我负责报销，军需人员只管付款保存单据就行了！"他还规定中午打尖和晚上宿营时，医务人员不休息，不吃饭，要先给病号检查治疗。刘亚哲还对杨之华、吉合、高登榜三个联络人说："你们三人能够随时和我联系吗？能够随时把车上的情况，主要是健康状况向我反映吗！"此后，杨之华、吉合、高登榜就直接和刘亚哲联系了。

吉合、杨之华和刘亚哲常用俄语交谈。吉合和刘亚哲算是老同学了，交谈起来心情很是愉快。刘亚哲向吉合介绍说，他是莫斯科铁路学院毕业的，原是中东铁路工人的儿子，在海参崴学习过。吉合还听说，刘加入过共青团。

"刘处长，你为什么对我们这样好？"有次杨之华、吉合和刘亚哲谈话，杨之华问。

"这都是张主任的安排，我是执行任务，对你们必须照顾好！"刘亚哲笑了笑说，"我同情你们，我是穷人出身！"

"这是阶级友爱嘛！"吉合说。

"张主任之所以派我护送你们，因为我是交通处长，我能完成这个任务。在八百里戈壁滩上能够搞到肉蛋蔬菜，七角井开会后每天有辆生活前站车提前一天出发到宿营地，采购副食，这当然和交通处长的条件分不开。在这荒凉不毛的戈壁滩上，汽车抛了锚，司机修不好，就地冻饿而死或热死的人不少。咱们的汽车热化了六个轮胎一小时就换上了，并未耽误行程！"

有一次，杨之华对刘亚哲说，她是从苏联回延安，经过迪化被盛世才关起来的，在监狱多年得了一身病，得了肺结核。刘亚哲立即告诉他的副官，每到休息时专为杨之华搞开水。途中休息，副官就特别照顾杨之华。

苍苍茫茫的原野，苍苍茫茫的天色。车队晓行夜宿，经哈密、星星峡、安西、酒泉、张掖、武威，于6月19日到达兰州。护送计划是12天，实际用了9天。

张治中将军的西北行营公署就设在兰州，他的中将参谋长事先接到电报，到驻地来看望，安排大家洗澡、休息，还发给每人法币1万元做购物之用。刘参谋长还对大家说：“抗日战争时，我母亲在解放区，是通过你们的关系把我母亲送到国统区的，我特意来表示感谢。”

翌日上午，刘亚哲向大家告辞，说明自己已完成护送任务，接下来的路程，由西北行营公署派谭高参护送。

大家原来不知道刘亚哲的底细，对他抱谨慎观察的态度，经过九天行程，看出刘亚哲竭尽全力地执行张治中将军交代的护送任务，对中共人员也有同情心，而且他是少将交通处长，与沿途交通机构交涉很有权威。大家一致认为，刘亚哲继续护送显然有利于安全到达目的地。党组织要大家异口同声地提出：“刘处长送了我们一大段路，人也熟了，还是刘处长继续送我们好！”

刘亚哲见大家真诚挽留，颇受感动，解释说：“我的任务就是护送到兰州，照顾不够请原谅，再见吧！”又说，“让我送到兰州是张主任定的，要改变还需要张主任批准！”

党组织以全体名义，向张治中发了电报，请刘处长继续送大家回延安。五天后接到回电，同意刘处长继续护送。

兰州出发第一个宿营地是华家岭。是夜，豪雨似瀑，天亮不停。山顶旅馆，吃水靠人从山下井里背。现在100多人挤在旅馆，一天就将存水用尽。傍晚，旅馆经理对刘亚哲说：“明天就没有水吃了，不管天气怎样，明天一定走吧！”

第二天拂晓，车队驶离华家岭。当天宿营地是六盘山下的静宁县。前面一条沟河，无雨河中无水，下雨水就猛涨。此时，原来干涸的河床已水深过膝。第一辆车开到河心，被水淹没引擎，熄了火。车辆顺水缓慢向下滑去，上游又传来山洪暴发的吼叫声。暴怒的狂涛，翻卷着，铺天盖地而来。车上人员处境非常险恶，加之寒风凄雨，傍晚朦胧，更增危险。刘亚哲急中生智，立即命令停在岸边的汽车开下河去，同河心的汽车接上，一辆接一辆搭成车桥。车上的人扶老携幼，踏着汽车刚刚跑到岸上，洪峰就呼啸着冲了过来，河心汽车被冲的无影无踪。刘亚哲赶紧问车上的人都上来了没有，高登榜说还缺一个。刘亚哲急了，高说，只希望他会游泳。

山洪过去之后，冲走的汽车在几百米处出现，车上的衣物行李都已冲光。这时，大家都淋得透湿。高登榜打开其他车上的衣箱，不管谁的每人一套，刘亚哲也换了一套。刘亚哲先行骑马过河，通知静宁县政府派人为大家打捞被洪水冲走的行李。第二天行李大多被打捞上来并送还回来。

车队找一处浅滩开过了河，深夜到达静宁，在一片漆黑中驶进一所小学。张东月因抢救别人被洪水冲走，他会游泳，在几百米拐弯处被冲上坡岸，清醒过来满嘴泥沙，半夜后自己摸到县城。大家困乏之极，吃了点静宁锅盔，洗洗就休息了。第二天修车、洗衣。由于昨晚风雨饥饿袭击，加上过度劳累，有几位病倒了，发高烧，吕介一和杨锡光全力治疗。

平凉是下一个宿营地，是胡宗南的势力范围。车队还未进城，特务、宪兵来了一大群，声言要检查行李。刘亚哲态度严肃地说："不是货车，不是商车，车上都是共产党，人不犯私，行李犯什么私？不能检查！"特务看他是个将官，不敢轻举妄动，乖乖走了。刘亚哲考虑特务检查人员不会甘心，可能再找麻烦，便去找熟人——驻军军长钟松。国民党军队和特务宪兵一贯有矛盾，他找钟松通知特务检查站别再找麻烦。这个办法很有效，第二天早晨车队顺利地离开了平凉。

在彬县，晚饭后，大家都已卸装休息。刘亚哲忽然收到胡宗南给他的电报：刘处长亚哲，不要去西安要到咸阳，那里设有"招待所"。看完电报，刘亚哲顿时脑子轰了一阵，糟了，要出问题了！

咸阳，是胡宗南关押进步人士，迫害共产党人的地狱。如果这批人送到咸阳，落到胡的手中，生命就难保了。胡宗南直接给刘亚哲打电报，认为刘是他的旧部，一定会服从他的命令。怎么办？刘亚哲想不出对付胡宗南的办法，找不到不去咸阳的理由。他对高登榜说："明天不能到西安，要去咸阳。"

高登榜急促地告诉大家："刘亚哲接到胡宗南电报，不让我们进西安，要将我们送咸阳住'招待所'！"大家也知道去咸阳"招待所"，就意味着进国民党的监狱。大家想到谢奇光，他过火焰山时发病，医生诊断是回归热，现仍在高烧昏迷中。

杨之华代表大家去见刘亚哲。本来，杨之华和刘亚哲常说俄语，这次，她很严肃地用江苏话说："刘处长，车上有个病号，发烧40度，如不抢救今晚可能死在这里。要求刘处长连夜行军赶到西安抢救病人！他是飞行员，是我们共产党的财富！"

刘亚哲听了这番话，内心顿时亮堂起来。好啊！这是摆脱咸阳"招待所"的好理由、好借口。刘亚哲召集护送班子开会，宣布要夜行军到西安抢救病人。高登榜、杨之华、吉合三人也参加了会。为了行车安全，他规定，行车速度不得超过40码，发生车祸者军法从事。会前，他复电胡宗南，内容是"遵办"两字。

皎洁的明月在苍穹高高地悬挂，清凉的银辉向大地静静地泼洒。午夜，车过咸阳。安详的夜，大家却紧张得屏住呼吸。

"什么车？停住！"咸阳桥头堡的哨兵背着枪踱步，见车队开来，厉声喝道。

"我们是军车，奉命执行任务！"

明晃晃的探照灯光中，身着少将军服的刘亚哲出现在第一辆卡车的驾驶踏板上。他不理哨兵的阻拦，带着车队轰轰隆隆冲过咸阳大桥，向着西安疾驶而去。

西安八路军办事处向中央发出急电，又向当地各家报社、通讯社宣布了这批人到达西安的消息。

翌日上午，刘亚哲去见胡宗南，因为不去见胡宗南就去不成延安。他被引见胡宗南时，胡很高兴地问："把他们都送到咸阳去了吗？"

"没有！"他镇静自如地说，"因为车上有个危重病号，我电请张主任同意，连夜赶送西安抢救。午夜2点才到西安，向长官部打电话打不通。这些共产党摆在东六街马路上出了事情责任重大，我把他们送到八路军办事处去了！"

胡宗南半天不吭声，在地毯上转来转去，骂了一声："他妈的，这些没用的东西！"

刘亚哲知道胡不是骂自己，而是骂咸阳那些特务。他问什么时候去延安，胡很生气地说："听通知！"

西安各家报纸都在显著位置发表了这批人的消息。消息说，张治中将军在新疆释放共产党，由少将交通处长刘亚哲护送去延安，昨夜抵达西安，下榻十八集团军办事处云云。刘亚哲看到报上的消息，不禁暗自高兴。这样一来，国际国内都知道了，胡宗南便无可奈何了。

谢奇光送进医院，抢救无效，不幸病故。大家悲痛地掩埋了他。

刘亚哲每天一次或两次打电报给张治中将军，电文是四个字："尚未出发。"第六天，刘亚哲接到通知去见胡宗南。他很高兴，认为可以去延安了。见到胡宗南，胡板着面孔气势汹汹地说："这批人不准走，政治部有意见，要审查！"

"新疆张主任审查过了，都是共产党！"

胡宗南问这批人中有没有杨之华："听说她是瞿秋白的太太，你领来见见我！"

"他们已经交八路军办事处了！"刘亚哲吞吞吐吐地说。他知道胡宗南的审查就是扣留。胡是要等即将开始的全面内战，蒋介石下达向解放区总攻命令的时候。

刘亚哲给张治中打了一个摸底的电报，内容是这批人迟迟不能出发去延安，请求准他回新疆，但没有得到答复。刘亚哲心中有数了，张治中将军一定会设法叫胡宗南放行的。

党组织也研究决定，以杨之华名义给张治中先生发电报，电文说："宁等在此休息已五天，唯因手续关系，故尚未能启程赴延，暂寄宿十八集团军驻陕办事处，等待长官与钧座之命令。"

张治中接到电报后，立即给蒋介石去电，说明胡宗南违背释放政治犯的协定，委座应去电训斥胡，以昭天下。张又给胡宗南去电训斥，我奉委座令行事，你为何违令，应立即放行。胡宗南在张治中的管辖之下，接电后，只好放行。

刘亚哲到参谋处，拿到胡宗南给他的代电，内容是："奉侍字00号，准派刘处长亚哲护送新疆释放的共产党人到边区吉家村，克日出发。胡宗南（章）"。他看完代电，知道这是蒋介石给胡宗南下的命令，因为侍字的侍，是蒋介石的办公室代号。

7 月 6 日，当暮色的帷幔把夕阳的胭脂遮掩，当闪烁的星光将浩瀚的墨蓝装点，车队到达洛川。洛川县城离解放区封锁线只有几里路了。

当天晚上，军统特务、车上的十个照料人员向刘亚哲报告说："刘处长，我们不能去解放区！"

刘亚哲问为什么，回答说害怕。刘觉得此事蹊跷，意识到两件事：一是过封锁线，这些背景复杂的特务分子知道有武装埋伏袭击，生命没有保障；二是叫他自己去解放区，这伙特务可以随便造谣诬陷。特务造谣等于贼咬一口，入骨三分，有口难诉。刘亚哲说不行，要一块儿去，十个小特务不肯。这十个家伙属于军统，对他有所不从。刘说既然如此，打电报给新疆张主任请示。

在等复电的时候，刘亚哲又想到许多问题。这批共产党人能够来到解放区边界线，可以说是闯过了数道生死关卡。如果武装特务埋伏在封锁线上把这批人袭击了，胡宗南不负责任，蒋介石装不知道，那就把张治中将军释放这批人的苦心化为乌有，把张治中将军的作为付诸东流，连自己的命也搭上，那就一切无从谈起了。他考虑，只有扩大统一战线的影响，才能有希望。

**由新疆返回延安的航空学员合影**

刘亚哲对高登榜说："要到解放区了，我要请你们吃饭！"

洛川县城很小，饭馆只有几家，鱼肉蔬菜极少。刘亚哲通知地方，全体动员，准备宴席。这样可以使洛川民间都知道共产党路过的情况。刘亚哲又亲自找洛川专员和县长。专员余振东、县长周景龙他都认识。他叫他们准备联欢晚会，表示迎送共产党人过境。专员、县长都参加了晚会，好不热闹。洛川民间艺人和共产党人中几位擅长文艺的表演了节目。杨之华的女儿独伊表演了乌克兰舞，舞姿很好。共产党人在洛川即将回解放区的消息不胫而走，家喻户晓。

第三日，新疆打来电报，是特务头子刘汉东经刘亚哲转给十个小特务的："刘处长亚哲兄请转段某：听刘处长指挥，违者纪律制裁。"十个特务乖乖跟着刘亚哲进了解放区。

车队向吉家村进发。大家警惕地注视着封锁线两侧，只见周围麦田里、山冈上，头裹白毛巾的青壮农民出奇得多。封锁线方向，突然跑步奔来一长列裹白毛巾的队伍，一个劲儿向大伙儿挥手。原来，这是自己的部队化装成老百姓，掩护车队安全通过封锁线。

吉家村是延安南边的一个村庄，这里就是交接地点。大家望见许多席棚，听到锣鼓喧天。人们眼角上的皱纹全部舒展开来，盈盈的笑意从眼睛和脸上向外飘逸，就像晴天丽日、拂堤春风。朱总司令派来的接收人问刘亚哲怎么这么多天才到，猪肉都臭了。确实，在洛川停了三天，谁也不知道为什么。

刘亚哲受到隆重的欢迎，热情的招待。他接到朱总司令写的亲笔信，信由朱德和周恩来签名，向张治中将军致谢。还送给张治中将军皮筒、毛毯、毛线等礼物，也有刘亚哲的一份。

刘亚哲护送回来的孩子们，排成整齐的一队，唱着在监狱里学的革命歌曲欢送他，并高喊："刘叔叔再见！"他看到孩子们欢送自己的情景，听着纯洁的心灵发出晶莹的脆响，不由得热泪盈眶，回肠九转。在美好、善良的氤氲弥漫中，他和孩子们一一握手。

出狱人员临时党组织负责人张子意，让大家将剩余的法币全部送给护送人员，对他们一路辛苦护送表示真诚的感谢，并和他们一一握手告别。

刘亚哲返抵西安，就感到政治空气不对头了。蒋介石发动内战的总攻命令已下达。参谋总长陈诚扬言三个月消灭共产党。他想到这批人被扣在西安的情况，不禁为之后怕。若再晚五天离开西安，这批人的命运就不堪设想了。

刘亚哲返抵新疆已是9月了。张治中很高兴，和他谈了一个小时。张将军说："延安方面早有电报来，对你出色地完成护送任务，表示感谢!"

刘亚哲向张将军谈了临返程时，孩子们唱着歌曲欢送他，使他热泪盈眶的事情。他说不知道这是什么感情。

"这是真感情!"张治中将军说。

# 跋

# 历史的述说

我上高中时读了西路军红军老战士程世才的《悲壮的历程》、李天焕的《气壮山河》，留下了深刻的印象。1968 年 3 月，我当兵后，随部队在张掖、武威等地驻扎多年，经常听到有关西路军的故事。武威东关居民指着路旁参天的白杨说："这是当年被俘红军将士栽种的！"武威流传着这样的传说："折断这些参天白杨的树枝，可以看见横断面上有一颗五角星。"我常常在参天白杨的林荫道上散步，但没有勇气拣起一根树枝试一试真实性，怕失去这个美丽的传说。一位流落武威的红军女战士的孙子说："这是真的！"

2008 年 9 月，我陪《血色黎明》的作者夏宇立又一次从红军三大主力会师的会宁，踏上了西路军西征的河西走廊，一直到西路军余部左支队进疆的星星峡。在武威，我想亲眼见一见这些红五星，但道旁数里长的参天白杨早已荡然无存。因虫害肆虐，白杨被蛀空，被全部砍伐掉了。这几乎成了无法弥补的遗憾。然而有幸的是，临泽西路军烈士公墓墓冢长着一棵白杨，白杨枝条的横断面上也有红五星。我原以为红五星只是大致相似，没有想到枝条中心的红五星极工整、极标准，和红军将士帽子上的红五星一模一样。而其他地方的白杨树枝条横断面都没有这样的红五星。这真让人称奇，生出无限感慨。

我当记者时，因为采访三番五次出入河西走廊，到过虎豹口、吴家川、一条山、大拉牌、干柴洼、古浪、武威、永昌、山丹、高台、临泽、安西，到过西路军兵败祁连的入山处梨园口，西路军余部左支队出山的公岔山口等，完成了从西路军渡河的虎豹口到最后一仗的安西等全部主要战场的考察，对西路军被俘将士的主要监押地西宁、张掖、武威、永登、兰州也做过考察。

我用了两年多时间，写了《西路军喋血河西》（1989 年连载于《阳关》杂志，12 万字；1993 年由甘肃人民出版社出版，23．5 万字）。河西走廊的弯弯堑壕和迷茫硝烟渐渐模糊了，可思绪的长楫却仍然拨动心的波澜，我把最深沉的苦涩咽进肚里，又用了两年多时间写了《西路军生死档案》（1992 年由兰州大学出版社出版，32．2 万字），写下了西路军将士冷寂而又辉煌的生命篇章。

两书出版后，我继续收集材料，作进一步的补充修改，并准备写作《西路军奋斗新疆》。我两次去新疆。第一次考察了西路军左支队的进疆路线，星星峡、哈密、吐鲁番、乌鲁木齐等地；第二次到了南疆的焉耆、库车、阿克苏、巴楚、喀什等地。一种理想，一股豪情，伴着考察的足音，自心底横流四溢，飞舞在苍穹之下。开拓者以人类的坎坷为道路，我以笨拙但真诚的笔触，趔趄地追随前行者至真至纯的脚步。为了彪炳红军西路军，其伟大、其辉煌、其荣耀，我努力完成了全景式的西路军史：《西路军·河西浴血》、《西路军·生死档案》、《西路军·天山风云》。西路军史是一部英雄的、悲壮的、不朽的史诗；西路军精神是中华民族精神财富与先进文化的纪念碑。

马克思说："历史不过是追求着自己目的的人的活动而已。"这就是说，历史的主体是人，是活生生的、追求各自目的的人。只是我们出版的许多党史讲义、著作，通篇是政治、经济、军事、会议、文件等，唯独很少写人。写到的时候也多是群体的人，而不是个体的人；是共性的人，而不是有个性特点的人；是上层的人，而不是作出各种贡献的一般的人。在这一点上，我国的传统史学为我们树立了典范。《史记》开创了我国纪传体的史学，同时也开创了我国的史传文学，或者说传记文学。"本纪"、"世家"、"列传"，正是通过人物的活动，生动地展开了广阔的社会生活画面，既表现了作者对历史的高度概括力和卓越的见识，而且表现了作者对历史和现实的批判精神。因此，两千多年来，《史记》不仅是历史学家学习的典范，而且也成为文学家学习的典范。党史著作、军史著作应该继承传统史学写人物的优点，写好写活党史、军史人物。《西路军》正是想要尝试通过人物来叩问历史，给西路军史一个清晰的述说。

当前，历史的观念本身有了很大的改变。过去，人们并不注意"事件的历史”与“述说的历史”二者之间的“鸿沟”。其实，我们一般所说的历史都是指“述说的历史”，都是人们运用语言，选择、理解和解释的结果。由于时间和空间的限制，很少人能亲眼目睹书上记载的事件本身，甚至许多第一手材料也很难弄清，因此“述说”就必然带有述说者的局限。事实上，“述说的历史”无非就是某些人对历史事件的知识。这种知识基于历来的记述，基于述说者本有的知识和他当时的希求与目标，即便述说者有较大的史家气魄和在观点上保持客观公正的史德。历史学家构筑成的历史恰恰反映了他自己的头脑，而历史学家的头脑无论在时间和空间上都必然和历史人物的头脑不同。但是，历史学家永远不能摆脱事件的“原初历史”的制约。历史学家可以从各个方面，用各种方法来研究自己的对象，然而最接近历史事件的述说却只有一种。历史述说者只能在补充前人或者否定前人的基础上才能前进。

我愿意让自己的《西路军》承当起传播历史的媒介作用，让读者通过作品了解人类前行者的艰辛而壮丽的历程。

《西路军·河西浴血》、《西路军·生死档案》、《西路军·天山风云》渗透着我的劳动和努力，更渗透着有关西路军的许多党史、军史工作者的心血和汗水。与西路军有关的甘肃、青海、新疆等省（区）以及一些地、县都成立了专门的机构，投入人力物力收集、采写了大量的回忆录、访问记。他们不辞辛劳追踪到天涯海角，寻找幸存下来的每一位西路军红军老战士；他们遍访当地老人，挖掘最接近真实的材料，从而使这段历史的研究极其深入。离开了他们长期而扎实的劳动，就没有《西路军》成书的基础。

鲁迅先生说：“倘要完全的书，天下可读的书怕要绝无。”《西路军》也不会是完美无缺的。敬请西路军研究者，党史、军史工作者批评指正。

我得感谢陕西人民出版社的王敏同志。2000 年 10 月，我去出版社和他认真谈过《西路军》，一个月之后，他打来电话说社里同意出这套书，春节之后他专程到兰州取了一趟书稿，但因种种原因而没有能够出版。至今，整整过去了八年时间。八年来，他不弃不舍，最终书稿得以出版。他的一丝不苟、坚持不懈，令我这个作者感激和尊重。这次，又是两位责任编辑专程从西安到兰州来取书稿。在此，衷心地感谢陕西人民出版社。

最后，我还要衷心地感谢下列单位和人士，在写作材料和实地考察方面提供了方便，或者他们的研究成果，论文、著作等促使我不断深入思考和认真写作。

感谢的单位有：
甘肃省委党史研究室
青海省委党史研究室
新疆维吾尔自治区党史研究室
甘肃省军区党史资料征集办公室
甘肃省妇联妇运史研究室
四川省妇联妇运史研究室
宁夏回族自治区妇联妇运史研究室
青海民族学院政治系党史教研组
青海省民政厅西路军史料征集组
兰州市委党史资料征集办公室
八路军兰州办事处纪念馆
武威地区党史研究室
张掖地区党史研究室
酒泉地区党史研究室
甘肃省会宁县党史研究室
甘肃省靖远县党史研究室
甘肃省景泰县党史研究室
甘肃省古浪县党史研究室
甘肃省永昌县党史研究室
甘肃省山丹县党史研究室
甘肃省民乐县党史研究室
甘肃省高台县党史研究室
甘肃省临泽县党史研究室
甘肃省安西县党史研究室
八路军新疆办事处纪念馆
乌鲁木齐地方志编纂委员会

哈密地区党史研究室

阿克苏地区党史研究室

喀什地区党史研究室

和田地区党史研究室

巴音郭楞蒙古自治州党史研究室

博尔塔拉蒙古自治州党史研究室

新疆民政厅

新疆财政厅

甘肃省文史资料研究委员会

青海省文史资料研究委员会

新疆维吾尔自治区文史资料研究委员会

兰州市文史资料研究委员会

西宁市文史资料研究委员会

乌鲁木齐市文史资料研究委员会

还要感谢以下人士：

朱玉、朱培民、麻琨、夏宇立、郭晨、梁天明、张绍武、孙欲声、张博、郝成铭、朱永光、王士炜、安永香、王文焕、储亚玲、丁文建、朱新斌、姜荣治、濮生荣、赵树仁、孙瑛、刘振国、张仲铭、韩仲山、龚成谨、林荣茂、杨芊。

作者

2008 年 10 月